"十三五"国家重点出版物出版规划项目

知识产权经典译丛（第5辑）

国家知识产权局专利局复审和无效审理部◎组织编译

国家出版基金项目
NATIONAL PUBLICATION FOUNDATION

外观设计保护

德国、欧盟、美国、日本、中国与韩国的法规与实践

（原书第4版）

［德］**亚历山大·布灵（Alexander Bulling）**
工学硕士，法学博士，教授
专利律师，斯图加特
斯图加特大学名誉教授

［德］**安吉莉卡·兰格瑞格（Angelika Langöhrig）**
工学硕士
专利律师，斯图加特

◎著

［德］**泰尔曼·希尔维格（Tillmann Hellwig）**
工学硕士，工学博士
专利律师，斯图加特

［德］**罗兰·穆勒（Roland Müller）**
工学硕士
专利律师，斯图加特

永新专利商标代理有限公司◎组织翻译

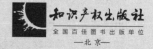

知识产权出版社
全国百佳图书出版单位
—北京—

图书在版编目（CIP）数据

外观设计保护：德国、欧盟、美国、日本、中国与韩国的法规与实践：原书第4版/（德）亚历山大·布灵（Alexander Bulling）等著；永新专利商标代理有限公司组织翻译. —北京：知识产权出版社，2019.12

书名原文：Designschutz in Deutschland und Europa mit USA, Japan, China und Korea

ISBN 978 - 7 - 5130 - 6391 - 3

Ⅰ.①外… Ⅱ.①亚… ②永… Ⅲ.①工业产品—外观设计—知识产权保护—世界 Ⅳ.①D913.4

中国版本图书馆 CIP 数据核字（2019）第 163135 号

内容提要

本书是卡尔海曼斯出版社出版的德文著作的中译本，原书为德国外观设计从业者人手必备的经典标准专业著作及手册。全书系统、全面、专业地介绍了德国、欧盟、美国、日本、中国、韩国外观设计最新法规，以大量图片并结合判例详细阐述了申请、无效以及诉讼各个程序的最新法律实践，详细介绍了几何图形用户界面和动画设计的保护，《工业品外观设计国际注册海牙协定》以及根据该协定的 IR 设计保护。

责任编辑：江宜玲　　　　　　　　责任校对：潘凤越
责任印制：刘译文

知识产权经典译丛
国家知识产权局专利局复审和无效审理部组织编译

外观设计保护

德国、欧盟、美国、日本、中国与韩国的法规与实践（原书第4版）

［德］ 亚历山大·布灵（Alexander Bulling）
［德］ 安吉莉卡·兰格瑞格（Angelika Langöhrig）　　著
［德］ 泰尔曼·希尔维格（Tillmann Hellwig）
［德］ 罗兰·穆勒（Roland Müller）

永新专利商标代理有限公司　　组织翻译

出版发行：	知识产权出版社 有限责任公司	网　址：	http://www.ipph.cn
社　址：	北京市海淀区气象路 50 号院	邮　编：	100081
责编电话：	010 - 82000860 转 8339	责编邮箱：	jiangyiling@cnipr.com
发行电话：	010 - 82000860 转 8101/8102	发行传真：	010 - 82000893/82005070/82000270
印　刷：	三河市国英印务有限公司	经　销：	各大网上书店、新华书店及相关专业书店
开　本：	720mm × 1000mm　1/16	印　张：	30.25
版　次：	2019 年 12 月第 1 版	印　次：	2019 年 12 月第 1 次印刷
字　数：	580 千字	定　价：	168.00 元

ISBN 978-7-5130-6391-3
京权图字：01-2019-7012

总　序

当今世界，经济全球化不断深入，知识经济方兴未艾，创新已然成为引领经济发展和推动社会进步的重要力量，发挥着越来越关键的作用。知识产权作为激励创新的基本保障，发展的重要资源和竞争力的核心要素，受到各方越来越多的重视。

现代知识产权制度发端于西方，迄今已有几百年的历史。在这几百年的发展历程中，西方不仅构筑了坚实的理论基础，也积累了丰富的实践经验。与国外相比，知识产权制度在我国则起步较晚，直到改革开放以后才得以正式建立。尽管过去三十多年，我国知识产权事业取得了举世公认的巨大成就，已成为一个名副其实的知识产权大国。但必须清醒地看到，无论是在知识产权理论构建上，还是在实践探索上，我们与发达国家相比都存在不小的差距，需要我们为之继续付出不懈的努力和探索。

长期以来，党中央、国务院高度重视知识产权工作，特别是党的十八大以来，更是将知识产权工作提到了前所未有的高度，做出了一系列重大部署，确立了全新的发展目标。强调要让知识产权制度成为激励创新的基本保障，要深入实施知识产权战略，加强知识产权运用和保护，加快建设知识产权强国。结合近年来的实践和探索，我们也凝练提出了"中国特色、世界水平"的知识产权强国建设目标定位，明确了"点线面结合、局省市联动、国内外统筹"的知识产权强国建设总体思路，奋力开启了知识产权强国建设的新征程。当然，我们也深刻地认识到，建设知识产权强国对我们而言不是一件简单的事情，它既是一个理论创新，也是一个实践创新，需要秉持开放态度，积极借鉴国外成功经验和做法，实现自身更好更快的发展。

自 2011 年起，国家知识产权局专利复审委员会❶携手知识产权出版社，每年有计划地从国外遴选一批知识产权经典著作，组织翻译出版了《知识产权经典译丛》。这些译著中既有知识产权工作者所关注和研究的法律和理论问题，也有各个国家知识产权方面的实践经验总结，包括知识产权案件的

---

❶ 根据 2018 年 11 月国家知识产权局机构改革方案，专利复审委员会更名为专利局复审和无效审理部。——编者说明

— 1 —

经典判例等，具有很高的参考价值。这项工作的开展，为我们学习借鉴各国知识产权的经验做法，了解知识产权的发展历程，提供了有力支撑，受到了业界的广泛好评。如今，我们进入了建设知识产权强国新的发展阶段，这一工作的现实意义更加凸显。衷心希望专利复审委员会和知识产权出版社强强合作，各展所长，继续把这项工作做下去，并争取做得越来越好，使知识产权经典著作的翻译更加全面、更加深入、更加系统，也更有针对性、时效性和可借鉴性，促进我国的知识产权理论研究与实践探索，为知识产权强国建设做出新的更大的贡献。

当然，在翻译介绍国外知识产权经典著作的同时，也希望能够将我们国家在知识产权领域的理论研究成果和实践探索经验及时翻译推介出去，促进双向交流，努力为世界知识产权制度的发展与进步做出我们的贡献，让世界知识产权领域有越来越多的中国声音，这也是我们建设知识产权强国一个题中应有之意。

申长雨

2015 年 11 月

第四版前言

新版本大部分经过了修订和更新，但是也有一些部分进行了压缩，在新版本中保留了之前版本的已获读者认可的结构。

新版本的大部分变化涉及《德国外观设计法》，该法于 2014 年 1 月 1 日由"Geschmacksmustergesetz"更名为"Designgesetz"，在该法中将不再适合当前时代的术语"Muster"（外观）或者"Geschmacksmuster"（外观设计）替换为"Design"（外观设计）或者"eingetragenes Design"（注册式外观设计）。在新版本中详尽地解释了与此有关的修改和更新，例如仍比较新的外观设计无效程序的流程和实践。近年来，无效程序的案件数量远远超出立法者的预期，已经成为重要的工具和手段。本书还在需要的地方做了相应删减，例如由于德国统一已超过 25 年，因此删除了关于《德国期限延长法》的章节。

在英语撰写的章节中，更新了有关美国、日本、中国和韩国的外观专利法的信息。此外，增加了关于图形用户界面和动画外观设计的保护的章节。

在附件中加入了《工业品外观设计国际注册海牙协定日内瓦文本》和相关实施细则的官方德语译文，以完善附件中的法律文本。

作者希望该新版书也同样在从业者的藏书中占有其重要位置。

斯图加特，2017 年 7 月

作者

《外观设计保护》
翻译委员会

组　织　曾　立　　侯鸣慧　　张文达

翻　译　张文达　　桂榕璟　　黄　静　　张　宇

　　　　胡泽周　　郭付昌　　梁　嵩　　王静涛

　　　　吴可峥　　俞世杰　　葛　雷　　蔡　芮

　　　　陈　珊　　贾庆忠

审　校　张文达　　郭　毅　　张亦然　　葛　雷

　　　　侯鸣慧　　张　剑　　俞世杰　　陈　珊

　　　　吴可峥　　贾庆忠

缩 写 列 表

a. F.	旧版本
Abl.	欧洲共同体公报
Abs.	款
Art.	条
BGH	德国联邦最高法院
BPatG	德国联邦专利法院
bspw.	例如
BT – Drucks.	德国联邦议院出版物
DesignG	德国外观设计法
DesignV	德国外观设计法实施细则
DPMAV	德国专利商标局条例
EGV	欧洲共同体条约
EPÜ	欧洲专利公约
ErStrG	德国期限延长法
EU	欧盟
EUIPO	欧盟知识产权局
EuG	欧盟法院
EuGH	欧盟最高法院
EuGVÜ	民商事判决管辖权与执行公约
EuGVVO	2000 年 12 月 22 日欧盟理事会关于民商事案件管辖权判决的承认和执行的第 44/2001/EG 号条例
EWR	欧洲经济区协定
EUR，€	欧元
f.	及下页
ff.	及后续若干页
GbmG	德国实用新型法

gem.	根据
GeschmM	德国外观设计（Geschmacksmuster）
GeschmMG	德国外观设计法（Geschmacksmustergesetz）
GGDV	共同体外观设计实施细则
ggf	必要时
GGGebV	共同体外观设计收费细则
GGM	共同体外观设计
GGM – Gericht	共同体外观设计法院
GGV	共同体外观设计条例
GMDV	共同体商标实施细则
GMGebV	共同体商标收费细则
GMV	共同体商标条例
GRUR	《工业产权保护和著作权》，德国工业产权保护和著作权联合会杂志（年份和页数）
GRUR❶	《国际工业产权保护和著作权》，德国工业产权保护和著作权联合会杂志，国际部分（年份和页数）
HABM	内部市场协调局
i. S. d.	依据
i. V. m.	结合
MarkenG	商标法（德国）
Mitt.	《德国专利律师报道》（年份和页数）
PatG	专利法（德国）
PVÜ	保护工业产权巴黎公约
R	规章
RiLi	共同体外观设计无效宣告程序（NiVerfGGM）审查指南
Rn.	在其他出版物中的边码
Rdn.	在本书中的边码
s.	参见
SchriftZG	德国字体法
UrhG	德国著作权法

---

❶ 原书如此。全称为"Int. Gewerblicher Rechtsschutz und Urheberrecht, Zeitschrift der deutschen Vereinigung für gewerblichen Rechtsschutz und Urheberrecht, Internationaler Teil（Jahr und Seite）"。——译者注

UWG	德国反不正当竞争法
v.	的
vgl.	参见
ViM	工业外观设计条例（德意志民主共和国）

文 献 目 录

Eichmann/v. Falckenstein/Kühne   Designgesetz, 5. Aufl. 2015

Kahlenberg   Ein europäisches Geschmacksmusterrecht, 1997

Kunze   Das neue Geschmacksmusterrecht, 2004

Nirk/Kurtze   Geschmacksmustergesetz, 2. Aufl. 1997

Zentek   Ein Handbuch für Recht in Kunst und Design, 1998

目　　录

A
引　言

外观设计权旨在为工业产品或手工制品具有新颖性和独特性的外观形式提　1
供保护。除了以注册式共同体外观设计的形式在欧盟知识产权局进行为了得到
保护所需的申请程序之外，非注册式共同体外观设计在未进行注册的情况下自
首次公开之日起得到保护。

本书涉及德国外观设计权和共同体外观设计权的所有主要方面。应注意的　2
是，已于 2014 年 1 月 1 日通过的《外观设计现代化法》将"外观设计法"的
德语名称由"Geschmacksmustergesetz"修改为"Designgesetz"，并且将术语
"外观设计"的德语"Muster"或"Geschmacksmuster"修改为"Design"（外
观设计）或"eingetragenes Design"（注册式外观设计）。何时以及是否将共同
体外观设计的德语由"Gemeinschaftsgeschmacksmuster"修改为"Unionsde-
sign"，目前还不得而知。尽管根据《共同体外观设计条例》（GGV），"共同
体外观设计"的德语是"Gemeinschaftsgeschmacksmuster"，但为了简化语言，
本书仍优先使用新的术语"Design"（外观设计）。然而，这种简化并非始终如
此。此外应注意的是，以前主管共同体外观设计的"内部市场协调局"（Har-
monisierungsamt für den Binnenmarkt，HABM）于 2016 年春季更名为"欧盟知
识产权局"（Europäisches Amt für geistiges Eigentum，EUIPO）。本书第 4 版的
全文中通篇使用这个新名称。

本书对于根据外观设计海牙协定的国际注册（IR）外观设计以及美国、　3
日本、中国和韩国的外观设计权分别给出了概述（参见第 L ~ P 章）。

应注意的是，产品的外观设计（Design）也可以通过其他法律来得到保　4
护，例如通过《德国商标法》以立体商标的形式来得到保护（参见第 Q 章）。
如果被抄袭的产品具有有竞争力的独特性，并且涉及竞争法（参见第 R 章），
则也可以由《德国反不正当竞争法》（Gesetz gegen den unlauteren Wettbewerb，

UWG）提供保护以防止抄袭。对于应用艺术和建筑艺术的作品，可考虑通过《德国著作权法》来得到保护（参见第 S 章）。

5　　　由于本书也旨在简化工作并且用作参考资料，因此重要的法律条文、条例和词语索引列表以及欧洲洛迦诺分类一览表均转载于附件中。

6　　　在此需要指出的是，以欧盟国家各自的官方语言提供的对《共同体外观设计条例》的官方翻译可能存在翻译偏差。因此，如有疑问，建议参考EUIPO网站上的英文原版《共同体外观设计条例》。

B

保护形式：注册式外观设计和
非注册式外观设计

《共同体外观设计条例》（欧共体，EG❶）第 6/2002 号（GGV，参见附件　7
1）以及欧盟成员国经过相互协调的《德国外观设计法》以 1998 年 10 月 13 日
的欧盟指令 98/71/EG 为基础。欧盟指令 98/71/EG 给出了下述法律术语的统
一定义：外观设计 Design（= Muster）、产品和复合产品、新颖性和独特性的
保护要件、保护范围、保护期、无效理由、不予注册的理由以及外观设计权利
人的权利。

《共同体外观设计条例》于 2002 年 1 月 5 日公布，并于 2002 年 3 月 6 日　8
生效。由此建立起使共同体外观设计在整个欧共体内获得统一保护和统一效力
的系统❷。

《共同体外观设计条例》在生效之前已经历了很长的过程。为了促进欧洲　9
范围内外观设计保护的统一，欧盟委员会于 1991 年公布了一份关于工业外观设
计保护的绿皮书，该绿皮书也对共同体外观设计进行了规定，但关于外观设计保
护的衔接和替代部分的讨论大大延迟了立法程序，最终，这一点仍悬而未决，并
且可能会通过欧盟指令 98/71/EG 的后续修订重新确定（参见 Rdn. 230 ff.）。

《共同体外观设计条例》规定了两种保护形式：注册式共同体外观设计和　10
非注册式共同体外观设计。

随着《共同体外观设计条例》于 2002 年 3 月 6 日生效，产生了非注册式　11
共同体外观设计。非注册式共同体外观设计对未进行注册的外观设计提供为期
3 年的阻止抄袭保护。由于在《共同体外观设计条例》生效之前为了获得外观

---

❶　EG 为欧洲共同体的德语名称 "Europäische Gemeinschaft" 的缩写。——译者注
❷　Art. 1 Abs. 3 GGV.

设计保护需要进行相应申请❶，所以至少对于德国申请人而言，非注册式共同体外观设计开了先例。

12   从 2003 年 4 月 1 日起，可以在阿利坎特市（西班牙）的欧盟知识产权局（EUIPO）申请和注册注册式共同体外观设计。注册带来更大的权利稳定性，并且提供最长 25 年的绝对保护。

13   对于《共同体外观设计条例》，欧盟委员会通过了实施细则（GGDV）和收费细则（GGGebV），附件中附有所述细则。

14   基于欧盟指令 98/71/EG 提出了与该指令协调的新《德国外观设计法》（GeschmG），新的《德国外观设计法》于 2004 年 6 月 1 日生效，它取代了可追溯到 1876 年的旧《德国外观设计法》（GeschmG a. F.）。"外观设计法"的原德语名称"Geschmacksmustergesetz"于 2014 年 1 月 1 日被修改为"Designgesetz"，其中，术语"外观设计"的德语"Muster"或"Geschmacksmuster"也使用现代化用语并且被修改为"Design"（外观设计）或"eingetragenes Design"（注册式外观设计）。

15   根据新《德国外观设计法》（参见附件4），外观设计仅通过在德国专利商标局进行申请和注册就能得到保护。《德国外观设计法》不对非注册式外观设计提供保护，但这也是不必要的，因为非注册式共同体外观设计也在德国适用。

16   在《德国外观设计法》（DesignG）生效的同时，新《德国外观设计法实施细则》（DesignV）也开始生效。《德国外观设计法实施细则》（参见附件5）对申请程序、外观设计海牙协定和注册之后的程序进行了规定，例如新引入的无效程序的具体细节（见表 B-1）。

17   **表 B-1　保护权形式一览表**

	德国外观设计	注册式共同体外观设计	非注册式共同体外观设计
生效日期	2004 年 6 月 1 日	2003 年 4 月 1 日	2002 年 3 月 6 日
产生方式	申请注册	申请注册	于欧盟公开
保护期	自申请起 最长 25 年	自申请起 最长 25 年	自首次公开起 3 年
权利	阻止抄袭 和并行创作	阻止抄袭 和并行创作	只阻止抄袭

---

❶　不考虑少数例外，例如英国。

C
外观设计权的实质性条件

I．保护主题

《共同体外观设计条例》（GGV）和《德国外观设计法》（DesignG）包含 18
可获得外观设计保护的保护主题的法律定义，这些法律定义基于欧盟指令98/
71/EG 第 1 条，并且在很大程度上与其措辞一致。理解这些法律定义应脱离于
到目前为止在国家或者地区的外观设计法律中的概念。

1. 外观设计和外观

外观设计是指产品的整体或部分的外观（GGV 第 3a 条；DesignG 第 1 条 19
第 1 项），其中，德国法律还明确规定，外观必须是二维或者三维的。在此，
外观尤其能够由下述方面的特征而产生：

- 线条； 20
- 轮廓；
- 色彩；
- 形状；
- 表面结构和/或
- 产品本身的材料和/或
- 产品装饰物的材料。

外观是产品的所有外观特征的总和。 21

由于外观设计保护涉及产品的外观，但不涉及该产品本身，因此，既不保 22
护原型，也不保护根据原型来制造的产品本身，而是保护在原型和产品上都显
示出来的外观。

23   与此不同的是，按照以前的德国法律，保护主题是用于展示进行仿制和复制的工业品外观设计的视图或者样品❶。根据以前的德国法律，独立的可移动性是保护要件之一，而现在不再要求外观设计具有独立的可移动性。因此，外观设计保护也不再局限于可移动物品，现在也可以对诸如房屋或者桥梁的建筑物进行外观设计保护。

24   此处仅示例性地而非穷尽地列举了能够构成外观的特征。外观不仅包括从视觉上能够感知的效果，还（与以前的德国法律所规定的内容不同的是❷）包括触觉效果❸。这一点通过将"表面结构"看作可能的外观设计要素而明确❹。重量、触摸感觉或者可弯性也能够算作其外观。这样的特征通常不满足图形可表示性的申请要求（GGV 第 36 条第 1c 款；DesignG 第 11 条第 2 款第 3 项），然而它们完全能够共同构成非注册式共同体外观设计。

25   在较早以前的德国法令法规和判决中会使用"样品""美学效果"或者"美学考虑"等术语，而在欧盟指令 98/71/EG、GGV 和 DesignG 中均特意不使用这些术语。尤其是，根据欧盟指令 98/71/EG，外观设计不必一定具有美感❺。仅仅视觉上或触觉上的可感知性就足以获得外观设计保护。体现该外观设计的产品的用途和/或使用目的或者该产品的产生过程并不重要。

2. 产品

26   虽然最终对外观设计起决定性作用的是外观，但是产品的存在是外观设计保护的基本前提。

27   产品指的是任何工业产品或者手工业制品（GGV 第 3b 条；DesignG 第 1 条第 2 项）。例如：

28   － 用以组装成复合产品的零件，

      － 包装，

      － 装潢，

      － 图形符号和

      － 印刷字体。

---

❶ BGH GRUR 1977, 547 – Kettenkerze.

❷ 根据以前的德国法律，只有那些通过眼睛而带来颜色和/或形状上的意义的视图或者样品才能够受到保护，参见：*Nirk/Kurtze*，Geschmacksmustergesetz，§1 Rn. 49.

❸ *Eichmann/v. Falckenstein/Kühne*，Designgesetz，§1 Rn. 35.

❹ KOM（93）342；*Kahlenberg*，Ein europäisches Geschmacksmusterrecht—Baustein im System des europäischen gewerblichen Rechtsschutzes，1997，S. 117 m. w. N.

❺ 参见：Erwägungsgrund 13 der EU – Richtlinie 98/71/EG und Erwägungsgrund 10 der GGV.

如果外观所基于的物品不是 GGV 或者 DesignG 意义上的产品，则不能给予保护。在上文中列举的包含在这些法律中的可保护物品示例表明产品这一术语所涵盖的范围很广。

可通过工业或者手工业制造的物品可以是一件式的或者多件式的。在这方面，产品部件（零件或者结构元件）的外观也能够构成可获得保护的外观设计，无论该部件是否为整体产品的重要组成部分。

产品也可以是包装，因为潜在购买者面对的正是包装。包装能够使商品流通，能够保护商品，也能够使人注意到包装中的物品。在这里，对包装的保护与被包装的物品的可保护性无关。

装潢指的是商品、包装或者其他物品的装饰。这包括房间、商店、火车、飞机或者餐馆的内部装潢或者娱乐场所、停车场的壁画（参见 Rdn. 35）。

图形符号和印刷字体虽然在语言学意义上并非产品，但是根据法律定义也能够构成产品的外观。例如，象形图、十二生肖、奖章、标签、徽章或者标识就是图形符号。特别构型的花押字也能够作为图形符号而获得保护。值得一提的是，与商标法不同，图形符号的含义内容不是保护主题（参见 Rdn. 1300 ~ 1302）。根据以前的德国法律，通过字符法结合旧版本的《德国外观设计法》来保护字符。

应考虑的是，在申请外观设计时，应对采纳该外观设计或者使用该外观设计的产品进行说明，虽然这个说明原则上不限定注册式外观设计的保护范围（GGV 第 36 条第 6 款；DesignG 第 11 条第 5 款；也参见 Rdn. 145）。

也存在不以产品为基础的外观。但是这些外观不能够获得外观设计保护，具体地，以下属于这种不能够获得外观设计保护的情形❶：

－　与产品无关的色彩本身不是产品的外观。但是，色彩可以是外观设计的关键元素。如果根据视图的轮廓能够确定颜色组合涉及一件产品（例如洛迦诺分类的大类 32 中的标识或者图形符号），则这样的颜色组合是允许的。

－　屏幕显示器和屏幕符号以及计算机程序的其他类型的可见元素的外观设计是可登记的（参见洛迦诺分类的大类 14，小类 04）。

－　与产品无关的香味和气味本身同样不构成产品的外观。

－　纯单词或者字母序列本身也不构成产品的外观。如果外观设计的视图白纸黑字地由标准字体的单词或者字母序列构成并且不包含其他特征（例如图形元素，如特别的造型、书法或者字体，特殊的笔法或者颜色），则不构成产品的外观。相反，如果单词或者字母序列具有特别的风格，这个风格可以被视为图像元素，则能够因此构成外观。举例来说，在下文中示出了注册式共同

29

30

31

32

33

34

35

36

---

❶　EUIPO Prüfungsrichtlinien für eingetragene Gemeinschaftsgeschmacksmuster v. 1. 8. 2016, Ziff 4. 1 ff.

体外观设计 No. 4932 – 0001（见图 C – 1❶）：

Hisamitsu

图 C – 1　GGM No. 4932 – 0001❷

- 在这样的外观设计中，含义内容并非保护主题。

- 同样，纯音乐和音调也不是产品的外观。但是，音乐作曲的图形视图能够作为"其他印刷品"（洛迦诺分类 19 – 08）来登记；但是，保护范围不包括音乐的演奏。

- 活的植物或者动物不被视为工业上或者手工业上可制造的物品，因此被排除在保护范围之外。对于植物、花卉、水果等的在其自然状态下的外观，原则上不认为是外观设计。与此相比，仿真的花卉或者植物是工业上或者手工业上可制造的物品，因此，这些原则上可获得保护。

- 当在申请中具体的成品（例如建筑物）被视为产品时，如果蓝图、房屋设计图、其他建筑设计图或者室内设计或者景观设计（例如花园）未示出所给出的成品的外观，则它们不满足外观设计的定义。因此，如果在申请中该产品的名称叫作"房屋"（洛迦诺分类 25 – 03），并且该申请包含该外观设计的以示例性地在下文中示出的平面图形式的视图，则该视图与所给出的产品不相同，因为这个平面图并不是建筑物的外观。该外观设计不像其在申请中给出的那样，由产品的整体或者部分的外观构成（参见 Rdn. 319 ~ 320）（见图 C – 2）。

图 C – 2　平面图

---

❶ "见图 C – 1"及下文中"图 × × 为 × × 的例子"等含图序的类似描述为译者所加，以下不再说明。——译者注

❷ 全书图序和图名为译者所加。——译者注

－ 能够视为蓝图或者设计图的外观设计与能够视为装潢或者装饰的外观设计之间的界线不易分清。例如，外观设计（诸如商店、火车或者餐厅的内部装潢或者游乐园或者停车场的外部构型）是被登记还是被驳回，取决于偏向于将该视图视为蓝图或者设计图还是视为装潢或者装饰。

－ 在下面示出的注册式共同体外观设计 No. 77615－001 中，该外观设计的重点更多地放在装潢或者装饰上，而不是放在蓝图或者设计图上（见图 C－3）。因此，它被视为成品的外观设计。

图 C－3　GGM No. 77615－001

－ 照片本身示出产品的外观，因此符合外观设计的定义。例如，下面示出的 No. 285879－0001 的申请被承认为注册式共同体外观设计（见图 C－4）。这样的产品能够被分类为"书写纸、用于通信和广告的卡片"（洛迦诺分类 19－01）或者"其他印刷品"（洛迦诺分类 19－08）。

图 C－4　GGM No. 285879－0001

3. 复合产品和"成套产品"

以下产品称为复合产品：产品由多个结构元件组成，所述结构元件能够被替换，因此所述产品能够被拆分和重新组装（GGV 第 3c 条；DesignG 第 1 条第 3 项）。这样的产品也涵盖在产品的定义中，因此，复合产品的外观也可以获得保护。图 C－5 所示为汽车形式的复合产品的例子。

37

38

图 C-5　复合产品：GGM No. 21

39　　　有明确规定，无论整件产品是否可获得外观设计保护，这样一个复合产品的零件可以获得外观设计保护（GGV 第 3b 条；DesignG 第 1 条第 2 项）。

40　　　由多个物品组成但不能拆分和重新组装的产品不是复合产品。由于外观设计是一个产品的外观（GGV 第 3a 条；DesignG 第 1 条第 1 项），因此，申请主题只能够是同一产品。就这点而言，原则上多件相互独立的物品的一种排列不能是申请的主题。但是，这不适用于下述情况：存在多个元素，每个元素单独来看都与现有外观设计相比区别不大，但是这些元素的全貌却与现有外观设计明显不同。在这种情况下，各个元素必须具有内在的关联性，或者必须在美感和功能上相互补充❶。如果各个产品之间存在这种表明这些产品是一个总产品的部件的关联性，则考虑进行成套产品（set of article）的申请。成套产品申请的例子除了餐具或炊具系列之外，还包括夹克和裤子在内的男士西装、棋盘及其棋子或者具有可连接配件的光学设备❷，图 C-6 所示为共同体外观设计 No. 146873 的例子。对于内在的关联性而言，仅仅用途相同是不够的。成套产品不能与外观设计的变形混淆。同一设计思路的不同实施方式不能汇总在一件申请中，因为每种实施方式都是独立的外观设计。

41

图 C-6　成套产品：GGM No. 146873❸

---

❶　也参见：EUIPO Prüfungsrichtlinien für eingetragene Gemeinschaftsgeschmacksmuster v. 1. 8. 2016，Ziff. 5. 2. 7.

❷　参见：*Eichmann/v. Falckenstein/Kühne*，Designgesetz，§1 Rn. 29 m. w. N.

❸　原为正文一独立段落，译者调整为图名。——译者注

Ⅱ. 保护要件

外观设计，即工业上和手工业上可制造的物品的外观，只有其具有新颖性 42
和独特性（GGV 第 4 条第 1 款；DesignG 第 2 条第 1 款），才可以获得保护。
附加的，下述内容适用于作为复合产品的结构元件的产品：只有当所述产品在
常规使用时保持可见并且只有当这些可见特征本身满足新颖性和独特性的条件
时，这些产品才被视为具有新颖性和独特性（GGV 第 4 条第 2 款；DesignG 第
4 条）。

1. 新颖性

原则上，如果在对于新颖性起决定性作用的日期之前未公开或者公布相同 43
的外观设计，则该外观设计被视为具有新颖性（GGV 第 5 条第 1 款；DesignG
第 2 条第 2 款）。

在评价新颖性时，如果外观设计的特征仅在不重要的细节方面有所不同， 44
则外观设计被认为是相同的（GGV 第 5 条第 2 款；DesignG 第 2 条第 2 款）。
因此，在评价新颖性时，重要的不是共同点，而是与要比较的外观设计之间的
区别。与已知的外观设计非常接近的纯复制品和设计会丧失新颖性。不同的空
间尺寸或者与色调搭配的无意义偏差不会导致具有新颖性。原则上，一项外观
设计具有新颖性所需满足的要求比较低。

下面给出了虽然细节不同但仍不具有新颖性的示例。 45

不具有新颖性示例（2004 年 12 月 3 日的 EUIPO 无效程序 ICD65），如 46
图 C-7所示。

GGM 000005269 - 0002　　　　　　　已知外观设计
图 C-7　不具有新颖性示例（一）

不具有新颖性示例（2005 年 9 月 15 日的 EUIPO 无效程序 ICD545）， 47
如图 C-8 所示。

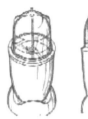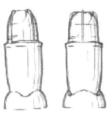

GGM 000129515 - 0003　　　　　已知外观设计

图 C - 8　不具有新颖性示例（二）

48　　如果外观设计仅由于微小改变而相对于已知的外观设计具有新颖性，则其通常不会满足独特性的保护要件。

49　　但是在下面的示例中，认为加热体具有新颖性和独特性，尤其基于下述理由：在上侧设置有用蓝光来照明的玻璃板。

50　　具有新颖性和独特性示例（2009 年 5 月 18 日的 EUIPO 无效程序 ICD5155），如图 C - 9 所示。

GGM 757547 - 0003　　　　已知外观设计（GGM 330402 - 0014）

图 C - 9　具有新颖性和独特性示例

51　　如果一项外观设计已公开、已展出、已流通或者以其他方式已向公众公开，则该外观设计被视为已公布或者已公开（GGV 第 7 条第 1 款；DesignG 第 5 条前半句）。

52　　然而，新颖性概念具有相对性：如果在正常的商业活动中，一项外观设计没有被在共同体境内经营的相关行业圈知晓，则其被视为未向公众公开（GGV 第 7 条第 1 款；DesignG 第 5 条）。

53　　原则上，在审查新颖性时应考虑所有已向公众公开的外观设计，无论它们从属于哪个行业或者哪些行业圈。只有当相关行业的行业圈不可能已知公开内容时，这样的公开内容才应该是不破坏新颖性的❶。

---

❶ 参见：Englische Entscheidung des Court of Appeal（Civil Division）23. 4. 2008，[2008] EWCA Civ 358 - Dryerballs，Abs. [1]，[9] und [79].

在这种背景下，外观设计、商标和发明专利的官方公开内容都应包含在已 　54
被共同体境内经营的相关行业圈所知晓的现有外观设计中❶。此外，实用新型
应自其向公众公开之日起，即自其登记到登记簿上起❷就被视为已被行业圈所
知晓的公开内容。

此外，在欧盟中出现的杂志、报纸和手册中的公开内容也应被视为已被行 　55
业圈所知晓。❸

如果公开内容在很久以前或者在很遥远或不能到达的地方得到公开，以至 　56
于该出版物不能够被考虑到，则该出版物能够被视为未被行业圈所知晓。❹ 原
则上，公布的地点并不重要，因为新颖性概念没有地域界限。然而，在审查新
颖性时，相对限制在欧洲共同体中经营的行业圈所具有的知识之内；在欧洲共
同体以外经营的行业圈所具有的知识不重要。

因此，GGV 的客观相对新颖性概念与以前的德国法律规定的客观相对新 　57
颖性概念相似。❺

由于通信手段和信息媒介的现代化以及市场的日益全球化，对用于证明欧 　58
共体内部或外部的公开内容无法为行业圈所知晓的证据会提出很高的要求。

但是，如果外观设计在明确规定或者默认的保密条件下仅向第三方公布， 　59
则该外观设计被视为未向公众公开（GGV 第 7 条第 1 款第 2 句；DesignG 第 5
条第 2 句）。如果基于忠诚关系或者信任关系而能够预期第三方保密，则通常
能够认为存在默认的保密条件。❻ 如果第三方破坏了保密义务，则该设计仍视
为已向公众公布。如果最早在申请日或者优先权日之前 12 个月发生这样的公
布，则这样的公布可被忽视（GGV 第 7 条第 2 款和第 3 款；DesignG 第 6 条）。

就非注册式共同体外观设计而言，对于新颖性审查而言关键的规定日期是 　60
该外观设计首次向公众公开的日期（GGV 第 5 条第 1a 款）。对于非注册式外
观设计的后续主张而言重要的是，外观设计权利人充分记录其首次向公众公开
该外观设计的日期，以便他能够对此提供证明（GGV 第 85 条第 2 款；参见
Rdn. 277）。

就注册式共同体外观设计而言，对于新颖性审查而言关键的规定日期是在 　61

---

❶　Nichtigkeitsabteilung EUIPO Nichtigkeitsentscheidung ICD 24 v. 27.4.2004 und ICD 65 v.
3.12.2004；Nichtigkeitsabteilung EUIPO ICD 420 v. 20.6.2005 und ICD 990 v. 17.8.2006.

❷　参见：§8（5）S. 1 GbmG 以及 *Bühring*, Gebrauchsmustergesetz, §8 Rn. 44.

❸　Nichtigkeitsabteilung EUIPO ICD 1014 v. 20.1.2006.

❹　对此也参见：BT - Drucks. 15/1075 vom 28.5.2003, zu §5, S. 35.

❺　BGH GRUR 1969, 90 - Rüschenhaube；*Nirk/Kurtze*, Geschmacksmustergesetz, §1 Rn. 132 ff.

❻　例如参见：BGH GRUR 1963, 311 - Stapelpresse.

EUIPO 或者在 DMPA 申请登记的日期，或者（在要求优先权的情况下）是优先权日（GGV 第 5 条第 1b 款；DesignG 第 13 条第 2 款）。因此，能够要求外国优先权（GGV 第 41 条；DesignG 第 14 条），或者根据德国法律也能够要求展览优先权（DesignG 第 15 条）。德国的外观设计法和欧盟的外观设计法没有规定类似发明专利法（《德国专利法》第 40 条）和实用新型专利法（《德国实用新型法》第 6 条）中的本国优先权那样的内部优先权（也参见 Rdn. 349）。❶

62 　　已申请的但尚未公开的外观设计与在后申请相抵触（参见 GGV 第 25 条第 1d 款；DesignG 第 33 条第 2 款第 2 项；Rdn. 551、596）。

2. 独特性

63 　　如果一项外观设计给予知情用户的整体印象不同于已知外观设计的整体印象，则该外观设计具有独特性（GGV 第 6 条；DesignG 第 2 条第 3 款）。因此，对于独特性程度而言，关键的是已知外观设计与新外观设计的区别程度。通过单独比较所审查的外观设计与相应已知外观设计，确定所述区别。❷ 在评判一项外观设计是否具有独特性时，不要求该外观设计高于平均水平、具有一定的最低设计水平或者具有美感。❸

64 　　为了评价一项外观设计是否具有足够的独特性，应当将设计者在开发要保护❹的外观设计时的设计自由度考虑在内（GGV 第 6 条第 2 款；DesignG 第 2 条第 2 款）。设计自由度与使用或者包含该外观设计的产品的类型相关，并且与相应的工业部门相关。❺ 在这里，产品的类别、功能和用途可能是重要的。设计自由一方面可能受到很多已知外观设计（高外观设计密度）的限制，另一方面可能受到一些设计规定的限制，这些设计规定可以是技术性的或者人体工程学方面的。

65 　　在评价所比较的外观设计之间是否存在不同的整体印象时，应考虑到与设计自由度相关的相互作用。设计自由度越低，对独特性提出的要求越低。因此，在设计自由度较高时，与现有外观设计相接近是不利的，因为在这种情况下知情用户会更容易认为整体印象一致。❻

66 　　在这里，对于独特性而言至关重要的外观设计整体印象是通过该外观设计

---

❶ *Eichmann/v. Falckenstein/Kühne*，Designgesetz，§ 14 Rn. 1.

❷ BGH WRP 2010，896 – Verlängerte Limousinen.

❸ Erwägungsgrund 10 der GGV；BGH WRP 2010，896 – Verlängerte Limousinen.

❹ BGH GRUR 2011，142 – Untersetzer.

❺ Erwägungsgrund 13 der EU – Richtlinie 98/71/EG und Erwägungsgrund 14 der GGV.

❻ EUIPO Nichtigkeitsentscheidung ICD 16 v. 27. 4. 2005.

的显著特征来确定的。❶ 如果一项外观设计的显著特征与已知外观设计的显著
特征不同，则原则上应当认为该外观设计具有独特性。

在审查新颖性时进行特征比较但不评价整体印象的特色，而在审查独特性 67
时应当关注那些使整体印象具有特色的特征。

例如，如果一项外观设计具有区别于已知外观设计的特征，则该外观设计 68
能够相对于该已知外观设计具有新颖性。但是，只有当那些相对于已知外观设
计新颖的特征至少同时使该外观设计的整体印象具有特色时，该外观设计才相
对于已知外观设计具有独特性。如果一项外观设计具有这种新颖的并且至少同
时使该外观设计的整体印象具有特色的特征，则应当认为该外观设计具有独
特性。

在下面的例子中，虽然由于与所比较的外观设计不同而认为具有新颖性， 69
但不认为具有独特性。

具有新颖性但不具有独特性示例（2004 年 12 月 15 日的 EUIPO 无效程序 70
ICD321），如图 C - 10 所示。

GGM 000062005 - 0001：植物容器   已知的植物容器

图 C - 10　具有新颖性但不具有独特性示例（一）

在上面示出的共同体外观设计中，EUIPO 主管无效的部门得出下述结论： 71
所对比的外观设计都涉及植物容器并且都具有以下特征：

---

❶　与商标权类似，尤其参考：BGH GRUR 1996, 198 - Springende Raubkatze, bestätigt durch EuGH
GRUR 1998, 387.

72   － 植物容器具有方形的平面图；

        － 镶板在植物容器的侧面上沿竖直方向延伸；

        － 镶板是细长形的，具有相同的比例和相同的（三角形）横截面；

        － 植物容器是直立的；

        － 植物容器由石头材料制成。

73   但是，EUIPO 认为，所对比的外观设计在以下两个特征方面有所区别：

74   － 在已知外观设计中，角是斜角，而在该共同体外观设计中，角是
直角；

        － 在已知外观设计中，镶板的三角形是不对称的，而在该共同体外观设
计中，镶板的三角形是对称的。

75   由于这两个区别特征，认为该外观设计具有新颖性。但因为在侧面的倾斜
视角中很难看出来镶板构型为对称的或者不对称的三角形的区别，所以认为不
具有独特性；无效部门认为，在倾斜视角中，侧面几乎一样。在植物容器的角
的构型方面的区别不影响这两个外观设计整体印象的一致性。

76   具有新颖性但不具有独特性示例（2010 年 3 月 13 日的 EuG T9/07）❶，如
图 C-11 所示。

GGM No. 77463-001：用于游戏的促销品

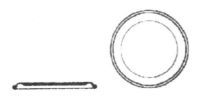

已知外观设计 GGM No. 53186-0001：用于游戏的金属板

图 C-11   具有新颖性但不具有独特性示例（二）

77   虽然在申请中产品被称为"用于游戏的促销品"，但是无效部门所做出的
决定指出该产品属于更专门的类别，即名为"翁仔标"的类别，这些是儿童

---

❶ EuG GRUR-RR 2010，189-Grupo Promer.

游戏。在维基百科中，"翁仔标"指的是用于进行收集和玩耍的用来封闭牛奶瓶或果汁瓶的薄片（见图 C – 12）。

图 C – 12　维基百科中"pogs"的示意图

5 ~ 10 岁的孩子以及负责这种促销品的营销部门的负责人被视为知情用户。在设计者的设计自由度方面，认为设计自由度"非常有限"，因为设计者在进行设计时尤其要考虑以下特征：小型的、由塑料或金属制成的、扁平或者接近扁平的圆片，在所述圆片上能够印刷图像，所述圆片通常中间拱起，从而使得当按到圆片中心上时会产生声音。 **78**

在独特性方面已经确认这两项外观设计具有相同的整体印象。这两项外观设计之间的某些相似之处不是由于限制设计者的设计自由度而产生的结果，因此应当加以考虑。尤其是那些具有设计自由的特征没有以与已知外观设计不同的方式来构造。中心的同心圆本来可以很容易构造成不同的形状，例如三角形、六角形、正方形或者椭圆形。然而，现有区别（不同的同心圆、不同的拱形、不同的比例）很小，尤其是在俯视时，用户很难感受到这些现有区别，这导致没有给用户留下不同的整体印象。 **79**

具有新颖性但不具有独特性示例（2008 年 5 月 26 日的 EUIPO 无效程序 ICD4158），如图 C – 13 所示。 **80**

这个案例与下述问题有关：所讨论的涉及"便携式媒体播放器"的外观设计是否由于在先登记和公布的外观设计而无效。 **81**

GGM 489075 – 0001　　　　　　已知外观设计 GGM 450796 – 0002

图 C – 13　具有新颖性但不具有独特性示例（三）

82   已确定，受争议的外观设计具有以下特征：

83   — 矩形的、竖直定向的壳体形状；

— 圆角；

— 正面上设置有在上边缘居中布置的矩形显示屏；

— 在显示屏下方居中布置的、由同心圆组成的圆形控制元件。

84   在受争议的外观设计中，显示屏包括壳体的上半部分并且为正方形，而在已知外观设计中，显示屏仅包括壳体的大约 1/3 并且为矩形。因此，认为受争议的外观设计具有新颖性。

85   此外还已确定，知情用户熟悉 MP3 音乐播放器。该知情用户已知，在市场上有多种这样的播放器，并且它们的形状只通过其技术功能性来限制。受争议的外观设计和已知外观设计分别具有矩形的基本形状以及在设备上部区域中的四边形显示屏和圆形操作元件。知情用户会专注于外观设计的这些显著的共同特征。而显示屏的不同比例只有在直接比较这两个设备时才突出，因此并不适合给予知情用户不同的整体印象。因此，认为该受争议的外观设计不具有独特性。

86   下面列举了认为具有独特性的例子。

87   具有新颖性和独特性示例（2005 年 7 月 8 日的 EUIPO 无效程序 ICD453），如图 C – 14 所示。

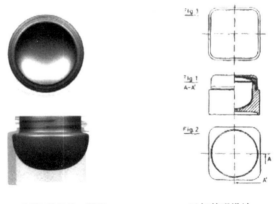

GGM 124243 – 0013   已知外观设计

图 C – 14   具有新颖性和独特性示例（一）

88   在俯视图中，使整体印象有特色的外轮廓虽然是四边形的，但是为隆起的，因此认为该共同体外观设计相对于所示出的具有彼此平行的侧壁的已知外观设计具有新颖性和独特性。在护理剂盒领域中外观设计密度比较高，因此，即便区别较小也足以具备独特性。

89   具有新颖性和独特性示例（2005 年 6 月 14 日的 EUIPO 无效程序

ICD263），如图 C - 15 所示。

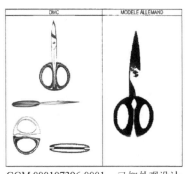

GGM 000107396-0001 已知外观设计
剪刀

图 C - 15 具有新颖性和独特性示例（二）

　　在这里，不同的手柄构造方案已足以形成不同的整体印象。而且，在剪刀 90
领域中外观设计密度比较高，因此，即便区别较小也足以具备独特性。

　　在另一种情况下，认为在产品组"杯垫"这一领域中存在比较大的设计 91
余地，因为通过使用目的只预先确定了杯垫的上表面必须基本是平坦的和水平
的。除此之外，杯垫在形状、结构和材料方面几乎不受限制。由此得出的结论
是，在确定独特性时应当对可区别性相应提出更高要求。❶

　　具有新颖性但不具有独特性示例（2007 年 4 月 30 日的 EUIPO 无效程序 92
ICD2178），如图 C - 16 所示。

已知外观设计

GGM No.171178-0004

图 C - 16 具有新颖性但不具有独特性示例（四）

---

❶ OLG Frankfurt GRUR - RR, 2009, 16, 17 - Plastik-Untersetzer, bestätigt von BGH GRUR 2011, 142.

93   这个案件涉及发电机的外观，该发电机已登记为共同体外观设计
No. 000171178 – 0004。将其与下面示出的已知外观发电机进行对比。

94   尤其是基于在椭圆形插头区域和附加的椭圆形进气口方面的区别，认为该
共同体外观设计具有新颖性。然而，这些区别不足以产生不同的整体印象。

95   原则上，为了确定整体印象，对所比较的外观设计的那些确定外观的特征
进行特征分析。❶ 在此，可以根据各个特征对整体印象的相应贡献来权衡这些
特征，可以忽略对整体印象无贡献的特征。但是，不能忽略各个特征之间的相
互影响。

96   因为在审查独特性时应分别进行所要求保护的外观设计与单个已知外观设
计之间的单独比较（GGV 第 6 条；DesignG 第 2 条第 3 款），所以在审查独特
性时不允许多个已知外观设计组成的结合（根据以前的法律❷，在审查独特性
时允许这种结合，并且专利法❸在评价创造性时也进行这种结合）。❹ 因此，如
果一项外观设计的整体印象恰好通过相应的单个已知特征的"重新"组合而
具有特色但整体上与各个已知外观设计明显不同，则两个或多个已知的单个外
观设计的特征鲜明的组成部分的组合不一定会破坏所要求保护的外观设计的独
特性。例如，如果一项外观设计由带有盖子的罐子组成，罐子本身是已知的，
并且（与罐子无关的）盖子本身也是已知的，那么罐子和盖子的重新组合仍
然可能具有独特性。

97   关于这一点，值得一提的是下面这个案例，在该案例中，受争议的外观设
计的各个特征已由不同的外观设计公开。

98   具有新颖性和独特性示例（2005 年 10 月 27 日的 EUIPO 无效程序
ICD362），如图 C – 17 所示。

99   相互对比的物品都由用于笔的夹子和夹子保持装置组成。就新颖性而言，
EUIPO 无效部门认为，在涉案共同体外观设计中，夹子保持装置构造为闭合套
环，其具有倾斜的上边缘和平坦的下边缘。D1 公开了一种保护帽形式的夹子保
持装置，该夹子保持装置单侧封闭并且在夹子的长度上有所延伸。相反，在 D2
中，夹子保持装置构造为敞开的套筒，该套筒具有倒圆角的边缘。由于上述夹子
保持装置的形状不同，D1 和 D2 都不会破坏该共同体外观设计的新颖性。因为
D1 和 D2 中的夹子保持装置的形状和该共同体外观设计中的夹子保持装置的形状

---

❶ 对此参见：*Engel*，Formenanalyse im Geschmacksmuster – Verletzungsprozess，Mitt. 2005，221.

❷ *Nirk/Kurtze*，Geschmacksmustergesetz，§ 1 Rn. 173，174 ff.

❸ 参见：*Schulte*，Patentgesetz，§ 4 Rn. 20.

❹ BGH WRP 2010，896 – Verlängerte Limousinen，m. w. N.；EuG C345/13 v. 19. 6. 2014.

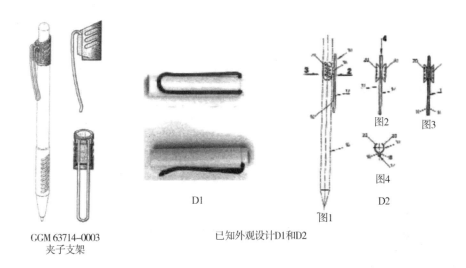

GGM 63714–0003
夹子支架

D1

已知外观设计D1和D2

图2 图3

图4

图1 D2

图 C – 17 具有新颖性和独特性示例（三）

不同必然会导致产生不同的整体印象，所以 EUIPO 认为该设计具备独特性。

在评价独特性时，依靠的不是相应的行业圈，而是知情用户。知情用户了 100
解相关领域中存在的各种外观设计并且对这些外观设计通常具有的元素有一定
的了解，而且由于他们对产品的兴趣而以相当高的注意力来使用这些产品，因
此，知情用户这一概念可以理解为对由于其个人经验或者在相关领域中的广泛
知识而特别敏锐的用户的称呼。[1] 知情用户既不是产品的制造商也不是产品的
销售商；知情用户对涉及有争论的产品的外观设计的现状有一定的了解。[2][3]
但是，仅有限地熟悉某个特定领域的终端用户不能被视为知情用户。知情用户
在其进行对比观察时，若在已知形状库中存在可能破坏独特性的外观设计，则
知情用户需在常规使用产品的当时当地将这些已知外观设计中的每一项都与涉
案外观设计进行单独比较。[4]

EuG 的一项裁决指出，对于用于儿童游戏的、同样能够用作促销品的棋子 101
而言，知情用户可以是 5 ~ 10 岁的儿童，也可以是利用这些产品来进行广告宣
传的公司的市场经理。[5]

---

[1] EuG T – 337/12GRUR Int. 2014，494 – Hebekorkenzieher.

[2] EuG GRUR – RR 2010，189 – Grupo Promer，3. Leitsatz.

[3] EUIPO Nichtigkeitsentscheidung ICD 24 v. 27. 4. 2004.

[4] BGH WRP 2010，896 – Verlängerte Limousinen.

[5] EuG GRUR – RR 2010，189 – Grupo Promer，4. Leitsatz.

102　　　EUIPO 上诉委员会的一项裁决指出，"内燃机"这种产品由于用在例如割草机中，因此是可见的，"内燃机"的用户指的是使用具有这种内燃机的割草机的使用者。该用户通过阅读相关的目录、访问专门的商店和园艺中心以及从互联网上下载对应的信息等方式成为知情用户。❶

103　　　知情用户不太看重由产品的技术功能决定的特征。❷ 根据 GGV 第 8 条第 1 款或者 DesignG 第 3 条第 1 款第 1 项，纯技术决定的功能被排除在保护之外，因而在评价独特性时不予考虑（参见 Rdn. 129）。但是，要考虑的是，由功能决定的产品技术规定得越多，设计空间就越小，在整体印象方面支持独特性的区别就越小。❸

104　　　以前的法律中对术语"个性"的定义不能用于独特性。根据现行法律，不再要求任何类型的美学效果，其中，为了达到这种效果，设计者的工作超出了纯粹手工业的范畴。❹ 然而，就这点而言，始终难以想象，在完全忽略美学效果的情况下来评价通常由若干使整体印象具有特色的单个特征形成的独特性。

105　　　总而言之，实现根据现行法律规定的独特性比实现根据以前的德国法律规定的个性容易。❺ 但是对保护范围的影响恰恰相反，根据现行法律的保护范围比根据以前的德国法律的保护范围少。

3. 特征的可见性

106　　　在保护要件方面，GGV 和 DesignG 明确规定，只有当作复合产品结构元件的产品在常规使用时保持对终端用户可见时并且只有当这些可见特征本身符合新颖性和独特性的要件时，这些产品才被视为具有新颖性和独特性（GGV 第 4 条第 2 款；DesignG 第 4 条）。常规使用指的是终端用户的使用，不包括维护、维修或修理工作（GGV 第 4 条第 3 款；DesignG 第 1 条第 4 项）。❻

107　　　原则上，这与对外观设计保护的理解一致，即保护产生审美感的外观，如果终端用户看不见这些部分的话，那么审美感也无从产生。

108　　　然而，难以确定构件在常规使用时在何时是终端用户可见的。总而言之，对不可见部分的不予保护受到了多方面的批评。❼

---

❶ Beschwerdekammer EUIPO RI 337/2006 – 3 v. 8. 10. 2007.

❷ EUIPO Nichtigkeitsentscheidung ICD 40 v. 14. 6. 2004.

❸ Beschwerdekammer EUIPO R 196/2006 – 3 v. 22. 11. 2006.

❹ BGH GRUR 1980，235 – Play-Family.

❺ 也参考：*Eichmann/v. Falckenstein/Kühne*，Designgesetz，§ 2 Rn. 18；*Kunze*，Das neue Geschmacksmusterrecht，2004，S. 18.

❻ EuGT – 39/13v. 25. 1. 2013.

❼ *Eichmann/v. Falckenstein/Kühne*，Designgesetz，§ 4 Rn. 7.

应当狭义地解释常规使用的法律定义，这也是因为其规定了一种例外情 109
况。一种可能的出发点是：构件的常规使用涉及尽可能小的复合产品，其在常
规情况下能够独立地由终端用户来使用。虽然这种复杂的产品本身按照常规可
能是具有自己常规用途的较大复合产品的组成部分，但是，通常应当不考虑上
级产品的常规用途。

下面这个示例说明了这一点：汽车电池壳体应作为外观设计而受到保护。 110
在常规使用时，终端用户是否能够看见汽车电池壳体是有争议的。如果把车辆
当作一件复合产品，汽车电池连同壳体一起作为构件布置在该复合产品中，则
在常规使用车辆时，即在从 A 驶向 B 期间，电池壳体是不可见的。相反，如
果将汽车电池本身看作较小的复合产品，则在常规使用电池时，即当对电池进
行放电或充电时，车辆电池的壳体原则上是可见的。然而，在使用电池时，布
置在电池内部的构件是不可见的，因此这些构件不能获得保护。这同样适用于
喇叭，即使喇叭在安装于车辆中的状态下应该是不可见的，但在常规使用时，
即在发出信号时原则上也是可见的。例如，车辆行李箱的内部装潢在常规使用
该行李箱（包括行李箱的装载和卸载）时也应能够获得保护。

在此应考虑到，通常恰恰在其后续终端使用期间在上级复合产品中不可见 111
的构件方面产生重要的并且因此值得保护的外观设计成果。

在申请中对产品的说明能够影响所申请的外观是否是可见部件，因为由此确 112
定了申请客体的使用方式；然而，具体侵权客体的使用方式不会由此受到影响。如
果侵权客体在常规使用时不可见，则该侵权客体也不会落入外观设计的范围中。

在 EUIPO 上诉委员会裁决的一个案件中，在外观设计 No. 163290 -0001 中说明 113
了产品"内燃机"。下面再现了所交存的总共 7 个图中的一个（见图 C‑18）。

图 C‑18 内燃机

114　　　委员会指出这种发动机是较大型的复合产品的结构元件。根据发动机的使用情况，它能够以至少部分可见的方式安装：在车辆中，发动机在发动机罩下，是不可见的；在割草机中，当使用割草机时，发动机是可见的。在随后审查新颖性和独特性时，委员会认为发动机的整体印象主要由其上侧确定，因为上侧在作为割草机使用时是可见的。❶ 因此，所考虑的是可见使用情况下的发动机视图。

115　　　在另一个案件中要判定能够安置在壳体（对该壳体申请共同体外观设计 RCD 831995－0001）中的通风装置的外观（RCD 831995－0002）是否满足可见性的标准（见图 C－19）。❷

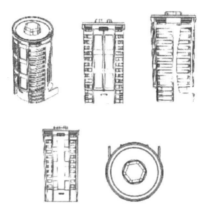

116

通风装置：RCD 831995–0002

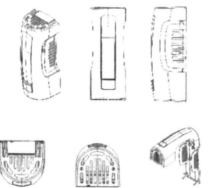

117

用于通风装置的壳体：RCD 831995–0001

图 C－19　壳体中的通风装置

---

❶ Beschwerdekammer EUIPO RI337/2006－3 v. 8.10.2007.

❷ Nichtigkeitsabteilung EUIPO ICD 5502 v. 17.7.2009.

虽然外观设计权利人提交的文件表明，至少在理论上存在在没有外壳的情 118
况下运行通风装置的可能性。然而，这并不充分，因为通风装置在真正常规使用
时设置了壳体，图 C-20 所示的该通风装置的使用说明也表明了这一点。因此，
该设计被认为不能获得保护。

通风装置的使用说明的片段： 119

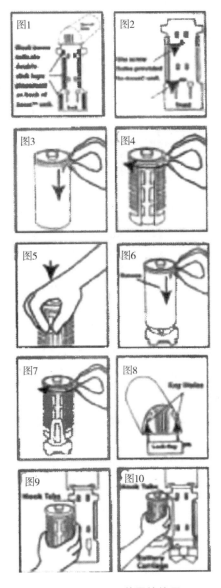

图 C-20　通风装置的使用

120   关于这一点，海牙地方法院判定墨盒不是复合产品（即打印机）的结构元件。❶ 这个裁决是基于这样的考虑，即消费者经常单独购买的损耗品和消耗品（consumbles）不属于复合产品。在这种情况下，没有墨盒的打印机可被视为完好的打印机，而不是毁坏的或者不完整的打印机。根据这个裁决，损耗品和消耗品（如打印机墨盒、照明用具、吸尘袋、电池、存储卡等）可视为能够获得保护。❷

121   EUIPO 的另一个裁决❸是关于在建造建筑物时用于浇筑混凝土的金属丝网垫，如图 C - 21 所示。

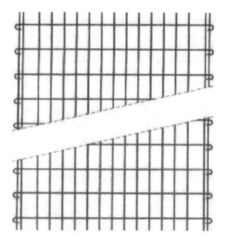

图 C - 21　金属丝网垫

122   这些金属丝网垫是否符合可见性的要求是有争议的。主管局裁定，虽然在常规使用时金属丝网垫确实被混凝土浇固并且因此不可见，但是，这不是复合产品的结构元件的外观设计，因为金属丝网垫没有用在能够被拆分和重新组装的产品中。就这点而言，GGV 第 4 条第 2 款或者 DesignG 第 4 条不适用。最终，该外观设计由于在先公开的奥地利专利 AT 381 450 B（见图 C - 22）而缺乏新颖性，因此不能获得保护。

---

❶ Consolidated cases Samsung Electronics Co Ltd v Maxperian NL BV and Samsung Electronics Co Ltd v Digital Revolution BV, The Hague District Court, 30 November 2016, ECLI：NL：RBDHA：2016：14383.

❷ Marques CLASS 99 – http：//www. marques. org/class99；Blog vom 12. 1. 2017.

❸ Nichtigkeitsabteilung EUIPO ICD 3218 v. 16. 2. 2007.

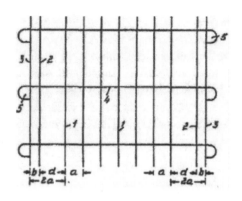

图 C – 22 金属丝网垫在先公开的专利

需要补充指出的是，在侵权问题方面，德国法律明确规定，外观设计保护 123
仅适用于在申请中以可见的方式再现的特征（DesignG 第 37 条第 1 款）。因
此，未以可视的方式公开，但可能在描述中阐述的特征不能够获得保护。

EuG 在 2014 年的一项裁决中指出，除非是复合产品，否则在评价一项产 124
品的独特性时，仅外在的外观起决定性作用。在外观设计的可保护性方面，与
外观无关的不可见特征（如饼干的馅）不予考虑。❶

已申请的关于"饼干（Kekse）"的共同体外观设计，如图 C – 23 所示。 125

图 C – 23 已申请的关于"饼干"的共同体外观设计

EuG 判定，饼干的内部在常规使用时是不可见的（在折断饼干时才可 126
见），因此在评价独特性时不能将饼干的内部考虑在内，因为这个特征不涉及
该外观设计的外观。这遭到了批评，因为保护主题由视图得出，而该视图示出
了切半的、具有特别的馅的饼干。就这点而言，应考虑将相应切半的饼干当作
现有外观设计。❷

---

❶ EuG，T – 494/12 BeckEuRS 2012，696232.

❷ 参考：Bogatz in GRUR – Prax 2014，505.

4. 不给予保护的客体

127 　　对于有悖于公共秩序或者良好道德的外观设计，不予以保护（GGV 第 9 条；DesignG 第 3 条第 1 款第 3 项）。❶ 如果违背法律制度的基本原则或者赞同对国家生活或经济生活的基础进行的攻击，则存在有悖于公共秩序的情况。如果违背公众认为公平合理的礼俗观念，则存在有悖于良好道德的情况。外观设计缺乏品味并不一定有悖于良好道德。

128 　　由于共同体外观设计的地区一体化，有悖于一个欧盟国家的公共秩序或良好道德就足以在整个欧盟不给予共同体外观设计保护。

129 　　此外，不保护产品的由其技术功能唯一限定的外观特征（形式追随功能，form follows function；GGV 第 8 条第 1 款；DesignG 第 3 条第 1 款第 1 项）。这些特征应受发明专利法或实用新型专利法等专门法律保护。因为仅考虑各单个外观特征而非作为整体的外观设计，所以当一项外观设计除了具有纯技术特征外还具有非技术限定的特征时，该外观设计完全可以获得保护。如果对于所述"技术"特征而言还存在未包括在保护范围内的、不受专利权限制的替代方案，则这可以证明该技术特征并不是由技术功能唯一限定的特征，因为在使用替代方案的情况下不阻碍技术进步（可行的外观设计替代方案）。例如，由于存在大量不同的、实现同一功能的轮胎花纹，因此一种具体的轮胎花纹不会阻碍技术进步。就这点而言，轮胎花纹不应被视为是由其技术功能唯一限定的。❷

130 　　在一个案件中，EUIPO 上诉委员会需要判定图 C – 24 所示的切碎刀具形式的外观设计是否是"由其技术功能唯一"限定的。❸

图 C – 24　刀具

❶ 也参见：EUIPO Prüfungsrichtlinien für eingetragene Gemeinschaftsgeschmacksmuster v. 1. 8. 2016, ziff. 4. 2.

❷ *Schlötelburg*, Das Gemeinschaftsgeschmacksmuster, Kurseinheit 1, S. 26.

❸ Beschwerdekammer EUIPO R 690/2007 – 3 v. 22. 10. 2009.

这样的切碎刀具用在用于粉碎纸、纸板、塑料或者玻璃的粉碎机中。下面   131
示出了一种典型的粉碎机（见图 C - 25）。

图 C - 25　粉碎机

在这个背景下，委员会指出，在文献中有两种观点：一种观点认为，只有   132
当技术功能不能通过其他技术方案实现时，GGV 第 8 条第 1 款才适用。另一种
观点认为，当出于技术方面的考虑而选择了所讨论的特征时，GGV 第 8 条第 1
款也适用。最后，委员会决定，"其技术功能唯一限定的"特征指的是在选择时
仅考虑技术功能的那些特征。因此，对于仅为了实现技术功能而被选择的那些特
征而言，不予以保护（无美学观点测试，No - aesthetic - consideration - test）。然
而另一方面，至少在一定程度上为了支持物品视觉外观而被选择的特征，可以
得到保护。❶

应当注意：只有当所讨论的外观特征由其技术功能唯一限定时，才不给予   133
保护。如果这些特征"只"在技术方面被限定，而不是技术唯一限定的，则
在这里知情用户在评价整体印象时不太重视这样的"只"在技术方面限定的
特征。❷

以下连接件的外观特征同样也不给予保护：所述连接件必须按照其准确的   134
形状和准确的尺寸进行生产，以便采用或使用该外观设计的产品能够与另一个
产品进行机械组装或者连接或者能够安装在另一个产品中、上或者周围，从而
使得两个产品都能实现其功能（GGV 第 8 条第 2 款；DesignG 第 3 条第 1 款第
2 项）。这些外观特征是所谓的必须配合（must - fit）的部件，这些部件在其
形状和尺寸方面必须被复制成该产品与另一个部件相匹配。通过排除保护这些

❶ 也参见：OLG Düsseldorf GRUR Int. 2016, 1083 – Zentrierstifte und zugehörige Vorlage an den Eu-
GH zur Vorabentscheidung.

❷ EUIPO Nichtigkeitsabteilung, GRUR - RR 2004, 236, 237 – Deckenleuchte.

部件，不损害不同构件之间的兼容性，也不妨碍该领域的贸易和竞争❶。必须配合的部件包括连接端部件、插头绞合线、固定接头或者类似物。❷

135　　为了将所申请保护的产品的不可保护的特征排除在申请主题范围之外，可以在申请时发表免责声明（disclaimer）。例如，如果申请保护一种插头元件，则可以通过免责声明排除实现纯技术方面的功能的绞合线区段（必须配合的特征）（参见 Rdn. 323）。其余特征，尤其是该插头元件的可能具有可保护的外观的背面是本申请的保护对象。

136　　但是，如果机械连接元件用于在模块化系统内实现多种可相互替换的产品的组装或连接，则这种机械连接元件可以受到保护（GGV 第 8 条第 3 款；DesignG 第 3 条第 2 款）。这样的连接元件可以构成组合件的创新性特征的重要元素，也是市场营销的重要因素。❸ 它们正好构成产品的特点和"独特性"。例如，乐高（LEGO ®）积木就属于这种情况。

137　　也排除对计算机程序的保护（GGV 第 3b 条；DesignG 第 1 条第 2 项）❹，其中，一个程序的屏幕内容，尤其是图形用户界面（GUI）（参见 Rdn. 205）、菜单、象形图和其他图形元素可以作为外观设计得到保护。

138　　不以产品为载体的外观，例如颜色、香味和气味本身、纯单词或者字母序列、音乐和音调本身以及活的植物或者动物都不能得到保护（参见 Rdn. 35）。

5. 保护外观设计的元素

139　　按照以前的德国法律，一项注册式外观设计的零件或者元素本身也可以得到保护。外观设计权利人已被授予部分复制受保护的外观设计的独占权。然而，该项注册式外观设计的一部分或者元素只有当其本身可独立地受到保护，并且作为整个外观设计的组成部分适合以特别的方式来设计并且在这一点上实现一项外观设计的作为商业产品样品的功能时，才能够落在该外观设计的保护范围中。❺

140　　这些原则不再适用于新法律，因为在现行法律中已经明确规定（DesignG 第 1 条第 1 款；GGV 第 3a 条），一项外观设计的部分或者元素本身也可以是

---

❶ 也参见：Erwägungsgrund 10 der GGV.

❷ 对此也参见：*Koschtial*, Das Gemeinschaftsgeschmacksmuster: Die Kriterien der Eigenart, Sichtbarkeit und Funktionalität, GRUR Int. 2003，976.

❸ 也参见：Erwägungsgrund 11 der GGV.

❹ Richtlinie des Rats über den Schutz von Computerprogrammen 91/250/EWG, Abi. L 122 v. 17. 5. 1991，S. 42 ff.

❺ BGH GRUR 1998，379，381 – Lünette.

一项注册式外观设计的保护主题，因此能够单独得到保护。但是一项注册式外观设计的部分或者元素并不是独立地受到保护的。❶ 在此要强调的是，出于法律确定性的考虑，要求申请人在申请时就明确外观设计的保护主题。❷ 在慕尼黑 OLG 的一项裁决中，对于根据以前的法律申请的外观设计仍坚持元素保护的原则。❸ 如果根据新法律来申请外观设计，那么这项裁决肯定会有所不同，因为那样就有可能得到对外观设计的部分或者元素的保护。

Ⅲ. 保护范围、保护起始和保护期限

1. 保护客体和保护范围

如果一项注册式外观设计的外观特征在申请中能够以可见的方式再现，则这些特征可受到外观设计保护（DesignG 第 37 条第 1 款）。根据联邦法院的规定，一项注册式外观设计的保护客体是产品的整体或者部分的在申请中能够以可见的方式再现的外观。❹ 问题在于：在申请中示出一项外观设计的不同示意图；即使这些示意图示出的是该项外观设计的不同的实施方式，这些示意图也只形成唯一的保护对象。❺ 示意图中的差别不会导致保护客体的增加。如果一项外观设计在申请中的不同示意图导致保护客体不清楚，则应通过注解来明确保护对象。❻

外观设计保护涵盖每一个不会给知情用户带来不同的整体印象的外观设计（GGV 第 10 条；DesignG 第 38 条第 2 款）。在判断保护范围时，应考虑受保护的外观设计的设计者在开发外观设计时的自由度。❼ 因此，保护范围的定义与独特性的定义类似。保护范围和独特性这两者都在考虑到设计自由度的情况下根据知情用户的整体印象进行判断。在这方面，针对独特性所说明的内容也适用于保护范围（参见 Rdn. 63～65）。

由于定义相同，在判断一项外观设计的有效性和侵权时必须采用统一的标准。

141

142

143

---

❶ BGH GRUR 2012, 1139 – Weinkaraffe.
❷ 也参见：*Ruhl*, Fragen zum Schutzumfang im Geschmacksmusterrecht, GRUR 2010, 289 ff.
❸ OLG München, GRUR – RR 2010, 166, 170 – Geländewagen.
❹ BGH GRUR 2012, 1139 – Weinkaraffe.
❺ OLG Düsseldorf, GRUR – RR 2016, 147 – Royal Oak.
❻ BGH GRUR 2012, 1139 – Weinkaraffe.
❼ BGH GRUR 2011, 142 – Untersetzer.

144　　　在判断是否存在不同的整体印象时，应当考虑与设计自由度的相互作用（参见 Rdn. 65）。对于设计者而言设计密度高并且设计空间小会导致一项外观设计的保护范围狭窄，从而细微的设计差异就能给知情用户留下不同的整体印象；而相反地，低设计密度、较大的设计空间能够产生较宽的外观设计保护范围，因此，即便设计差异较大，也可能不会给知情用户造成不同的整体印象。外观设计的保护范围也由其与现有外观设计的差距来确定。该外观设计与现有外观设计的差距越大，该外观设计的保护范围就能够越大。[1] 为了确定保护范围，应考虑到设计者在多大程度上利用了其可用的设计空间。因此，保护范围一方面由设计密度来确定，另一方面由设计者对设计空间的利用以及由此实现的与形状库的差距来确定。[2] 当与已知外观设计的差距非常小时，会导致保护范围被限制在完全相同的实施方式内。[3]

145　　　重要的是，申请中的产品名称和产品分类都不会限制该外观设计的保护范围（GGV 第 36 条第 6 款；DesignG 第 11 条第 5 款）。例如，如果通过外观设计来保护机动车的外观（洛迦诺分类 12 – 08），则所有呈现受保护的外观形式的产品均落入该外观设计保护范围中，例如汽车形的香皂块，虽然它并不是车辆而是护理品。[4]

146　　　但是，由于在确定外观设计的保护范围时应当考虑设计者的设计自由（GGV 第 10 条第 2 款或者 DesignG 第 38 条第 2 款），并且这个设计自由与申请人所选择的产品名称有关，因此有争论的是，产品名称是否对保护范围具有至少间接的影响。例如，可以以产品名称"船锚"或"镇纸"来申请锚。但是，在船锚方面的设计自由度肯定与在镇纸方面的设计自由度不同（参见 Rdn. 317 ~ 318）。

147　　　此外应注意，根据 GGV 第 36 条第 6 款，非必需的共同体外观设计描述不会限制保护范围。这与德国法律不同。根据德国法律，描述完全可以限制保护范围，因为根据 DesignG 第 11 条第 5 款，只有产品名称和商品类别列表才不限制保护范围。因此，在共同体外观设计中应当通过单独声明来发表免责声明，而不像在德国外观设计中那样可以将免责声明包含在描述中（参见 Rdn. 323）。与对外观设计权的限制有关的内容，参见 Rdn. 659 ~ 660 和 Rdn. 698 ~ 699。

---

[1] BGH GRUR 2011, 142 – Untersetzer; BGH GRUR 2013, 285 – Kinderwagen II; GRUR Int. 2010, 602 – PepsiCo/Grupo Promer.

[2] BGH GRUR 2013, 285 – Kinderwagen II; OLG Düsseldorf GRUR – RS 2015, 18614 – Royal Oak.

[3] OLG Frankfurt a. M. BeckRS 2016, 05170 – Schutzhülle.

[4] 对此参见：BGH GRUR 1995, 57 – Spielzeugautos.

否定侵权［杜塞尔多夫 OLG，GRUR – RS 2015，18614—皇家橡树（Royal Oak）］ 148

在提出主张的注册式外观设计中再现了以下外观（见图 C – 26）。 149

 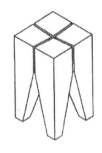

图 C – 26 提出主张的注册式外观设计

原告主张：下面示出的外观设计侵犯其注册式外观设计权（见图 C – 27）。 150

图 C – 27 侵权设计

法院认定，原告外观设计的特点在于以下设计特征： 151

a）实木家具； 152

b）由具有干燥裂缝的树木的芯材制成；

c）具有大致长方体的轮廓；

d）具有四条支腿，所述支腿在其上侧面形成座面或者放置面，并且在两个相邻的外侧面分别向下垂直延伸，在两个相邻的内侧面分别向下倾斜；

e）其中，从底部进行观察，两条相邻支腿的斜面在高于这个家具的一半高度的地方相遇，从而每个侧面都在支腿之间形成倒 V 形的锐角凹槽；

f）其中，V 形凹槽的相对置的锐角分别通过在上侧面和座面上延伸的笔直的接缝相连接，该接缝将座面分成四个正方形；

g）其中，座面具有轻微凹陷。

法院否定了存在侵权行为。通过上面列出的特征，诉讼外观设计给人一种 153

臼齿的观感，这个臼齿具有实心的（由四个部分组成的）本体和由此伸出的四个"根部"，其中，通过在上部区域中清楚可见的贯穿的接缝清楚地突出了四部分式设计，即四个实心部分的组合。相比之下，被诉产品给人的感觉是向下敞开的箱子，该箱子在面向地面的侧面的下部区域中分别具有三角形凹处。该被诉产品不具有原告外观设计的厚实的观感以及使原告外观设计具有特色的四部分式设计。这种不同的整体印象最终说明：除了长方体轮廓之外，被诉产品不具有使原告外观设计具有特色的特征中的任何一个特征。显然，这不是一种由具有干燥裂缝的树的芯材制成（特征 b）的实木家具（特征 a）。但是，起关键作用的原因首先在于被告方的产品缺乏由特征 d、e 和 f 的组合所形成的四部分式设计。最后，在被告方的产品中也完全不存在特征 g（凹陷）。因此，即使在宽泛的保护范围的基础上，也应得出以下结论：被诉产品给知情用户留下了与原告外观设计不同的整体印象。

154　　　否定侵权［杜塞尔多夫 OLG，GRUR－RR 144，2013—宝拉（Paula）］

155　　　在提出主张的共同体外观设计中示出了以下外观（见图 C－28）。

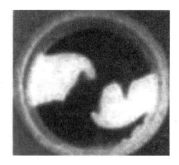

图 C－28　提出主张的共同体外观设计

156　　　原告主张：下面示出的外观设计落在该共同体外观设计的保护范围中（见图 C－29）。

图 C－29　在保护范围的外观设计

法院的结论是，原告外观设计中显示的产品内容物由两种不同的成分组成，一种棕色的（即暗色的）成分和一种白色的（即浅色的）成分。根据第一个图的倾斜视角获得下述直接印象，即产品从三维的角度在杯子的深度上进行扩展。两种成分在杯中粗略地混合在一起，但不进一步溶化。因此，该产品有"大理石"的效果，与被称为"大理石"的蛋糕相似。物质在侧面可见的弯曲边界线从左下方向右上方升高，由此导致两个成分本身以旋转运动的方式漩涡式上升。通过再现旋转运动，该产品的外观给人一种动态的印象。 157

由于被诉产品不具有使已注册的产品的外观具有显著特色的特征，法院否定了侵权。在侧视图中，不存在从左下方向右上方升高的线条，进而也不存在物质本身对应的旋转运动的印象。因此运动也不可能在填充高度上慢慢结束。相反，看起来，成分一起垂直地落入杯中，也可能交替地或者以不同的强度落入杯中，但无论如何都不存在旋转运动。产品的外观给人一种静态的印象，而非动态的印象。该外观设计具有一般的、中等宽泛的保护范围，但是由于整体印象不一致，对该外观设计的保护范围不涵盖该被诉产品。 158

肯定侵权（BGH，GRUR 1112，2011—书写工具） 159

在提出主张的国际合案外观设计中，主要再现了书写工具的外观 No. 23、No. 24 和 No. 25（见图 C－30）。 160

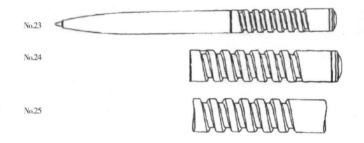

图 C－30 书写工具的外观设计

原告首先要求保护其外观设计 No. 25 的外观设计权。首先，BHG 评价了其可保护性。 161

就新颖性和独特性而言： 162

肯定了该外观设计具有新颖性。在考虑到书写工具领域的高设计密度的情况下，肯定了外观设计 No. 25 具有所必需的独特性。 163

外观设计 No. 25 具有以下特点： 164

（1）它是书写工具的中间区段（所示区域未显示上或者下边界）； 165

（2）由细长的、柱形的并且上表面光滑的壳体组成；

（3）该壳体的上表面被连续的螺纹槽中断；

（4）螺纹在其整个区域中均匀延伸；

（5）该螺纹向左向下延伸；

（6）螺纹槽的宽度基本上对应于限界该宽度的螺纹壁的宽度。

166   在该外观设计中，各个特征促成该螺纹协调均匀地延伸，该延伸的特色在于槽与用于限界的壁的比例。

167   以下示例被认为是现有外观设计（见图 C－31）。

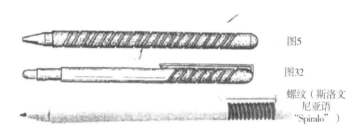

图 C－31   现有外观设计

168   法院指出，图 32 的整体印象通过交替地从左上方或者右下方出发并且从左上方向右下方延伸的槽来确定，槽的宽度比位于它们之间的壳体区段的宽度小得多。这些槽会给人一种均匀、坚硬和严谨的印象。槽以相反的方向（从右下方或左上方出发）延伸，并且比用来限界这些槽的壁区段窄得多，由此会产生与具有协调均匀上升的螺纹的原告外观设计 No.25 不同的整体印象。

169   对于图 5 的整体印象，确定的是，所示出的书写工具的特色在于槽，这些槽的间距构型不同，它们从左上方向右下方延伸，交替地从左上方或者右下方出发，并且几乎在壳体的整个长度上延伸。图 5 的整体印象比图 32 的整体印象还要宽泛，因为槽几乎布置在该书写工具的整个长度上并具有不同的间距。

170   名为"Spiralo"的书写工具的整体印象通过明显在技术方面受到限定的、向外移位的螺旋弹簧来确定，由此，这个书写工具给人一种与外观设计 No.25 不同的整体印象。模型"Spiralo"的螺旋弹簧是一个单独的技术构件，并且产生与外观设计 No.25 的柄的螺旋形构型方案不同的整体印象。

171   原告主张，下面示出的外观设计落在该共同体外观设计的保护范围中（见图 C－32）。

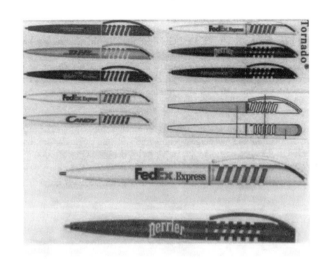

图 C－32　原告主张的设计

　　针对原告外观设计 No. 25 被侵权的问题，BGH 指出，该外观设计示出了书　　172
写工具的部分区段。如果对书写工具一部分的外观予以保护，那么在被诉实施方
式中，对于整体印象一致性的审查也仅基于螺纹部分。即原告外观设计 No. 25 作
为产品的一部分外观可独立地受到保护（GeschmMG 第 1 条第 1 项）。

　　根据该申请所附的用以说明该原告外观设计的视图的描述，原告外观设计　　173
要求保护书写工具的中间部分（intermediate portion of writing utensil）。根据
GeschmMG 第 11 条第 4 款第 1 项，这些描述影响对该原告外观设计的保护范围
的确定。BGH 随后将案件发回慕尼黑 OLG 进行最终的侵权审查。

　　值得注意的是，BGH 认为外观设计保护与无实体的立体的或者平面的形　　174
状有关。这个形状应适合作为生产实体产品的蓝本。技术上的实施（可围绕
周围物体运动的螺纹或者一件式地具有固定螺纹的壳体）只要不给人一种新
的整体印象，就不重要。在这种情况下，如果从示意图中不能够看出原告外观
设计是由一部分还是由两部分组成，则会导致可能从现有外观设计中得到广泛
的对比文件，并且会因此否定原告外观设计的新颖性或者独特性。另一方面，
从不能够看出原告外观设计是一件式构型还是两件式构型的示意图中能够得出
与仅再现这两种构型方案中的一种构型方案的外观设计相比更大的保护范围。

　　看起来，BGH 在这里想要指出，由已知的现有外观设计中完全能够知晓　　175
广泛的对比文件，例如常见的并且广泛用于机械工程的螺纹主轴的区段。然
而，无论出于何种原因，被告并未考虑到这样的现有外观设计。

176   认定侵权（BGH，GRUR 2016，803—手表）

177   在提出主张的国际合案外观设计中，示出了不同的手表，其中包括下面示出的外观设计，如图 C－33 所示。被控侵权外观设计显示在右侧。

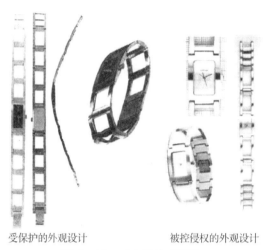

受保护的外观设计   被控侵权的外观设计

178   **图 C－33   手表的外观设计**

179   首先，法院认为，由于具有梯子形表带的手表具有低设计密度，在设计手表时自由度高并且存在多种多样的可能形状，因此，原告外观设计具有宽泛的保护范围。由于表壳体与表带协调地互相配合，并且链带的梯子形状增加了一定的亮度，因此原告外观设计给人留下深刻的印象。在整体效果方面，原告外观设计显然从已知的外观设计中脱颖而出。已知的手表模型具有显著的设计差异，在其整体印象方面与原告外观设计一点也不接近。

180   在侵权方面有疑问的一点是，闭合的链节是否会导致产生不同的整体印象，这些闭合的链节借助于带扣进行连接，从而在该手表整个长度的大约 1/3 处形成闭合区域。在这个背景下，BGH 指出，为了评价整体印象，最重要的是知情用户在其常规使用时（即将手表佩戴到手腕处时）如何感知采用了或者使用了该外观设计的产品。除此之外，可能会考虑这种产品在广告中进行展示时或者在销售时给知情用户留下何种印象。从知情用户的角度来看，对于整体印象而言，背面的、很难感知到的或者几乎不可见的位置上的特征通常不如在引人注目的位置上的特征重要，在使用时会特别关注在引人注目的位置上的特征。也就是说，在评价原告外观设计和被诉模型的整体印象时，知情用户会特别考虑佩戴情形。在佩戴手表时，知情用户很少会感知到带扣的不同设计，因为手表用于读取时间，因此通常从显示壳体和表盘的这一面来观察。因此，知情用户更注重这个视角，而不是看向带有封闭盖的底侧的视角。也就是说，认定存在侵权行为。

2. 非注册式共同体外观设计的起始和保护期限

根据 GGV 第 11 条第 1 款，若外观设计是新颖的且具有独特性，则其作为   181
非注册式共同体外观设计在 3 年的期限内受保护，该保护期限自在共同体内第
一次为公众所知之日起计算。根据 GGV 第 11 条第 2 款第 1 句，若已经公布、
展览、商业使用或者以其他方式公开了一项外观设计，从而导致其在正常商业
往来中由在共同体内部经营的、相关经济分支的行业圈获知，则该外观设计应
视为已经在共同体内为公众所知（也参见 Rdn. 52 ~ 53）。将外观设计产品分配
给在特定的经济分支中的经销商能够作为说明非注册式共同体外观设计的
依据。❶

2003 年 9 月 23 日公布的 GGV 第 110a 条❷，填补了 GGV 在非注册式共同   182
体外观设计方面的规定漏洞。在 GGV 第 110a 条第 5 款生效之前，以下问题尚
不清楚：为了获得非注册式共同体外观设计，外观设计是否必须在欧盟内部首
次公布；或者，对于共同体来说，作为保护依据的公布是否也能够在欧盟外部
进行。❸ GGV 第 110a 条第 5 款明确了，若共同体外观设计未在共同体内部为
公众所知，则其不享有作为非注册式共同体外观设计的保护。因此，只有当在
共同体内部首次公布时，对非注册式共同体外观设计的保护才能有效。对于在
GGV 第 110a 条第 5 款生效之前在共同体之外的其他欧洲国家公布的非注册式
共同体外观设计来说，这一点同样适用。❹

关于作为非注册式共同体外观设计依据的公布的细节，请参见 Rdn. 227。   183

尤其在玩具和纺织工业的倡议下，推广了为期 3 年的保护期限，该保护期   184
限相对较长并且经过激烈的讨论而得出。❺ 其理由为，在博览会上也呈现多种
外观设计，通常这些外观设计在下一季不会带来交易。通过呈现尚未受到注册
式外观设计保护的产品，竞争对手可能在再下一季中提供这些产品，若未申请
或者未注册外观设计，实际的外观设计的设计者不能为自己抗辩。为所有外观
设计提交申请的财政花费是难以想象的。非注册式共同体外观设计为季节性商

---

❶ EuG GRUR 2014, 368 C – Gartenpavillon.

❷ Abl. v. 23. 9. 2003, S. 344, 公开在：http：//oami. europa. eu. /de. design/legalas – pects. htm.

❸ *Bulling/Langöhrig/Hellwig*, Gemeinschaftsgeschmacksmuster, 2003, Rn. 57ff.

❹ BGH Mitt. 2009, 40 – Gebäckpresse.

❺ 从德国的角度来看，出于司法保障的原因，1 年、最长 18 个月的保护期限，对于非注册式共
同体外观设计来说是足够的。参见：*Gloy/Loschelder*, Eingabe zum geänderten Vorschlag der Kommission für
eine VO（EG）über ein Gemeinschaftsgeschmacksmuster, GRUR 2000, 781, 782.

品和投放市场时间短的其他商品的制造者提供了保护，该保护的产生既不需要花费时间也不需要支付费用。尤其是自由外观设计者受益于此规定，因为在将外观设计公开介绍给潜在的买家或者制造者或者呈现在外观设计比赛中那一刻起，这些外观设计就受到了保护。

185   值得注意的是，以德国专利商标局的德国外观设计公报形式的首次公布（DesignG 第 20 条）也能够满足 GGV 第 11 条第 110a 款的要件，由此可在无其他行为的情况下，在整个欧盟内确立为非注册式共同体外观设计。相应地，专利申请、外观设计或者商标的首次公布也能够产生非注册式共同体外观设计。在这种背景下，外观设计和商标的官方公布就纳入了为共同体内部行业圈所知的现有外观设计。❶

3. 注册式共同体外观设计的起始和保护期限

186   对注册式共同体外观设计的保护始于将外观设计注册到登记簿中（GGV 第 12 条第 1 句和第 1 条第 2b 款），其中，应当考虑到，共同体外观设计的注册日期为申请日（GGV 第 48 条）。就这点而言，随着注册，从申请日起追溯性地产生保护。关于在延期公开时的保护起始，参见 Rdn. 405。

187   通常，从申请直到通过欧盟知识产权局（EUIPO）注册大约需要 10 天。

188   保护期限为自申请日起的 5 年。保护期限可续展 4 次，每次可续展 5 年，即保护期限可延长至 25 年（GGV 第 12 条第 2 句，参见 Rdn. 438ff.）。

4. 德国外观设计的起始和保护期限

189   对于在 2004 年 6 月 1 日之前申请的外观设计来说，其保护始于法律形式的申请行为（旧版 GeschmMG 第 7 条第 1 款）。根据旧版法律，注册具有纯粹声明的性质。❷根据现行法律，保护从注册到登记簿中开始（DesignG 第 27 条第 1 款）。与共同体外观设计不同，注册日期不是申请日，而是实际的注册日。就这点而言，不会随着注册而产生追溯性的保护。在申请日和注册到登记簿中间隔为 1～3 个月。其在注册之后得到公开（DesignG 第 20 条）。

190   从申请日开始计算，保护期限最长为 25 年（DesignG 第 27 条第 2 款），其中，每 5 年支付一次维持费。根据旧版法律规定，保护期限最长为 20 年（旧版 GeschmMG 第 9 条第 2 款）。关于在延期公布时的保护起始，参见 Rdn. 405。

---

❶ EUIPO Nichtigkeitsentscheidung ICD 24 v. 27. 4. 2004 und ICD 65 v. 3. 12. 2004.

❷ 参见：*Nirk/Kurtze*, Geschmacksmustergesetz, § 7, Rn. 3ff.

对于根据旧版法律进行申请并且在新的法律于 2004 年 6 月 1 日生效时仍 191
存续的外观设计来说，其能够再次续展 5 年，并且由此享受最长 25 年的保护
期限（参见 Rdn. 292ff.）。❶

德国的外观设计权未对非注册式外观设计进行保护。这也不是必要的，因 192
为在德国首次公布的外观设计只要符合根据 GGV 第 11 条第 110a 款的所需要
件，就享受非注册式外观设计保护。

IV.　新颖性宽限期

如果在申请日之前向公众公开了一项外观设计，并且该外观设计应当作为 193
注册式外观设计受到保护，则以下情况（GGV 第 7 条第 2 款；DesignG 第 6
条）不损害外观设计的新颖性和独特性：

－　由设计人或其权利继受人或者由设计人或其权利继受人所提供信息或 194
行为的第三人将外观设计公开，并且

－　这最早在申请日之前 12 个月进行，或者，若要求优先权，则在优先
权日前 12 个月进行。

当违背设计人或者其权利继受人意愿之滥用行为而导致外观设计公开时， 195
这同样适用（GGV 第 7 条第 3 款；DesignG 第 6 条）。

根据旧版德国法律规定，如果直接由申请人或者其前任权利人进行公布， 196
并且，如果同样的产品已经未经改变地申请为外观设计，则该公开的新颖性宽
限期仅为 6 个月（旧版 GeschmMG 第 7a 条）。根据旧版德国法律规定，由第三
方公布或者滥用公布是破坏新颖性的。

基于 12 个月的新颖性宽限期，申请人现在能够向公众介绍其外观设计并 197
且估计可预期的市场成功，而无须进行申请。❷ 若没有新颖性宽限期，则准备
销售产品的行为会破坏外观设计的新颖性和独特性。

新颖性宽限期对于设计人或者其权利继受人来说也是特别有意义的，因为 198
他能够在 12 个月内决定是否进行申请并且以此获得注册式保护权（该注册式
保护权的保护期限最长为 25 年）；或者，决定是否不进行申请并且在出现仿造
时根据 GGV 第 11 条第 110a 款启用非注册式共同体外观设计权。

通过结合非注册式共同体外观设计（nGGM）与用于注册式共同体外观设 199

---

❶　Umkehrschluss aus § 66 Abs. 2 GeschmMG, vgl. dazu *Eichmann/v. Falckenstein/Kühne*，Designge-
setz，§ 27 Rn. 4.

❷　Erwägungsgrund 20 der GGV.

计（rGGM）或德国外观设计（DE GSM）的新颖性宽限期，能够实现连续的保护，如图 C-34 所示：

200   无漏洞保护：nGGM、新颖性宽限期和 rGGM 或者 DE GSM。

图 C-34　新颖性宽限期

201   新颖性宽限期与非注册式共同体外观设计无关，因为非注册式共同体外观设计随着首次公布而产生。

202   在于 2008 年公布的国际知识产权律师联合会（FICPI）决议中要求，与注册式外观设计的 12 个月的新颖性宽限期相对应地，为非注册式外观设计引入 3 个月的新颖性宽限期。❶ 背景是，若非注册式外观设计的首次公开未发生在共同体内部，则它不作为非注册式外观设计受到保护。❷ 就这点而言，首次在欧洲共同体外部公布的外观设计与非注册式外观设计相冲突。❸

203   在许多工业分支中，通常在国际博览会上首次展出新型的外观设计，因此经常出现这种情况：位于欧洲共同体内部的公司在欧洲共同体外部首次介绍一项外观设计。那么就不会产生非注册式外观设计。通常，在欧盟外部首次公布的外观设计也很快会在欧洲共同体内部得到公开，可能会公开在产品目录中、企业网站上或者欧洲共同体内部的博览会上。根据 GGV 第 27 条第 2b 款，如果在首次公布之前或者在为期 1 年的新颖性宽限期之内错过了申请外观设计，则保护不能生效。因此，同样为非注册式外观设计引入新颖性宽限期也将使在欧洲共同体内部的企业受益。

204   原则上，不建议依赖宽限期限而尽可能地延迟申请。由于外观设计公开，可能激励第三人创造其他外观设计，从而扩大已知的现有外观设计。那么，这些其他外观设计可能与本身在先、但是申请较晚的外观设计的独特性相抵触。原则上，对外观设计特有的介绍不作为优先权的依据，除非在展览中得到公布

---

❶ FICPI Information No 62, October 2008.

❷ Art. 110a Abs. 5 GGV.

❸ 为此也参见：BGH Mitt. 2009, 40 – Gebäckpresse（Leitsätze）sowie Gärtner, Die Offenbarung des Musters außerhalb der Europäischen Gemeinschaft – Zur BGH-Entscheidung – Gebäckpresse, Mitt. 2009, 320.

（GGV 第 44 条；DesignG 第 15 条）。另请参见 Rdn. 364ff.。

V. 对图形用户界面和动画外观设计的保护

在所有的技术和经济领域，信息技术正在不断发展。在此所使用的许多设 **205**
备（例如台式电脑、手提电脑、平板电脑或移动电话）是不同保护权的对象。

虽然在设备上运行的软件通常作为计算机程序本身而不给予专利保护❶， **206**
但作为设备部件的发明可获得技术专利权的保护。对计算机程序本身的保护只
能通过版权来实现，并且在《德国版权法》（UrhG）中加以规定。❷ 例如，联
邦法院在其"解锁图像案"（Entsperrbild）的决定中重新确认了这一点。❸ 然
而，设备的外观能够在外观设计的框架中得到保护。

然而，过去最多在《德国版权法》的框架中，并且如有必要也在"补充 **207**
性竞争效力保护"（der ergänzende wettbewerbsrechtlicher Leistungsschutz）的框
架中可能实现对软件的图形外观即所谓的图形用户界面（GUI）的保护。然
而，为了实现有效的版权保护，对原创性门槛（"个人智力的创造"）的要求
相对较高，因为图形用户界面的各个元素往往在很大程度上取决于其功能。对
于在《德国反不正当竞争法》（UWG）框架中的"补充性竞争效力保护"存
在类似的情况，其中要求图形用户界面本身具有有竞争力的独特性并且增加了
其他要求（例如，声誉利用或者可避免的来源欺诈）。

但是，由于对软件的图形外观即对图形用户界面的保护需求也在不断增 **208**
加，负责外观设计保护的专利机构（欧洲商标和外观设计网络，European
Trade Mark and Design Network）在融合计划 CP6 的框架中在通用实践上达成共
识，其目的是提高透明度和法律保障等。❹ 在此，发布了联合通知。❺

此联合通知的主题是对图形用户界面和动画外观设计的保护。期间，在此 **209**
联合通知中所确立的通用实践也已被纳入了 EUIPO 的审查指南，在那里能够
找到相应的规定。❻

---

❶ 参见：§ 3 Abs. 3 Nr. 3 PatG 或者 Art. 53 Abs. 2 EPÜ.

❷ 参见：§ § 69a—69g UrhG.

❸ 参见：BGH XZR 110/13.

❹ 参见：https://www.tmdn.org/network/graphical-representations.

❺ 参见：第 7 页和第 37 页。https://www.dpma.de/docs/service/hinweise/common_communications_on_graphic_representation_of_designs.pdf.

❻ 参见：第 37 页第 5.2.6 节。https://euipo.europa.eu/tunnel-web/secure/webdav/guest/document_library/contentPdfs/law_and_practice/designs_practice_manual/WP_2_2016/examination_of_applications_for_registered_community_designs_de.pdf.

1. 对共同体外观设计的动画图形用户界面和动画外观设计的保护

210 通常，将图形用户界面划分到洛迦诺分类 14 – 04 中。动画外观设计或动画图形用户界面能够通过一系列关键帧来予以保护。关键帧是简短的一系列视图，在不同的时刻借助这些视图以可清楚理解的变化过程示出单个的动画外观设计。

211 这适用于：

212 – 动画符号（由一系列现有的外观设计构成）（见图 C – 35）；

GGM No. 002085894 – 0014

图 C – 35 动画符号

  – 动画图形用户界面（用户界面的外观设计）（见图 C – 36）。

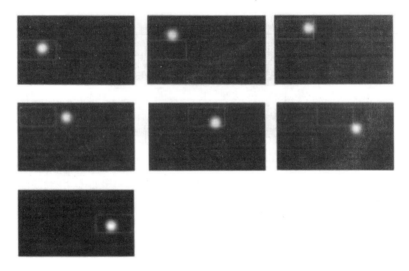

GGM No. 001282388 – 0031

图 C – 36 动画图形用户界面

213 根据通用实践（CP6），原则上，动画符号的所有视图和动画图形用户界面的所有视图必须在视觉上相关联，也就是说，它们必须具有公共的特征。申

请人有责任对视图进行编号，以给出运动/进展的清晰印象。❶

例如，图形用户界面的另一个示例为下面所呈现的注册式共同体外观设计 214
No. 000748694 – 0003，该图形用户界面在 EUIPO 提交了外观设计申请（见图
C – 37）。

GGM No. 000748694 – 0003

图 C – 37　图形用户界面的外观设计申请

此共同体外观设计是 EUIPO 的无效程序（文件编号：ICD 8538）的主 215
题。❷ 在 2013 年 6 月 12 日做出的决定中，原则上承认了可保护性。在该决定
中也否定了唯一的技术条件，并且惯例性地评估了此共同体外观设计相对于现
有外观设计的可保护性（新颖性和独特性）。

可能由于双方之间达成了和解，上级法院并未做出判决。 216

2. 对德国外观设计的动画图形用户界面和动画外观设计的保护

德国专利商标局也参与了融合计划 CP6。❸ 因此，在德国专利商标局 217

---

❶ 摘自《注册式共同体外观设计审查指南》第 5.2.6 节（参见：https://euipo. europa. eu/tunnel-web/secure/webdav/guest/document_library/contentPdfs/law_and_practice/designs_practice_manual/WP_2_2016/examination_of_applications_for_registered_community_designs_de. pdf）.

❷ 参见：https://euipo. europa. eu/tunnel – web/secure/webdav/guest/document_library/content – Pdfs/law_and_practice/decisions_mvalidity/ICD%20000008538%20decision%20（EN）. pdf.

❸ 参见：https://www. tmdn. org/network/who_is_participating.

（DPMA）中，动画外观设计和动画图形用户界面也可以作为注册式外观设计受到保护。

3. 其他国家对图形用户界面的保护

218　　在美国、以色列和日本的倡议下，WIPO 已经向所有成员方发放了关于保护图形用户界面、图标（icons）和字体的问卷。[1] 在此，WIPO 于 2016 年 8 月 12 日收到了以下成员国的答复：阿根廷、澳大利亚、阿塞拜疆、白俄罗斯、中国、克罗地亚、塞浦路斯、捷克、丹麦、爱沙尼亚、芬兰、格鲁吉亚、德国、冰岛、以色列、意大利、日本、哈萨克斯坦、拉脱维亚、立陶宛、马来西亚、墨西哥、黑山、荷兰、挪威、阿曼、秘鲁、菲律宾、波兰、葡萄牙、摩尔多瓦、罗马尼亚、俄罗斯、沙特阿拉伯、塞尔维亚、新加坡、斯洛伐克、南非、瑞典、瑞士、乌克兰、英国和美国。此外，以下政府间组织也做出了回应：EUIPO 和非洲知识产权组织（OAPI）。

219　　原则上，除塞浦路斯以外的所有国家都可能对图形用户界面（GUI）进行保护（参见：问题 1）。在此，相应国家[2]能够根据以下法律保护 GUI、图标和字体（参见：问题 2，见表 C - 1）。

220

表 C - 1

回应方	外观设计专利法			注册式工业设计法			非注册式工业设计法			版权法			商标法			反不正当竞争法			其他
	GUI	图标	字体	GUI	图标	字体	GUI	图标	字体	GUI	图标	字体	GUI	图标	字体	GUI	图标	字体	
阿根廷				■	■	■													
澳大利亚				■	■	■				■	■	■	■	■	■			■	
阿塞拜疆	■	■	■							■	■	■	■	■	■				
白俄罗斯	■	■	■							■	■	■	■	■	■				
中国	■	■								■	■	■	■	■	■				
克罗地亚				■	■	■				■	■	■	■	■	■	■	■	■	
塞浦路斯																			
捷克				■	■	■	■	■	■	■	■	■	■	■	■	■	■	■	

---

[1]　参见：Annex II, Standing Committee on the Law of Trademarks, Industrial Designs and Geographical Indications, Thirty-Sixth Session（http：//www. wipo. int/edocs/mdocs/sct/en/sct_36/sct_36_2. pdf）.

[2]　参见：Annex I, Question 2, Standing Committee on the Law of Trademarks, Industrial Designs and Geographical Indications, Thirty-Sixth Session（http：//www. wipo. int/edocs/mdocs/sct/en/sct_3 6/sct_36_2. pdf）.

续表

回应方	外观设计专利法			注册式工业设计法			非注册式工业设计法			版权法			商标法			反不正当竞争法			其他
	GUI	图标	字体	GUI	图标	字体	GUI	图标	字体	GUI	图标	字体	GUI	图标	字体	GUI	图标	字体	
丹麦				■	■	■	■	■	■	■	■	■	■	■	■	■	■	■	
爱沙尼亚				■	■					■	■	■	■	■	■				
芬兰				■	■	■	■	■	■						■				
格鲁吉亚				■	■	■				■	■	■	■	■	■				
德国				■	■	■				■	■	■				■	■		
冰岛				■	■	■													
以色列				■	■	■				■	■	■	■	■	■				
意大利	■			■	■	■				■	■	■	■	■	■				
日本				■	■					■	■	■				■	■	■	■
哈萨克斯坦	■	■	■																
拉脱维亚				■	■	■	■	■	■	■	■	■							
立陶宛				■	■	■	■	■	■	■	■	■	■	■	■	■	■	■	
马来西亚				■	■					■	■	■		■					
墨西哥				■	■	■							■	■	■				
黑山				■	■	■				■	■	■							
荷兰				■	■	■				■	■	■			■				
挪威				■	■	■				■	■	■				■	■	■	
阿曼										■	■	■							
秘鲁				■	■														
菲律宾				■	■					■	■		■	■					
波兰				■	■	■	■	■	■	■	■	■				■	■	■	
葡萄牙				■	■	■	■	■	■	■	■	■				■	■	■	
摩尔多瓦				■	■	■	■	■	■	■	■	■			■	■	■	■	
罗马尼亚				■	■	■	■	■	■	■	■	■				■	■	■	
俄罗斯	■	■	■							■	■	■	■	■	■				
沙特阿拉伯				■	■	■													
塞尔维亚				■	■	■													
新加坡				■	■	■				■	■	■	■	■	■				
斯洛伐克				■	■	■				■	■	■	■	■	■	■	■	■	

续表

回应方	外观设计专利法			注册式工业设计法			非注册式工业设计法			版权法			商标法			反不正当竞争法			其他
	GUI	图标	字体	GUI	图标	字体	GUI	图标	字体	GUI	图标	字体	GUI	图标	字体	GUI	图标	字体	
南非	■	■	■	■	■	■				■	■								
瑞典					■	■				■	■	■		■					
瑞士					■	■				■	■	■		■					
土耳其					■	■				■	■	■				■	■		
乌克兰	■	■	■								■								
英国				■	■	■	■	■	■	■	■	■							
美国	■	■	■								■	■	■	■	■				
EUIPO				■	■	■							■	■	■				
OAPI	■				■	■				■	■		■	■	■	■	■		

221   从问题4❶ 的答案中得出能够如何申请图形用户界面、图标或者字体（见表 C-2）。

222

表 C-2

回应方	照片（黑白）			照片（彩色）			图片，包括技术图片			其他图形表示			使申请人能够准确表示设计的任何其他格式（例如，视频类型文件）		
	GUI	图标	字体	GUI	图标	字体	GUI	图标	字体	GUI	图标	字体	GUI	图标	字体
阿根廷							■	■	■						
澳大利亚	■	■	■	■	■	■							■	■	■
阿塞拜疆	■	■	■						■						
白俄罗斯	■	■	■							■	■	■			
中国	■	■	■				■	■							
克罗地亚	■	■	■	■	■	■				■	■	■			
塞浦路斯															

---

❶ 参见：Annex I，Question 4，Standing Committee on the Law of Trademarks，Industrial Designs and Geographical Indications，Thirty-Sixth Session（http：//www. wipo. int/edocs/mdocs/sct/en/sct_3 6/sct_36_2. pdf）.

续表

回应方	照片（黑白）			照片（彩色）			图片，包括技术图片			其他图形表示			使申请人能够准确表示设计的任何其他格式（例如，视频类型文件）		
	GUI	图标	字体	GUI	图标	字体	GUI	图标	字体	GUI	图标	字体	GUI	图标	字体
捷克	■	■	■	■	■	■				■	■	■			
丹麦	■	■	■	■	■	■	■	■	■						
爱沙尼亚	■	■	■	■	■	■	■	■	■						
芬兰	■	■	■	■	■	■				■	■	■			
格鲁吉亚	■	■	■	■	■	■				■	■	■			
德国	■	■	■	■	■	■	■	■	■						
冰岛	■	■	■	■	■	■	■	■	■						
以色列	■	■	■	■	■	■	■	■	■						
意大利	■	■	■	■	■	■	■	■	■						
日本	■			■			■								
哈萨克斯坦	■	■	■	■		■	■								
拉脱维亚	■	■	■	■	■	■	■	■	■	■	■	■			
立陶宛	■			■	■	■	■	■							
马来西亚	■	■		■						■	■				
墨西哥	■	■	■	■	■	■	■	■	■						
黑山	■	■	■	■	■	■	■	■	■						
荷兰	■	■	■	■	■	■	■	■	■						
挪威	■	■	■	■	■	■				■	■	■			
阿曼	■	■	■	■	■	■	■								
秘鲁	■	■		■			■								
菲律宾	■	■		■			■								
波兰	■	■	■	■	■	■	■	■	■	■	■	■			
葡萄牙	■	■	■	■	■	■				■	■	■			
摩尔多瓦	■	■	■	■	■	■				■	■				
罗马尼亚	■	■	■	■	■	■	■	■	■						
俄罗斯	■	■	■	■	■	■				■	■				
沙特阿拉伯	■	■	■	■	■	■	■	■	■						

回应方	照片（黑白）			照片（彩色）			图片，包括技术图片			其他图形表示			使申请人能够准确表示设计的任何其他格式（例如，视频类型文件）		
	GUI	图标	字体	GUI	图标	字体	GUI	图标	字体	GUI	图标	字体	GUI	图标	字体
塞尔维亚	■	■	■	■	■	■	■	■	■	■	■	■			
新加坡	■	■	■	■	■	■									
斯洛伐克	■	■	■	■	■	■						■			
南非	■	■	■	■	■	■	■	■	■						
瑞典	■	■	■	■	■	■	■	■	■						
瑞士	■	■	■	■	■	■	■	■	■	■	■				
土耳其	■	■	■	■	■	■	■	■	■						
乌克兰	■	■	■	■	■	■	■	■	■			■			
英国	■	■	■	■	■	■				■	■	■			
美国	■	■	■	■	■	■	■	■	■						
EUIPO	■	■	■	■	■	■	■	■	■	■	■	■			
OAPI	■	■		■				■				■			

223　　　关于动画图形用户界面，在 WIPO 的不同成员方中存在特定的要求（参见：问题 5 的答案）。❶ 在下文中，以列表的形式简要示出这些要求（参见：问题 6 的答案，见表 C - 3）。❷

224

表 C - 3

回应方	表示次序的系列静态图		视频类型文件		描述		新颖性陈述		其他要求	
	GUI	图标	GUI	图标	GUI	图标	GUI	图标	GUI	图标
阿根廷										
澳大利亚										

❶　参见：Annex I, Question 5, Standing Committee on the Law of Trademarks, Industrial Designs and Geographical Indications, Thirty-Sixth Session（http：//www. wipo. int/edocs/mdocs/sct/en/sct_36/sct_36_2. pdf）.

❷　参见：Annex I, Question 6, Standing Committee on the Law of Trademarks, Industrial Designs and Geographical Indications, Thirty-Sixth Session（http：//www. wipo. int/edocs/mdocs/sct/en/sct_3 6/sct_36_2. pdf）.

回应方	表示次序的系列静态图		视频类型文件		说明		新颖性陈述		其他要求	
	GUI	图标	GUI	图标	GUI	图标	GUI	图标	GUI	图标
阿塞拜疆	■	■			■	■	■	■		
白俄罗斯										
中国	■	■			■	■				
克罗地亚	■	■								
塞浦路斯										
捷克										
丹麦	■	■			■	■				
爱沙尼亚										
芬兰										
格鲁吉亚	■	■			■	■				
德国	■	■								
冰岛										
以色列	■	■					■	■		
意大利										
日本	■	■							■	■
哈萨克斯坦										
拉脱维亚	■	■								
立陶宛										
马来西亚										
墨西哥	■	■			■		■	■		
黑山										
荷兰	■	■								
挪威	■	■	■	■	■	■				
阿曼										
秘鲁										
菲律宾	■	■			■	■				
波兰	■	■								
葡萄牙	■	■								
摩尔多瓦										
罗马尼亚	■*	■			■	■	■	■		

回应方	表示次序的系列静态图		视频类型文件		说明		新颖性陈述		其他要求	
	GUI	图标	GUI	图标	GUI	图标	GUI	图标	GUI	图标
俄罗斯	■	■			■	■				
沙特阿拉伯										
塞尔维亚										
新加坡	■						■			
斯洛伐克										
南非	■	■			■	■	■	■		
瑞典										
瑞士										
土耳其	■	■			■	■				
乌克兰										
英国	■	■								
美国	■	■			■	■				
EUIPO	■	■								
OAPI	■	■								

225　　　　在图形用户界面本身能够得到保护的情况下（参见：问题 7 的答案），由问题 8 的答案得出了所必需的表示（见表 C - 4）。❶

226 表 C - 4

回应方	仅表示 GUI，而无须含有该 GUI 的产品或者该 GUI 所要应用的产品		用实线表示 GUI + 用点线或虚线表示含有该 GUI 的产品或者该 GUI 所要应用的产品		用实线表示 GUI + 用实线表示含有该 GUI 的产品或者该 GUI 所要应用的产品 + 不保护该产品的说明		其他形式的表示	
	GUI	图标	GUI	图标	GUI	图标	GUI	图标
阿根廷			■	■				
澳大利亚			■	■				

----

❶　参见：Annex I，Question 8，Standing Committee on the Law of Trademarks，Industrial Designs and Geographical Indications，Thirty-Sixth Session（http：//www. wipo. int/edocs/mdocs/sct/en/sct_3 6/sct_36_ 2. pdf）.

回应方	仅表示 GUI，而无须含有该 GUI 的产品或者该 GUI 所要应用的产品		用实线表示 GUI + 用点线或虚线表示含有该 GUI 的产品或者该 GUI 所要应用的产品		用实线表示 GUI + 用实线表示含有该 GUI 的产品或者该 GUI 所要应用的产品 + 不保护该产品的说明		其他形式的表示	
	GUI	图标	GUI	图标	GUI	图标	GUI	图标
阿塞拜疆	■	■	■	■				
白俄罗斯	■	■						
中国								
克罗地亚	■	■	■	■				
塞浦路斯								
捷克	■	■	■	■				
丹麦	■	■	■	■				
爱沙尼亚	■	■	■	■				
芬兰	■	■	■	■				
格鲁吉亚	■	■	■	■				
德国	■	■	■	■				
冰岛	■	■	■	■				
以色列	■	■	■	■				
意大利	■		■	■	■	■	■	■
日本								
哈萨克斯坦	■	■						
拉脱维亚	■	■	■	■				
立陶宛	■	■	■	■				
马来西亚			■	■				
墨西哥								
黑山	■	■	■	■				
荷兰	■	■	■	■				
挪威	■	■	■	■				
阿曼								

回应方	仅表示 GUI，而无须含有该 GUI 的产品或者该 GUI 所要应用的产品		用实线表示 GUI + 用点线或虚线表示含有该 GUI 的产品或者 GUI 所要应用的产品		用实线表示 GUI + 用实线表示含有该 GUI 的产品或者该 GUI 所要应用的产品 + 不保护该产品的说明		其他形式的表示	
	GUI	图标	GUI	图标	GUI	图标	GUI	图标
秘鲁	■	■	■	■	■	■		
菲律宾			■	■				
波兰	■	■	■	■	■	■	■	■
葡萄牙	■	■	■	■				
摩尔多瓦	■	■	■	■				
罗马尼亚	■	■	■	■				
俄罗斯	■	■	■	■				
沙特阿拉伯	■	■	■	■				
塞尔维亚	■	■	■	■	■	■		
新加坡			■	■				
斯洛伐克	■	■						
南非			■	■	■	■		
瑞典	■	■						
瑞士	■	■						
土耳其	■	■	■	■				
乌克兰								
英国								
美国								
EUIPO	■	■	■	■				
OAPI			■	■	■	■		

227　　　一些国家必须将字母、数字、词句和符号排除（disclaimed）在保护范围之外（参见：问题 9 的答案）❶，其中，如果图形用户界面仅在程序启动时暂

---

❶　参见：Annex I，Question 9，Standing Committee on the Law of Trademarks，Industrial Designs and Geographical Indications，Thirty-Sixth Session（http：//www. wipo. int/edocs/mdocs/sct/en/sct_36/sct_36_2. pdf）.

时性示出，则一些国家对所述图形用户界面不予以保护（参见：问题 10 的答案）。❶

VI. 具有变化状态的外观设计

在不添加或者移除部件的情况下，具有变化状态的外观设计具有能够以不同方式来配置的外观。对于这种外观设计来说，存在规定的使用阶段，每个使用阶段都对应于不同的状态。根据通用实践（CP6），只要没有添加或者移除部件，则展示外观设计不同配置的视图是允许的。外观设计的可移动或可取出的部件的变化状态必须以单独的视图示出。❷ 具有变化状态的外观设计的示例❸如图 C - 38 所示。

228

GGM No. 000588694 - 0012 （14.03）：移动电话

GGM No. 002319814 - 0001 （06.06）：休闲家具

图 C - 38　具有变化状态的外观设计示例

---

❶ 参见：Annex I, Question 10, Standing Committee on the Law of Trademarks, Industrial Designs and Geographical Indications, Thirty-Sixth Session（http：//www. wipo. int/edocs/mdocs/sct/en/sct_36/sct_36_2. pdf）.

❷ EUIPO Prüfungsrichtlinien für eingetragene Gemeinschaftsgeschmacksmuster v. 1. 8. 2016, Ziff. 5. 2. 1.

❸ NCP6 – Konvergenz der grafischen Wiedergaben von Geschmacksmustern – Gemeinsame Mitteilung des European Trademark und Design Network vom 15. 4. 2016, S. 29 ff.

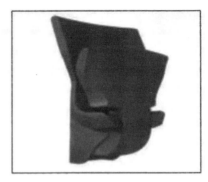

GGM No. 002329938 –0001（06.01）：坐具（座椅）

GGM No. 000809470 –0001

图 C -38　具有变化状态的外观设计示例（续）

229　　　　在一些情况下，不同的配置能够产生不同的产品，例如能变换成毛巾的手
提包（见图 C -39）。

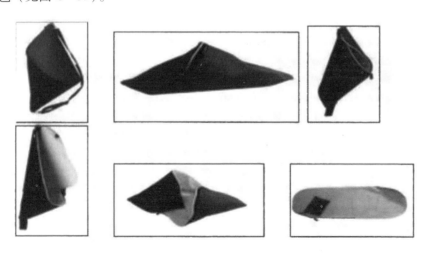

韩国外观设计 D20110100：带有毛巾和钱包的手提包

图 C -39　不同配置能够产生不同产品的示例

VII. 维修部件

1. 背景

根据对协调起决定性作用的欧盟 98/71/EG 指令中第 3 条第 3 款结合第 1c　230
款，在包括多个构件并且能够拆卸以及再次组装的复杂产品中，若复杂产品的
零件在其常规的使用中保持可见并且本身满足新颖性和独特性的要件，则该零
件可以受到保护（也参见 Rdn. 106ff.）。就此而言，原则上，也能够将用于维
修目的的零件（维修部件）视为可受保护。

与必须适合（must – fit）的部件（参见 Rdn. 134）相比，维修部件即所谓　231
的必须匹配（must – match）的部件的特征在于，它们不一定在技术 – 功能上
必须彼此配合，但是出于美学原因应当是相同的。例如，包括涉及机动车行业
的保险杠、散热器格栅、发动机盖和车门，以及涉及其他行业的零件，尤其是
壳体部件。这不包括汽车轮毂，尤其是当它们以一套四件的方式来交付时。汽
车轮毂也不应当被理解为车辆的不可分的单元的维修替换部件。❶

然而，欧盟 98/71/EG 指令在第 14 条中为用于制造复杂产品的原始外观的　232
维修部件规定了特殊规章，其形式为所谓的冻结 + 解决方案（Freeze – Plus –
Lösung）。在当时对指令的修订完成之前，成员国能够维持其现有的关于这些
维修部件的法规，或者规定补充条款以使维修部件的贸易自由化。

在备用件方面，从一开始就无法实现成员国法规的同化。因此，目前这个　233
领域仍然保留着不同的国家规章。

根据欧盟 98/71/EG 指令第 14 条，欧盟委员会有义务在 2004 年 10 月底之　234
前审查该指令的影响。最迟在此之后 1 年，即到 2005 年 10 月底，委员会应当
提交修改提案，以针对维修部件完成内部市场的统一。该提案已于 2004 年 9
月 14 日提交（参见 Rdn. 245ff.）。

2. 现状

关于共同体外观设计，已建立了 GGV 第 110 条的过渡性条款。此后，暂　235
时没有对以下外观设计或特征予以作为共同体外观设计的保护：该外观设计或

---

❶ 参见：OLG Stuttgart GRUR 2005, 308 – Autofelge；德国联邦法院正在修订（I ZR 226/14），德
国联邦法院已将决议草案呈递至欧洲法院以进行初步裁决（GRUR 2016, 1057 Rechtssache C – 435/16）.

特征在维修的框架中作为复杂产品的构件得到使用，以使该复杂产品再次具有原始外观。值得一提的是，若根据第 110 条没有对注册式共同体外观设计予以保护，则不能撤销该注册式共同体外观设计；在这里不存在无效理由（参见 Rdn. 515）。鉴于欧盟 98/71/EG 指令第 14 条，GGV 最终修订的提案应当与委员会的修改提案同时提交（GGV 第 110 条第 2 款）。

236　　欧盟 98/71/EG 指令的第 14 条在各个欧盟国家的国家立法实施如下：

237　　15 个国家规定了对维修部件的外观设计保护：奥地利、塞浦路斯、捷克、丹麦、爱沙尼亚、芬兰、法国、德国、立陶宛、马耳他、波兰、葡萄牙、斯洛伐克、斯洛文尼亚和瑞典。

238　　在 9 个国家中，存在补充条款以使备用件市场自由化，这 9 个国家为：比利时、匈牙利、爱尔兰、意大利、拉脱维亚、卢森堡、荷兰、西班牙和英国。

239　　希腊选择了折中解决方案。在此以合理的时效为外观设计权利人提供了 5 年的保护期限。

240　　作为补充，美国不对维修部件予以保护。日本规定了最长为 15 年的保护期。

241　　如下情况适用于德国：根据 DesignG 第 4 条结合 DesignG 第 1 条第 3 点，若复杂产品的构件（零件）在其常规使用中保持可见并且该构件的保持可见的特征本身满足了新颖性和独特性的要件，则该构件可受保护，该复杂产品能够由多个构件构成。由此，对可见的零件予以保护。

242　　根据 DesignG 第 73 条第 1 款，在此情况下，对于使用一个构件（维修部件）来维修复杂产品以使其恢复原始外观的行为，若根据旧版法律，即根据截至 2004 年 5 月 31 日失效的法律不能够阻止这些行为，则不能对该行为适用外观设计权。而根据旧版法律能够主张权利的行为未来也将受到惩罚。由此，对于用于建立原始状态的维修部件来说保持"现状"（Status quo），根据该"现状"，备用件在整个产品的框架中展现其自身的美学效果就足够了。❶

243　　德国立法者放弃自由化备用件市场，原因如下❷：

244　　　－ 汽车行业已经做出适度保证：不会对备用件市场产生比迄今更多的影响，其中，立法者打算在未遵守这一保证的情况下才进行干预。

　　　　－ 修订对维修部件提供保护的现状被认为是不恰当的。

　　　　－ 只有以对欧盟 98/71/EG 指令的修订的形式存在泛欧洲的解决方案时，才应当进行修订。

---

❶ 根据旧版法律对维修部件的保护；尤其参见：BGH GRUR 1987, 318 – Kotflügel.

❷ 为此：BT – Drucks. 15/1075 vom 28.5.2003, zu § 67, S. 65, 66.

3. 欧盟委员会 2004 年 9 月 14 日的提案

2004 年 9 月 14 日，欧共体委员会通过了一项提早 1 年的、用于修订欧盟   245
98/71/EG 指令的提案❶，根据欧盟 98/71/EG 指令第 14 条，应当进行如下
修改：

（1）若外观设计被用作复杂产品的构件以实现维修该复杂产品的目的，   246
以使该外观设计再次具有其原始外观，则不存在对该外观设计的外观设计
保护。

（2）成员国确保按照规定使消费者获悉备用件的来源，使消费者能够在   247
知悉事实的情况下选择处于竞争中的备用件。

因此，根据委员会的该提案，若外观设计被用作复杂产品的构件以实现维   248
修该复杂产品的目的，以使该外观设计再次具有其原始外观，则不应当为该外
观设计予以外观设计保护。此外，消费者应当知悉维修部件的来源。

因此，基于消费者政策上的考虑，外观设计权利人应当仅在初级市场   249
（对由多个构件构成的复杂产品的首次出售）上具有唯一的使用权和变价权，
并且，第三人应当可进入次级市场（复杂产品的单个构件的备用件市场或者
售后市场）。

委员会提出该提案的主要论据如下❷：   250

－ 若机动车备用件市场的市场容量约为 100 亿欧元每年，则应当对独立   251
的备用件制造商开放。

－ 由于确保了禁止第三人以新型车辆进入市场，在初级市场上对维修部
件的保护对于车辆制造商来说是足够的。

－ 消费者将为外观设计支付两次费用，一次在新购入车辆时，还有一次
在购买维修部件时。

－ 根据委员会的调查，备用件在对机动车的维修部件提供保护的国家比
在有补充条款的国家贵 6% ~ 10%。

－ 最终消费者必须有自由选择权来选择：从谁手中购入次级市场上的
部件。

－ 欧盟内部的就业机会将得到保障，因为在欧盟内部也可能为第三国
（例如美国）制造机动车辆的备用件。

---

❶ 该提案及与其相关的文件可在以下网址中查询到：http://europa.eu.int/comm/internal_market/
de/indprop/design/index.htm.

❷ 为此：Begründung zum Vorschlag der Änderung der EU – Richtlinie 98/71/EG, S. 8 ff.

252   联邦政府、欧洲企业工业（ALEA）和德国工业联合会（BDI）反对委员会的该提案❶，尤其是给出了以下理由：

253   ——该提案与系统相悖，因为就所有工商业保护权而言，专利权人具有唯一的使用权和变价权。

——该提案为时过早，并且，补充条款对欧盟内部市场的影响仍不明确。

——该提案将削弱欧洲汽车行业。

——独立的备用件制造商只会在无经济风险的情况下仿制市场大量需要的利润丰厚的维修部件。

——与之相反的，汽车制造商也必须在数十年内提供非利润丰厚的备用件，尤其是不受保护权保护的备用件。由于备用件制造商没有仿制这些备用件，所以这些部件要贵得多。总的来说，这不会降低备用件的成本。

254   另外，在对该指令进行修订之前，还应当考虑总体上反对自由化备用件市场的以下几点：

255   ——修订提案涉及复杂产品的相当普遍可见的构件。除了在指令修订的框架内所包含的汽车行业外，也涉及了所有其他行业分支，例如工具、家居、园林、家具或者电气设备行业。有争论的是，指令的修订对用于这些行业分支的影响是否已经得到调查或者澄清。对这些行业的阐释和听证是必要的。

——对指令的拟议修订导致外观设计保护的显著减弱。对于可受保护客体的特定使用类型来说，其他保护权（专利、实用新型和商标）没有例外，并且对于维修部件来说也是如此。由于就所有其他的保护权而言，专利权人在初级和次级市场上具有唯一的使用权和变价权，以创建一种鼓励创新的氛围（更确切地说，独立于保护权的使用类型），该提案被视为与系统相悖。

——根据欧盟98/71/EG 指令生效的第 3 条第 2 款，适用以下原则：当外观设计满足保护要件——新颖性和独特性时，它可受保护。根据欧盟98/71/EG 指令第 3 条第 3 款，若复杂产品的构件在常规使用时保持可见并且本身满足新颖性和独特性的保护要件，这也适用于这些构件。与其他保护权一样，给予保护的规则是满足保护要件。如果满足了这些要件，无论在初级或者次级市场上是否提供并且销售该外观设计，则该外观设计值得保护并且授予设计人保护权。在此，当然应该考虑到，并非每个维修部件都符合保护要件；只要不存在其他的特殊保护权，根据现存的法律状态，不新颖和/或不具有独特性的部件能够由第三人在初级和次级市场上自由地使用。

---

❶ 为此：BT – Drucks. 15/4099 vom 29. 10. 2004，S. 12；ACEA comments regarding the pro – posed modification of Directive 98/71 on the legal protection of designs，www. acea. be/ASB/ASBvl_l . nsf.

－ 原则上，出于更高的公众利益而非从纯经济政治的观点出发，最多能够在狭窄的界限内允许对保护权的保护范围进行非自愿的限制。❶ 例如关于专利权，在 PatG 第 13 条中规定了这种更高的公众利益（公共福利或国家安全）。

－ 此外，该提案至少侵害了欧盟 98/71/EG 指令第 3 条第 3 款，该条款恰好准许了对复杂产品构件的保护（若该构件在常规使用时保持可见并且自身满足新颖性和独特性的保护要件）。在实施该提案时，只有复杂产品的以下构件会受到保护：该构件改变了复杂产品的原始外观，例如其形式不同于原始构件构造的备用件（例如，可替换的手机壳）或者附加安装的附加部件（例如，调试件）的配件。

－ 该提案会导致外观设计权利人对可受保护的配件（即不同构造的备用件或附加部件）的不合理改进，因为配件没有恢复复杂产品的实际原始外观，并且，因此不受拟议的保护排他性。在次级市场上会存在对这些部件的保护。然而，与之相对的，作为在欧盟委员会提案意义上的维修部件，满足新颖性和独特性的系列组件不受保护。

－ 此外，尤其是关于最后提到的两点，不受保护的维修部件和配件（作为不同构造的备用件或者附加部件）之间的界限是不明确的。此外，没有定义应当怎样理解"原始的外观"：复杂产品的外观，如其已经由制造商"原始地"投放到市场中；还是，在复杂产品报废并且因此需要维修之前的外观。这两种外观并不相同，尤其是当在修复之前已经对具体的复杂产品进行了更改时。在此，值得提及的是，欧盟委员会的提案并未表明原始的外观本身必须受到外观设计保护或者必须是可受保护的。

4. 关于指令的修订

为了修订指令，欧盟理事会（会员国的部长级别的各个代表）必须在与欧盟议会协商一致后通过修订提案。为此，2005 年春季，对此负责的"经济问题"理事会小组召开了会议，但未能达成协议。因为已经形成了可以阻止表决的包括德国和法国在内的少数群体。 256

2007 年 12 月，欧洲议会根据 2007 年 11 月 22 日的莱恩报告（Lehne – Bericht）❷，第一次审读通过了一项决议，据此，在仍存在对维修部件的保护的欧盟国家，在 5 年过渡期之后应当废除对维修部件的保护。基于欧洲议会的该决议而对关于保护外观设计和模型的 98/71/EG 号指令做出的修订至今并且 257

---

❶ 也参见：Kunze, Das neue Geschmacksmusterrecht, S. 28.

❷ 参见：Europäisches Parlament, Plenarsitzungsdokument A6 – 453/2007.

在将来也可能不会付诸实施，因为尤其是德国和法国始终坚持对维修部件进行保护。根据德国联邦司法和消费者保护部（BMJ）提供的不具约束力的信息，德国联邦政府始终支持对维修部件进行保护。

258 因此，没有可获得半数以上得票的折中解决方案。已经经过长时间讨论的其他折中解决方案都没有得到足够多数的支持，这些其他折中解决方案包括缩短维修部件的保护期限或者引入补偿制度。由于对于通过指令修订案不存在强制的时间规定，对 98/71/EWG 号欧盟指令的最终协调一致以及修订仍将需要等待很长时间。在此之前，仍适用现状。

VIII. 权利人

1. 授权的申请人

259 外观设计权属于设计人或其权利继受人（GGV 第 14 条；DesignG 第 7 条）。若多人共同开发出了一项外观设计，则他们共同享有外观设计权。

260 若一项外观设计由雇员在履行职责或者执行雇主指令时设计出来，则外观设计权属于雇主。除非合同上另有约定或者可适用共同体外观设计的国家内部法律另有规定（GGV 第 14 条第 3 款；DesignG 第 7 条第 2 款）。

261 在主管局的每个程序以及在所有其他程序中，若以某人名义注册了外观设计，或者，在注册之前以某人的名义提交了申请，则该人被视为获得了授权（GGV 第 17 条；DesignG 第 8 条）。这种推定也涉及注册外观设计的程序性要求。

262 在此，申请人能够是自然人或法人。DPMA 还接受《民法》规定的公司作为申请人，其中，除公司名称和所在地外，至少一位有权代表的股东的姓名和地址应当登记在 DPMA。❶

2. 转让和权利继受

263 对德国外观设计的权利能够转让或者继受给其他人，其他人即为权利继受人（DesignG 第 29 条第 1 款）。对于外观设计属于一个企业或者企业的部分的情况而言，若存在疑问，则企业或者企业的部分转让或者继受将包括该外观设计的转让或者继受（DesignG 第 29 条第 2 款）。

264 应所有人或者权利继受人的申请，若已向 DPMA 证明了外观设计的继受，

---

❶ Mitteilung Nr. 4/05 des Präsidenten des DPMA；据此，§ 5 Abs. 3 GeschmMV 不再适用。

则该继受得以载入登记簿（DesignG 第 29 条第 3 款）。关于证据的细节，适用 DPMAV 第 28 条第 3 款和 DPMA 的改写指南（Umschreibungsrichtlinie）。

根据 GGV，若转让时所有人的所在地在某国，则共同体外观设计的转让受该国法律的管辖（GGV 第 33 条第 1 款结合第 27 条第 1 款）。就这点而言，对于德国所有人，DesignG 第 29 条的规定也适用于共同体外观设计。   265

3. 非权利人提出的申请

对于注册式外观设计是以非权利人的名义注册或申请的情况，或者，对于此人公布非注册式共同体外观设计或使其生效的情况，权利人能够要求：其作为共同体外观设计的合法所有人得到认可（GGV 第 15 条），或者，外观设计应当转让给权利人或者被撤销（DesignG 第 9 条第 1 款）。   266

仅在外观设计公布之日起 3 年之内，权利人能够行使其主张。在非权利人恶意申请的情况下，该期限不适用（GGV 第 14～15 条；DesignG 第 9 条）。   267

若在承认外观设计的所有权方面启动了法律程序（归还产权诉讼），则将其记载在主管局的登记簿中（GGV 第 15 条第 4 款；DesignG 第 9 条第 4 款）。随着将权利人载入登记簿，取消了之前错误授予的注册人的许可和其他权利。   268

根据旧版德国法律，归还产权诉讼是不可能的，因为（基于与版权法的密切关系）外观设计仅能够由权利人引证（旧版 GeschmMG 第 1 条）。   269

若在司法程序的启动载入登记簿之前，外观设计权利人或被许可人已经实施了该外观设计或者为此进行了真实和认真的准备，只要他在一个期限内向载入登记簿的、新的所有人申请了非独占许可，那么他就能够继续该实施，该期限就共同体外观设计而言为 3 个月（GGDV 第 24 条第 5 款），并且就德国外观设计而言为 1 个月（DesignG 第 9 条第 3 款）。该许可应以合理期限和合理条件授予。但是，这只适用于外观设计权利人没有恶意行事的情况。   270

IX. 外观设计的效力

1. 外观设计赋予的权力

德国外观设计以及注册式共同体外观设计赋予其权利人使用该外观设计以及禁止第三人未经其同意而使用该外观设计的排他性权利（DesignG 第 19 条第 1 款、第 38 条第 1 款）。与 GGV 不同的是，德国法律明确规定，仅对在申请中被可见地再现的特征进行保护（DesignG 第 37 条第 1 款）。若特征未被可见地披露，但是可能在描述中得到阐明，则该特征不能扩大保护范围；然而，   271

根据德国法律，描述能够具有限制保护的效力（参见 Rdn. 321）。

272　　　"使用"尤其包括以下事实：

273　　　　－　生产；

　　　　　－　提供；

　　　　　－　投入市场；

　　　　　－　进口；

　　　　　－　出口；

　　　　　－　使用了包含或应用该外观设计的产品；

　　　　　－　出于前述目的占有此产品。

274　　　注册式外观设计的侵权人的主观认识并不重要。根据旧版德国法律，只有复制品受保护（旧版 GeschmMG 第 1 条）。

275　　　若"使用"是因为仿制了受保护的外观设计，则非注册式共同体外观设计赋予其所有人与注册式共同体外观设计相同的权利。如果"使用"是设计人独立设计的结果，则"使用"不被视为对非注册式外观设计的仿制，因为该设计人能够合理地假定他先前不知道所有人公开的外观设计。这对应于根据旧版德国法律的仿制保护。

276　　　在侵权案件中，被告承担举证责任，以证明不存在对非注册式共同体外观设计的仿制（GGV 第 19 条第 2 款第 2 句）。为了成功抗辩侵权控告，被告必须呈交能够推断出其为独立设计的文件。因此，至关重要的是，只要产品适合于市场或者在市场上销售，设计人就应保存证明其独立设计的文件。

277　　　此外，在非注册式共同体外观设计的侵权诉讼程序中，如果权利人提供了外观设计首次向公众公开的证据，并且说明了其外观设计在哪些方面具有独特性，则认为该外观设计具有效力（GGV 第 85 条第 2 款）。由此，对于非注册式共同体外观设计的生效来说具有决定性的是：记录首次公布，使得尤其是能够证明以下几点：

278　　　　－　外观设计首次公布的日期；

　　　　　－　证明其为首次公布而非后来公布的事实；

　　　　　－　公布的范围：什么在哪里被如何展出（图案、照片、附图、草图、电影、动画等）；

　　　　　－　所在行业对该公布的获悉。

279　　　外观设计的无效性（即缺乏新颖性和独特性）能够由被告在同一诉讼程序中仅通过反诉来质疑。对无效声明的反诉具有"普遍性"（inter omnes）的效力，该反诉产生额外的费用（参见 Rdn. 547ff.）。

280　　　在延期公开的期限中，只有在一项外观设计仿制该外观设计时才适用保护

（GGV 第 19 条第 3 款；DesignG 第 38 条第 3 款）。

在下述情况下，外观设计赋予的权利尤其不能生效（GGV 第 20 条；　281
DesignG 第 40 条）（参见 Rdn. 659）：

－ 个人领域的、非营利目的的行为；　282

－ 试验目的的行为；

－ 为了援引或教学的目的而复制，前提是该等行为符合公平贸易的惯例
并且不得损害该外观设计的正常使用，以及注明了出处。

GGV 和《德国外观设计法》对外观设计侵权做出不同的制裁，如停止侵　283
权、赔偿损失和信息告知（参见 Rdn. 653 和 Rdn. 687）。

2. 先用权

如果注册式共同体外观设计赋予的权利适用于第三人，若该第三人能够证　284
明在申请日之前或在优先权日之前（如果主张优先权），其已经在共同体境内
善意地使用共同体外观设计保护范围内的外观设计或已经为该等使用做了认真
且有效的准备，且其没有抄袭后者，则该第三人可以主张优先使用权（GGV
第 22 条第 1 款）。在德国外观设计权赋予的权利生效时，这相应地适用，其
中，在这里必须附加说明在德国国内发生了先用（DesignG 第 41 条）。根据旧
版德国法律，不必在法律上规定先用权，因为根据旧版 GeschmMG 的第 1 条规
定侵权以仿制的事实为要件。

值得提及的是，尽管先用权赋予第三人外观设计的自身使用权，但是先用　285
权并未扩大到许可其他人使用该外观设计（GGV 第 22 条第 3 款；DesignG 第
41 条第 1 款）。原则上，不能将先用权转让给第三人，除非第三人为企业并且
转让与这种企业部分一起完成：在该企业部分的框架中已经发生了使用或者进
行了准备。

相对于非注册式共同体外观设计赋予的权利的生效，不能适用先用权，因　286
为在侵权非注册式共同体外观设计时必定存在对受保护的外观设计的仿制。只
有当仿制基于在时间上在非注册式共同体外观设计之后出现的外观设计时，仿
制才能够存在（GGV 第 19 条第 2 款第 2 句）。

3. 许可

在共同体的整个地区或者部分地区内，共同体外观设计能够是许可的客　287
体。许可能够是排他性许可或者非排他性许可（GGV 第 32 条）。相应地，对
于德国外观设计来说，能够在联邦德国全境或者部分国境内授予许可
（DesignG 第 31 条）。

288   当被许可人在

289   – 许可期限；

       – 外观设计的使用形式；

       – 授予许可的产品选择；

       – 授予许可的地域范围；或者

       – 被许可人制造的产品的质量

等方面违反许可合同的规定时，只要权利人能够主张外观设计赋予的权利，而不损害被许可人任何合同规定的权利，则该权利人具有特殊的法律地位（GGV第 32 条第 2 款；DesignG 第 31 条第 2 款）。

290   已申请的外观设计也能够是许可的客体（GGV 第 34 条；DesignG 第 32 条）。

291   在不违反许可合同规定的情况下，被许可人仅能够在经所有权人同意的情况下提起对外观设计的侵权诉讼程序。然而，若根据要求共同体外观设计的所有人自身在合理的期限内没有提起侵权诉讼，则排他性许可的所有人能够提起这样的诉讼（GGV 第 32 条第 3 款；DesignG 第 31 条第 3 款）。

D

旧外观设计的新德国外观设计权

I. 外观设计的新权利

由于外观设计法具有追溯力，所以其适用于所有在生效日 2004 年 6 月 1 日已经注册并且尚未注销的外观设计。这是符合欧盟指令 98/71/EG 的，因为根据欧盟指令 98/71/EG 第 2 条第 1 款，指令的适用范围扩展至"外观设计的已注册的权利"以及"相应的申请"。

由此，对于根据旧法申请并且在新法生效时通过的外观设计，可以再多延长 5 年，从而其最长保护期不是旧法中的 20 年，而是 25 年。

在 DesignG 第 72 条中提出了追溯力的基于合法预期保护原则的例外情况：

根据 DesignG 第 72 条第 1 款，DesignG 不适用于在 1988 年 7 月 1 日之前在当时主管的地方法院申请的外观设计，因为这类外观设计的保护期最长为 15 年，所以其仅在 2003 年 6 月 30 日之前有效。

DesignG 第 72 条第 2 款规定，对于在 2001 年 10 月 28 日之前申请或注册的外观设计，适用当时针对该外观设计的关于保护效力要件的规定。因此，根据旧法来判断权利的效力。

如果外观设计在 2004 年 6 月 1 日之前申请但尚未完成注册，则适用新法。但根据 DesignG 第 72 条第 3 款，如果在申请时已产生保护，则保护效力仍适用旧法。

DesignG 第 72 条第 4 款包含与诉讼时效有关的过渡性规定，该规定与 GeschmMG 第 17 条第 4 款一致。对于在 2002 年 1 月 1 日之前的权利主张，没有任何变化。对于在 2002 年 1 月 1 日（债务法改革）还存在但尚未超过诉讼时效的权利主张，原则上适用 DesignG 第 49 条。对于诉讼时效期限较长的情

292

293

294

295

296

297

298

况，过渡期主要以旧法的较短期限为准。对于诉讼时效期限较短的情况，则以特殊规定为准（参见 EGBGB 第 229 条第 6 款第 4 项）。

Ⅱ. 根据《德国期限延长法》的外观设计

299   在重新统一之后已经过去超过 25 年，已不可能存在仍然符合《德国期限延长法》的有效外观设计。因此将之前版本中的相应章节删除。

E
申请程序

I. 提交申请

1. 共同体外观设计

根据《共同体外观设计条例》第35条第1款，可以向位于阿利坎特的欧盟知识产权局（EUIPO）或者向成员国工业产权保护国家中央级主管部门提交共同体外观设计，例如，在德国则向德国专利商标局（参见 Rdn. 304）提交共同体外观设计。如果申请符合根据《共同体外观设计条例》第36条第1款的规定（参见 Rdn. 306~308），则以该申请送达欧盟知识产权局或国家中央级主管部门的日期为申请日。 300

与欧盟商标的情况一样，德国专利商标局要求对共同体外观设计的申请的接收和转交收取费用。根据《德国专利商标局和德国联邦专利法院费用法》，上述费用为每件申请25欧元。 301

如果已经向中央级主管部门提交申请，则还需要满足一前提，即该中央级主管部门在两个月之内将符合申请日判定最低要求（Rdn. 306~308）的文件转交至位于阿利坎特的欧盟知识产权局。否则，根据《共同体外观设计条例》第38条第2款，申请日推迟为欧盟知识产权局收到上述文件的日期。一旦申请已通过中央级主管部门送交给欧盟知识产权局，欧盟知识产权局就将申请日通知申请人。在此，上述提交可以通过互联网、传真、邮寄进行，或者可以亲自送交。 302

2. 德国外观设计

根据《德国外观设计法》第11条第1款，德国外观设计的申请应向德国 303

专利商标局提交。也可以通过经德国联邦司法部公告指定的专利信息中心提交申请。❶

304 请注意：不能向上述专利信息中心提交共同体外观设计申请，因为在德国专利商标局和欧盟知识产权局之间不存在对这种情况所必需的协议。因此，此类申请不会被转交至欧盟知识产权局，而会被退还给申请人。

305 对于德国外观设计申请而言，也可以采取电子申请的方式。电子申请可以通过德国专利商标局的 e－Filing 工具或者通过互联网进行。同样，也可以采取邮寄提交和亲自送交的方式。但是，根据《德国外观设计法实施细则》第 4 条第 2 款，通过传真转递副本是不被允许的。

Ⅱ．申请要求

306 根据《德国外观设计法》第 11 条第 2 款和《共同体外观设计条例》第 36 条，注册式外观设计的申请必须包含以下著录项目（申请日判定的最低要求）：

307 　　－　注册请求；
　　　　－　明确申请人身份的事项；
　　　　－　外观设计的适合公布的视图。

308 申请应进一步包含：

309 　　－　产品的指定项，该产品要包含或使用本外观设计。这种指定项例如以产品清单的形式呈现。❷ 根据《德国外观设计法实施细则》第 9 条第 2 款，应使用不超过 5 种商品条目。

310 在申请德国外观设计时，要求使用德国专利商标局的表格。❸ 另外，共同体外观设计的申请或者德国外观设计的申请可以选择性地包含以下著录项目：

311 　　－　一份描述；
　　　　－　延期公布的请求；
　　　　－　有关代理人的事项；
　　　　－　产品的分类；
　　　　－　设计人署名，或者申请人对设计人放弃署名的声明；❹

---

❶ 德国专利商标局第 38/04 号局长决定。
❷ 《德国外观设计法》第 5 条第 1 款。
❸ 如果缺少该指定页，无论是对于共同体外观设计还是对于德国外观设计而言，都不会导致申请日推迟。
❹ 设计人的署名参照《德国专利法》第 63 条关于发明人署名的规定，不要求在登记簿中进行标注。

— 根据《巴黎公约》要求优先权的事项或者展览优先权的事项。

为了明确申请人的身份，应著录申请人姓名以及在申请人为法人的情况下 312
著录其法人形式、地址，在外观设计申请为共同体外观设计的情况下著录国
籍、居住国或住所国。

在申请共同体外观设计时，应指定一种语言。在此，申请可以以任一欧共 313
体官方语言来提交（第一语言）。根据《共同体外观设计条例》第 98 条第 2
款，除申请语言以外，还应指定第二语言，该第二种语言必须是欧盟知识产权
局的语言（参见 Rdn. 443 ~ 445）。德国外观设计的申请应使用德语。

与外观设计申请一起提交的照片或其他图形再现必须能够被复制。再现或 314
表达应在中性背景下进行。在德国外观设计的情况下，最多可以公布 10 幅视
图，而在共同体外观设计的情况下，最多可以公布 7 幅视图。每个表达仅能包
含一幅视图。根据《共同体外观设计实施细则》第 4 条第 2 款以及《德国外
观设计法实施细则》第 7 条第 1 款，如果提交了更多幅视图，则多出的视图将
不被考虑。如果旨在通过外观设计保护字体，则应该以该字体 16 号字分别以
5 行的形式提交字母表中所有字母的大小写、所有阿拉伯数字。❶

根据《共同体外观设计实施细则》第 5 条第 1 款以及《德国外观设计 315
法》第 11 条第 2 款，如果已提出延期公布的请求，则二维外观设计的视图
也可以由样本或者外观设计片段替代。在此涉及的是外观设计的必须与申请
同时提交的实体视图。在此，根据《德国外观设计法实施细则》第 8 条和
《共同体外观设计实施细则》第 5 条第 4 款，外观设计片段必须再现完整
设计。

所申请的外观设计的分类取决于申请人对产品的指定。在此，每项申请只 316
能指定一个类别。也就是说，例如不能将一项外观设计既归类为玩具又归类为
灯具，尽管该外观设计可能被构造为前述两者中的任一种。根据《共同体外
观设计条例》第 40 条和《共同体外观设计实施细则》第 3 条，共同体外观设
计的分类依据是 1968 年 10 月 8 日实施的《工业品外观设计国际分类洛迦诺协
定》。为解决语言问题，欧盟知识产权局对现有的洛迦诺分类进行了拓展，并
且将其翻译成所有欧盟官方语言。这种欧洲洛迦诺分类能够在欧盟知识产权局
的网站上获得，其中，在欧盟知识产权局主页和德国专利商标局主页上提供了
在线检索。为了官方地、快速无误地翻译对外观设计的分类项，建议仅使用欧
洲洛迦诺分类中所包含的分类项。对于德国外观设计，也可采用《洛迦诺协
定》规定的分类（http：//dpma. de/service/klassifikationen/locarnoklassifikation/

---

❶ 《德国外观设计法实施细则》第 7 条第 7 款以及《共同体外观设计实施细则》第 4 条第 4 款。

index. html）。根据《共同体外观设计条例》第 36 条第 6 款和《德国外观设计法》第 11 条第 6 款，即使是由申请人进行的分类，也不会对后续外观设计的保护范围造成限制。

317 　　根据《共同体外观设计条例》第 36 条第 6 款和《德国外观设计法》第 11 条第 6 款，产品的指定项对共同体外观设计的保护范围没有影响。但是，这些指定项可能会影响外观设计的可注册性或可保护性。例如，复杂产品的在常规使用时不可见并且因此不可保护的构件（参见 Rdn. 37 和 Rdn. 106）可以通过相应的隐藏产品复杂性和不可见性的产品指定项被"可见化"。这种指定项尤其可以是导致被归类到不同类别中的类别脱离的指定项（参见 Rdn. 112）。例如，如果不指定"活塞"而是将"镇纸"作为产品指定项，则可以获得内燃机活塞的特定构型的保护。举例来说：由于产品指定项不影响保护范围，因此"镇纸"的外观设计的所有人相对于实现了活塞的类似构型的第三方而言占据优势，因为在第三方的情况中由于最终产品中的不可见性而不能给予活塞的外观设计。结果可能会导致法律上不清楚的局面。

318 　　然而，由于在确定外观设计保护时还应配合设计人的设计自由程度（根据《共同体外观设计条例》第 10 条第 2 款或《德国外观设计法》第 38 条第 2 款），并且由于设计人的选择必然取决于产品指定项，所以产品指定项仍然会至少间接地影响保护范围。对于镇纸和内燃机活塞，设计人显然具有不同的设计自由程度。

319 　　如果申请人在申请共同体外观设计时指定一产品，欧盟知识产权局由于该指定产品而认为该外观设计是不可注册的，则根据《共同体外观设计条例》第 46 条第 3 款涉及不导致申请日期延期的可纠正的瑕疵。

320 　　目前这也适用于德国外观设计。与以前不同的是，根据《德国外观设计法》第 16 条第 3 款，产品指定项的缺失不再导致外观设计的申请日延后到补正之日。

321 　　《共同体外观设计条例》与《德国外观设计法》之间的差别在于对选填的说明的评估。根据《共同体外观设计条例》第 36 条第 6 款，该说明不限制保护范围。与此不同，《德国外观设计法》第 11 条第 6 款没有提及该说明，从而根据德国法律为了确定外观设计的保护范围应考虑用于阐述外观设计视图的说明。❶

322 　　根据《共同体外观设计实施细则》第 1 条第 2 款和《德国外观设计法实施细则》第 10 条第 2 款，用于阐述共同体外观设计的说明最多包括 100 个单

---

❶ BGH，I ZR 211/08 – 打字机，第 68 款。

词，并且仅涉及申请中可见的特征。不应包含关于外观设计的新颖性和独创性或关于其技术价值的表述。根据《德国外观设计法实施细则》第1条第2款，对于多项申请的情况，在德国可以将各个外观设计的说明合并成一个文件。

在此，可以在德国外观设计中通过该说明提出免责声明。通过免责声明，申请人可以从一开始就应对了对法律效力的侵犯（参见 Rdn. 135）。当申请的产品具有无法获得外观设计保护的局部片段时，免责声明可能尤为重要。这样的局部片段可以是必须符合的特征或仅由技术决定的特征。借助免责声明，可以将这些特征从申请的主题中排除。例如如果申请插头元件，则可以通过免责声明将满足纯技术性功能的股线部分（必须符合的特征）排除。插头元件的其余部分，尤其具有可保护的外观形状的背侧则为该申请的主题。 323

由于在共同体外观设计的情况下，前述说明不限制保护范围，因此不能将免责声明形式的相关阐述作为该说明的一部分来提交。❶ 相反，在此可能会设置一个单独的阐述。 324

此外，欧盟知识产权局允许使用视觉免责声明（放弃声明)❷，借助该视觉免责声明可以以简单的方式和方法说明：外观设计的视图中示出的某些确定特征不需要被保护。借此指定什么不应受到保护。 325

仅当视觉放弃声明明确指出不要求对视图中外观设计的某些确定特征进行保护，并且这些特征在所有出现放弃声明的视图中以一致的方式示出时，才允许视觉放弃声明。 326

建议使用虚线作为视觉放弃声明。要求保护的部分则应该借助实线标出（见图 E–1）。 327

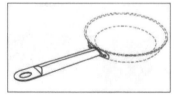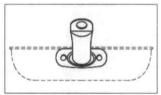

GGM No. 002322644–0001（07.02）：平底锅把手

图 E–1　视觉放弃声明

---

❶　参见 2017 年 6 月 13 日的 EuG T–9/15 的决定。

❷　参见欧盟知识产权局的审查指南中关于注册式共同体外观设计的规定：2016 年 1 月 8 日，第 5.3 号以及 NCP6——外观设计图形视图的融合——欧洲商标和外观设计网络的共同通知。

328　　　仅当由于技术上的原因而无法使用虚线时（例如，当示出服装或图案上的接缝时，或者当使用照片时），可以使用其他放弃声明，例如色差、限界和模糊化。

329　　　如果无法使用虚线，则允许利用色差。在此，借助对比色调使不要求保护的特征变得充分地不清楚，尤其以另一色调将该特征模糊化或使其变得几乎无法识别，并且将要求保护的特征显著且能够明确识别地示出（见图 E-2）。

国际注册编号：DM/078504（12.08）：机动车

图 E-2　利用色差放弃声明

330　　　作为色差的替代考虑使用限界。为了被允许，应明确地在边界之内给出/再现要求保护的特征。在此，对边界以外的所有特征都不要求保护（见图 E-3）。

GGM No. 002182238-0002　　　　　　　GGM No. 001873688-0003

户外照明装置　　　　　　　　　　　　　　鞋底

图 E-3　使用限界

331　　　此外，可以将不要求保护的特征模糊化并且因此使其变得不清楚。在此，清晰特征与模糊特征之间必须能够明显区分开（见图 E-4）。

GGM No. 000244520 - 0002 （12.15）：用于车轮的充气轮胎

图 E - 4   特征模糊化处理

　　根据《德国外观设计法》第 10 条，相对于申请人，设计人有权在注册中　332
作为设计人被署名。但是设计人不具有自己的请求权。借此旨在让设计人有机
会享有作为外观设计的设计者的荣誉。然而，针对未署名设计人的情况，《德
国外观设计法》尚未规定与专利法中未署名发明人的情况类似的法律后果。

　　《共同体外观设计条例》第 18 条也规定了设计人署名。根据《共同体外　333
观设计审查指南》第 6.2.4 条，虽然申请人必须在申请中关于设计人做出该设
计人放弃署名的声明或阐述，但是欧盟知识产权局不会对设计人署名进行
审查。

Ⅲ. 多项申请

　　原则上，多件外观设计可以合并在一件多项申请中。使用或包含外观设计　334
的产品必须属于同一类别。根据《共同体外观设计审查指南》第 7.4.3 条，
一个例外是《共同体外观设计条例》对于"装饰物"的产品指定，但是在
《德国外观设计法》中不应存在这种例外，以免通过装饰物的"后门"而将多
个不同产品合并到一件申请中。与《共同体外观设计条例》不限制外观设计
的项数不同，根据《德国外观设计法》第 12 条第 1 款，最多可以将 100 项外
观设计合并成一件多项申请。

　　共同体外观设计多项申请的各项外观设计可以完全彼此独立地被受理。因　335
此，可以要求对多项外观设计中的单项主张权利生效，也可以进行许可、放
弃、续展、转让、延期公布以及宣告无效等。对于德国外观设计，法律条文没
有做明确规定。然而在此也可认为多项申请的外观设计实质上彼此独立。根据
《德国外观设计法》第 12 条第 2 款，可以对多项申请进行分案。

　　同时，《德国外观设计法》目前还允许仅延迟公布多项申请的外观设计中　336

的一部分图像。❶ 该项规定的特别意义在于，能够首先测试各项外观设计的经济可用性，而不会造成因公布所有外观设计所产生的费用。该申请可以通过将保护期限续展 5 年而仅继续追求几项外观设计的权利。

337　　根据《共同体外观设计条例》第 37 条第 4 款和《共同体外观设计实施细则》第 2 条或《德国外观设计法》第 12 条第 2 款，《共同体外观设计实施细则》和《德国外观设计法》还包含关于外观设计多项申请或外观设计合案注册的分案的说明。

IV. 费　　用

1. 共同体外观设计

338　　在申请共同体外观设计时，需要缴纳注册费和公布费。根据《共同体外观设计条例》第 36 条第 4 款以及《共同体外观设计实施细则》第 6 条，如果请求延期公布，则延期公布的费用叠加到公布费上。

339　　根据《共同体外观设计条例》第 37 条第 2 款以及附件 3《共同体外观设计收费细则》，在多项申请的情况下，每增加一项外观设计，则应缴纳一项附加注册费和公布费或一项附加延期费（见表 E–1）。

340　　　　　　　　　　　表 E–1　共同体外观设计的费用

费用	单项外观设计	每增加一项共同体外观设计的附加费用（2~10 项外观设计）	每增加一项共同体外观设计的附加费用（11 项起外观设计）
注册	230 欧元	115 欧元	50 欧元
公布	120 欧元	60 欧元	30 欧元
延期公布	40 欧元	20 欧元	10 欧元

341　　根据《共同体外观设计条例》第 46 条第 3 款，如果没有按时缴纳这些费用，则会导致如下法律后果：欧盟知识产权局向申请人发出通知书告知缺缴注册费和公布费并且设置期限。如果在该期限内缴纳费用，则该申请享有原始申请日。否则，该申请将被驳回。此外，根据《共同体外观设计条例》第 107 条第 2 款结合《共同体外观设计实施细则》第 10 条第 3 款，应缴纳延迟附加费，该费用也应在规定期限内缴纳，该期限通常为 2 个月。延迟附加费为：

342　　注册费：60 欧元；

---

❶ 《德国外观设计法》第 21 条第 4 款。

公布费：30 欧元；

延期费：10 欧元。

延迟附加费应分别在原费用以外额外缴纳。 343

在多项申请的情况下，延迟附加费是附加注册费的 25%。 344

2. 德国外观设计

申请时应缴纳申请费。如果请求延期公布，则延期公布的费用叠加到申请 345
费上。在《德国专利商标局和德国联邦专利法院费用法》中规定了费用金额。
在此，费用金额由《德国专利商标局和德国联邦专利法院费用法》第 2 条第 1
款给出。截至 2010 年 1 月 1 日，取消此前征收的公布费（见表 E-2）。❶

表 E-2　德国外观设计的费用 347

费　用	单项外观设计	多项申请
注册	70 欧元 （电子申请 60 欧元）	每项外观设计 7 欧元，但是至少 70 欧元 （每项电子申请 6 欧元，但是至少 60 欧元）
延期公布	30 欧元	每项外观设计 3 欧元，但是至少 30 欧元
延期公布情况下的续展费	40 欧元	每项外观设计 4 欧元，但是至少 40 欧元

在多项申请的情况下，除了常规费用外，每增加一项外观设计还必须缴纳 346
附加的申请费和公布费或附加的延期费。

根据《德国专利商标局和德国联邦专利法院费用法》第 3 条第 1 款，在申 348
请的同时向德国专利商标局缴纳这些费用，根据《德国专利商标局和德国联
邦专利法院费用法》第 6 条第 1 款，应该在生效日期起 3 个月内向德国专利商
标局缴纳费用。否则，该申请被视为撤回。在法律中没有规定德国专利商标局
应敦促缴纳费用。同样地，也不存在像共同体外观设计情况下的延迟附加费。

V. 优先权

1. 外国优先权

根据《德国外观设计法》第 14 条第 1 款，可以要求外国外观设计的优先 349
权。根据《保护工业产权巴黎公约》第 4C 条第 1 款，优先权期限是 6 个月。

---

❶ 根据 DPMAVwKostV 的第一条法令的修订，已于 2010 年 1 月 1 日起废除了对 12 欧元的外观设
计公布的固定费用的追溯效力。

可以要求存在国际缔约的国家的优先权，或者根据《德国外观设计法》第 14 条第 2 款，也可以要求如下国家的优先权，这些国家赋予德国申请人与《保护工业产权巴黎公约》赋予的权利相应的优先权。未规定本国优先权。在此，《德国外观设计法》调整的是相同的外观设计的在先申请，而与在先申请的形式无关。然而，不能要求未注册的外观设计的优先权，这也适用于共同体外观设计。

350 　与此不同，《共同体外观设计条例》更具限制性，并且在《共同体外观设计条例》第 41 条第 1 款中规定，在《保护工业产权巴黎公约》缔约国或《建立世界贸易组织协定》缔约国提出申请的外观设计或实用新型申请人或其权利继受人有权在首次提出申请之日后的 6 个月内提出共同体外观设计申请并要求该外观设计或实用新型的申请的优先权。可以要求享有本国优先权。❶

351 　根据《共同体外观设计条例》和《德国外观设计法》的 6 个月期限对应于《保护工业产权巴黎公约》第 4C 条第 1 款中规定的针对外观设计要求享有优先权和在后申请的期限。

352 　在此，《共同体外观设计条例》是根据《保护工业产权巴黎公约》第 4E 条第 1 款的陈述所制定的，该陈述包含一项关于通过外观设计要求享有实用新型优先权的规定，但该处优先权期限是按照外观设计的优先权期限所确定的。

353 　另一方面，虽然在实践中很少见，但是根据旧法和新法，对德国外观设计适用：外观设计申请可以要求技术性保护产权（发明或实用新型）或者甚至商标的优先权。特别是要求图像商标或三维商标（在这些情况下，外观设计的独特性不重要）的优先权会是有意义的。《共同体外观设计条例》不允许要求这种商标优先权。而《欧盟商标条例》也没有开放要求享有外观设计优先权的可能性。

354 　这两个法律文本在这一点上的措辞差异很有意思，《德国外观设计法》调整外观设计本身，而《共同体外观设计条例》则是针对在先申请而非本外观设计。

355 　对于共同体外观设计要求优先权而言适用的是，可以要求任何被视为符合其申请国规定的国家申请的外观设计申请或实用新型申请的优先权。根据《保护工业产权巴黎公约》第 4A 条第 3 款以及《共同体外观设计条例》第 41 条第 3 款，后续过程无关紧要。

356 　此外，对应于《保护工业产权巴黎公约》第 4C 条第 4 款，《共同体外观设计条例》包含用于确定首次申请的规定。因此，根据《共同体外观设计条

---

❶ 欧盟知识产权局的第 EX－03－05 号局长决定。

例》第 41 条第 4 款，首次申请也可以是一较晚的申请，前提是在该较晚的申请注册之前，较早的申请在同一国家中或对同一国家被撤回、放弃或被驳回，而较早的申请尚未公开或者不由其继续存在权利。尤其，该较早的申请也不能是要求优先权的基础。在《德国外观设计法》中没有类似的规定。但是，在此也许可以使用《保护工业产权巴黎公约》的准则。

然而，《共同体外观设计条例》在此方面不同于《保护工业产权巴黎公约》的规定，因为它还包括"对"相关国家提交的申请，而不仅仅是"在"相关国家中提出的申请。因此，根据措辞，《保护工业产权巴黎公约》仅涵盖了国家申请和根据《海牙协定》第 14 条第 1a 款相当于国家申请的申请，因此通过《共同体外观设计条例》的措辞应尽可能地明确：《共同体外观设计条例》第 41 条第 2 款还应包括在之前已向欧盟知识产权局提交但已被撤回且未留下任何权利的申请。 357

为了要求优先权，申请人必须提出优先权声明，也就是说，申请人必须提出相应的请求并注明申请日和较早的申请的国家。 358

根据《共同体外观设计实施细则》第 8 条第 2 款，共同体外观设计的优先权声明必须在申请日起 1 个月内提交。此外，根据《共同体外观设计实施细则》第 8 条第 1 款，在先申请的副本和卷宗号必须在申请日起或提出优先权声明起的 3 个月内提交。根据 2003 年 1 月 20 日的欧盟知识产权局的局长决定 EX-03-5，前述副本包括该申请或该注册的公证副本，前述公证副本由向其提交过较早申请的主管部门所签发。❶ 这需要附上关于日期和通过该主管部门提交较早申请的证明。在此，也可以提交优先权文件的复印件，在外观设计是以彩色方式呈现的情况下，复印件也必须再现表达这些颜色。2003 年 12 月 9 日的欧盟知识产权局的局长决定 EX-03-09 指出，欧盟知识产权局不检查作为优先权基础的申请的主题与本共同体外观设计是否相同。自此，欧盟知识产权局也接受了不示出外观设计的任何视图的优先权文件，例如德国证明文书。 359

关于提交副本的语言，《共同体外观设计条例》第 42 条提及"这些语言之一"，必须以该语言撰写副本，否则欧盟知识产权局可以要求翻译。从法律措辞来看，这些语言之一是指欧共体的一种语言还是当局语言并不明确。由《欧盟商标条例》第 30 条和《欧盟商标实施条例》第 6 条第 3 款可以认为，前述语言可能是当局语言，因为这可以从对欧盟商标和共同体外观设计的类似处理方式推断出。 360

---

❶ 关于要求在先申请的优先权的其他信息可以参见 2005 年 1 月 1 日的欧盟知识产权局第 EX-05-5 号局长决定。

361   要求德国外观设计优先权的规定与上述规定不同。根据《德国外观设计法》第 14 条第 1 款，要求享有优先权的期限是自在先申请的申请日（优先权日）起 16 个月。申请人必须在该期限内说明在先申请的时间点、国家和卷宗号。此外，应提交较早的申请的副本。与欧盟知识产权局不同，德国专利商标局传统上不需要经过公证的优先权文件，申请文件的简单印刷版本就足够了。❶ 在此期限内可以对说明项进行修改。如果未按时提交说明项，则德国专利商标局确定优先权声明视为未提交。

362   根据《共同体外观设计条例》第 7 条第 2 款以及《德国外观设计法》第 6 条，在优先权规定之外，申请人有权享受 12 个月的新颖性宽限期，以对抗申请人自己和其权利继受人的公开。如果要求优先权，则新颖性宽限期从申请日或优先权日起计算（参见 Rdn. 193 ~ 195）。应注意的是，在申请日因在申请日还有某些要求没有满足而被推迟的情况下，使用新颖性宽限期可能导致新颖性宽限期受到损失。

363   然而，新颖性宽限期不会赋予申请人可以为其申请要求的优先权。

2. 展览优先权

364   《德国外观设计法》第 15 条以及《共同体外观设计条例》第 44 条允许，如果在官方或官方认可的国际性展览上披露了使用或包含外观设计的产品，则该外观设计可以要求享有展览优先权。根据《共同体外观设计条例》第 44 条第 1 款和《德国外观设计法》第 15 条第 1 款，展览优先权的期限为 6 个月。

365   对于德国外观设计而言，相关展览在德国联邦司法部关于展会保护的《联邦法律公报》上发布。德国专利商标局的《专利、外观设计、图案公报》也载明可能涉及较小的国家专业展会的展览。

366   与此不同，《共同体外观设计条例》第 44 条第 1 款所提及的展览仅涉及《保护工业产权巴黎公约》❷ 所规定的国际展览，例如世界博览会或持续至少 3 周的国际性专业展览。此类展览应在国际展览局登记。德国专利商标局的《专利、外观设计、图案公报》也载明了这样的展览。

367   根据《共同体外观设计实施细则》第 9 条或《德国外观设计法实施细则》第 11 条❸第 2 款第 2 句，希望请求展览优先权的申请人必须以在展会期间签发的证明来证实所参与的展览。前述证明应附具由展览机构公证的关于产品实际

---

❶ BPatGe21, 169 和 BIPMZ 1988 年，26。

❷ 于 2002 年 11 月 22 日在巴黎签署的国际展览公约。

❸ 原文为第 10 条，疑错。——译者注

公开的说明。

根据《共同体外观设计实施细则》第 9 条第 2 款第 1 句，如果要求展览优先权，则必须在申请日之后的 1 个月内呈交共同体外观设计的优先权声明。根据《共同体外观设计实施细则》第 9 条第 2 款第 2 句，必须在收到优先权声明后的 3 个月内补齐其他所要求的事项说明和证明。如果在国家在先申请中已经考虑到展览优先权，当申请人还想要主张《保护工业产权巴黎公约》优先权时，则申请人将不会累积受益，因为根据《共同体外观设计实施细则》第 41 条，优先权期限不能延长。 368

根据《德国外观设计法》第 15 条第 4 款，对于德国外观设计而言，在德国要求展览优先权的期限与要求外国优先权类似，即自首次展出之日起 16 个月。《德国外观设计法》第 15 条第 5 款还规定，根据《德国外观设计法》第 14 条规定的期限（外国优先权）不得延长。 369

VI. 由德国专利商标局转交共同体外观设计申请

《德国外观设计法》第 12 章涉及共同体外观设计。根据《德国外观设计法》第 62 条，德国专利商标局接收共同体外观设计申请、记录该申请的接收日并且立即将其转交给内部市场协调局。根据《共同体外观设计条例》第 38 条第 2 款，如果该申请实际在 2 个月内送达欧盟知识产权局，则共同体外观设计获得德国专利商标局的接收日期作为申请日。根据《共同体外观设计条例》第 35 条第 2 款第 1 句，原则上德国专利商标局应该确保在两周内完成转交。 370

在此应该注意的是，想要阻止转交的申请人应直接联系位于耶拿的德国专利商标局主管机构。此外，如果在那里及时联系了相应的机构，那么仍有可能在受理之前影响送达阿利坎特的申请。通常，这种做法不要求在该时间点必须有官方卷宗号。对于申请的转交，德国专利商标局对每件申请收取 25 欧元的转交费用。 371

F
注册程序

I. 形式审查

372　　根据《德国外观设计法》第 16 条或根据《共同体外观设计条例》第 45 条和《共同体外观设计实施细则》第 10 条，德国专利商标局或欧盟知识产权局审查申请是否符合承认申请日的要求。如果根据《德国外观设计法》第 11 条第 2 款或根据《共同体外观设计条例》第 36 条第 1 款的强制性要求未被满足（参见 Rdn. 306～308），则德国专利商标局或欧盟知识产权局通知申请人，不能承认申请日。

373　　如果在收到通知后的 2 个月内消除了共同体外观设计申请的缺陷，则将申请日推迟到该日期。否则，根据《共同体外观设计条例》第 46 条第 2 款，该申请不会被视为注册式共同体外观设计的申请，并且将退还费用。

374　　《德国外观设计法》规定了申请人消除缺陷的期限。根据《德国外观设计法》第 16 条第 3 款，申请日将被推迟到缺陷消除之日。如果申请人未遵循上述要求，申请将通过决定被驳回。然而，该申请仍可以作为要求优先权基础的申请。如果反对上述决定应提出上诉。

375　　根据《德国外观设计法》第 16 条或《共同体外观设计条例》第 46 条第 3 款以及《共同体外观设计实施细则》第 10 条，如果未满足其他要求（参见 Rdn. 310）或未缴纳费用（参见 Rdn. 338～340），德国专利商标局或欧盟知识产权局也规定了消除缺陷期限。如果缺陷在前述期限内得以消除，则申请获得原始申请日。否则，德国专利商标局或欧盟知识产权局驳回该申请。

376　　如果缺陷涉及要求优先权，则优先权丧失。

377　　如果附加费用没有覆盖多项申请的所有外观设计，则欧盟知识产权局将驳回费用未覆盖到的所有外观设计的申请。在此适用的是：如果不存在其他注册标准，则欧盟知识产权局将遵循外观设计的顺序。对于德国外观设计而言，德国专利商标局将根据《德国外观设计法》第 16 条第 3 款确定考虑哪些外观设计。一般来说，德国专利商标局也有可能遵循外观设计的顺序。

Ⅱ．不予注册的情况

原则上，德国专利商标局或欧盟知识产权局不会对申请进行材料审查。但是如果德国专利商标局或欧盟知识产权局在审查申请要求时得出结论，该申请未涉及根据《德国外观设计法》第 1 条第 1 款或《共同体外观设计条例》第 3a 条所述的外观设计，即未涉及由线条、轮廓、色彩、形状、表面结构和/或产品本身的材料和/或其装饰物的特征（参见 Rdn. 26 ~ 28）形成的全部或部分产品外观形式，则根据《德国外观设计法》第 18 条和《共同体外观设计条例》第 47 条第 1 款驳回该申请。外观设计的更正或修改只存在非常有限的可能性。必要时可以在部分放弃的过程中尝试消除瑕疵。然而，这仅在特殊情况下才有可能。 378

同样，根据《共同体外观设计实施细则》第 11 条第 1 款和《德国外观设计法》第 3 条第 1 款第 3 点或者对于德国外观设计而言根据第 3 条第 1 款第 4 点，如果申请有违公序良俗，则该申请属于《保护工业产权巴黎公约》第 6 条中所列举的标识的滥用。德国专利商标局或欧盟知识产权局不审查其他材料的不予注册的理由。 379

但是根据《共同体外观设计条例》第 47 条第 2 款和《共同体外观设计实施细则》第 11 条，欧盟知识产权局必须在驳回共同体外观设计之前给予申请者修改或撤回申请或陈述意见的机会。在没有明确法律依据的情况下，德国专利商标局也类似地处理过这种情况，但在此不涉及真正意义上的缺陷通知书，因为这种缺陷只要实际存在就无法消除。尽管如此，以上决定仍可以具有评估余地，从而应给予申请人陈述意见的机会。瑕疵通知不会使申请日推迟。 380

Ⅲ．申请的撤回或修改

根据《德国外观设计法》第 11 条第 7 款或《共同体外观设计实施细则》第 12 条第 1 款，申请人可以随时撤回其申请。如果涉及多项申请，申请人也可以撤回多项申请中的单个外观设计。 381

此外，仅能修改申请人的姓名和地址以及语言错误、转印错误和明显的内 382

容错误，前提是外观设计的视图不由此发生改变。在个别情况下允许进一步修改。

IV. 继续审理

383　　《德国外观设计法》第 17 条和《德国外观设计法实施细则》第 13 条❶规定了德国申请情况下外观设计事务的继续审理。以申请被驳回的决定送达之后的 1 个月为期。只允许在德国专利商标局规定的期限内请求继续审理。继续审理必须被请求，如果错过请求则要补做请求。根据《德国外观设计法》第 17 条第 3 款，继续审理的期限不可恢复。对继续审理的受理要缴纳 100 欧元的费用，该费用在申请表上注明并且根据《德国专利商标局和德国联邦专利法院费用法》第 6 条第 1 款第 1 句应在请求期限内缴纳。根据《德国专利商标局和德国联邦专利法院费用法》第 5 条第 1 款，只有在缴纳费用后才会开始处理该请求。

384　　共同体外观设计的程序中没有关于继续审理的相关规定。

V. 注　　册

385　　如果满足申请要求并且当局没有发现不予注册的情况，则外观设计会被登记到登记簿中。如果已经请求延期公布，则这会与延期届满的日期一并标注出来。

386　　根据《德国外观设计法实施细则》第 15 条或《共同体外观设计实施细则》第 69 条，登记簿中包含以下著录项：

　　－　申请日；

387　　－　申请的卷宗号或多项申请中的各个外观设计的卷宗号；

　　－　产品类别；

　　－　申请人或代理人的说明事项；

　　－　外观设计的视图；

　　－　产品名称；

　　－　优先权（必要时）；

　　－　设计人署名（必要时）；

　　－　注册日期和注册号；

　　－　关于请求延期公布以及延期期限截止日的标注（必要时）；

---

❶ 原文为第 12 条，疑错。——译者注

- 样品已提交的标注（必要时）；

- 说明已提交的标注（必要时）。

此外，在申请共同体外观设计的情况下应指明申请语言。 388

如果产品说明事项已借助德国专利商标局主页上的搜索引擎创建完成，则 389
德国专利商标局会在其主页上说明注册的时间为 2~4 周。外观设计将会在此
之后约 1 个月进行公布。在欧洲程序中，根据官方主页，在使用在线程序提交
的情况下注册在数日内完成。在注册公布之后，权利所有人获得注册证书。

根据《共同体外观设计条例》第 25 条第 6 款、《共同体外观设计实施细 390
则》第 18 条以及《德国外观设计法》第 35 条，如果共同体外观设计或德国
外观设计在无效程序范畴内已被判定为部分无效，则可以以修改的形式进行注
册，前提是以修改的形式进行注册满足保护条件并且共同体外观设计维持其同
一性。

VI. 公　　布

1. 公布

外观设计在注册后被公布。在共同体外观设计公报上进行公布，或者在德 391
国通过德国专利商标局进行公布。可以在线查阅公布。共同体外观设计的公布
每天都在进行。

目前德国专利商标局的公布持续约 4 周。公布本身每周五进行一次，其 392
中，可以从德国专利商标局的主页获悉公布日。

2. 延期公布

根据《德国外观设计法》第 21 条或《共同体外观设计条例》第 50 条以 393
及《共同体外观设计实施细则》第 15 条，申请人可以请求延期公布。延期必
须与申请一起提出。因此，如果要求了优先权，则公布可以从申请日或优先权
日起推迟 30 个月。此时，根据《共同体外观设计条例》第 50 条第 2 款以及
《德国外观设计法》第 21、22 条，以不呈现外观设计的方式将外观设计登记
到登记簿中，并且将申请文件从文件查阅中排除。只能从登记簿和注册公开中
获取所有人、申请日和其他说明事项。

这意味着，设计人和企业都可以在保持外观设计保密直到它们投入市场的 394
情况下申请注册式外观设计。这防止了潜在的竞争对手了解该外观设计，申请
人的竞争力得以保留。

395　　　　在延期期限届满之前，或者如果在 30 个月届满前提出终止延期，则所有人必须：

396　　　　－ 缴纳公布费以及在多项申请的情况下缴纳附加公布费；

　　　　－ 提交该外观设计的视图（参见 Rdn. 314），如果在申请时仅提交了一个样本的话；

　　　　－ 在多项申请的情况下说明，要公布所有的外观设计还是仅公布一部分外观设计，或者要放弃哪个外观设计，或者要对哪个外观设计继续保持延期公布。

　　　　根据需要，也可以在完整的延期期限结束之前公开。

397　　　　a）共同体外观设计

398　　　　如果不满足上述要求，欧盟知识产权局则根据《共同体外观设计实施细则》第 15 条规定了所有人补正缺陷的期限，在任何情况下，这个期限都随着 30 个月的延期期限届满而结束。

399　　　　对于共同体外观设计而言，如果这个时刻发生在 30 个月届满之前超过 3 个月，则这类行为必须在所述期限届满前或所期望的公布届满前 3 个月进行。

400　　　　根据《共同体外观设计条例》第 50 条第 4 款和《共同体外观设计实施细则》第 15 条第 3 款，如果所有人未满足上述要求，则将如此处理共同体外观设计，使得其效力视为自始未发生，即意味着该外观设计自始无效。然而，该申请可以继续用作要求优先权的基础。如果所有人在 30 个月的延期期限届满之前就已经提出公布请求，倘若补正缺陷的要求未按时履行，则该请求视为未提出，并且可以在 30 个月届满时重新发起公布。这适用前面列举的 30 个月届满之前的 3 个月期限。

401　　　　根据《共同体外观设计收费细则》的附录 8，如果没有按时缴纳费用，则欧盟知识产权局敦促在其规定的期限内缴纳费用，另加一项附加费。根据《共同体外观设计条例》第 15 条第 4 款，该期限在任何情况下不得超过 30 个月。上述效力也发生在未缴纳费用的情况下。如果涉及多项申请并且费用缴纳不足，则对于所有附加的外观设计来说，视为未发生效力。在此如果不存在其他标准，则欧盟专利商标局将遵循编号顺序。

　　　　b）德国外观设计

402　　　　对于德国外观设计而言，《德国外观设计法》第 21 条第 2 款规定，提交视图以及缴纳费用的期限为直至延期期限结束。未对宽展期做出规定，只发出通知。如果直至延期期限结束还没有提交视图，则保护失效。这个期限是可恢复的。如果由于在视图中存在缺陷而对提交有争议，则德国专利商标局发布决定。该决定指明期限续展将不受影响。

对于德国外观设计而言，《德国专利商标局和德国联邦专利法院费用法》403
第 7 条第 2 款以及第 5 条第 1 款第 1 句规定，在图像公布被推迟的情况下，应
在延期期限内缴纳外观设计的期限续展费用。没有规定缴费宽展期以及延迟提
案（必要时）。目前，德国专利商标局以志愿服务的形式提醒即将到来的期限
届满。法律上未要求必须做出提醒。

如果在期限内就已经满足要求，则在延期期限届满之后公布外观设计。只404
要技术上可行，则在提前请求的情况下延期一结束就进行公布。随后，档案中
的全部内容和登记簿中的全部说明事项都可公之于众。在多项申请的情况下，
这仅适用于要进行公布并已采取上述行为的外观设计。

根据《共同体外观设计条例》第 50 条第 6 款，在延期期间，仅当所有人405
将关于外观设计的所有说明事项通知侵权人时，所有人才能基于其共同体外观
设计要求权利，也就是说，第三人对档案内容保持未知。根据《德国外观设
计法》第 38 条第 3 款，仅当损害涉及仿制假冒时，所有人才可以在延期期间
基于其外观设计要求权利。

VII. 登记簿中说明事项的变更

根据《共同体外观设计实施细则》第 19 条，可以免费对所有人或申请人的406
姓名或地址进行变更。变更后的说明事项将在登记簿中注明。这也适用于代理人
的说明事项。在德国国家法律中，对姓名或地址的变更注册也不收取费用。

VIII. 注册式外观设计的标识权

《德国外观设计法》第 59 条规定任何使用足以使人认为某一产品受外观407
设计所保护的标识的人有告知义务。

在 DIN 34 中，对提示外观设计保护的符号进行标准化。为了能够单义地408
确定被授予保护的外观设计，建议给符号 D（代表外观设计：Design）补充外
观设计的国家代码❶和注册号❷。因此，受外观设计法律保护的产品的提示信

---

❶ 参见《建立世界贸易组织协定》标准第三章（www. wipo. int/scit/en/standards/standards. htm）。

❷ Bulling 所著的《Patentausschlussrechte in der Werbung》（Arno Spitz 出版社，柏林，2002 年，第
221 页），Bogsch 所著的《Studiengruppe für den internationalen Schutz von Werken der angewandten Kunst
und von Mustern und Modelle》（GRUR Int. ，1959 年，第 39 页），Cohausz 所著的《Neue Kurzbezeichnungen
für Patente，Gebrauchsmuster und Geschmacksmuster》（GRUR，1992 年，第 296 页），Lambsdorff Skora 所
著的《Die Werbung mit Schutzrechtshinweisen》（1977 年，Rn. 75）。

息可以表述如下：

409　　D EU 94 07 428 代表共同体外观设计；

　　D DE 94 07 428 代表德国外观设计。

410　　希望知悉法律状况的人可以行使根据《德国外观设计法》第 59 条的知情权。这通常指的是竞争对手，但也可以是商家联合会、具有资质的机构以及商会。❶

411　　在旧的《德国外观设计法》中没有明文规定外观设计标识权，并且相应地适用了《德国发明专利法》第 146 条和《德国实用新型法》第 30 条。

412　　由于《德国外观设计法》第 59 条的规定在内容上与《德国发明专利法》第 146 条和《德国实用新型法》第 30 条一致❷，因此关于发明专利标识权和实用新型专利标识权的司法判决和司法解释也可以用于解释《德国外观设计法》第 59 条。

---

❶ Kraβer 所著的《专利权》（第 7 版）第 39.1 条，第 4 款。

❷ 对《德国外观设计法》第 59 条的官方解释。

G
程序法

Ⅰ. 一般程序原则

1. 共同体外观设计

GGV 第 63 条规定，在欧盟知识产权局受理的程序中适用依职权审查原则。在无效程序中，欧盟知识产权局应局限于当事人的陈述，并且仅在该范围内审查；也就是说，欧盟知识产权局以当事人陈述的事实为依据而做出决定，并且可以驳回逾期的事实陈述。 　413

如果欧盟知识产权局认为适宜，则可以安排口头审理（GGV 第 64 条和 GGDV 第 42 条）。口头审理一般是公开的。传讯期至少为 1 个月。欧盟知识产权局在传票中指出其认为需要讨论的内容。和德国专利商标局一样，口头审理也可以在一方当事人缺席的情况下进行（GGDV 第 42 条第 3 款）。根据 GGV 第 65 条的规定，在欧盟知识产权局受理的程序中，下列证明手段是允许的： 　414

- 询问当事人意见； 　415
- 收集信息；
- 提交证物和证明文件；
- 询问证人；
- 专家鉴定；
- 经宣誓的书面声明。

如果《共同体外观设计条例》、实施细则或其他条例不包含相关的规定，　416

那么欧盟知识产权局应考虑成员国的普遍认可的程序法原则（GGV 第 68 条）。❶

417　　如果在《共同体外观设计条例》中出现关于欧盟知识产权局职责方面的规定漏洞，那么可以根据 GGV 第 97 条的规定来适用《共同体商标条例》第 12 章的规定。

2. 德国外观设计

418　　在《德国外观设计法》中存在另一种新的可能性：在无效程序中允许审查外观设计的权利稳定性（参见 Rdn. 566 ~ 568）。根据 DesignV 第 22 条第 2 款的规定，德国专利商标局可就此举行听证，德国专利商标局在传讯时需要指出某些重要的方面。根据 DesignG 第 34a 条第 3 款的规定，可作为证明手段的有：

419　　　— 询问证人和专家；

　　　— 询问当事人意见；

　　　— 提交证物和证明文件；

　　　— 目视检查。

420　　根据 DesignG 第 34b 条和 DesignV 第 22 条第 1 款的规定，该程序可以中止。

Ⅱ. 决定、送达

421　　在 DesignG 第 34a 条第 4 款中，包含了有关德国专利商标局在无效程序中决议的出具、签发和送达等方面的规定。同样地，基于 DesignG 第 23 条的规定，用于签发决定的普遍准则也适用于德国专利商标局在外观设计案件中的决议。

422　　对于共同体外观设计同样适用的是，欧盟知识产权局的决定应当说明其所依据的理由，并且只能以已经听取过当事人意见的理由作为依据（即应当合法听证，防止出乎意料的决定）（GGV 第 62 条）。根据 GGDV 第 38 条第 1 款的规定，上述决定应当以书面形式做出，可以在口头审理之后宣布上述决定。在德国法律中，通常适用的是基本法第 103 条第 1 款。

423　　如果针对所述决定允许提起上诉作为法律救济，那么所述决定应当附有法律救济提示。然而，当事人不能因缺失法律救济提示而获得任何其他的权利

---

❶ GGV 第 68 条相对应于 EPÜ 第 125 条。

（GGDV 第 38 条第 2 款）。与此相反，德国法律规定，只有在法律救济提示已发出时上诉期限才开始生效。

依职权，将使期限开始的或者基于其他规定要送达的所有决定、传票、答 424
复和通知送达（DesignG 第 23 条第 4 款结合 PatG 第 127 条或 GGV 第 66 条）。
为此，德国专利商标局规定以下送达类型：

- 投放在邮箱中；　　　　　　　　　　　　　　　　　　　　　　425
- 凭回执送达；
- 通过挂号邮件送达；
- 邮寄送达凭证；
- 公开送达（当所有其他措施均无效时）。

在此，外观设计法中的某些事项，同样可以使用行政送达法。 426

根据 GGDV 第 47 条第 2 款 a～e 项的规定，欧盟知识产权局可通过挂号信 427
或传真送达。在第一次成功送达之后，欧盟知识产权局也在外观设计案件方面
大量使用传真送达。如果欧盟知识产权局通过挂号信送达，那么所述挂号信在
向邮局发出 10 天后即视为送达，除非所述挂号信根本未被交付或者被延迟交
付。此外，根据 Ex - 13 - 2 号院长决议规定了通过所谓的用户区（User Area）
电子送达，这是一种用于注册用户的电子邮箱送达方式。

在德国外观设计程序以及共同体外观设计程序中，如果委任了代理人，则 428
可送达所委托的代理人。

III. 期限恢复

1. 期限计算

和德国专利商标局的一般情况一样，德国外观设计的期限计算和期限届满 429
根据 ZPO 第 222 条结合 BGB 第 187 条等的规定来得出。

共同体外观设计的期限计算和期限届满，由 GGDV 第 56～58 条以及关于 430
程序中止的 GGDV 第 59 条的规定来得出。

在德国国内程序以及欧洲程序中，原则上期限都是在事件发生的次日开始 431
计算，所述事件可以是第一个期限的届满，或者是某一个程序行为。如果程序
行为是文件的送达，那么这个事件通常就是送达。如果在按年或按月确定期限
的情况下事件发生日在期限届满的月份内没有相应的日期，那么期限届满日在
该月的最后一天。

示例：在共同体外观设计案件中可上诉的决议在 12 月 30 日送达。提起上诉 432

的期限为 2 个月，那么该期限在 2 月 28 日（或者说在闰年 2 月 29 日）终止。

433　　在共同体外观设计中，原则上规定，如果当事人居住在欧洲，那么期限为至少 1 个月；否则期限为 2 个月。在此，在具有多个当事人的情况下，欧盟知识产权局可以根据其他当事人的同意而将期限延长。

434　　在德国程序中，任何期限均规定为至少 1 个月。在双方程序中，也可以通过一方的请求在简短说明理由的情况下延长期限，虽然在这方面可以看到德国专利商标局的处理日益严格。在德国专利商标局中，在双方程序中如果取得对方同意，也可以多次延长期限。

435　　关于周末和节假日规定适用的情况是，期限将顺延到不是周末或节假日的下一天。在此，在共同体外观设计案件中，除了考虑在欧盟知识产权局所在地的节假日之外，还要考虑在程序当事人或其代理人的国家的节假日。❶

436　　如果申请人或者权利人或其代理人死亡，或者如果申请人或者权利人或其代理人由于针对其资产所提起的诉讼而不能继续进行在欧盟知识产权局受理的程序或者失去法律行为能力，那么欧盟知识产权局受理的程序可以中止。根据GGDV 第 59 条第 4 款的规定，除了要缴纳延期费的期限外，在程序继续之后期限将重新计算。

437　　根据 ZPO 第 240 条的规定，在德国外观设计申请中，申请人的破产也将导致程序中止。同样的，这也适用于当事人死亡（ZPO 第 239 条），以及适用于当事人无诉讼能力（ZPO 第 241 条）的情况。对此的进一步规定可参照 ZPO第 239～252 条。但是，缴纳年费、延期费和维护费的期限并不会中止。❷❸

2. 恢复

438　　DesignG 第 23 条第 2 款通过引用 PatG 第 123 条规定了在德国专利商标局、德国联邦专利法院和德国联邦法院进行的期限可以恢复。特别是，PatG 第 123条规定的情形也适用于上诉程序。而 PatG 第 123 条仅能够适用于德国专利商标局和德国联邦专利法院受理的程序。但是 PatG 第 123 条第 5～7 款也相应地适用于上诉程序中的恢复（PatG 第 106 条）。

---

❶　GGDV 第 58 条第 2 款仅适用于相关的程序当事人。

❷　Mitt. Nr. 20/08 des Präs. des DPMA v. 14. 11. 2008；BGH v. 11. 3. 2008，X ZB 5/07（BGH BI-PMZ 2008，218）.

❸　ZPO 第 240 条规定与破产财产相关的程序，因为破产债务人面对破产管理人丧失了保管和支配破产财产的权利。此外，由破产债务人授予的权利也灭失。权利相关的程序由于产生的法律方面的当事人变更而中止。对于外观设计的续展而言，费用可以由任何人缴纳。因此，可能的当事人变更在这里是没有意义的。（此外，续展不是双方程序，而根据 ZPO 第 240 条规定的程序中止是双方程序。）

GGV 第 67 条和 DesignG 第 23 条第 1 款结合 PatG 第 123 条规定，允许将错过的期限依请求恢复到先前的状态。期限的错过必须是发生在已履行了根据情况所要求的所有注意义务的情况下。此外，根据《共同体外观设计条例》的规定，期限的错过必然直接导致权利的丧失或法律救济的丧失，并且根据专利法的规定直接导致权利损害。

请求期限是在消除阻碍后的 2 个月。相关的请求需要以书面形式提交，相应的行为要补做，并且在共同体外观设计中还要缴纳恢复费用。对于共同体外观设计恢复请求最好以 GGDV 第 68 条第 1 款 g 项所规定的表格提出。无论对于德国外观设计还是对于共同体外观设计，该恢复请求都只能在错过的期限届满后的 1 年内提出，如果该期限是缴纳延期费的期限，则需要将 6 个月的宽限期计算到 1 年的期限中（注意：该期限不累加）。同时，需要对恢复请求说明理由，并且发生的事实要具有可信度。

根据《共同体外观设计条例》的规定，提出恢复请求的期限本身和要求优先权的 6 个月的期限是不可恢复的。《德国外观设计法》对于这种情况也规定了恢复的可能性。在这方面，《共同体外观设计条例》与《德国外观设计法》不同。例如不丧失新颖性的宽限期是不可恢复的。

最后，对于善意地相信权利保护已失效的第三人将保护其合法期待利益（PatG 第 123 条第 5～7 款和 GGV 第 67 条第 6 款关于继续使用权利）。此外，所述第三人在共同体外观设计权利中对肯定性的恢复决定具有第三人异议权（GGV 第 67 条第 7 款）。而在德国法律中，根据 PatG 第 123 条第 4 款的规定，这种恢复是不可请求撤销的。

439

440

441

442

IV. 官方语言

1. 德国专利商标局和德国联邦专利法院的语言

根据 DesignG 第 23 条结合 PatG 第 126 条的规定，德国专利商标局和法院的语言是德语。在 DesignV 第 21 条中规定了翻译问题。与 PatG 第 35a 条不同，《德国外观设计法》不包含使用不同于德语的其他语言来提交申请的规定。同时，在《德国专利法》中规定了提交翻译的期限。但是，在外观设计权中外语问题仅在个别情况下有影响，因为外观设计的重点在于附图。

443

2. 在共同体外观设计中的语言规定

在 GGV 第 98～99 条和 GGDV 第 80～84 条中规定了有关语言的问题。

444

445 　　根据该规定，在原则上可以用共同体的任何官方语言（第一语言）来提交申请。同时，申请人还要指定第二语言，该第二语言应该是欧盟知识产权局的官方语言之一。

446 　　欧盟知识产权局的官方语言包括德语、英语、法语、意大利语和西班牙语。

447 　　原则上，在单方程序中，所使用的语言是申请提交时所使用的程序语言。但是，欧盟知识产权局也可以用第二语言来发送通知。

448 　　在无效程序中，如果第一语言是官方语言，那么第一语言应当作为程序语言，否则第二语言应当作为程序语言。无效请求应当以程序语言提出。权利人也可以用第一语言来提交书面请求，然后由欧盟知识产权局对所述书面请求进行翻译。在有些情况下可以让相应程序中的败诉方来承担在欧盟知识产权局进行翻译的过程中产生的翻译费的一定份额。如果必须由官方提供翻译，那么通常会导致不可忽视的程序滞延。

449 　　此外，无效程序的当事人也可以统一使用程序语言之外的其他共同体官方语言。

450 　　因此，共同体外观设计的语言规定与欧盟商标不同。对于欧盟商标，如果两种语言（第一语言和第二语言）都是官方语言，那么在无效程序或异议程序中可以从两种语言中进行选择。❶ 以下是一个示例：共同体外观设计的第一语言是意大利语，第二语言是英语。在无效程序中，程序语言应当是意大利语。而与此不同（并且明显可以更轻松），对于欧盟商标，异议人或无效请求人可以从两种申请语言中选择一种，因为此时这两种语言都是官方语言。

451 　　根据《共同体外观设计条例》以及实施细则所规定的公告以及注册到登记簿上的所有内容都以共同体的官方语言进行公开。如果在这种情况下发现分歧，那么以第一语言的措辞为准。如果第一语言不是官方语言，那么以第二语言的措辞为准。

V. 代　　理

1. 共同体外观设计

452 　　在 GGV 第 77 ~ 78 条以及 GGDV 第 61 ~ 64 条中规定了对共同体外观设计进行代理的问题。

453 　　原则上，对共同体外观设计的代理不是强制的。在共同体境内具有住所、

---

❶ 参见 UMV 第 119 条。

营业所或居所的自然人或法人可以由雇员进行代理，但是该雇员必须提交相应授权书以保存在档案中。

对于在共同体境内不具有住所、营业所或居所的自然人或法人，必须由在共同体境内具有住所或居所的代理人进行代理。除了提交申请之外，代理人还必须进行所有程序方面的行为，该等申请也可以由在共同体境外的人提交。 454

如果由多个申请人共同提交一份共同体外观设计申请，那么在没有另外说明的情况下，第一个提到的申请人为所有申请人的共同代理人。 455

如果代理人是律师或授权代理人，那么只有当欧盟知识产权局要求时或者在多方程序中另一方当事人要求时，才需要提交授权书，以便保存在档案中。 456

2. 德国外观设计

在 DesignG 第 58 条中规定了关于国内代理人的问题。一般来说不要求代理。自然人可以自己代理自己，法人可以由其雇员代理，但是需要注意符合一般性的法律服务性法规。上述代理人的作用在于能够减轻德国专利商标局和德国联邦专利法院的沟通难度。 457

在国内无住所、居所或营业所者，在德国专利商标局和德国联邦专利法院受理申请之前必须委托相应的律师或专利律师进行代理。此外，DesignG 第 58 条第 2 款考虑到在欧盟境内的服务自由化要求，根据该规定，在特定情况下，具有欧盟或欧洲经济区域成员国的国籍而不在德国境内定居的律师或专利律师也可以是德国国内代理人。这在代理人主张相应的外观设计代理权时也同样适用。但是，该代理人也可以自己履行其权利，或者在委托了德国国内代理人的情况下也可委托国内代理人来代理其权利。 458

根据德国的实务，如下的规定并不适用于外观设计的代理实务：只有当新的国内代理人被委托时，原国内代理人才可以终止其委托事项。换句话说，即使没有委托新的德国国内代理人，除了具体进行中的程序事务之外，德国国内代理人可以终止他的受委托事务。❶ 459

VI. 在共同体外观设计中的费用

1. 共同体外观设计

《共同体外观设计条例》包含了在双方官方程序（无效程序和相应的申诉 460

---

❶ Mitt. Nr. 4/09 der Präs. des DPMA, BGH Xa ZB 24/07 – Niederlegung der Inlandsvertretung.

程序）中的费用规定。根据 GGV 第 70 条的规定，费用分摊与欧盟商标法类似。依此，在无效程序或申诉程序中的败诉方承担费用。这既包括对方用于执行该程序的费用，也包括基本程序所产生的费用。这也包含差旅费和居住费用以及用于辩护人和律师的费用，其中，在 GGDV 第 79 条中确定了为此所规定的费用。与欧盟商标的程序相同，也规定了费用的限额，以便能够评估程序的费用并且使该费用能够被承担。在此，针对无效程序中的代理，费用金额为 400 欧元，该费用金额稍少于在欧盟商标的无效程序中的费用金额，其在 R 94 UMDV 中进行了规定。

461   在部分败诉的情况下，基于公平原则，无效处或申诉委员会做出另外的规定。如果由于放弃共同体外观设计或者由于撤回无效宣告请求或撤回申诉而终止法律程序，则宣告撤回或放弃的一方承担费用。这相应于在德国普通法院中的常见程序规定（ZPO 第 91～92 条）。

462   费用的确定依请求而进行，其中，要附上相应的证明。根据 GGDV 第 79 条第 4 款的规定，在 1 个月内允许针对费用的确定请求无效处或上诉法庭做出决定。为了对确定的费用进行核查需支付相应的费用，否则该请求视为未提出（GGGebV 附件 No. 24）。

463   欧盟知识产权局的决定是可执行的条款，该条款的强制执行根据所在国家的民事诉讼法进行。可执行的文本由相应的国家权力机关制作，国家权力机关仅检验条款的真实性。在关于德国外观设计的无效诉讼中的决定是普通法院的判决，该判决为了能够执行而必须作为具有执行附加条款的可执行文本存在（参见 Rdn. 698）。

2. 德国外观设计

464   在关于《德国外观设计法》的无效程序中，像在实用新型撤销程序中那样，规定了费用决定（DesignG 第 34a 条第 5 款）。在费用决定中确定涉案价值。因此，建议仔细确定无效宣告请求的范围，并且，如果可能的话，做出关于涉案价值的说明。在 DesignG 第 34a 条第 2 款第 2～3 项规定的情况下仅依请求做出费用决定。在 DesignG 第 34a 条第 2 款第 2 项规定的情况下，在权利人未在规定期限内对无效宣告请求提出异议的情况下，可以在决议不可争辩之后的 1 个月届满前做出费用决定；在 DesignG 第 34a 条第 2 款第 3 项规定的情况下，在对实质问题进行宣告或撤回请求的情况下，在关于程序终止的决定送达后的 1 个月内做出费用决定；否则，程序当事人自己承担其费用。

VII. 登记簿和档案查阅

1. 共同体外观设计

对于档案查阅适用的是，在公开之前以及在延迟公开期间，如果在延迟期 465
限届满之前或者在延迟期限届满时已放弃外观设计，仅能够在申请人或权利人
同意的情况下查阅延迟公开的主题的档案（GGV 第 74 条第 1 款以及 GGDV 第
72～76 条）。如果已证明具有合法利益，也可以在没有申请人或权利人同意的
情况下查阅档案（GGV 第 74 条第 2 款）。例如，当请求人因该外观设计而被
索赔时，可以视为合法利益。

在公开之后确保依请求允许查阅档案，但是，在 GGDV 第 72 条中规定的 466
档案部分被禁止查阅。

档案查阅依请求进行并且需要费用（GGGebV 附件 No. 21）。目前的费用 467
为 30 欧元。

此外，登记簿是可以查阅的，但是，如果延迟公开的期限还未届满，那么 468
可供使用的数据是受限的（参见 Rdn. 393）。

2. 德国外观设计

DesignG 第 22 条规定了德国外观设计登记簿的查阅。依此，如果复制品已 469
公开或者申请人或权利人已授权或者已经证明其具有合法权益的，那么任何人
都可以自由查阅。在此，前面关于共同体外观设计所述的合法权益可以适用于
此。登记簿由德国专利商标局管理；根据 DesignG 第 19 条的规定，德国专利
商标局不审查申请人的资格或者所做说明。

VIII. 续　　展

1. 共同体外观设计

外观设计的保护期依权利人或委托人的请求每 5 年续展一次，总保护期限 470
最长为 25 年（GGV 第 13 条以及 GGDV 第 21～22 条）。这是与德国法律不同
的。根据德国法律，任何人可以通过支付相应费用而取得知识产权保护的续
展。根据 GGV 第 13 条第 2 款的规定，欧盟知识产权局通知权利人保护期即将
届满。但欧盟知识产权局不对未提供该通知而承担责任。

471　　　　续展必须在保护期届满当月最后一日之前的 6 个月内进行，其方式是，提交请求并且支付费用（GGV 第 13 条第 3 款）。

472　　　　此外，在前述规定的期限届满之后有 6 个月的宽限期，在该宽限期内可以通过额外地支付附加费用实现续展。此费用为（GGGebV 附件 No. 11）每个设计（与其是否为多项申请的一部分无关）：

473　　　　① 第一次续展 90 欧元；

474　　　　② 第二次续展 120 欧元；

475　　　　③ 第三次续展 150 欧元；

476　　　　④ 第四次续展 180 欧元。

477　　　　延期附加费为续展费用的 25%（GGGebV 附件 No. 12）。

478　　　　▶ 示例：

申请日：　　　　　　　　　　　　　　2017 年 4 月 4 日

第一次保护期届满日期：　　　　　　　2022 年 4 月 4 日

不包括延期附加费的费用支付期限：　2021 年 11 月 1 日至 2022 年 4 月 30 日

包括延期附加费的费用支付期限：　　2022 年 5 月 1 日至 2022 年 10 月 31 日

479　　　　在多项申请的情况下，续展也可以仅针对外观设计的一部分进行。如果费用不足以实现所有外观设计的续展并且没有其他提示的，那么欧盟知识产权局按照外观设计的顺序进行续展（GGDV 第 22 条第 5 款）。

2. 德国外观设计

480　　　　德国外观设计的续展可以如所有德国专利权那样由任何人进行（DesignG 第 28 条）。如果在多项申请中不说明对哪些外观设计要支付费用并且费用不足以用于所有外观设计的，那么按照它们的顺序考虑这些外观设计的续展。在《德国专利费用法》第 2 条第 1 款的附件中，在 A 部分第 III 段第 4 分段下以编号 342100 至 343401 列出了为了维持而要缴纳的费用。

481　　　　维持费用的支付期满取决于申请日并且在申请日当月的最后一天到期（PatKostG 第 3 条第 2 款）。根据 PatKostG 第 5 条第 2 款的规定，维持费用最早可以在到期前一年缴纳。可以在到期后 2 个月内缴纳费用，无须支付附加费（PatKostG 第 7 条第 1 款）。此外，存在到期后 6 个月届满的宽限期，在该宽限期内可以缴纳维持费用，但需支付附加费。

482　　　　申请日：　　　　　　　　　　　　　　2017 年 4 月 4 日

第一次保护期届满日期：　　　　　　　2022 年 4 月 4 日

不包括延期附加费的费用支付期限：　2021 年 11 月 1 日至 2022 年 6 月 30 日

包括延期附加费的费用支付期限：　　2022 年 7 月 1 日至 2022 年 10 月 31 日

在此，维持费用为：483

① 第一次续展 90 欧元；484

② 第二次续展 120 欧元；485

③ 第三次续展 150 欧元；486

④ 第四次续展 180 欧元。487

延期附加费分别为 50 欧元。该费用适用于任何外观设计的情形。488

注意：按照旧版本的《德国字体法》提交的排版印刷字符是唯一的例外。489
对于这些字符，自保护期的第 11 年起才缴纳续展费用（DesignG 第 61 条第 5
款）。

IX. 机构组织

1. 欧盟知识产权局的机构组织

GGV 第 100～106 条规定了欧盟知识产权局的机构组织。根据 GGV 第 100 490
条结合 GMV 第 119 条的规定，欧盟知识产权局的局长被授权而代表欧盟知识
产权局。

欧盟知识产权局被划分成不同的处。以下机构组织图中示出从事共同体外 491
观设计的部门和处室（见图 G－1）。

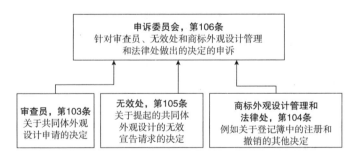

图 G－1 欧盟知识产权局的共同体外观设计的机构组织 492

2. 德国专利商标局的机构组织

在德国专利商标局中，外观设计事务中的程序由外观设计处和外观设计组 493
处理（见图 G－2）。

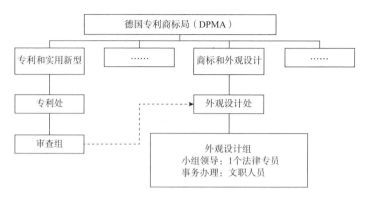

图 G－2　德国专利商标局的用于外观设计的机构组织

494　　外观设计处通常设有三个法律专员（DesignG 第 23 条第 2 款第 1 句）。这些法律专员中的其中一位担任主席一职（DesignG 第 23 条第 2 款第 3 句）。如果要决定的案件遇到特别的技术问题，应请教德国专利商标局的技术专员（即专利审查员）（DesignG 第 23 条第 2 款第 2 句）。外观设计处的主席有权通过不可独立抗辩的决议来做出决定（DesignG 第 23 条第 2 款第 3 句）。例如，技术专员可能会被请教来回答以下问题：外观特征是否仅通过其技术功能决定（DesignG 第 3 条第 1 款第 1 项）。当事人可选择德国联邦专利法院作为不服外观设计处决定的申诉机构。❶

495　　在 DesignG 第 23 条第 3 款中，通过引用《德国民事诉讼法》的相应规定来决定外观设计处专员的排除和回避。由德国专利商标局的局长指定的法律专员负责对回避请求做出决定。

496　　外观设计组是隶属于外观设计处的一个小组。外观设计组由一个法律专员领导（DesignG 第 23 条第 1 款）。外观设计组负责根据《德国外观设计法》的规定做出决定，但是关于外观设计无效的决定除外（DesignG 第 23 条第 1、2 款）。

497　　针对外观设计处和外观设计组做出的决议，可向德国联邦专利法院上诉（DesignG 第 23 条第 4 款）。

498　　按照立法者的意图，通过建立外观设计处集中审查职能，从而使德国专利商标局能够利用已有的专业知识来集中处理无效问题。外观设计法院可以通过中止诉讼的方式来支持和实现上述目的（DesignG 第 34b 条和第 52b 条第 3 款）。

499　　外观设计处通过同意有正当理由的加速请求使审查程序时间尽可能地缩短。

❶ Kappl, Isabell：Vom Geschmacksmuster zum eingetragenen Design, GRUR 2014, 326, III. 1. b).

H
外观设计保护的终止

下面阐述外观设计保护的终止。共同体外观设计和德国外观设计的保护的   500
开始参见 Rdn. 181 ff. 、Rdn. 186 ff. 和 Rdn. 189 ff. 。

I . 由于期限届满的外观设计保护的终止

非注册式共同体外观设计的保护在该共同体外观设计被共同体境内的公众   501
首次知晓之日之后 3 年终止，参见《共同体外观设计条例》第 11 条第 1 款。

注册式共同体外观设计和德国外观设计自申请之日起首先获得为期 5 年的   502
保护，参见《共同体外观设计条例》第 12 条、《德国外观设计法》第 27 条第
2 款和第 28 条。

通过支付维持费可以将保护期续展 5 年，且可以续展多次，但是保护期自   503
申请之日起最长不超过 25 年，参见《共同体外观设计条例》第 12 条、《德国
外观设计法》第 28 条第 1 款。

外观设计的效力在保护期届满之后，即由于未付维持费而自动终止，参见   504
《德国外观设计法》第 28 条第 3 款，或者在达到 25 年的最长保护期限时自动
终止，参见《共同体外观设计条例》第 12 条、《德国外观设计法》第 28 条第
1 款（见 Rdn. 181 ff. 、Rdn. 186 ff. 和 Rdn. 189 ff. ）。

外观设计的权利人可以放弃其外观设计。此外，第三人可以发起外观设计   505
的权利注销请求。对此，在《共同体外观设计条例》和《德国外观设计法》
中规定的程序在许多方面有区别，因此在下面分开讨论。

因为在《共同体外观设计条例》和《德国外观设计法》中有时使用相同   506
的术语，例如"无效"，然而其意义是不同的，所以要注意术语所处的上
下文。

507   此外要注意，注册式和非注册式共同体外观设计的无效宣告和/或权利撤销请求的管辖权有所区别。注册式共同体外观设计的无效宣告由欧盟知识产权局的无效部门管辖（参见 Rdn. 536 ff.），或者在反诉的情况下由共同体外观设计法院管辖（参见 Rdn. 547 ff.）；而非注册式共同体外观设计的无效宣告仅由共同体外观设计法院管辖。

508   德国外观设计的无效宣告由德国专利商标局（DPMA）外观设计部门管辖（参见 Rdn. 574 ff.），或者在反诉的情况下由外观设计法院管辖（参见 Rdn. 584 ff.）。

II．外观设计的放弃

1. 注册式共同体外观设计的放弃

509   注册式共同体外观设计的放弃由权利人书面通知欧盟知识产权局，参见《共同体外观设计条例》第 51 条第 1 款。放弃声明必须包括以下内容，参见《共同体外观设计实施细则》第 27 条：

510   – 注册式共同体外观设计的注册编号，

    – 共同体外观设计的权利人的名称和地址，

    – 代理人的名称和地址（如适用），

    – 只放弃合案注册中的部分外观设计的，要指明宣布放弃或保留注册的外观设计；

    – 注册式共同体外观设计部分放弃的，修改后的外观设计的视图，参见《共同体外观设计条例》第 51 条第 3 款、《共同体外观设计实施细则》第 27 条第 1 款 e 项。

511   合案申请（参见《共同体外观设计条例》第 37 条和 Rdn. 334 ff.）的共同体外观设计也可以被部分放弃，参见《共同体外观设计条例》第 51 条第 3 款。这通过放弃部分外观设计而实现，参见《共同体外观设计条例》第 37 条第 4 款第 1 句和《共同体外观设计实施细则》第 27 条第 1 款 d 项。

512   如果修改方式符合注册式共同体外观设计的保护要件并且该共同体外观设计的辨识特征被保留，则共同体外观设计可以被部分放弃，参见《共同体外观设计条例》第 51 条第 3 款。也就是说，由于共同体外观设计的部分放弃而产生的共同体外观设计的修改仅可涉及非显著性特征，参见《共同体外观设计条例》第 5 条第 2 款。

513   在 ICD 5080（16. 12. 2008）的无效程序中，外观设计的权利人要求将下面示出的运动鞋形式的外观设计修改为将"H"删去（见图 H－1）。根据《共同体外观设计条例》第 25 条第 1 款 e 项，该外观设计与在先共同体商标 CTM 3738073 冲突。欧盟知识产权局合理地未准许该修改，因为如此修改会改变该外观设计的辨识特征。

GGM 794870－0004

在先商标 CTM 3738073

图 H－1　注册式共同体外观设计的放弃

只有在登记簿中注册的权利人同意时才能注册放弃。权利人至少应将其放弃意向通知在登记簿中注册的被许可人。权利人要对欧盟知识产权局证明其通知了注册的被许可人。如果被许可人同意放弃并且共同体外观设计的权利人已经向欧盟知识产权局证明，则放弃应直接予以注册，参见《共同体外观设计条例》第 51 条第 4 款和《共同体外观设计实施细则》第 27 条第 2 款。　514

如果没有登记簿中注册的被许可人的同意，但权利人能够向欧盟知识产权局证明已经就其放弃共同体外观设计的意向通知了被许可人，则在证明之后的 3 个月放弃才予以注册到欧盟知识产权局的登记簿中，参见《共同体外观设计条例》第 51 条第 4 款和《共同体外观设计实施细则》第 27 条第 2 款。　515

如果在共同体外观设计法院提起的与注册式共同体外观设计有关的诉讼是未决的，则只有在原告同意时才能够放弃该共同体外观设计，其原因是诉讼涉及禁令救济的部分会由于放弃而不成立，参见《共同体外观设计条例》第 51 条第 5 款。　516

放弃仅在已注册在登记簿上的情况下才生效并且仅向将来生效。　517

在放弃延期公布的共同体外观设计时，视为其自始就不具有《共同体外观设计条例》规定的效力，参见《共同体外观设计条例》第 51 条第 2 款。该规定基于：注册式共同体外观设计只有通过注册才能得到保护，参见《共同体外观设计条例》第 12 条。　518

2. 不存在非注册式共同体外观设计的放弃

《共同体外观设计条例》没有规定对非注册式共同体外观设计的放弃。这也是不必要的，因为非注册式共同体外观设计通常在非注册式共同体外观设计　519

的权利人进行权利主张时才发挥其法律效力。如果权利人想要放弃非注册式共同体外观设计，则该权利人不需要做什么。

3. 德国外观设计的放弃

520　　权利人可以通过向德国专利商标局提交放弃声明来放弃德国外观设计，参见《德国外观设计法》第 36 条第 1 款第 2 项。根据《德国外观设计法实施细则》第 20 条第 1 款在放弃声明中应说明：

521　　① 注册的注册编号；

522　　② 权利人的名称和地址；

523　　③ 如果要放弃合案申请的部分外观设计，则应指明要撤销权利的部分外观设计。

524　　在外观设计部分放弃的情况下，参见旧版《德国外观设计法》第 35 条第 1~2 项，除了部分放弃声明以外，还必须附上修改后的外观设计的视图或者修改后的平面外观设计样件，参见《德国外观设计法实施细则》第 20 条第 2 款第 1 句。在合案申请的情况下，对于部分放弃的每项外观设计要分别给出部分放弃声明，参见《德国外观设计法实施细则》第 20 条第 2 款第 4 句。

525　　部分放弃声明注册在登记簿中，并且以修改后的外观设计的视图公开，参见《德国外观设计法实施细则》第 18 条第 2 款第 3 句。部分放弃声明不应超过 100 个字，参见《德国外观设计法实施细则》第 20 条第 2 款第 2 句。

526　　通过权利人的放弃请求撤销外观设计的注册的要件还有：提交在登记簿中注册的权利人的同意声明，并且在存在撤销或者转让外观设计的诉讼时（参见《德国外观设计法》第 9 条第 1 款和第 2 款）提交原告的同意声明，参见《德国外观设计法》第 36 条第 1 款第 2 项。上述声明只要签名就足够了，不需要对声明进行公证，参见《德国外观设计法实施细则》第 20 条第 3 款。

527　　此外，也可以由第三人提交撤销注册请求，其条件是第三人随请求递交官方的或者官方公证的证明文件以及权利人的（部分）放弃声明和必要时其他权利人的同意声明，参见《德国外观设计法实施细则》第 36 条第 1 款第 3 项。

528　　在放弃时，会将撤销附注注册到登记簿中，参见《德国外观设计法实施细则》第 36 条第 1 款第 2 项并参照《德国外观设计法》第 19 条。放弃随附注的注册而生效。这对于已申请延迟公布外观设计的图片的德国外观设计也是适用的，因为这些外观设计——尽管没有公布——也注册到了登记簿中，参见《德国外观设计法》第 21 条第 1 款（对于延迟公布期间的保护，参见《德国外观设计法》第 38 条第 3 款和 Rdn. 280）。

529　　如果外观设计以修改后的形式加以维持，则应向德国专利商标局提交修改后的外观设计用于公布的合适图片，参见《德国外观设计法》第 35 条第 2 款。

III. 关于共同体外观设计的无效

协调欧盟成员国外观设计法的欧盟指令 98/71/EG 在第 11 条第 1 款中规 530
定：如果存在列出的无效理由，则要宣告外观设计无效。欧盟指令 98/71/EG
中第 11 条第 1 款列出的无效理由是：

— 外观设计不符合该指令定义的外观设计； 531

— 外观设计不满足在该指令中列举的保护要件；

— 外观设计的申请人或权利人对此不适格；

— 外观设计与在其申请日（有优先权的，则指优先权日）之后公开的
在先外观设计冲突，该在先设计在所述日期前已经为注册式共同体外观设计所
保护或者已申请保护，或者已经在成员国注册外观设计权或者已申请保护。

除了上述要在国内法中强制实施的无效理由，在欧盟指令 98/71/EG 第 11 532
条第 2 款中还提出了与其他保护权冲突的其他无效理由。在下述情况下，外观
设计可以不予注册，或者，如果其已经被注册，则可被宣告无效：

— 在后外观设计中使用了一个独特标识，并且共同体法律或者有关成员 533
国的国内法赋予该标识的权利人禁止他人使用该标识的权利；

— 外观设计构成未经授权使用受相关成员国版权保护的作品；

— 外观设计构成不当使用《保护工业产权巴黎公约》第 6b 条中所列标
识或上述公约的第 6b 条未涵盖的且涉及有关成员国公共利益的徽章、图章和
纹章。

上述无效理由可以但不必在国内法中实施。 534

根据欧盟指令 98/71/EG 第 11 条第 1 款或第 2 款的无效具有追溯力，因此 535
保护效力视作自始不存在。欧盟指令 98/71/EG 第 11 条第 9 款明确规定，即使
外观设计的权利已经失效或已被放弃，外观设计的权利也可以被宣布无效。

IV. 共同体外观设计的无效宣告

1. 注册式共同体外观设计的无效宣告

注册式共同体外观设计的无效可以通过向欧盟知识产权局提出请求来加以 536
确认并且注册在登记簿中，参见《共同体外观设计条例》第 24 条第 1 款。

欧盟知识产权局的无效程序的细节可以从欧盟知识产权局撰写的《共同 537

体外观设计的无效宣告程序审查指南》中获悉（下称《GGM 无效程序审查指南》）。网址为：

https：//euipo. europa. eu/ohimportal/de/design – guidelines

538   所有自然人和法人以及对此有权的公共机关（除了一些例外情况之外；参见 Rdn. 554 ff. 和《共同体外观设计条例》第 25 条第 2~5 款）都可以向欧盟知识产权局提出注册式共同体外观设计的无效宣告请求。请求应书面提交并且陈述理由，参见《共同体外观设计条例》第 52 条第 2 款。请求最好按照《共同体外观设计实施细则》第 68 条第 1 款 f 项的表格❶提交。请求必须包括以下内容（参见《共同体外观设计实施细则》第 28 条）：

539   – 被控共同体外观设计的注册编号；

       – 指明无效宣告理由；

       – 请求人的信息。

540   因为无效部门不允许主动审查（参见《共同体外观设计条例》第 63 条第 1 款），所以相关事实的提出以及请求和其理由具有重要意义。这特别适用于对知情使用者的认知的异议。

541   被控共同体外观设计申请时所用的语言是官方语言的，则请求应该以该官方语言提出。否则以由请求人指定的第二语言作为程序语言，参见《共同体外观设计条例》第 98 条第 4 款（Rdn. 443 ff.）。被控共同体外观设计的权利人可以使用向欧盟知识产权局提交共同体外观设计所用的语言对所述请求陈述意见。欧盟知识产权局必要时要提供翻译，参见《共同体外观设计条例》第 98 条第 4 款。迄今还无须在《共同体外观设计实施细则》中确定由欧盟知识产权局承担的翻译费用的最高限额。

542   请求只有在缴纳 350 欧元的费用之后才有效，参见 GGGebV 第 52 条第 2 款附录 13。一个无效宣告请求只能挑战一项共同体外观设计。这在一个合案注册的多项共同体外观设计被挑战时也适用。在这种情况下，必须为挑战的每项共同体外观设计提出一个无效宣告并且缴纳一份费用，参见《共同体外观设计条例》第 37 条第 4 款和《GGM 无效程序审查指南》第 2.4 条。

543   欧盟知识产权局的无效程序中的收费细则参见 Rdn. 460 ff.，《共同体外观设计条例》第 70 条、《共同体外观设计实施细则》第 32 条第 4 款和《GGM 无效程序审查指南》第 6.2 条。

544   请求可受理的要件还有，对相同当事人之间的基于相同权利主张的请求还没有依法做出决定，参见《共同体外观设计条例》第 52 条第 3 款。欧盟知识

---

❶ 该表格可从 EUIPO 网站（https：//euipo. europa. eu）下载。

产权局可以将向其提出的针对同一注册式共同体外观设计的多个无效宣告请求集中在一个程序中，参见《共同体外观设计实施细则》第 32 条第 1 款。然而当一个无效宣告请求的初步审查显示被控共同体外观设计可能无效时，无效部门可以处理该请求并且中止其他请求人的程序，参见《共同体外观设计实施细则》第 32 条第 2 款和《GGM 无效程序审查指南》第 2.6 条。

当请求被批准时，则该决定在其生效后注册到登记簿中，参见《共同体外观设计条例》第 53 条第 3 款。在登记簿中不进行共同体外观设计的注册的撤销。因此，登记簿不仅在查询时提供"快照"，还提供识别为不具有法律效力的共同体外观设计的信息（参见 Rdn. 386 ff.）。

545

2. 非注册式共同体外观设计的无效诉讼

针对非注册式共同体外观设计可以向共同体外观设计法院提出无效诉讼，参见《共同体外观设计条例》第 24 条第 3 款和第 81 条 c 项❶。

546

3. 对共同体外观设计的无效宣告反诉

如果非注册式或注册式共同体外观设计的侵权诉讼在共同体外观设计法院未决，则也可以通过无效宣告反诉请求法院审查该共同体外观设计的法律有效性，参见《共同体外观设计条例》第 24 条第 3 款和第 81 条 d 项。

547

在侵权程序中，在注册式且一般在非注册式共同体外观设计中只有满足确定的要件才允许对缺乏法律有效性进行抗辩（参见 Rdn. 646~652）。

548

对注册式共同体外观设计提出反诉的，应由受诉的共同体外观设计法院与诉讼日期一起通知欧盟知识产权局，并由欧盟知识产权局附注在登记簿中，参见《共同体外观设计条例》第 86 条第 2 款。

549

就要求确认共同体外观设计未侵权的诉讼（参见《共同体外观设计条例》第 81 条 b 项），只审查是否存在侵权。在此可以不考虑共同体外观设计的法律有效性，参见《共同体外观设计条例》第 84 条第 4 款。

550

4. 无效理由

共同体外观设计的无效宣告请求（参见《共同体外观设计条例》第 52 条）以及无效宣告的诉讼或者反诉（参见《共同体外观设计条例》第 81 条 c、

551

---

❶ 在《共同体外观设计条例》第 24 条第 3 款中述及在共同体外观设计法院提出的无效宣告，而在《共同体外观设计条例》第 81 条 c 项涉及的是在共同体外观设计法院提交的无效宣告诉讼。对此大致是相同的。下面始终述及的是无效诉讼。

d 项）仅可以依据以下在《共同体外观设计条例》第 25 条中穷尽列举的理由❶（参见《共同体外观设计条例》第 53 条第 1 款、第 84 条第 1 款）：

552 　　a）共同体外观设计不是符合《共同体外观设计条例》定义的外观设计。

　　b）该共同体外观设计缺少一个或多个保护要件（新颖性、独特性，该外观设计仅由其技术功能所决定或者违反公共政策或者违反公共道德）。

　　c）根据法院裁决，共同体外观设计的权利人无权享有共同体外观设计的权利。

　　d）共同体外观设计与一项在后公开的在先外观设计相冲突，该在先外观设计在至少一个成员国内受保护❷。在此，该在后公开的外观设计可以是根据日内瓦文本的注册式或登记式共同体外观设计、成员国外观设计或 IR 外观设计，参见《共同体外观设计条例》第 25 条❸第 1 款 d 项 i）、ii）和 iii）。

　　e）在后共同体外观设计中使用了独特标识（商标），并且共同体法律或者成员国法律赋予该标识的权利人禁止他人使用该标识的权利（参见 Rdn. 1310 ff.）。

　　f）共同体外观设计构成对成员国版权法所保护的作品的未经授权使用。

　　g）共同体外观设计构成对有关成员国具有特别公共利益的徽章、图章和纹章或其他对象的不当使用❹。

553 　　鉴于《共同体外观设计条例》第 25 条第 1 款 e 项，欧盟知识产权局在无效程序 ICD 5080（16.12.2008）中肯定了与在先共同体商标 CTM 3738073 有关"H"的冲突（见图 H–2）。在后外观设计被宣告无效。

GGM 794870 – 0004　　　　　　　　　　　　　　在先商标 CTM 3738073

图 H–2　在后外观设计被宣告无效

---

❶ EuG GRUR – RR 2010. 189 – Grupo Promer.

❷ 根据《共同体外观设计条例》第 25 条第 1 款 d 项，下述情况视为冲突：共同体外观设计处于一项在先的且在后公开的外观设计的保护范围内。EuG GRUR – RR 2010. 189 – Grupo Promer.

❸ 原文为第 26 条，疑错。——译者注

❹ 在这里，《共同体外观设计条例》第 25 条第 1 款 g 项援引了不存在的 PVÜ 第 6b 条。有理由相信应援引的是第 6 条的 PVÜ。这由《共同体外观设计条例》的英语版本得出。

5. 起诉权

原则上任何人都可以提起对共同体外观设计的无效宣告诉讼。在此适用下　554
述限制：

— 只能由根据《共同体外观设计条例》第14条具有共同体外观设计权　555
利的人援引 c 项的无效理由，参见《共同体外观设计条例》第84条第2款并
参照第25条第2款。

— 只能由在先申请的申请人或者权利人援引 d、e 和 f 项的无效理由，　556
参见《共同体外观设计条例》第84条第2款并参照第25条第3款。

— 只能由在共同体外观设计的侵权程序中的被告提起反诉，参见《共
同体外观设计条例》第84条第2款。

6. 将共同体外观设计的权利人加入第三人的法律诉讼中

如果在共同体外观设计的被许可人引起的法律诉讼中提出共同体外观设计　557
的无效宣告反诉，但共同体外观设计的权利人尚不是该法律诉讼的当事人，则
权利人可以加入该诉讼，参见《共同体外观设计条例》第84条第3款。权利
人的加入应遵守受理法院所在地的成员国法律的规定。

7. 关于共同体外观设计的法律有效性的决定及其效力

需要就共同体外观设计的法律有效性做出实质性决定的涉及共同体外观设　558
计的无效宣告请求、诉讼❶或者无效宣告反诉的程序，要么以宣告被控共同
体外观设计无效来终止（参见《共同体外观设计条例》第53条第3款、
第86条第1款和第4款），要么以驳回该请求或诉讼来终止。

如果反诉涉及注册式共同体外观设计，则可以中止共同体外观设计法院的　559
程序并且向欧盟知识产权局提出无效程序，参见《共同体外观设计条例》第
86条第3款（Rdn. 536 ff.）。

共同体外观设计法院关于无效宣告反诉做出生效决定的副本应送交欧盟知　560

---

❶ 《共同体外观设计条例》第86条仅仅提及共同体外观设计的无效宣告反诉。在《共同体外观
设计条例》中没有关于非注册式共同体外观设计的无效宣告诉讼的裁定的特别规定。在此下述理由是
原书编辑提供的：根据《共同体外观设计条例》第81条 c、d 项，共同体外观设计法院不仅对非注册
式共同体外观设计的无效宣告诉讼有管辖权，而且对注册式和非注册式共同体外观设计的无效宣告反
诉有管辖权。根据《共同体外观设计条例》第84条，能够以相同的理由支持共同体外观设计的无效宣
告诉讼和反诉。因此，《共同体外观设计条例》第86条第1款必然也适用于非注册式共同体外观设计
的无效宣告诉讼。

识产权局，对此，欧盟知识产权局应将该决定记载到登记簿中，参见《共同体外观设计条例》第 86 条第 4 款。当事人可以要求获传所述决定送交欧盟知识产权局的信息，参见《共同体外观设计条例》第 86 条第 4 款。

561   如果共同体外观设计法院做出的宣告共同体外观设计无效的决定生效，则共同体外观设计的效力视为自始（具有追溯力）不存在，参见《共同体外观设计条例》第 87 条和第 26 条第 1 款，然而无效的追溯力并不涵盖：

562   － 在无效宣告之前已经生效并且生效已经强制执行的侵权程序决定；
        － 在无效宣告之前缔结并且履行的合同。

563   除非与关于权利人疏忽或者故意的行为、不当得利或者在履行合同中支付价款的合理理由的国内规定相冲突，参见《共同体外观设计条例》第 87 条和第 26 条第 2 款。

564   因此，由于共同体外观设计的不可预见的商业可用性和后来的无效宣告可能性，而要考虑涉及共同体外观设计的合同的风险❶。

V. 外观设计的无效确认或无效宣告

1. 注册式外观设计的无效宣告请求

565   在 2014 年 4 月生效的《德国外观设计法》首次规定德国专利商标局外观设计部门的官方无效程序（参见 Rdn. 493 ff.）。因此，德国专利商标局负责对注册式外观设计的无效确认或无效宣告做出决定。但在未决的侵权程序中仍可向外观设计法院提出反诉。

566   无效程序的流程以由《德国实用新型法》已知的撤销程序为准。因此，在实用新型撤销程序中就程序问题做出的许多决定也可用于外观设计部门负责的新无效程序。

567   合议庭通常是具有三名法律成员的外观设计部门，参见《德国外观设计法》第 23 条第 2 款第 1 句。这三名法律成员中的一人担任主席，参见《德国外观设计法》第 23 条第 2 款第 3 句。如果待决的事项涉及特殊的技术问题，则应当加入一名德国专利商标局的技术专员（即专利审查员），参见《德国外观设计法》第 23 条第 2 款第 2 句。所述特殊的技术问题可能是下述情况：要澄清的问题在于产品的外观特征是否仅仅由其技术功能决定，参见《德国外观设计法》第 3 条第 1 款第 1 项。外观设计部门的主席应决定是否加入技术专

---

❶ 关于许可合同的风险参见 BGH GRUR 1961. 27 – Holzbauträger。

员，本决定不可单独做出，参见《德国外观设计法》第 23 条第 2 款第 3 句。

在《德国外观设计法》第 23 条第 3 款中，参照《德国民事诉讼法》的相关规定对外观设计部门成员的自行回避和请求回避进行了规定。由德国专利商标局局长确定的法律成员来对请求回避的申请进行决定。 　568

与实用新型撤销程序一样，无效程序也规定了 1 个月的异议期和费用决定，参见《德国外观设计法》第 34a 条第 2 款第 1 句和第 5 款。外观设计部门始终通过决议来做出决定，即使外观设计权利人对无效宣告请求无异议也是如此。在这一点上，外观设计无效程序和实用新型撤销程序有所不同。 　569

宣告部分无效或宣告全部无效的请求要向德国专利商标局以书面形式提交（参见《德国外观设计法》第 34a 条第 1 款），最好以德国专利商标局的表格提交（参见《德国外观设计法实施细则》第 21 条第 1 款）。在请求中应包含以下内容（参见《德国外观设计法实施细则》第 21 条第 2 款）： 　570

1）注册式外观设计的注册编号； 　571

2）申请人的名称和通信地址；

3）根据《德国外观设计法》第 33 条第 1 款或第 2 款规定的绝对无效理由和/或相对无效理由；

4）用作理由的事实和证据；

5）确认无效或宣告无效的范围；

6）缴纳 300 欧元的费用，参见《德国专利商标局和德国联邦专利法院费用法》346100 号。

可以在提交请求或者更晚时申请听证会，参见《德国外观设计法》第 34a 条第 3 款第 2 句。 　572

由于规定的费用决定（参见《德国外观设计法》第 34a 条第 5 款第 1 句），建议审慎地确定请求宣告无效的范围，并在可能的情况下提供涉案价值。 　573

2. 外观设计部门的无效程序的流程

由德国专利商标局向外观设计权利人送达无效宣告请求，并要求权利人在 1 个月内进行相应解释。该解释的内容可以是权利人对（部分）撤销请求： 　574

－ 异议（参见《德国外观设计法》第 34a 条第 3 款第 1 句）； 　575

－ 赞同该（部分）撤销（参见《德国外观设计法》第 33 条第 6 款第 1 句）。

如果权利人错过了《德国外观设计法》第 34a 条第 2 款第 1 句规定的 1 个月期限，则确认或者宣告该注册式外观设计完全或部分无效（参见《德国外观设计法》第 34a 条第 2 款第 2 句），或者，该请求被驳回。（部分）撤销具 　576

有追溯力；也就是说，注册的保护效力视为自始不存在（见图 H－3）。

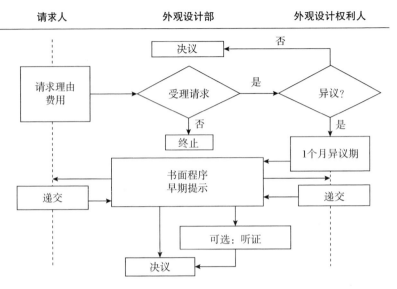

图 H－3 德国专利商标局外观设计部门的无效程序流程

577　　与欧盟知识产权局的无效部门不同（参见 Rdn. 540），外观设计部门的程序适用依职权调查原则；也就是说，主管的外观设计部门不受限于由当事人提交的事实和证据，而是可以考虑其他已知的或者出于公共利益考虑的事实和证据，参见《德国外观设计法实施细则》第 22 条第 3 款第 2 句。这些事实和证据应向当事人指出，并且当事人应该有对此陈述意见的机会，参见《德国外观设计法实施细则》第 22 条第 3 款第 3 句。

578　　为了确保程序的效率和透明性，主管的外观设计部门应为当事人指出：

579　　　－ 预计对决定可能具有重要意义的着眼点；

　　　　－ 有助于将程序集中到对决定至关重要的问题上的着眼点，参见《德国外观设计法实施细则》第 22 条第 2 款第 1 句。

580　　这种指出应尽早进行，但最迟是在传唤到听证会时进行，参见《德国外观设计法实施细则》第 22 条第 2 款第 2 句。如果当事人表示要讨论的着眼点是显而易见的，则外观设计部门不需要进行说明，参见《德国外观设计法实施细则》第 22 条第 2 款第 3 句。

581　　无效程序可随时通过撤回请求或通过双方的程序终止声明予以终止，参见《德国外观设计法》第 34a 条第 2 款第 3 句。不管是实质性的决定（参见《德国外观设计法》第 34a 条第 4 款第 1 句）还是程序的终止（参见《德国外观设计法》第 34a 条第 2 款第 3 句），都由外观设计部门做出决议。在决议中做出关于程序费用的决定，参见《德国外观设计法》第34a条第5款第1句。仅在程序是由于撤回请求或者双方的程序终止声明而终止的情况下（参见《德国外观设计法》第34a条第2款第3句），才仅应请求做出费用决定（参见《德国外观设计法》第34a条第5款第3句）。费用请求必须在下述日期之后的1个月期限内提交：

    – 关于无效确认或无效宣告的终局决议（参见《德国外观设计法》第　　582
34a条第5款第1项）；

    – 送达关于程序终止的裁决（《德国外观设计法》第34a条第5款第2
项第1句）。

如果未做出关于费用的裁定，则当事人自行承担其费用，参见《德国外　　583
观设计法》第34a条第5款第2项第2句。

3. 外观设计法院的无效宣告反诉

如果非注册式外观设计或注册式外观设计的侵权诉讼在外观设计法院未　　584
决，则该外观设计的法律有效性也可能随着提起无效确认或无效宣告的反诉而
受到司法审查，参见《德国外观设计法》第52b条。如果在无效程序中（参
见《德国外观设计法》第34a条）已经通过一项终局决议对相同当事人之间
的相同争议事由做出决定，则该反诉不予受理，参见《德国外观设计法》第
52b条第2款。

在侵权程序中不再允许缺乏法律稳定性的抗辩（参见Rdn. 685）。　　585

应注册式外观设计权利人的请求，法院可以在听取诉讼的其他当事人的意　　586
见后终止程序并要求反诉方向德国专利商标局外观设计部门提交无效确认或无
效宣告的请求，参见《德国外观设计法》第34a条。如果权利人❶未在法庭规
定的期限内履行上述要求，则反诉被视为撤回，而侵权诉讼继续进行，参见
《德国外观设计法》第52b条第3款。

4. 无效理由

在《德国外观设计法》中，无效理由也区分为两种类型：根据《德国外　　587
观设计法》第33条第1款的绝对无效理由和根据《德国外观设计法》第33条
第2款的相对无效理由。

绝对无效理由（《德国外观设计法》第33条第1款）涉及缺乏实质性保　　588
护要件，而优先的第三人权利构成相对无效理由（《德国外观设计法》第33

---

❶ 原文如此，疑为"反诉方"。——译者注

条第 2 款）。这与《共同体外观设计条例》和《德国商标法》有相似之处，《德国商标法》也区分为绝对保护障碍和相对保护障碍。在《德国外观设计法》中，绝对无效理由和相对无效理由的区别通过不同的措辞来阐明。如果存在绝对无效理由，则外观设计是"无效的"，参见《德国外观设计法》第 33 条第 1 款。如果存在相对无效理由，则外观设计是"被宣告无效的"，参见《德国外观设计法》第 33 条第 2 款。出于相同的原因，第 3~5 款在"无效确认"和"无效宣告"之间进行了区分。

589   与撤销理由的类型无关，可以由下述途径实现德国外观设计的撤销：

590   — 通过向德国专利商标局外观设计部门提出无效确认或者无效宣告的请求，参见《德国外观设计法》第 34a 条（Rdn. 565 ff.）；

— 在侵权诉讼未决的情况下通过向德国外观设计法院提出反诉，参见《德国外观设计法》第 52a 条（Rdn. 618 ff.）。

591   《德国外观设计法》规定了三种绝对无效理由（《德国外观设计法》第 33 条第 1 款）：

592   ① 注册的外观形式不属于外观设计（参见《德国外观设计法》第 1 条第 1 项）；

593   ② 注册式外观设计不具备新颖性或独特性（参见《德国外观设计法》第 2 条第 1 款）；

594   ③ 注册式外观设计被根据《德国外观设计法》第 3 条的外观设计保护排除。

595   《德国外观设计法》的绝对无效理由在《共同体外观设计条例》第 25 条 a、b 项和《共同体外观设计条例》第 4~9 条具有对应部分并且参考了《共同体外观设计条例》第 25 条以及第 4~9 条的内容（Rdn. 551 ff.）。

596   《德国外观设计法》规定了三种相对无效理由（《德国外观设计法》第 33 条第 2 款）：

597   ① 该注册式外观设计构成未经授权使用版权作品。

598   ② 该注册式外观设计属于一项在先注册式外观设计的保护范围，即使该在先注册式外观设计在要被宣告无效的注册式外观设计的申请日之后公布也是如此。

599   ③ 在该注册式外观设计中使用了一种独特的并且在先的标识，并且该标识的权利人有权禁止他人使用该标识。

600   参照《德国外观设计法》第 33 条第 2 款第 2 项的在先外观设计也可以是在后公开的共同体外观设计申请和根据《海牙协定》对德国生效的国际外观

设计申请的交存。❶

《德国外观设计法》第 33 条第 2 款第 2 项在《共同体外观设计条例》第　601
25 条第 1 款 d 项中具有对应部分（参见 Rdn. 551）。

最后，《德国外观设计法》第 9 条第 1 款还规定：如果外观设计以不适格　602
人员的名义注册（关于所有物返还请求权参见 Rdn. 266 ff.），则可以请求同
意撤销该外观设计或转让该外观设计。适格的申请人是设计人或其合法继承
人，或者，如果外观设计是在履行其职责时设计的或者是按照雇主指示设计
的，则适格的申请人是雇主，参见《德国外观设计法》第 7 条第 2 款。

5. 起诉权

任何人，即不管是法人还是自然人都有权提起无效确认（绝对无效理由）　603
的请求，参见《德国外观设计法》第 34 条第 1 款第 1 句。

无效宣告（相对无效理由）的请求仅适用于相关权利的权利人，参见　604
《德国外观设计法》第 34 条第 2 句和第 9 句。

6. 第三人的加入

第三人可以在如下情况下加入外观设计部门的无效程序或者德国联邦专利　605
法院的上诉程序（参见《德国外观设计法》第 34c 条第 1 款和第 2 款）：如果
尚未对无效确认请求或者无效宣告请求做出终局决定，并且可以证明下述
事项：

① 针对该第三人，由于同一注册式外观设计侵权的程序未决（《德国外观　606
设计法》第 34c 条第 1 款第 1 项）；

② 该第三人被发出涉嫌同一注册式外观设计侵权的禁止令（《德国外观设　607
计法》第 34c 条第 1 款第 2 项）。

加入必须在 3 个月的除斥期间内做出。这一期限始于侵权程序的启动或禁　608
令救济要求的提交，参见《德国外观设计法》第 34c 条第 1 款第 2 句。

7. 关于外观设计的无效决定及其效力

如果注册式外观设计被确认无效或者宣告无效，则在登记簿中记载撤销附　609
注，参见《德国外观设计法》第 36 条第 1 款第 5 项、《德国外观设计法实施细
则》第 16 条第 9 项。在其他情况下，申请或者反诉被驳回。

---

❶ 参见 1998 年 10 月 13 日欧洲议会和欧盟理事会关于外观设计和样品的权利保护的欧盟指令
Art. 11 Nr. 1 d. der Richtlinie 98/71 EG。

610　　　　此外，《德国外观设计法》第 35 条规定了如果通过确认部分无效或者宣告部分放弃而修改的外观设计符合保护要件并且其辨识特征被保留，则可以部分维持该外观设计，参见《德国外观设计法》第 35 条第 1 款第 1 项和第 2 项（Rdn. 524 ff.）。在这种情况下，在登记簿中进行相应的记载，参见《德国外观设计法》第 36 条第 2 款、《德国外观设计法实施细则》第 19 条。

611　　　　在依法确认无效或者宣告无效的情况下，法院应通知德国专利商标局提起诉讼的日期并且送交生效的判决副本，参见《德国外观设计法》第 52b 条第 4 款第 2 句。提起诉讼的日期和程序结果将记载在登记簿中（《德国外观设计法》第 52b 条第 4 款和《德国外观设计法实施细则》第 16 条第 8 项）。

612　　　　应注意，考虑到欧盟指令 98/71/EG 第 11 条（参见 Rdn. 530 f.），在《德国外观设计法》第 36 条中列举的撤销理由具有不同效力❶，也就是一方面具有追溯力（保护效力视作自始不存在）或者另一方面向将来生效（保护效力自生效结果的时间点起不再存在）：

613　　　　– 根据《德国外观设计法》第 36 条第 1 款第 1 项的保护期限届满不具有追溯力。

　　　　– 权利人根据《德国外观设计法》第 36 条第 1 款第 2 项的放弃请求也不具有追溯力。放弃在下述情况下才有效：记载在登记簿中的外观设计其他权利人同意，以及在根据《德国外观设计法》第 9 条的程序中原告同意。

　　　　– 当第三人提起请求并且随请求递交根据《德国外观设计法》第 36 条第 1 款第 2 项的官方的或者官方公证的证书和声明的情况下，第三人根据《德国外观设计法》第 36 条第 1 款第 3 项请求的撤销具有追溯力，因为由此实施了根据欧盟指令 98/71/EG 第 11 条的撤销理由。

　　　　– 同样，在根据《德国外观设计法》第 9 条或者第 33 条第 6 款的同意的情况下的撤销具有追溯力，因为该撤销实施了根据欧盟指令 98/71/EG 第 11 条的撤销理由。

614　　　　显然，撤销是否具有追溯效力取决于撤销理由。在《德国商标法》中，不同的撤销理由也具有不同的效力，在《德国商标法》中详尽地提到了这些效力。❷

---

❶ 参见：Bulling, Zur Wirkung international eingetragener Muster und zur Nichtigkeit/Löchungseinwilligung bei deutschen Geschmacksmustern, Mitt. 2007, 59.

❷ 根据 MarkenG 第 52 条第 1 款：由于期限届满而产生的撤销对将来生效；根据 MarkenG 第 52 条第 2 款：由于无效而产生的撤销自始生效。

在《德国外观设计法》第 33 条第 4 款和第 9 款中阐明了，注册式外观设 615
计的保护效力在确认无效或者宣告无效的情况下视为自始不存在，而无关于其
是由外观设计部门的决议还是由外观设计法院的判决产生。

VI. 《共同体外观设计条例》和
《德国外观设计法》的无效理由对比

下面的表格是《共同体外观设计条例》和《德国外观设计法》的无效理 616
由的对比（见表 H−1）。

表 H−1　《共同体外观设计条例》和《德国外观设计法》的无效理由对比 617

无效或撤销理由	共同体外观设计条例	德国外观设计法
不属于外观设计	Art. 25 Abs. 1 a)	§ 33 (1) Nr. 1
缺乏新颖性	Art. 25 Abs. 1 b)	§ 33 (1) Nr. 2
缺乏独特性	Art. 25 Abs. 1 b)	§ 33 (1) Nr. 2
由非权利人申请	Art. 25 Abs. 1 c)	§9 (1)
与在先申请在后公开的外观设计冲突	Art. 25 Abs. 1 d)	§ 33 Abs. 2 Nr. 2
与独特标识冲突	Art. 25 Abs. 1 e)	§ 33 Abs. 2 Nr. 3
与版权冲突	Art. 25 Abs. 1 f)	§ 33 Abs. 2 Nr. 1
不当使用具有特别利益的印章、标识、纹章或者其他对象	Art. 25 Abs. 1 g)	没有相应条款

I

共同体外观设计的侵权诉讼

I. 管辖权

618 　　在《共同体外观设计条例》中，规定了有关共同体外观设计和共同体外观设计申请的诉讼判决的实质管辖权和国际管辖权。作为补充，可以适用《布鲁塞尔第一条例》（2000 年 12 月 22 日欧盟理事会关于民商事案件管辖权判决的承认和执行的第 44/2001/EG 号条例）以及《卢加诺公约》（关于司法管辖权与民事案件和商务诉讼案件的决定的认定和执行的协议）（GGV 第 79 条第 1 款结合 EuGVVO 第 68 条和 Lugano 第 68 条）。❶《布鲁塞尔第一条例》可代替在《布鲁塞尔公约》❷ 不发生效力的成员国之间的多个多边或双边公约（EuGVVO 第 69 条）。

619 　　然而，在共同体外观设计的侵权起诉或确认不侵权之诉中，部分《布鲁塞尔第一条例》不适用（GGV 第 79 条第 3 款）。❸

1. 实质性和地域管辖权

620 　　根据 GGV 第 80 条规定，成员国应在 2005 年之前指定对于共同体外观设计诉讼案有着实质性管辖权的、尽可能少的本国共同体外观设计一审和二审法院。通过指定共同体外观设计法院，也确定该法院具有地域管辖权（GGV 第

---

　　❶《布鲁塞尔第一条例》在 2002 年 3 月 1 日生效并且代替《布鲁塞尔公约》（Art. 68 EuGVVO）。从 2007 年 7 月 1 日开始，《布鲁塞尔第一条例》基于国际法律协议（Abl. Nr. L 299 vom 16.11.2005, S. 62）也可在丹麦使用。修正的《卢加诺公约》在 2010 年 1 月 1 日生效。
　　❷《布鲁塞尔公约》：关于在民商事中的法院管辖权和法院判决的执行的公约。
　　❸《共同体外观设计条例》参考不再有效力的《布鲁塞尔公约》。该等参考必须替代为对《布鲁塞尔第一条例》的相应规定的参考。

80 条第 2 款）。

而根据德国立法者的规定，不考虑涉案价值地，作为一审法院的州法院排他性地管辖所有共同体外观设计诉讼案（DesignG 第 63 条第 1 款）。

621

如果对一审共同体外观设计法院的决定不服，可以向二审共同体外观设计法院提出上诉（参见 Rdn. 671 ~ 673）。在德国，作为二审法院的州高等法院具有排他性管辖（GGV 第 80 条和 DesignG 第 63 条以及 GVG 第 119 条第 2 项）。

622

在基于《共同体外观设计条例》和《德国反不正当竞争法》主张权利时，该排他性管辖权也适用，参见 DesignG 第 63 条第 4 款和第 53 条（也参见 Rdn. 1315 ~ 1317 和 Rdn. 677 ~ 679）。

623

只有部分的州政府行使了在 DesignG 第 63 条第 2 款中说明的用于颁布集中管辖命令的授权，并且给已经存在的德国外观设计法院也分配了对于共同体外观设计诉讼案的管辖权。

624

在联邦德国区域有管辖权的一审共同体外观设计法院和它们的地域管辖权在附件 12 中列出。

625

只要成员国还没有指定共同体外观设计法院，则地域性和实质管辖权依据国内外观设计相关的规定来确定（GGV 第 80 条第 5 款）。

626

共同体外观设计法院对以下事项具有排他性实质管辖权（GGV 第 81 条）：

627

- 共同体外观设计侵权诉讼；

628

- 确认共同体外观设计不侵权之诉；
- 宣告非注册式共同体外观设计无效的诉讼；
- 与上面提到的侵权诉讼有关的、宣告共同体外观设计无效的反诉。

2. 国际管辖权

根据 GGV 第 82 条第 1 ~ 3 款规定，以下成员国具有共同体外观设计法院的国际管辖权：

629

- 被告在该成员国具有住所，或者在缺乏住所的情况下具有营业所；

630

- 原告在该成员国具有住所，或者在缺乏住所的情况下具有营业所；
- 在其他的各种情况下，位于西班牙的共同体外观设计法院具有国际管辖权。

国际管辖权的确定，以如下给出的顺序来执行。

631

以该方式确定的共同体外观设计法院，对于在任何成员国中的侵权行为或可能的侵权行为具有管辖权（GGV 第 83 条第 1 款）。

632

相关成员国的共同体外观设计法院的国际管辖权同样也由侵权行为发生地或可能侵权地来确定（GGV 第 82 条第 5 款）。但是，因侵权行为地而具有管

633

辖权的共同体外观设计法院，仅对于该法院所在地的成员国境内的侵权行为具有管辖权（GGV 第 83 条第 2 款）。在这种情况下，在成员国中侵犯共同体外观设计的行为通常表明在整个欧盟区域内具有侵权危险。❶

▶ 示例：

634 被告在成员国中既没有住所，也没有营业所。原告在美国具有住所，并且在法国具有营业所。在这种情况下，法国的共同体外观设计法院具有国际管辖权（GGV 第 82 条）。具有地域管辖权的法国共同体外观设计法院也可以判决宣告在英国发生共同体外观设计的侵权行为（GGV 第 83 条第 1 款）。此外，英国的共同体外观设计法院也对于所宣告的侵权行为具有管辖权（GGV 第 83 条第 2 款）。

635 如果当事人之一在成员国中具有住所，那么当事人可以达成书面的管辖法院协议（GGV 第 82 条第 4a 款和 EuGVVO 第 23 条）。在这种情况下，在管辖法院协议中提到的法院就具有排他性管辖权。

636 如果被告同意由本身不具有管辖权的共同体外观设计法院审理案件，那么该法院具有管辖权；除非其他共同体外观设计法院具有排他性管辖权（GGV 第 82 条第 4b 款和 EuGVVO 第 24 条）。

3. 关于国内法院的管辖权的补充规定

637 根据 GGV 第 79 条第 4 款规定，如果成员国的法院按照 GGV 第 79 条第 1 款、《布鲁塞尔第一条例》或者基于双边或多边条约具有管辖权，只要关于共同体外观设计的诉讼不涉及以下方面的情形，该成员国内的其他法院对于该诉讼也具有管辖权（GGV 第 93 条第 1 款）：

638 – 侵权起诉；

– 确认不侵权之诉；

– 针对非注册式共同体外观设计的无效诉讼；

– 无效宣告的反诉。

639 例如，与 GGV 第 14 条所规定的共同体外观设计的权利相关的诉讼，可以由上述法院审理。

640 对成员国的法院根据 GGV 第 79 条第 1 款或第 4 款的规定而不具有管辖权的诉讼，可以由西班牙法院审理（GGV 第 93 条第 2 款）。

641 除了根据 GGV 第 80 条规定的共同体外观设计法院之外的其他国内法院在原则上应推定共同体外观设计有效（GGV 第 94 条）。然而对于非注册式共同

---

❶ BGH WRP 2010, 896 – Verlängerte Limousinen.

体外观设计，根据 GGV 第 94 条和第 85 条第 2 款的规定，只有在权利人能证明共同体外观设计仍具有效力（GGV 第 11 条）并且说明共同体外观设计在多大程度上具有独特性（GGV 第 6 条）的情况下，才适用这一点。

在采取临时措施时，允许对共同体外观设计进行无效抗辩申诉（GGV 第 94 条和第 90 条第 2 款）；在这种情况下，收到申诉请求的法院也可以审查该共同体外观设计的法律效力。 **642**

Ⅱ. 可适用的法律

共同体外观设计法院优先适用《共同体外观设计条例》的相关规定。对于任何未在《共同体外观设计条例》中规定的事项，共同体外观设计法院应适用国内法，包括国际私法。如果在《共同体外观设计条例》中没有另外规定，共同体外观设计法院应适用该共同体外观设计法院所在的成员国的关于国内外观设计的程序法（GGV 第 88 条）。 **643**

例如，ZPO 第 91 条等规定了德国共同体外观设计法院受理的程序费用。在共同体外观设计诉讼案的程序中，可以相应地适用涉案价值优惠待遇原则（DesignG 第 63 条第 4 款和第 54 条）。 **644**

Ⅲ. 侵权诉讼

1. 效力推定和抗辩

在注册式共同体外观设计的侵权诉讼和可能侵权的诉讼程序中，有管辖权的法院应推定共同体外观设计有效（GGV 第 85 条第 1 款第 1 句）。但是，被告可以在侵权诉讼程序中提出无效宣告的反诉（GGV 第 85 条第 1 款第 2 句），或者提出无效抗辩。 **645**

可替代地，也能够中止侵权诉讼程序，并且向欧盟知识产权局提出无效宣告请求（参见 Rdn. 536 ~ 538）。 **646**

但是，如果抗辩，依照 GGV 第 25 条第 1 款 d 项的规定，注册式共同体外观设计由于被告享有的在先国内外观设计权而无效，这种抗辩是允许的（GGV 第 85 条第 1 款第 3 句）。由此，在不需要针对被诉共同体外观设计提出无效宣告请求或反诉的情况下，侵权法院可以判定一些未进行有效注册的共同体外观设计的简单案件。 **647**

通过上述抗辩，被控侵权的被告可以避免在欧盟知识产权局中启动无效宣 **648**

告程序或避免在共同体外观设计法院中提起反诉，以及可以避免由此产生的风险和费用。

649　　如果有效判决的结果是，由于注册式共同体外观设计依照 GGV 第 25 条第 1 款 d 项而被宣告无效，该外观设计侵权诉讼被驳回，则该判决导致所述共同体外观设计视为自始不具有效力（GGV 第 87 条和第 26 条第 1 款）。

650　　根据 GGV 第 85 条第 2 款的规定，在非注册式共同体外观设计的侵权诉讼和可能侵权的诉讼中，具有管辖权的法院同样推定该共同体外观设计有效，前提是原告能够：

651　　　　– 提供以下证据证明：共同体外观设计已被公众知晓，并且在非注册式共同体外观设计的侵权时间点 3 年的保护期还未届满（GGV 第 11 条）；

　　　　– 说明共同体外观设计的独特性程度（GGV 第 6 条）。

652　　上述过程通常不考虑侵权诉讼的被告是否可以提起非注册式共同体外观设计的无效抗辩，这样的规定尤其可以从 GGV 第 85 条第 2 款的英语文本中看出。❶

2. 侵权制裁

653　　根据 GGV 第 89 条第 1 款 a ~ d 项规定，对于共同体外观设计的侵权或可能侵权，共同体外观设计法院可以提出下列命令：

654　　　　– 停止侵权行为；

　　　　– 扣押侵权产品；❷

　　　　– 如果所有人明知后果或者该后果是显而易见的，那么扣押为制造侵权产品而主要使用的材料和工具；

　　　　– 在侵权或可能侵权所在的成员国的法律体系中规定的其他制裁。根据德国法律，这种其他制裁措施包括判决赔偿损失（DesignG 第 42 条第 2 款❸或

---

　　❶ 在标准英文原始文本中，与德文文本不同的是：However, the defendant may contest invalidity by way of a plea or with a counterclaim for a declaration of invalidity. 因此，无效抗辩（plea）也可以适用于侵权诉讼中。

　　❷ 在 GGV 第 89 条第 1 款 b、c 项中提到仿制产品和仿制货物。这里是翻译错误。在《共同体外观设计条例》的英文文本中，在 GGV 第 89 条第 1 款 b、c 项中提到了侵权产品（infringing goods）。当在德语翻译中使用近似的概念仿制品时，注册式共同体外观设计的权利人与非注册式共同体外观设计的权利人享有相同的权利，尽管注册式共同体外观设计的权利与是否使用仿制产品无关（与非注册式共同体外观设计不同），GGV 第 19 条第 1、2 款（参见 Rdn. 274 ff.）。

　　❸ 在没有外观设计法参考《共同体外观设计条例》的规定的情况下，类似地应用 BGH Geschm-MG 第 42 条第 2 款，参见 BGH v. 22. 4. 2010，I ZR 89/08 – Verlängerte Limousinen, Rn. 63。此外也可以适用 GGV 第 88 条第 2 款。

BGB 第 823 条），判决最多 3 年的监禁或处罚金（DesignG 第 65 条第 1 款）。包含保护性措施在内的临时措施也属于这种其他制裁措施，如拘留和临时禁令（ZPO 第 916 条等）。

根据 GGV 第 89 条第 2 款的规定，应按照国内法律执行上述命令。根据 DesignG 第 62a 条第 1 项的规定，共同体外观设计的权利人，除了可以按照 GGMV 第 89 条第 1 款 a~c 项主张权利之外，也可以按照《德国外观设计法》主张下列权利：

- 消除妨碍（DesignG 第 42 条第 1 款第 1 句）；
- 赔偿损失（DesignG 第 42 条第 2 款）；
- 销毁、召回和转让（DesignG 第 43 条）；
- 告知信息（DesignG 第 46 条）；
- 展示和参观（DesignG 第 46a 条）；
- 对赔偿损失权利的保护措施（DesignG 第 46b 条）；
- 判决公布（DesignG 第 47 条）；
- 关于企业所有人的责任的规定（DesignG 第 44 条）；
- 补偿（DesignG 第 45 条）；
- 诉讼时效（DesignG 第 49 条）；
- 由于其他法律规定而主张权利（DesignG 第 50 条）；
- 关于进出口时扣押的规定（DesignG 第 55~57 条）。

除了共同体外观设计法院之外，欧盟成员国的其他法院对于临时措施也具有管辖权，前提是它们按照国内外观设计法对于临时措施也具有管辖权（GGV 第 90 条第 1 款）。

但是，基于 GGV 第 82 条第 1~4 款而具有国际管辖权的共同体外观设计法院，仅对于可适用于任何成员国中的临时措施的命令具有管辖权（GGV 第 90 条第 3 款）。

3. 对于共同体外观设计权的限制

根据 GGV 第 20 条第 1 款的规定，共同体外观设计权利在下列情形下不适用：

- 在私人领域为了非商业目的所进行的行为；
- 为实验目的所进行的行为；
- 为援引或教学目的而复制，前提是这些复制行为符合公平贸易的惯例，不过度损害外观设计的正常使用，并且说明来源；
- 在第三国注册并且短暂到达共同体领域的船舶和飞机上的设备；

655

656

657

658

659

660

– 为维修这些运输工具而专门进口到共同体中的配件和附件；

– 修理这些运输工具的行为。

4. 中止诉讼

661 对于在共同体外观设计法院中受理了侵权诉讼和对无效宣告的反诉而在欧盟知识产权局中并未提起无效宣告请求的情况，GGV 第 86 条第 3 款进行了相应的规定。在这种情况下，如果共同体外观设计法院在听取其他当事人的陈述之后：

662 – 中止诉讼，并且

– 要求被控侵权的被告在规定期限内向欧盟知识产权局提起无效宣告请求。

注册式共同体外观设计的权利人可请求将共同体外观设计法院关于注册式共同体外观设计的法律效力的决定传递给欧盟知识产权局。

663 根据 GGV 第 86 条第 3 款的规定，如果未在规定期限内提起该请求，那么反诉将被视为撤回，并且共同体外观设计法院受理的诉讼将继续进行（GGV 第 86 条第 3 款）。撤回引起的费用则由受理案件的共同体外观设计法院的国内法进行规定（对于德国相关的案件参见 ZPO 第 91 条等和 DesignG 第 52 条第 4 款）。

664 这使得注册式共同体外观设计的权利人有机会让欧盟知识产权局做出关于其共同体外观设计的法律效力的决定。这一法律规定的优点在于，由欧盟知识产权局集中地做出关于注册式共同体外观设计是否有效的决定，从而可以对于注册式共同体外观设计的法律效力形成统一的和可预见的判决实践。

665 如果针对共同体外观设计诉讼已经在先地向其他共同体外观设计法院提起反诉，或者已经在先地向欧盟知识产权局提起了无效宣告请求，那么共同体外观设计法院通常中止受理诉讼（不侵权确认之诉除外）（GGV 第 91 条第 1 款）。共同体外观设计法院可以在中止期间采取临时措施（其包括保护性措施）（GGV 第 91 条第 3 款）。

666 如果针对注册式共同体外观设计已经向共同体外观设计法院提起了反诉，那么之后在欧盟知识产权局提起的无效宣告程序将依职权被中止（GGV 第 91 条第 2 款第 1 句）。但是，共同体外观设计法院可以依当事人请求而中止诉讼，但是在欧盟知识产权局中未决的无效宣告程序应当继续（GGV 第 91 条第 2 款第 2 句）。

5. 参与的专利律师的费用

由于专利律师参与共同体外观设计诉讼案所产生的费用包括按照 RVG 第 13 条规定的费用以及必要的专利律师垫款（DesignG 第 63 条第 4 款和第 52 条第 4 款）。

667

6. 关于费用决定的附加执行条款的核准

GGV 第 71 条第 1 款规定，欧盟知识产权局的任何有效的费用决定，均是可执行的条款。在欧盟知识产权局的有效费用决定被执行之前，附加执行条款必须经过核准。德国联邦专利法院对于该附加执行条款的核准具有管辖权（GGV 第 71 条第 2 款和 DesignG 第 64 条第 1 句）。可执行的文本指令由德国联邦专利法院的办事处书记员签发（DesignG 第 64 条第 2 句结合欧盟知识产权局局长于 2005 年 4 月 26 日发出的 2/05 号通告）。❶

668

7. 权利用尽

对于含有处于共同体外观设计的保护范围中的外观设计或者使用该外观设计的产品，如果该产品是由共同体外观设计权利人投放到共同体市场中或者经权利人同意投放到共同体市场中的，那么该共同体外观设计的权利不得扩大到有关该产品的其他行为上（GGV 第 21 条）。按照商品自由流通的基本原则（EGV 第 28 条），在欧盟地区中的投入流通将导致在整个欧盟的权利用尽。权利用尽的效果只发生于具体进入流通中的产品，而不发生于其各个特征。❷

669

8. 诉讼时效

《共同体外观设计条例》未包含对诉讼时效的规定。因此，外观设计案件适用关于诉讼时效的国内规定。关于德国法律规定的诉讼时效，请参见 Rdn. 712 ff.。

670

IV. 上诉和其他法律救济

根据 GGV 第 92 条第 1 款的规定，针对一审共同体外观设计法院的决定，

671

---

❶ GGV 第 71 条在内容上与《共同体商标条例》、GMV 第 82 条以及 EG – V 第 256 条的规定一致，从而 GGV 第 71 条的注解可以追溯到关于该法规的司法判决和文献。对此也参见 *Eisenführ/Schennen*，《共同体商标条例》第 82 条。

❷ BGH WRP 2010, 896 – Verlängerte Limousinen.

允许当事人向二审共同体外观设计法院上诉（参见 Rdn. 620 ff.，实质性和地域管辖权）。

672　　提起上诉的条件由共同体外观设计法院所在的成员国的国内法律来决定（GGV 第 92 条第 2 款）。

673　　关于其他法律救济的国内规定（例如复核，ZPO 第 542 条），也适用于二审共同体外观设计法院的决定（GGV 第 92 条第 3 款）。

V. 基于共同体外观设计和国内外观设计的平行诉讼

674　　如果在相同当事人之间向不同成员国的法院提起由于侵权行为而产生的多个侵权诉讼，其中一个诉讼是基于共同体外观设计受到侵犯而提起的，另一个则是基于国内外观设计权利受到侵犯而提起的，则在这种情况下，后受理案件的法院将不具有管辖权。但是，该规定仅在两个外观设计同时受到保护并且先收到起诉请求的法院的管辖权不存在争议时才适用。如果先起诉的法院的管辖权存在争议，那么后起诉的法院应中止诉讼，直至该管辖权争议得到解决（GGV 第 95 条第 1 款）。

675　　如果收到起诉的法院已经就相同的侵权行为、在相同当事人之间基于提供同时保护的外观设计权做出了有效判决，那么法院将驳回该起诉（GGV 第 95 条第 2 ~ 3 款）。前述规定不适用于临时措施和保护性措施（GGV 第 96 条第 4 款）。

VI. 与根据国内法的其他保护形式的关系

676　　《共同体外观设计条例》不涉及用于保护知识产权如版权、国内外观设计、商标或其他显著性标识、专利、实用新型、字体相关的国内法律。本条例也不涉及民事责任和不公平竞争（GGV 第 96 条第 1 ~ 2 款）。

J

德国外观设计的侵权诉讼程序

I . 管辖权

对于德国而言，旧版本《德国外观设计法》第 15 条已规定，州法院（下 677
称外观设计法院）具有专属实质管辖权（《德国外观设计法》第 52 条第 1 款）
而不考虑涉案价值，并且可集中到少数州法院（《德国外观设计法》第 52 条
第 2 款和第 3 款）。因此管辖权保持不变。

对德国而言，有管辖权的外观设计法院和其地方管辖权在附件 12 中 678
列出。

根据《德国外观设计法》《德国反不正当竞争法》和《共同体外观设计条 679
例》，权利主张也可以（不受《德国反不正当竞争法》第 14 条规定的限制）
向外观设计法院提出，参见《德国外观设计法》第 53 条。

在德国，作为对外观设计法院的决定的上诉法院，州高等法院有专属管辖 680
权，参见 GVG 第 19 条第 2 项。

德国联邦最高法院负责复审州高等法院的终审判决，参见 GVG 第 133 条。 681

II . 适用法律

在侵权诉讼程序中适用国内法，尤其是《德国外观设计法》和《德国民 682
事诉讼法》（ZPO）。

在 ZPO 第 91 条等中规定了向德国外观设计法院提起诉讼程序的费用。 683

III. 侵权诉讼

1. 法律有效性的推定和抗辩

684 应从有利于权利人的角度出发，推定注册式德国外观设计的法律有效性，参见《德国外观设计法》第 39 条。

685 新的《德国外观设计法》规定了官方无效程序，参见《德国外观设计法》第 34 条和第 34a 条（Rdn. 565 ff.）。因此，在外观设计侵权程序中，被告仅可以通过提起无效确认或无效宣告的反诉（《德国外观设计法》第 52b 条）或者通过无效确认或无效宣告请求（《德国外观设计法》第 34 条）来挑战涉诉外观设计缺乏法律有效性。在侵权诉讼中不能再提起无效抗辩。

686 法律有效性的推定在无效诉讼中也适用。❶

2. 侵权制裁

687 如其他国内保护权那样，在《德国外观设计法》中也针对侵权人规定了两类惩罚，第一类惩罚独立于过错，而第二类惩罚仅可在侵权人故意或者疏忽行事时实施。

688 在任何情况下，其他法律规定下的权利主张都不受影响，参见《德国外观设计法》第 50 条。

689 德国外观设计的权利人（被侵权人）可以针对侵权人主张下述权利：

690 － 要求告知信息以及消除妨害和停止连续侵权行为，参见《德国外观设计法》第 46 条和第 42 条第 1 款。

－ 要求侵权人销毁其占有或所有的非法制造、流通或者用于非法流通的全部产品，或者销毁侵权人所有的仅仅或几乎仅仅用于非法制造产品/侵权物的设备，参见《德国外观设计法》第 43 条第 1 款。

－ 要求将侵权人占有或所有的产品以合理的价格转让给被侵权人，参见《德国外观设计法》第 43 条第 3 款。在此，该合理价格受限于制造成本。

－ 要求召回非法制造、流通或者用于非法流通的产品，参见《德国外观设计法》第 43 条第 2 款。

－ 要求损害赔偿、退还侵权获利或者补偿，参见《德国外观设计法》第 42 条第 2 款和第 45 条。

---

❶ 官方依据：第 39 条第二段。

－ 要求出示和由权利人或者其他有权利的人检查，参见《德国外观设计法》第 46a 条。❶

－ 要求出示银行、金融、交易的书面材料或者要求这些书面材料的合适的获得途径，参见《德国外观设计法》第 46b 条。❷

如果在具体案件中针对侵权人的销毁请求和转让请求不合理，并且由违法行为造成的状况能够以其他方式消除，侵权人仅有要求对此采取必要措施的权利，参见《德国外观设计法》第 43 条第 4 款。 **691**

该规定的应用可以设想下述例子，如果外观设计提出保护一种表面结构，而通过重新上漆（相当于将受版权保护的文本片段变黑）可以使该表面结构不可见。在法律辩护中，该规定的实际意义被归为低。 **692**

在轻微过失的情况下，可以由法院确定补偿来代替赔偿损害，补偿价值在侵权损害和侵权人获利的限额之间，参见《德国外观设计法》第 45 条。 **693**

最后，侵权人可能被处以罚金刑或者自由刑，参见《德国外观设计法》第 51 条。 **694**

如果胜诉人有正当权益，则胜诉人有权要求败诉人承担公布判决的费用（判决的公布），参见《德国外观设计法》第 47 条第 1 句。公布的方式和范围应在判决书中确定，参见《德国外观设计法》第 47 条第 2 句。 **695**

公布判决的权利限于判决生效后的 3 个月，参见《德国外观设计法》第 47 条第 3 句。 **696**

如果企业内部的雇员或者代表侵犯了一项外观设计，则企业所有人也应承担除损害赔偿要求之外的责任。 **697**

3. 外观设计权的限制

德国外观专利权不适用于《德国外观设计法》第 40 条第 1～5 项的情况： **698**

－ 在个人领域中非营利目的的事实行为； **699**

－ 试验目的的行为；

－ 出于引用目的或者为了教学目的的复制，只要这种行为与诚实交易的习惯一致，没有不正当地损害外观设计的正常应用，并且给出来源；

－ 在第三国登记注册，并且临时进入共同体区域内的船只和航空器上的

---

❶ 《德国外观设计法》第 46a 条相应于《德国专利法》第 140c 条的内容，因此，对《德国专利法》第 140c 条做出的裁决和解释也适用于《德国外观设计法》第 46a 条。

❷ 《德国外观设计法》第 46b 条相应于《德国专利法》第 140d 条的内容，因此，对《德国专利法》第 140d 条做出的裁决和解释也适用于《德国外观设计法》第 46b 条。

设备；

      — 将用于修理所述船只和航空器的备件或配件进口到共同体内；

      — 在这些运输工具上进行的修理行为。

700   根据《德国外观设计法》第43条第1~3款（Rdn. 690），上述惩罚不适用于以下情况：该惩罚涉及建筑物的重要组成部分以及制造和流通不合法的产品和设备的可卸除部件，参见《德国外观设计法》第43条第5款。

701   如果一个产品已被结合到建筑物中并且不能在不破坏该建筑物或不破坏该产品的情况下或者不改变其本质的情况下从该建筑物中分离，则该产品属于建筑物的重要组成部分，参见BGB第93条。

702   外观设计权也可以被第三人的先用权所限制（参见《德国外观设计法》第41条和Rdn. 284 ff.）。

4. 程序的中断

703   如果已在外观设计法院提起无效确认或者无效宣告的反诉，而在该外观设计法院的侵权诉讼未决，则外观设计法院可以中断侵权诉讼程序，参见《德国外观设计法》第34b条和第52b条第3款，从而可以由德国专利商标局外观设计部做出关于涉诉外观设计的无效确认或者无效宣告的决定（见图J–1）。

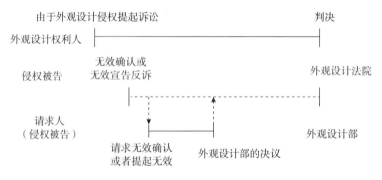

图J–1　反诉可能由于向外观设计部提起的无效程序而中断

704   在向德国专利商标局外观设计部提出无效程序时，按照立法者的意图应将注册式外观设计的法律有效性审查集中化。外观设计部审理的相对较多的案件数量（现在每年大约60起）是决定实践的可靠性和程序的效率的先决条件。由于外观设计法院可实施程序中断（《德国外观设计法》第34b条和第52b条第3款），所以外观设计法院可支持该程序。此外，外观设计部为尽可能缩短程序期限做出贡献：外观设计部批准合理的加速请求并且优先处理这些案件。

《德国外观设计法》第34b条规定了两种中断情形：　705

（1）如果在外观设计部的无效程序期间一项法律诉讼是未决的或者其判　706
决依赖于被控外观设计的法律状态（侵权诉讼），则外观设计法院可以中断该
诉讼，参见《德国外观设计法》第34b条第1句。

（2）如果被控外观设计被视作无效，则外观设计法院必须中断该法律诉　707
讼，参见《德国外观设计法》第34b条第2句。

如果无效宣告申请被终局驳回，则外观设计法院只有在相同的当事人之间　708
才受到该决定的约束，参见《德国外观设计法》第34b条第3句。

在中断期间，外观设计法院可以颁布临时禁止令和采取临时保护措施，参　709
见《德国外观设计法》第34b条第3句和第52b条第3款第3句。

5. 参与的专利律师的费用

专利律师参与外观设计诉讼案件产生的花费是根据 RVG（《联邦律师费用　710
法》）第13条规定的费用，此外要报销专利律师的必要支出，参见《德国外
观设计法》第52条第4款。这项规定也适用于共同体外观设计诉讼案件，参
见《德国外观设计法》第63条第4款。

6. 用尽

如果一项外观设计由权利人或者经其同意而投放在欧盟的一个成员国内或　711
者欧洲经济区的任一缔约国内实施，则产生外观设计的权利用尽，参见《德
国外观设计法》第48条。

7. 诉讼时效和返还请求权

《德国外观设计法》第42～47条的诉讼时效期限相应于 BGB 第194条等、　712
《德国外观设计法》第49条。依此，正常的诉讼时效期限为3年，参见 BGB
第195条。这适用于所有在《德国外观设计法》第42～47条规定的请求权并
且也适用于许可请求权❶。

诉讼时效期限始于请求权产生的那一年的年终，并且被侵权人知道或者在　713
没有重大过失的情况下应当知道引起请求权的情况以及侵权人的身份，参见
BGB 第199条第1款。

在诉讼时效开始之后，被侵权人按照关于不当得利的规定享有返还请求　714
权，参见 BGB 第812条等。这种返还请求权诉讼时效为其产生之后的10年内

---

❶　Eichmann/v. Falckenstein, Falckenstein/Kühne, Designgesetz §49 Rn. 1.

或者在侵权行为发生之后的 10 年内，参见《德国外观设计法》第 49 条第 2 句并参阅 BGB 第 852 条。

IV. 上诉和其他法律救济

715　　对于州法院（外观设计法院）的判决可以上诉到州高等法院，参见 ZPO 第 511 条。

716　　对于州高等法院宣判的终审判决可以向德国联邦最高法院申请再审，参见 ZPO 第 542 条。

V. 诉讼标的之优惠待遇

717　　《德国外观设计法》规定了诉讼标的之优惠待遇，参见《德国外观设计法》第 54 条。

718　　《德国外观设计法》第 54 条与《德国专利法》第 144 条、《德国商标法》第 142 条和《德国实用新型法》第 26 条的规定一致，因此根据这些法律的判例以及其解释可用于新《德国外观设计法》第 54 条。

719　　诉讼标的之优惠待遇允许经济上薄弱的当事人在民事法律程序中援引《德国外观设计法》提出请求来单方面减少诉讼费用。在对该请求做出决定前，应当听取对方当事人的陈述，参见《德国外观设计法》第 54 条第 3 款第 4 句。

720　　请求应当在进行实体审理前提出。在实体审理后，只有在法庭提高预计的或者已确定的诉讼标的额时，才可以提出该请求，参见《德国外观设计法》第 54 条第 3 款第 2 句和第 3 句。

721　　如果经济上薄弱的当事人全部或部分败诉或者在诉讼期间提高了诉讼标的，诉讼标的之优惠待遇将影响经济上薄弱的当事人要支付的费用。

722　　在这些情况下，由经济上薄弱的当事人承担的诉讼费和其律师费以及对方律师费依据部分诉讼标的额计算，参见《德国外观设计法》第 54 条第 2 款第 1 句和第 2 句。

723　　若经济上薄弱的当事人的对方当事人应当承担庭外费用，则经济上薄弱的当事人的律师可以按照对方当事人适用的较高的诉讼标的额索取其费用，参见《德国外观设计法》第 54 条第 2 款和第 3 款。

724　　在共同体外观设计诉讼案件中的程序可以相应地准用诉讼标的之优惠待遇，参见《德国外观设计法》第 63 条第 4 款并参阅第 54 条。

K

印刷字体

由于旧版 GeschmMG 直至 2004 年 5 月 31 日仍有效，因此在德国，直至 2004 年 5 月 31 日为止，印刷字体不仅可通过申请根据《德国字体法》（SchriftZG）得到保护，而且可直接根据旧版 GeschmMG❶ 得到保护。　725

根据旧法，这两种保护形式之间的区别在于保护期和保护范围。　726

根据旧版 SchriftZG，保护期是自申请日起最长 25 年（旧版 SchriftZG 第 2 条第 1 款第 4 项），而根据旧《德国外观设计法》，外观设计的保护期仅限于 20 年（旧版 GeschmMG 第 9 条第 1 款）。　727

SchriftZG 的保护客体是字母、字母表、数字和其他图形符号和装饰音的结合，其用于借助图形技术对文本进行排版（旧版 SchriftZG 第 2 条第 1 款第 3 项），这种保护仅限于所有通过图形技术建立的文本。❷　728

根据旧《德国外观设计法》提出的印刷字体外观设计申请提供阻止抄袭的保护。与抄袭所用的技术无关，对印刷字体的抄袭都是禁止的（旧版 GeschmMG 第 5 条）。　729

新《德国外观设计法》于 2004 年 6 月 1 日生效，同时 SchriftZG 被修改成不再对印刷字体提供保护。❸　730

在新的 DesignG 和 GGV 中，印刷字体在法律意义上被明确解释为外观设计（DesignG 第 1 条第 2 项和 GGV 第 3 条 b 项）。　731

这意味着自 2004 年 6 月 1 日起，印刷字体只能通过外观设计申请得到保　732

---

❶ Eichmann/v. Falckenstein, Geschmackmustergesetz, 2. Aufl., 《V. Schriften》, Rn. 22。

❷ Zentek, Ein Handbuch für Recht in Kunst und Design。

❸ SchriftZG 在此还包含 1973 年 6 月 12 日的用于保护字型及其国际注册的《维也纳协定》（Wiener Abkommen），SchriftZG 第 1 条以及关于根据《维也纳协定》的国际申请效力的规定，SchriftZG 第 2 条。

护。在申请印刷字体外观设计时，除了一般的申请要求以外，还应特别注意与视图有关的规定。视图必须包括字母表的所有字母的大写和小写形式、所有的阿拉伯数字以及印刷密度为 16 号的印刷字体的五行文本（DesignV 第 6 条第 6 款）。

733　　于 2004 年 6 月 1 日之前申请的印刷字体则继续作为外观设计。

734　　为了确保对根据旧版 SchriftZG 确立的权利的合理保护，DesignG 第 61 条还包含过渡性条款。❶

735　　特别是对于直至 2004 年 5 月 31 日提交的印刷字体，仍遵循旧版 SchriftZG 的保护要件，即印刷字体的新颖性和独特性通过其风格或整体印象来确定（DesignG 第 61 条第 2 款以及旧版 SchriftZG 第 2 条第 2 项）。

736　　对于在 2004 年 6 月 1 日之前开始并且印刷字体的权利人按当时适用的规定不应禁止的行为，不适用新版 DesignG 中的权利（DesignG 第 61 条第 3 款）。

737　　对 DesignG 而言，在注册到登记簿时产生保护（DesignG 第 27 条第 1 款）。但对于在 DesignG 生效之前提交的印刷字体申请，仍保持之前的规定不变，即在提交到 DPMA 时就已开始得到保护。在此，该保护仅限于所有通过图形技术建立的文本（DesignG 第 61 条第 4 款以及旧版 SchriftZG 第 2 条第 1 款第 3 项）。

738　　对于在 2004 年 6 月 1 日之前提交的印刷字体，从保护期的第 11 年起才缴付维持费用（DesignG 第 61 条第 5 款，参见 Rdn. 489）。

---

❶　关于起草改革外观设计权的法律的第 2 条第 15 款的原因。

L

根据外观设计海牙协定的
国际注册（IR）外观设计

Ⅰ. 协定文本和缔约国

外观设计海牙协定（HMA）包括三个独立的协议，借此可以通过仅一次
申请注册而在多个国家得到外观设计保护：斯德哥尔摩文本（1967 年）和日
内瓦文本（1999 年 7 月 2 日签订且于 2003 年 12 月 23 日❶生效）对伦敦文本
（1934 年）和海牙文本（1960 年）进行了补充。❷ 根据 HMA 注册的国际外观
设计被称为 IR（国际注册）外观设计。

位于瑞士日内瓦的世界知识产权组织（WIPO）主管 IR 申请的注册，世界
知识产权组织自 2004 年 4 月 1 日起也接受符合日内瓦文本的 IR 外观设计。❸

根据申请人所在地或居住地的缔约国的文本，并且根据请求保护的国家所
对应的文本，可以采用 HMA 的一个或多个文本。❹

外观设计海牙协定缔约方（截至 2016 年 12 月）❺ 见表 L–1。

739

740

741

742

---

❶ 随着西班牙于 2003 年 9 月 23 日加入，满足日内瓦文本生效的前提条件。

❷ 各个文本的正文可在 http：//www. wipo. int/hague/en/legal_texts/下载。外观设计海牙协定以及
外观设计海牙协定实施细则的官方译文参见附件。

❸ 三个生效的文本的共同实施细则（Common Regulations）和国际外观设计注册指南（Guide to
the International Registration of Designs）也自 2004 年 4 月 1 日起生效，也参见：http：//www. wipo. int/
hague/en/legal_texts/。

❹ 对此详见：Guide to the International Registration of Industrial Designs，Introduction A. 8。

❺ 参见：http：//www. wipo. int/treaties/en/registration/hague/。

表 L-1 外观设计海牙协定缔约方

国　家/IGO（政府间国际组织）	国家加入伦敦文本的日期	国家加入海牙文本的日期	国家加入斯德哥尔摩补充文本的日期	国家/IGO 加入日内瓦文本的日期
非洲知识产权组织（OAPI）	—	—	—	2008 年 9 月 16 日
阿尔巴尼亚	—	2007 年 3 月 19 日	2007 年 3 月 19 日	2007 年 5 月 19 日
亚美尼亚	—	—	—	2007 年 7 月 13 日
阿塞拜疆	—	—	—	2010 年 12 月 8 日
比利时	—	1984 年 8 月 1 日	1979 年 5 月 28 日	还未生效
伯利兹	—	2003 年 7 月 12 日	2003 年 7 月 12 日	
贝宁	1986 年 11 月 2 日	1986 年 11 月 2 日	1987 年 1 月 2 日	—
波斯尼亚和黑塞哥维那	—	—	—	2008 年 12 月 24 日
博茨瓦纳	—	—	—	2006 年 12 月 5 日
文莱	—	—	—	2013 年 12 月 24 日
保加利亚	—	1996 年 12 月 11 日	1996 年 12 月 11 日	2008 年 10 月 7 日
柬埔寨	—	—	—	2017 年 2 月 25 日
科特迪瓦	1993 年 5 月 30 日	1993 年 5 月 30 日	1993 年 5 月 30 日	—
克罗地亚	—	2004 年 2 月 12 日	2004 年 2 月 12 日	2004 年 4 月 12 日
朝鲜	—	1992 年 5 月 27 日	1992 年 5 月 27 日	2016 年 9 月 13 日
丹麦	—	—	—	2008 年 12 月 9 日
埃及	1952 年 7 月 1 日	—	—	2004 年 8 月 27 日
爱沙尼亚	—	—	—	2003 年 12 月 23 日
欧盟	—	—	—	2008 年 1 月 1 日
芬兰	—	—	—	2011 年 5 月 11 日
法国	1939 年 6 月 25 日	1984 年 8 月 1 日	1975 年 9 月 27 日	2007 年 3 月 18 日
加蓬	—	2003 年 8 月 18 日	2003 年 8 月 18 日	—
格鲁吉亚	—	2003 年 8 月 1 日	2003 年 8 月 1 日	2003 年 12 月 23 日
德国	1939 年 6 月 13 日	1984 年 8 月 1 日	1973 年 9 月 27 日	2010 年 2 月 13 日
加纳	—	—	—	2008 年 9 月 16 日
希腊	—	1997 年 4 月 18 日	1997 年 4 月 18 日	—
匈牙利	—	1984 年 8 月 1 日	1984 年 4 月 7 日	2004 年 5 月 1 日
冰岛	—	—	—	2003 年 12 月 23 日

续表

国家/IGO（政府间国际组织）	国家加入伦敦文本的日期	国家加入海牙文本的日期	国家加入斯德哥尔摩补充文本的日期	国家/IGO 加入日内瓦文本的日期
意大利	—	1987 年 6 月 13 日	1987 年 8 月 13 日	—
日本	—	—	—	2015 年 5 月 13 日
吉尔吉斯斯坦	—	2003 年 3 月 17 日	2003 年 3 月 17 日	2003 年 12 月 23 日
拉脱维亚	—	—	—	2005 年 7 月 26 日
列支敦士登	1951 年 1 月 28 日	1984 年 8 月 1 日	1975 年 9 月 27 日	2003 年 12 月 23 日
立陶宛	—	—	—	2008 年 9 月 26 日
卢森堡	—	1984 年 8 月 1 日	1979 年 5 月 28 日	还未生效
马里	—	2006 年 9 月 7 日	2006 年 9 月 7 日	—
摩纳哥	1956 年 4 月 29 日	1984 年 8 月 1 日	1975 年 9 月 27 日	2011 年 6 月 9 日
蒙古	—	1997 年 4 月 12 日	1997 年 4 月 12 日	2008 年 1 月 19 日
黑山	—	2006 年 6 月 3 日	2006 年 6 月 3 日	2012 年 3 月 5 日
摩洛哥	1941 年 1 月 21 日	1999 年 10 月 13 日	1999 年 10 月 13 日	—
纳米比亚	—	—	—	2004 年 6 月 30 日
荷兰	—	1984 年 8 月 1 日	1979 年 5 月 28 日	—
尼日尔	—	2004 年 9 月 20 日	2004 年 9 月 20 日	—
挪威	—	—	—	2010 年 6 月 17 日
阿曼	—	—	—	2009 年 3 月 4 日
波兰	—	—	—	2009 年 7 月 2 日
韩国	—	—	—	2014 年 7 月 1 日
摩尔多瓦	—	1994 年 3 月 14 日	1994 年 3 月 14 日	2003 年 12 月 23 日
罗马尼亚	—	1992 年 7 月 18 日	1992 年 7 月 18 日	2003 年 12 月 23 日
卢旺达	—	—	—	2011 年 8 月 31 日
圣多美和普林西比	—	—	—	2008 年 12 月 8 日
塞内加尔	1984 年 6 月 30 日	1984 年 8 月 1 日	1984 年 6 月 30 日	—
塞尔维亚	—	1993 年 12 月 30 日	1993 年 12 月 30 日	2009 年 12 月 9 日
新加坡	—	—	—	2005 年 4 月 17 日
斯洛文尼亚	—	1995 年 1 月 13 日	1995 年 1 月 13 日	2003 年 12 月 23 日
西班牙	1956 年 3 月 2 日	—	—	2003 年 12 月 23 日
苏里南	1975 年 11 月 25 日	1984 年 8 月 1 日	1977 年 2 月 23 日	—

国家/IGO（政府间国际组织）	国家加入伦敦文本的日期	国家加入海牙文本的日期	国家加入斯德哥尔摩补充文本的日期	国家/IGO 加入日内瓦文本的日期
瑞士	1939 年 11 月 24 日 — 2010 年 11 月 19 日	1984 年 8 月 1 日	1975 年 9 月 27 日	2003 年 12 月 23 日
叙利亚	—	—	—	2008 年 5 月 7 日
塔吉克斯坦	—	—	—	2012 年 3 月 21 日
前南斯拉夫的马其顿共和国	—	1997 年 3 月 18 日	1997 年 3 月 18 日	2006 年 3 月 22 日
突尼斯	1930 年 10 月 20 日	—	—	2012 年 6 月 13 日
土耳其	—	—	—	2005 年 1 月 1 日
土库曼斯坦	—	—	—	2016 年 3 月 16 日
乌克兰	—	2002 年 8 月 28 日	2002 年 8 月 28 日	2003 年 12 月 23 日
美国	—	—	—	2015 年 5 月 13 日
（总计：66）	（13）	（34）	（34）	（52）

744   德国一直以来是伦敦文本和海牙文本的成员且于 2010 年 2 月 13 日加入了日内瓦文本，而欧盟已于 2008 年 1 月 1 日加入日内瓦文本，韩国于 2014 年 7 月 1 日加入日内瓦文本，日本和美国也于 2015 年 5 月 13 日加入日内瓦文本，因此，五大专利局（IP5 - Offices）中仅中国不是日内瓦文本的成员。

745   与共同体外观设计相比，IR 外观设计具有以下缺点：

746   - 只有少数欧盟成员国签署了外观设计海牙协定，且这些成员国还分属于不同的文本。

       - 只有在外观设计海牙协定的成员国（封闭系统）内具有住地、住所和惯常居所的申请人，才能申请 IR 外观设计。相比之下，GGV 是一个开放的系统，住地或住所在欧盟以外的申请人也可以申请共同体外观设计。

       - 通过共同体外观设计获得的权利可提供统一保护，更容易得到且费用更低。由于可以在线提交（电子申请，e - Filing），所以 IR 外观设计申请程序费用的计算得以简化。

       - IR 外观设计的保护能力和保护范围受相应国家法律的约束。

       - 如同欧盟商标那样，共同体外观设计还具有以下优点：当有新成员国加入欧盟时，共同体外观设计自动地扩展至该新成员国，而不需要进行额外的程序处理。塞浦路斯、爱沙尼亚、匈牙利、拉脱维亚、立陶宛、马耳他、波兰、斯洛伐克、斯洛文尼亚和捷克于 2004 年加入欧盟，保加利亚和罗马尼亚于 2007 年加入欧盟，克罗地亚于 2013 年加入欧盟。

Ⅱ．对伦敦文本和海牙文本的说明

自 2010 年 1 月 1 日起，不能基于伦敦文本进行新的申请。❶ 此后直至现在，WIPO 已从伦敦文本的所有缔约国收到了所需的关于接受终止的所有文件或者解约证书，1934 年签署的伦敦文本的效力于 2016 年 10 月 18 日终止。　747

只有属于一个缔约国或至少在一个缔约国内具有住地的人才能作为申请人（封闭系统）。　748

外观设计必须以法文或英文提交到 WIPO。自 2010 年 4 月 1 日起，也可以采用西班牙语提交申请。　749

在申请时应选择之后想要在该国内得到保护的缔约国。申请人在此只能指定与该申请人所属国家缔结了同一协定的国家。如果该申请人的国家缔结了两个协定，则申请人可选择缔结了这两个协定的国家。　750

在申请中必须提交外观设计的视图并且指定外观设计的客体。在申请时，应使用 WIPO 提供的申请表格。申请人可以向 WIPO 提出申请，或向其中一个缔约国的主管局提出申请，只要该缔约国允许即可。然而，一些缔约国要求将申请直接提交到国家局。　751

通常，IR 外观设计的注册信息在申请之后 6 个月公布，但也可以请求立即公布（immediate publication）。如果请求立即公布，则国际局在完成技术准备之后直接进行公布。在根据海牙文本申请的情况中，可以最长延期到 12 个月公布。　752

对于每次国际交存，WIPO 将在定期出版的报告册《国际外观设计公报》上公布所交存的外观设计的视图。❷　753

申请费用包括：国际基本费（397 法郎起）、各个国家（每个选定国家 42 法郎起）的国家费用以及公布费用，公布费用取决于所提交的外观设计视图的数量和大小（17 法郎起至 150 法郎起）。　754

保护期最早为 5 年并且可再续展 5 年。可能的最长保护期受交存扩展到的　755

---

❶　参见：http：// www. wipo. int/edoc/hagdocs/en/2009/hague_2009_9. pdf。

❷　参见：http：// www. wipo. int/haguebulletin/? locale = en。

各成员国的国家法律约束。❶

756   交存的客体必须满足相应国家的外观设计权的实质性保护要件。通过注册所得到的权利受相应国家的法律规定约束。

757   在侵权纠纷中可以由主管法院复核外观设计的权利稳定性。对 IR 外观设计针对所有国家进行统一挑战（即挑战其有效性）是不可能的；在每个缔约国中可单独根据在该国的注销理由来确认缺乏权利稳定性。

Ⅲ. 日内瓦文本的创新

758   外观设计海牙协定的日内瓦文本的成员国越来越多。❷ 日内瓦文本在 2005 年仅有 18 个成员国，而目前有 52 个成员国，其中，欧盟目前的 28 个组成国家仅算作一个成员，日内瓦文本是成员最多的 HMA 文本。自 2008 年 1 月 1 日起，欧盟以西班牙阿利坎特市的 EUIPO 加入日内瓦文本，❸ 而德国自 2010 年 2 月 13 日起加入日内瓦文本，❹ 此外，在此期间，美国、韩国和日本也加入了日内瓦文本。

      日内瓦文本与两个旧文本的区别在于两点：

759   一方面，HMA 对在注册前进行实质审查的国家，尤其对美国或日本开放，然而，由于根据相应的国家保护要件进行实质审查，因此系统对进行实质审查的缔约国的开放也可能给申请人带来更高的并且在申请之前难以估算的花费。❺

760   另一方面，国际组织现在能够以一个公共机构加入日内瓦文本，例如基于 GGV 和 EUIPO 的欧盟或者非洲知识产权组织（OAPI）。

761   与两个旧文本相比，日内瓦文本最重要的创新是❻：

762   – 除了具有缔约国国籍或者在缔约国内具有住所或营业场所的人以外，在缔约国内具有惯常居所（habitual residence）的人现今也有申请资格。对惯

---

❶ 参见：http://www.wipo.int/export/sites/www/hague/en/declarations/pdf/declarations.pdf。

❷ Bulling, Anmerkungen zur Genfer Fassung des Haager Musterabkommens（Geneva Act），Mitt. 2005, 297。

❸ 关于欧盟的加入参见：Bulling, Beitritt der Europäischen Gemeinschaft zur Genfer Akte des Haager Musterabkommens am 1. Januar 2008, Mitt. 2007, 553。

❹ Bulling, Beitritt der Bundesrepublik Deutschland zur Genfer Akte des Haager Musterabkommens, Mitt. 2009, 498。

❺ 相应的问题存在于根据马德里商标协定（MMA）或所属的协议（PMMA）的 IR 商标申请中。

❻ 对此也参见：Bulling, Anmerkungen zur Genfer Fassung des Haager Musterabkommens（Geneva Act），Mitt. 2005, 297。

常居所的理解根据缔约国的法律来确定。❶

—— 可以向 WIPO 或缔约国之一的主管局提交申请。然而，一些缔约国已经禁止在该国的主管局提交申请，从而只允许直接向 WIPO 提交申请，这包括：非洲知识产权组织（OAPI）、克罗地亚、欧盟、法国、拉脱维亚、摩纳哥、斯洛文尼亚、马其顿和乌克兰。❷

—— 为了确定申请日，规定实质审查的缔约国可以要求申请必须包含有关设计人的信息、外观设计简要说明以及权利要求。❸ 未规定前置实质审查的缔约国即使没有上述信息也必须确定申请日。

—— 与德国外观设计和共同体外观设计相应，根据日内瓦文本的注册的延期公布的最长期限已增至 30 个月；而海牙文本的最长期限为 12 个月。然而，一些缔约国未规定延期公布（匈牙利、冰岛、摩纳哥、波兰、新加坡、乌克兰、美国）或者规定与前述相比较短的延期公布期限（OAPI、文莱、克罗地亚、丹麦、爱沙尼亚、芬兰、挪威、斯洛文尼亚和叙利亚）❹。如果缔约国的国内法律规定的延期期限较短，则国际注册将在最短期限届满后由指定的缔约国公布。如果缔约国未规定延期，则将通知申请人，而后申请人可以撤回在该缔约国的申请。由于原则上在申请日之后 6 个月才进行注册，因此实际上公布总是延期 6 个月。但如果提出请求，则也可以立即注册（立即公布，immediate publication）。

—— 在国际注册记录公布之后 6 个月的期限内，缔约国可以向 WIPO 提出驳回（refusal）。在此，驳回可能是基于绝对的不予注册的理由以及根据国家法律不满足实质保护要件（实质审查）。进行实质审查的主管局可以将 6 个月的期限延长至 12 个月。❺ 如果在该限期内未宣布驳回，则国际注册与根据国内法注册的外观设计具有同等效力。❻

—— 进行审查的缔约国和国际组织可以收取单独指定费。❼

---

❶　参见：Guide to the International Registration of Industrial Designs，B. II. 2. 03。

❷　参见：http：//www. wipo. int/export/sites/www/hague/en/declarations/pdf/declarations. pdf。

❸　对于罗马尼亚仅仅给出设计人信息。罗马尼亚和叙利亚要求简短说明。在美国要求权利要求（参见：http：//www. wipo. int/export/sites/www/hague/en/declarations/pdf/declarations. pdf）。

❹　参见：http：//www. wipo. int/export/sites/www/hague/en/declarations/pdf/declarations. pdf。

❺　朝鲜、芬兰、冰岛、日本、吉尔吉斯斯坦、立陶宛、韩国、摩尔多瓦、罗马尼亚、西班牙、叙利亚、土耳其和美国将驳回期限增加到 12 个月（参见：http：//www. wipo. int/export/sites/www/hague/en/declarations/pdf/declarations. pdf）。

❻　日本、西班牙、土耳其和美国已经给出说明，在之后的时间点生效（参见：《海牙协定实施细则》第 18 款和 http：//www. wipo. int/export/sites/www/hague/en/declarations/pdf/declarations. pdf）。

❼　非洲知识产权组织（OAPI）、欧盟、匈牙利、日本、吉尔吉斯斯坦、韩国、摩尔多瓦和美国提高了单独指定费（参见：http：//www. wipo. int/export/sites/www/hague/en/declarations/pdf/declarations. pdf）。

— 在日本和韩国，对于立体外观设计强制要求特定的视图。❶

— 在芬兰、加纳、匈牙利和冰岛，只能以设计人的名义进行申请。在申请时，指定美国的申请需要提交设计人的声明（declaration）。❷

IV. 欧盟加入日内瓦文本

763   欧盟加入日内瓦文本于 2008 年 1 月 1 日生效。❸ 为了实现欧盟的加入，《共同体外观设计条例》（GGV）补充了名为"外观设计国际注册"的第 11a 章，其具有 GGV 的第 106a ~ 106f 条，❹ 此外，还针对相关的实施细则（GGDV）和收费细则（GGGebV）进行了修改。❺

764   只要 GGV 新的第 11 章没有另行规定，则根据 GGV 第 106a（1）条，《共同体外观设计条例》及相关条例也适用于根据日内瓦文本共同体在国际局注册的指定欧盟的外观设计。在此根据 GGV 第 106a（2）条，指定欧盟的国际注册的任何国际注册记录具有与登记在 EUIPO 持有的共同体外观设计登记簿上同等的效力。同样，指定欧盟的国际注册的任何公布具有与在《共同体外观设计公报》上公布同等的效力。

765   GGV 第 106b 条解释，应向国际局提交国际申请。

766   根据 GGV 第 106c 条，以单独指定费取代规定指定费，单独指定费目前为每件外观设计申请 62 欧元。❻

767   应注意的是，根据 GGV 第 106d（1）条，指定欧盟的国际注册自注册日起具有与共同体外观设计申请同等的效力。根据 GGV 第 106d（2）条，如果欧盟知识产权局（EUIPO）未发出驳回通知或者撤销驳回，则注册的保护权的效力溯及至国际注册日。根据 HMA – 1999 第 14（2）条以及 HMA – AO 细则第 18（1）条规定，驳回通知必须在国际注册记录公布后 6 个月的期限内发出，由此国际注册的外观设计的欧洲部分在其法律效力方面在确定是否剥夺保

---

❶ 参见：http：//www. wipo. int/export/sites/www/hague/en/declarations/pdf/declarations. pdf。

❷ 参见：http：//www. wipo. int/export/sites/www/hague/en/declarations/pdf/declarations. pdf。

❸ 2007 年 9 月 27 日的 EUIPO 官方通知，参见：http：//oami. europa. eu/de/hagueagreement. htm。

❹ 关于 GGV 的修改参见：Verordnung（EG）Nr. 1891/2006 v. 18. 12. 200（Amtsblatt L 386/14 v. 29. 12. 2006）。

❺ 关于 GGDV 或 GGGebV 的修改参见：Verordnung（EG）Nr. 876/2007 bzw. Nr. 877/2007 vom 24. 7. 2007，Amtsblatt L 193/13 bzw. 193/16 vom 25. 7. 2007。

❻ 参见：Verordnung（EG）Nr. 877/2007 vom 24. 7. 2007，bzw. Ziff 1a Anhang GGGebV。

护之前都是悬而未定的。❶

关于驳回，GGV 第 106e 条规定，仅当外观设计不是 GGV 第 3a 条规定的外观设计或者外观设计违反公共政策或公认道德准则时，才发出驳回通知。在被欧盟知识产权局驳回之前，根据听证原则，应给外观设计权利人针对驳回通知而陈述意见的机会。根据 GGDV 第 11a（5）条，可针对驳回进行申诉。

768

指定欧盟的国际注册的效力可以通过根据 GGV 第 52 条提起无效宣告或者基于根据 GGV 第 84 条在侵权行为中的反诉来全部或部分地宣告无效。如果欧盟知识产权局知悉该无效宣告，则其应根据 GGV 第 106f（2）条或 HMA -AO❷ 细则 20 通知国际局。

769

由于日内瓦文本包括紧邻欧盟的一系列国家：阿尔巴尼亚、冰岛、克罗地亚、列支敦士登、马其顿、摩尔多瓦、瑞士、土耳其和乌克兰，因此日内瓦文本的共同体外观设计申请也非常有吸引力，这是由于通过日内瓦文本可于在欧盟边界上扩展的相对大的连续区域内提供外观设计保护。

770

V. 德国加入日内瓦文本

为了让德国在 2010 年 2 月 13 日加入日内瓦文本，颁布了两部法律，即《日内瓦法案》和《外观设计修订法》。

771

1.《日内瓦法案》

于 2009 年 8 月 4 日生效的 HMA❸《日内瓦法案》为外观设计海牙协定的日内瓦法案的批准创造了条件。

772

该法案共包括 3 条。第 1 条规定：德国同意日内瓦文本。

773

第 2 条规定：大会对实施细则的修改决议将在《联邦法律公报》中公布。这是有必要的，因为大会没有自己的出版机构并且对实施细则的修订也在德国直接生效。实施细则的最新文本可在附件 9 中找到。❹

774

---

❶ 为此也参见：Zur Wirkung international eingetragener Muster und Zur Nichtigkeit/Löeschungseinwilligung bei deutschen Geschmacksmuster，Mitt. 2007，59，60。

❷ 参见附件 9。

❸ Gesetz zu der Genfer Fassung vom 2. 7. 1999（Genfer Akte）des Haager Abkommens vom 6. 11. 1925 über die internationale Eintragung gewerblicher Muster und Modelle vom 29. 7. 2009（BGBl. II. Nr. 26，S. 837 vom 3. 8. 2009）。

❹ BGBl 2016 Teil II，Nr. 2，S. 71。

775 根据日内瓦文本第 28 条第 3 款编号（b），《日内瓦法案》在批准书交存给 WIPO 之日起 3 个月后对德国生效。根据第 3 条第 2 款，生效日在《联邦法律公报》上公布。

776 对于外观设计海牙协定的用户非常有益的是，依照《日内瓦法案》，日内瓦文本和整个实施细则以 3 种语言（英文、法文和德文）在《联邦法律公报》中公布。❶ 附件 8 提供了外观设计海牙协定的日内瓦文本的最新官方译文。❷

2. 《外观设计修订法》

777 通过《外观设计修订法》，❸ 现有的《德国外观设计法》（现为 Designgesetz）新增了第 13 节 "根据海牙协定的工业品外观设计保护"，其包括 DesignG 第 66～71 条。原先的 DesignG 第 66～67 条被重新命名为 DesignG 第 72～73 条。

778 通过新的第 13 节，首次在《德国外观设计法》中包含了关于根据外观设计海牙协定的国际注册的规定，该规定一方面依据 MarkenG 第 107～115 条，另一方面依据 GGV 第 106a～106f 条。由此排除了规定中的漏洞，这使得国际申请的程序和国际申请在德国的效力规范化。

779 DesignG 第 66 条解释，《德国外观设计法》，尤其是新的第 13 节适用根据伦敦文本、海牙文本和日内瓦文本的注册或注册记录，其中，《海牙协定》及其文本优先。

780 根据 DesignG 第 67 条，当前的国际申请可以提交到德国专利商标局，这在《外观设计修订法》生效之前是不可能的。根据 DesignG 第 68 条，申请将由德国专利商标局转交到 WIPO 的国际局。

781 DesignG 第 69 条提出了审查国际注册的根据 DesignG 第 18 条的不予注册理由的法律基础，即申请的客体是否为 DesignG 第 1 条第 1 款规定的外观设计以及注册的客体是否违反公共政策或公认道德准则的外观设计（DesignG 第 3 条第 1 款第 3 项）。此外还审查，申请是否不当使用了《巴黎公约》第 6 条规定的符号或者包含公共利益的其他徽章、徽记和纹章（DesignG 第 3 条第 1 款第 4 项）。

782 如果发现此类不予注册的理由，则德国专利商标局应根据 DesignG 第 69

---

❶ BGBl 2009 Teil II, 838，参见：www. bgbl. de。

❷ BGBl 2016 Teil II, Nr. 2, S. 59。

❸ Erstes Gesetz zur Änderung des Geschmacksmustergesetzes vom 29. 7. 2009（BGBl. I 2009, S. 2446 vom 4. 8. 2009）。

条第 2 款宣布拒绝保护。在确认拒绝保护的法律效力之前，根据 DesignG 第 69 条第 3 款，申请人可在 4 个月的期限内针对保护被拒绝而陈述意见。

DesignG 第 70 条对事后剥夺保护进行了规定，其中，对于德国，以要求确认无效（unwirksamkeit）的起诉取代要求确认有效（nichtigkeit）的起诉，以要求同意保护撤回的起诉取代同意注销的起诉（DesignG 第 9 条第 1 款和第 34 条）。在依法确认无效的情况下，法院根据 DesignG 第 52b 条第 4 款第 2 句向德国专利商标局送交最终判决书。在此，根据 HMA – DVO❶ 细则 20 第 1 款，德国专利商标局有义务通知国际局。国际局则根据 HMA – DVO 细则 20 第 2 款将无效宣告记入国际登记簿中。因此，第三人可以得到关于国内无效宣告/保护撤回的信息。 783

此前，国际注册的效力直接由 HMA 产生，而现在，新的 DesignG 第 71 条规定了国际注册的效力，其中，国际注册自注册之日起与在当日作为外观设计向德国专利商标局申请并且记入其登记簿中的外观设计具有同等的效力。即在德国可通过国际注册得到全面保护。因此，根据《海牙协定》的三个文本的国际注册具有同等的效力，即从国际注册日起充分发挥保护效力。 784

然而，如果国际注册的保护被拒绝，即确认该保护对于德国地区无效（unwirksamkeit）或者该国际注册被撤销保护，则保护效力视为自始就未出现（参见 DesignG 第 71 条第 2 款）。因此，在所提及的情况中法律后果始终相同，由此也实现了统一处理。 785

此外，通过《外观设计修订法》修改了《专利费用法》。对于将共同体外观设计申请转交给 EUIPO 以及对于根据《海牙协定》由德国专利商标局转交外观设计，分别收取 25 欧元的费用。 786

VI. 日本、韩国和美国的特点

在日本、韩国和美国加入日内瓦文本后，根据外观设计海牙协定的外观设计申请越来越具有吸引力，其特点如下。 787

1. 多项申请/单一性的交存可能性

原则上，外观设计海牙协定提供了交存多项外观设计的多项申请的可能性（参见 HMA – AO 细则第 7 条第 3 款第 v 项）❷。然而，日本和美国适用日内瓦文本第 13 条第 1 款并且声明（declarations）：只允许对具有单一性的外观设计进行 788

---

❶❷ 参见附件。

申请（所申请的外观设计必须具有单一性）。在日本，日本特许厅会依职权将多项申请分成多件申请（因此，在日本，也要为每件单独的外观设计缴纳单独的指定费用）❶。而在美国，如果不符合单一性要求（只有一个独立和独特的外观设计，only one independent and distinct design），则申请人可以分成多件进行申请。

2. 请求

789　在指定美国的情况下，申请文件必须附有权利要求书。❷

3. 指定费

790　如同欧盟一样，日本、韩国和美国也规定单独指定费（参见《日内瓦法案》第 7 条第 2 款）。❸ 在美国，指定费用分两部分支付，其中，须在申请时支付第一部分，且须在收到授权通知书（notice of allowance）后支付第二部分。❹

4. 誓言/誓言保证

791　在提交指定美国的申请时，申请书必须附有所有设计人的誓言/誓言保证。❺

5. 信息披露声明

792　在指定美国的情况下，所谓的信息披露声明可直接随申请提交到 WIPO。❻

6. 需要外观设计的特定视图

793　在日本和韩国，强制要求外观设计的特定视图。❼ 在韩国，对于成套产品（set of articles）应提交所有产品的总体视图和所有单个产品的附加视图。对于字体，在韩国应提交字符的视图和典型字符的例句。❽ 在日本，对于立体外观

---

❶　参见：http：//www. wipo. int/hague/en/fees/individ – fee. html。

❷　参见：http：//www. wipo. int/export/sites/www/hague/en/declarations/pdf/declarations. pdf 和 http：//www. wipo. int/edocs/hagdocs/en/2015/hague_2015_2. pdf。

❸　参见：http：//www. wipo. int/export/sites/www/hague/en/declarations/pdf/declarations. pdf。

❹　参见：http：//www. wipo. int/edocs/hagdocs/en/2015/hague_2015_5. pdf。

❺　参见：http：//www. wipo. int/export/sites/www/hague/en/declarations/pdf/declarations. pdf 和 http：//www. wipo. int/edocs/hagdocs/en/2015/hague_2015_2. pdf。

❻　表格可以直接在 USPTO 上下载（参见：http：//www. uspto. gov/forms/aia_forms. jsp）。

❼　参见：http：//www. wipo. int/export/sites/www/hague/en/declarations/pdf/declarations. pdf。

❽　参见：http：//www. wipo. int/edocs/hagdocs/en/2014/hague_2014_1. pdf。

设计应提交根据正交投影的主视图、后视图、俯视图、仰视图、左视图和右视图。❶

但即使满足对视图的所有要求，缔约国的国家局仍然可能由于缺乏公开而 794
向 WIPO 提出拒绝保护［参见 HMA – AO 细则 9（4）］。❷

---

❶ 参见：http：//www. wipo. int/edocs/hagdocs/en/2015/hague_2015_3. pdf。

❷ 参见附件。

M

美国外观设计专利

Kelly K. Burris, John R. Wright[●]

I. 简　　介

795　　根据美国专利法（35U. S. C），美国外观设计专利可对任何制造类物品的新的、原创的和装饰性的外观设计提供保护。与其他类型的美国专利一样，美国外观设计专利提供了涉及外观设计专利的制造、使用和销售行为的排他性权利。外观设计专利不等于对使用该外观设计的许可，而获得专利的授权也不保证发明人或受让人有权使用该外观设计。

796　　在 2015 年 5 月 13 日当日或之后提出申请的美国外观设计专利，具有自授权之日起 15 年的保护期限。要求外国外观设计专利/申请的优先权的美国外观设计专利申请，必须在该外国外观设计专利/申请的申请日起 6 个月内提交。另外，为了符合美国实务要求，申请人需要对附图进行某些额外的修改，这将在下面详细阐述。

797　　一般而言，美国外观设计专利的准备和递交相对便宜，授权非常快速（通常在 1 年内），且不需要维持费。如果发现有侵权，外观设计专利可提供额外的救济措施，因为侵权人的利润可由专利所有人来收取，而这是美国实用专利（utility patents）所不具有的救济措施；并且，与实用专利申请不同，外观设计专利申请在授权之前不会公布。

● *Patent Attorneys, BURRIS LAW, PLLC, Detroit/Michigan（USA）, www.burrisiplaw.com.*

II. 可获得保护的外观设计

制造类物品的"外观设计"可以有多种形式。通常，这些形式包括：形 798
状、色彩、表面装饰或其组合。

关于图形用户界面的特别说明，如下所述。 799

外观设计的专利保护还延伸至图形用户界面或"GUI"（其发音对应于 800
"gooey"的发音），指的是可视显示屏的一部分，其可由人们进行操纵来控制
计算机。GUI 允许用户"敲击"（tap）和"点击"（click），以使计算机执行
某些任务，而不是使用代码来输入命令。显示屏或图标本身不是 GUI。显示屏
构成 GUI 或图标的那一部分必须体现在计算机屏幕上。这个规定来自于开创
性的 GUI 案件❶，在这个案件中，申请人首先提交了由 GUI 本身构成的视图，
后来又对该外观设计申请进行补充，其使用的 GUI 视图包围在计算机绘制的
虚线中。专利审判和上诉委员会（PTAB）认为：补充的内容是不允许的。但
是，PTAB 也指出：如果修改后的视图在原始申请中一起递交，那么该 GUI 将
具有外观设计专利保护的资格，因为它已经被"体现"在计算机中。

在被查看时外观会发生变化的 GUI 也可获得保护。申请人必须连同两张 801
或多张视图一起来提交说明，以描述当按顺序查看时这两张或多张视图会显示
GUI 的外观如何变化。使用外观设计专利而非商标注册来保护 GUI 或图标的优
势在于，GUI 或图标不必总是起到来源识别的功能，因此可以不符合商标的规
定。相对于版权注册而言，对 GUI 或图标进行外观设计专利保护的优势在于，
外观设计专利没有独创性（creativity）的门槛要求。

以下示出了相关例子。 802

例 1.1：形状，可穿戴装置，D766752（苹果公司）（见图 M-1） 803

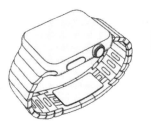

图 M-1　可穿戴装置

---

❶ *Ex Parte Strijland*, 26 *U. S. P. Q.* 2d 1259（*USPTO* 1992）.

804　　　　例1.2：形状，可附接至折叠纸飞机的电源单元，D756466（见图 M-2）

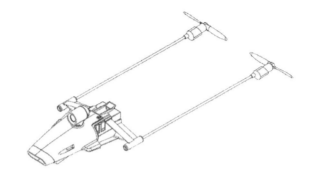

图 M-2　电源单元

805　　　　如果外观设计包含某些色彩或表面装饰，则必须在说明中进行相应的描述。

806　　　　例2：色彩，小儿彩色视力检查表，D741493（见图 M-3）

图 M-3　彩色视力检查表

相应的描述可以是："显示的设计具有以下的色彩，其对应于以下指出的 807
潘通（Pantone）色卡中的色彩范围……"

例3.1：彩色界面，具有带蓝色指示条的图形用户界面的显示屏， 808
D684179（微软公司）（见图 M-4）

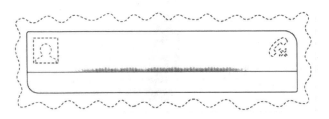

图 M-4 图形用户界面的显示屏

相关的描述可以是，"所述附图是显示所述新外观设计的、带有图形用户 809
界面的显示屏的主视图，该图形用户界面具有蓝色指示条"。

根据美国专利绘图规则，也可以通过使用某些阴影图案来表示色彩。 810

例3.2：彩色阴影，剃须刀手柄，D736466（吉列公司）（见图 M-5） 811

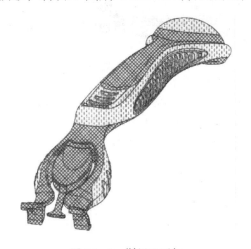

图 M-5 剃须刀手柄

相关描述："竖直的点画线阴影线代表紫色，交叉的阴影线代表橙色。" 812

例4.1：表面装饰，带有施加表面装饰的修剪器，D770682（Medline 公司） 813
（见图 M-6）

图 M – 6　修剪器

例 4.2：表面图案，具有施加表面图案的飞机，D765010（见图 M – 7）

图 M – 7　飞机

814　　　如以下例子中所述，如果在说明书中描述了不同的表现形式，则外观设计专利还可以保护外观设计的多种变化形式。

815　　　例 5：变化形式，空气净化器，D732649（Coway 公司）（见图 M – 8）

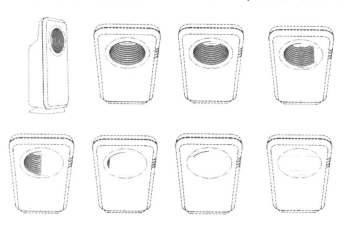

图 M – 8　空气净化器

由计算机生成的图标的外观设计是可获得外观设计专利保护的法定主题。　816

例6：图标，带有图标的显示屏或其一部分，D745054（John Deere）（见　817
图 M－9）

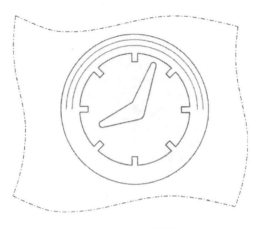

图 M－9　显示屏

最后，根据美国专利法，并不要求外观设计具有艺术性或看起来是赏心悦　818
目的。

例7：眼镜用的新奇胡子形设计，D729308（见图 M－10）　819

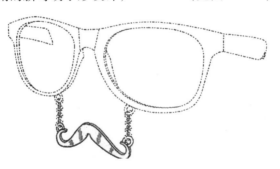

图 M－10　眼镜用的新奇胡子形设计

Ⅲ. 不受保护的外观设计

要想获得专利保护，外观设计必须主要是装饰性的（primarily ornamental）。　820
如果外观设计的整体外形是由性能决定的，那么该外观设计就是功能性的，并
且不能得到保护。然而，正如法院最近指出的，很重要的是要区分物品的功能
性和设计的功能性。是否存在可选或替代的设计，是确定一项外观设计是否为

功能性设计的关键性问题；当可选的设计不能"同样好地"（equally well）发挥作用时，这只是被视为优选或偏好的问题，而不是功能性的问题❶。

821　　例8.1：功能性，Ethicon v. Covidien 案，带 U 形致动器的手术器械（见图 M－11）

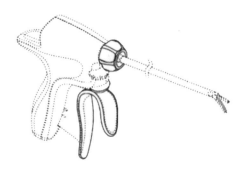

图 M－11　带 U 形致动器的手术器械

822　　外观设计专利还必须是非显而易见的（non－obvious）。例如，在针对某一外观设计专利的首次多方复审决定（first ever inter partes review）的上诉程序中，联邦巡回法院确认了专利审判和上诉委员会的观点：如果一项外观设计是显而易见的，则因此也不具有专利性❷。

823　　例8.2：显而易见的外观设计，来自 Munchkin v. Luv N' Care 案，D617465（见图 M－12）

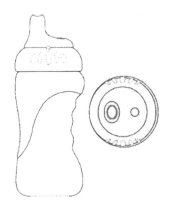

图 M－12　显而易见的外观设计

---

❶　*Ethicon Endo－Surgery，Inc. v. Covidien，Inc.*，796 F.3d 1312，1331（Fed. Cir. 2015）.
❷　*Luv N' Care，Ltd. v. Munchkin，Inc.*，No. 14－1653（Fed. Cir. 2015）cert. denied 577 U. S.（U. S. Nov. 2，2015）（No. 15－242）.

　　在确定一项外观设计主要是功能性还是装饰性时，应当从整体上观察所要 824
求保护的外观设计。在确定所要求保护的外观设计是否由物品的实用目的决定
时，问题不在于每个单独特征的功能性或装饰性方面，而在于物品的整体性外
形。在下面提供的例子中，法院着眼于"整体设计，……将功能性元素考虑
在内，就其对外观设计的整体装饰性做出的贡献，来对要求保护的外观设计做
出适当的解释；同时，法院认识到，如果外观设计具有很多的功能性特征和很
少的装饰元素，则要求保护的外观设计的保护范围将会很窄"❶。

　　例 8.3：功能性，个人漂浮装置，D623714（科尔曼）（见图 M - 13） 825

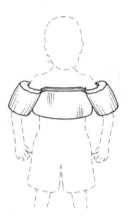

图 M - 13　个人漂浮装置

　　如果外观设计申请涉及冒犯任何种族、宗教、性别、族裔群体或国籍的主 826
题，例如包含讽刺漫画或绘画的主题，均无权获得保护。

　　最后，如果物品模拟众所周知或自然发生的人或物，那么其对应的外观设 827
计属于非法定（nonstatutory）的授权客体，因为所述外观设计缺乏原创性。涉
及自然产生的外观设计的案件很少出现，但是法院在下面的例子中认定：被控
侵权产品即立体逼真的火鸡诱饵，并没有侵犯由火鸡羽毛构成的用作狩猎诱饵
的平面扇子的两件外观设计专利，但是法院并未回答动物天然部分作为外观设
计专利是否有效这一问题❷。

　　例 8.4：自然物，火鸡羽毛及头部的扇子诱饵，D560745（见图 M - 14） 828

---

❶　*Sport Dimension*，*Inc. v. The Coleman Co.*，*Inc.*，820 *F.* 3d 1316，1323（*Fed. Cir.* 2016）.

❷　*Hunter's Edge*，*LLC v. Primos*，*Inc.*，1：14 - CV - 00249 - MHT - WC，*the United States District
Court*，*for the Middle District of Alabama*，*Southern Division.*

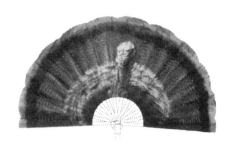

图 M – 14　火鸡羽毛及头部的扇子诱饵

829　　　例 8.5：自然物，火鸡羽毛扇子诱饵，D560756（见图 M – 15）

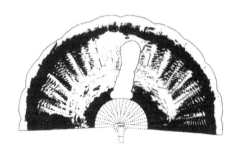

图 M – 15　火鸡羽毛扇子诱饵

Ⅳ. 申请条件和申请策略

830　　　在美国有两种可接受的类型，来表达外观设计申请的视图。通常情况下，需要递交黑白视图，而在极少数情况下，彩色视图也是可以接受的。如果彩色视图是为寻求保护的主题的唯一可行的表达媒介，则彩色视图是可以接受的。彩色视图必须具有足够的质量水平，以使得印刷后的专利证书中的视图的全部细节能够以黑白两种颜色进行区分。外观设计专利申请中通常不允许使用黑白和彩色照片以及照片的复印件。美国专利商标局（USPTO）接受在外观设计专利申请中使用照片，但是照片必须是为显示外观设计装饰效果的唯一可行媒介。

831　　　绘制视图必须足够详细地显示外观设计，以使得本领域的任何人员能够制造和使用该要求保护的外观设计。如果外观设计的任何细节是含糊不清或者存疑的，则美国专利商标局的审查员可能会驳回该申请。通常使用表面阴影，以防止此类驳回的发生。申请人应当注意，表面阴影必须包含在原始申请文件中，并且通常不允许通过修改的方式来添加，因为这可能会引入新的主题内容。

此外，"声明"中必须具有以下特定语句："所示和所述的用于（外观设 832
计申请的标题的）装饰性设计。"允许使用其他的书面描述来阐明设计特征，
但是任何试图增加在视图中未见特征的书面描述将不会增加到所要求保护的权
利范围中❶。

为了扩大美国外观设计专利的保护范围，可使用虚线来表示外观设计的某 833
些部分。只有那些以实线表示的部分才构成了所要求的外观设计，换言之，每
一条实线都构成了一个限制。在申请文件中必须包含一个声明，如以下例子中
所提供的。

例9.1：点画线，鞋面，D722225（Nike公司）（见图M－16） 834

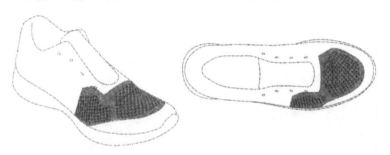

图 M－16 鞋面

书面描述："要求保护的是摄影区域。用于显示鞋子的剩余部分的虚线， 835
仅仅用作显示环境的目的，并不构成所要求保护的外观设计的一部分。"

例9.2：点画线，手表，D769146（Shinola）（见图M－17） 836

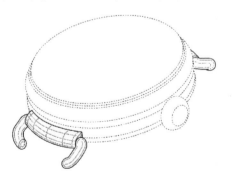

图 M－17 手表

---

❶ *Reddy v. Lowe's Companies*，*Inc.*，60 *F. Supp.* 3d 249，257（2014）.

837 　　上例中："视图中所示的虚线仅仅用于显示环境结构，并且不形成所要求保护的外观设计的一部分。"

838 　　另一种用来扩大保护范围的方法是使用长度不限定的线条。同样的，必须递交适当的书面描述，如下面的例子中所述。

839 　　例 10.1：虚线，断路器的开关手柄，D765045（Eaton）（见图 M－18）

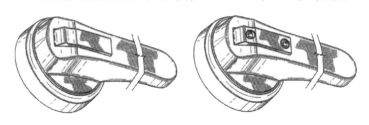

图 M－18　断路器的开关手柄

840 　　如以下例子所示，可以同时使用虚线和长度不确定的线条来扩大保护的范围。

841 　　例 10.2：虚线，车辆用的表面安装灯，D770069（见图 M－19）

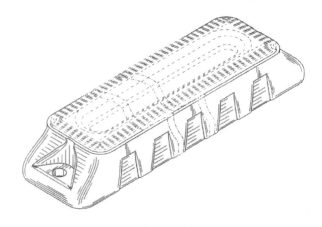

图 M－19　车辆用的表面安装灯

842 　　扩大外观设计专利的保护范围的另一种方式是递交多件外观设计申请，其中每件外观设计申请要求保护整体外观的不同部分或要求保护整体产品线的一般性设计。如以下的例子所示，福特汽车公司通过提交多件外观设计申请成功地对 2016 款福特探索者（2016 Ford Explorer）的前上部格栅提供了保护。

843 　　例 11.1：多件外观设计申请，车辆前上部格栅，D753555（福特汽车公司）（见图 M－20）

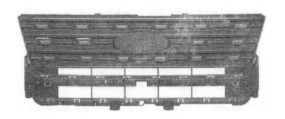

图 M-20 车辆前上部格栅（一）

例11.2：多件外观设计申请，车辆前上部格栅，D754039（福特汽车公司） 844
（见图 M-21）

图 M-21 车辆前上部格栅（二）

例11.3：多件外观设计申请，车辆前上部格栅，D754038（福特汽车公司） 845
（见图 M-22）

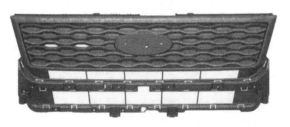

图 M-22 车辆前上部格栅（三）

还有一些申请人在一件外观设计申请中递交多项实施例，以降低总体成 846
本。但是，由于各种原因，通常并不建议采用这一策略。首先，各个实施例可
能会混淆外观设计专利的保护范围，并且有可能损害外观设计专利的有效性。
美国专利法规定，"说明书应当概括出一个或多个要求保护的外观设计，其特
别地指出且明确地声明被申请人视为其发明的主题内容"。如果在一个外观设
计专利中存在多项实施例，则他人可辩称由于存在多项外观设计，因而其要求
保护的外观设计不清楚，并且不能够特别地指出和明确地声明要求保护的外观
设计。更重要的是，如果现有技术使任何一项实施例无效，则整个外观设计专

利也会被无效。以下是一个包含有多项实施例的外观设计专利的例子。

847　　例 12.1：多项实施例，存储容器密封件及存储容器之第一实施例，D750424（Dart）（见图 M－23）

图 M－23　第一实施例

848　　例 12.2：多项实施例，存储容器密封件及存储容器之第二实施例，D750424（Dart）（见图 M－24）

图 M－24　第二实施例

849　　例 12.3：多项实施例，存储容器密封件及存储容器之第三实施例，D750424（Dart）（见图 M－25）

图 M－25　第三实施例

例12.4：多项实施例，存储容器密封件及存储容器之第四实施例， 850
D750424（Dart）（见图 M - 26）

图 M - 26   第四实施例

申请人应该注意，联邦巡回法院在 2014 年曾指出：审批过程禁反言原则 851
（prosecution history estoppel）也适用于外观设计专利。在最近的一个案例❶中，
申请人请求对船用挡风玻璃的五种实施例提供外观设计专利保护。审查员经审
查发现：这五种不同的实施例分别是针对五种不同的外观设计，因此要求申请
人选择其一。申请人选择了其中一侧有四个孔的挡风玻璃，以及其中一个侧面
没有孔的挡风玻璃。被告制造了一种船用挡风玻璃，其侧面具有三个孔，并且
辩称：原告通过在申请中放弃了侧面具有两个孔或三个孔的设计，从而弃掉了
这些设计。法院撤销了有利于被告的简易判决（summary judgment），并且指令
进一步审理。

根据《海牙协定》的国际申请 852

国际申请人需注意的是，从 2015 年 5 月 13 日起，美国正式成为《工业品 853
外观设计国际注册海牙协定》（《海牙协定》）的缔约方。正如许多国际申请人
所周知的，《海牙协定》允许申请人以单一语言，向世界知识产权组织（WI-
PO）提交申请，或间接地向作为缔约方的某一国家的专利局提交申请。指定
美国的国际申请仍然需要满足与直接向 USPTO 提交相同的要求。值得注意的
是，《海牙协定》下的单件外观设计申请可以包含同一洛迦诺分类表（Locarno
classification）大类下的多达 100 项设计，但是 USPTO 只允许每件外观设计专

---

❶ *Pacific Coast Marine Windshields Ltd.*, *v. Malibu Boats*, *LLC*, 109 *U. S. P. Q.* 2d 1225, 739 *F. 3d*
694（*Fed. Cir.* 2014）.

利仅含有一项外观设计。指定美国的外观设计申请还必须包括声明、发明人的宣誓书或替代性声明。在指定美国时，申请人不得选择推迟公开，但可以选择立即公开。

854   指定美国时需要支付两部分费用：第一部分是在提出申请时缴纳，第二部分是在收到授权通知书后再缴纳。指定美国的国际申请人可以利用"小实体"（small entity）和"微实体"（micro entity）制度来降低费用。在第二部分费用缴纳之后，USPTO 将从授权之日起提供保护，并且从外观设计公布之日起就开始提供临时性保护。

855   在 2015 年 5 月 13 日当日或之后提交申请的美国外观设计专利具有 15 年的保护期限，这比先前的 14 年保护期限有所增加。在收到授权通知书之后的 5 年内不再需要缴纳续展费，但是授权保护的接收方可以要求续展（无须支付费用），以对国际注册进行管理。

V. 外观设计专利审查

856   在 USPTO 递交的外观设计专利申请中，外观设计专利授权需满足以下要求：装饰性、新颖性、非显而易见性、能够实现性和明确性。新颖性和非显而易见性基于物品的装饰性形状或构形、色彩、表面装饰或其组合来确定。

857   为了满足装饰性要求，外观设计必须主要是装饰性的。为判断这一点，需要整体观察所要求保护的外观设计。此外，还要审查每个特征整体上对外观设计做出的装饰性贡献。装饰性特征指的是"为装饰目的而创造"，而不能仅仅是副产物。

858   在确定外观设计是否主要是功能性设计时，必须考虑外观设计的具体要素的用途。此外，即便物品在最终使用期间被隐藏，但这并不能证明外观设计在本质上是功能性设计。

859   外观设计专利的新颖性和非显而易见性的判断与发明专利相同。通常，该外观设计必须是新的，没有被单篇现有设计文献公开，并且要求保护的外观设计和现有设计之间的差异要足以使得该外观设计对于本领域普通设计人员而言不是显而易见的。

860   对于能够实现性的要求，外观设计必须"完整、清楚、简明、准确，以使本领域任何设计人员能够制造和使用所要求保护的外观设计"。通常，所要求保护的外观设计必须示出足够的细节，以使本领域设计人员能够制造和使用该外观设计。

861   对于"明确性"，所要求保护的外观设计必须清楚地阐明申请人认为是他/

她的设计的主题；换句话说，该装饰性设计能够被实施或应用到某种物品上。审查员应对此要求给予足够的自由度，并且在名称/要求保护的外观设计的范围错误性描述或描述不准确、不清楚时，仅需要修改该名称/要求保护的外观设计即可。

当对新颖性和非显而易见性进行检索时，USPTO 的审查员会检索相关的外观设计类别（参见 http：//www. uspto. gov/web/offices/opc/documents/class-combined. pdf）。此外，还要求审查员检索机械类别的、包含同一大类发明的发明专利。审查员还需要查询产品目录、行业杂志和手头的外国专利数据库。 862

VI. 外观设计专利侵权

美国外观设计专利的侵权判断标准，通常被称为"普通观察者"测试法。 863
该测试法由普通观察者或该产品购买者来观察被诉产品。如果普通观察者受到欺骗而购买了被诉产品，或被诱导购买了误认为是专利设计的产品，则该产品侵犯了外观设计专利权。用最高法院的话来说，"……如果在普通观察者的眼中，在给予购买方通常给予的注意之后，两件设计实质相同，如果相似之处使得这样的观察者受到欺骗，被诱导购买误认为是另一件设计的一件设计，则首先获得专利权的设计被另一件设计侵权"。被诉产品不需要与专利设计相同，只要足够接近以至于欺骗普通观察者。

重要的是要指出，将被诉对象与要求保护的外观设计的所有视图进行比 864
较。在下面的例子中❶，除了所要求保护的服务托盘的底部（在其中一幅图中用实线示出）不同之外，被诉对象与所要求保护的设计相同。结果，法院认定不侵权。如果服务托盘的底部使用了虚线，则在此情况下可能会认定侵权。法院指出，"必须将专利设计在所有视图中示出的装饰性特征与被诉侵权产品在正常使用期间随时可见的特征进行比较"。

最近重新讨论了这个问题❷。就这一点，法院驳回了原告提起的侵犯一次 865
性吸收性内衣外观设计专利权的起诉。法院将专利视图与被诉产品的照片和之前申请中与被诉产品"难以区分"的视图进行了比较。虽然被诉产品表面上看起来与要求保护的外观设计相近似，但被诉产品有内部筒式内衬。

而且，被诉对象与"如图所示和所描述"的要求保护的外观设计进行了 866

---

❶ *Contessa Food Products，Inc. v. Conagra，Inc.*，282 *F.* 3d 1370（*Fed. Cir.* 2002）*abrogated on other grounds in part by Egyptian Goddess，Inc. v. Swisa，Inc.*，543 *F.* 3d 665（*Fed. Cir.* 2008）（*en banc*）.

❷ *Anderson v. Kimberly – Clark Corp.*，570 *Fed. Appx.* 927（*Cir.* 2014）.

比较。在以下示例中，原告声称被告侵犯了其外观设计专利中鞋底上的迷彩图案。然而，地方法院认定这些设计显然是不相近似的，接受了被告驳回动议。法院指出，原告使用的虚线具体勾勒了女子高跟鞋，而被告在女子牛津鞋的鞋底上使用了迷彩图案。法院强调迷彩设计出现在不同风格的鞋子上，并指出实际的迷彩图案彼此不同❶。

867　　　例13.1：保持器（虾托盘）（见图 M－27）

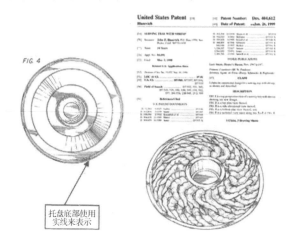

图 M－27　保持器

868　　　例13.2："如图所示和所描述"，具有装饰性鞋底的鞋，D740005（见图 M－28）

图 M－28　具有装饰性鞋底的鞋

❶ *Silverman，et al. v. Attilio Giusti Leombruni S. P. A.，et al.，No. 15－CV－2260（S. D. N. Y. Feb. 19，2016）.*

在使用普通观察者测试法时，应考虑现有设计状况。因此，专利设计和被 869
诉产品之间的差异应基于现有设计来观察，期望将假想普通观察者的注意力吸
引到与现有设计不同的专利设计方面。当专利设计接近现有设计时，被诉产品
和专利设计之间的细微差异将更加重要。此外，当使用现有设计进行比较时，
正如普通观察者所看到的，可以突出专利设计和被诉产品之间的区别。因此，
在判断外观设计专利侵权时，现有设计起着重要作用。

如果被诉侵权人选择依赖现有设计比较作为其不侵权抗辩的一部分，则该 870
现有设计的举证责任就落在被诉侵权人身上。但是，专利权人仍因优势证据标
准而承担证明侵权的最终举证责任。

在比较被诉产品和外观设计专利请求的保护之前，法院必须确定该保护的 871
含义和范围。外观设计专利通过参考示出设计的视图来保护设计。通常，当试
图表达这些视图时，法院通过提供对所要求保护设计的详细描述来解释外观设
计专利的保护。尽管该方法仍然可以接受，但联邦巡回法院在最近的一个案例
中警告说，不要以过多细节过分强调设计的某个特定特征。法院警告说，这样
做可能会妨碍将关注点放在设计的整体观察上。

联邦巡回法院审查了在外观设计案件中确定保护范围时法院应解决的几个 872
问题。一个问题是设计图纸的惯例，例如使用虚线显示可见的环境结构。这些
惯例有助于区分请求保护设计中的美学和功能元素，但有时被专利权人错误地
忽略。但只有美学元素适用于外观设计专利。另一个问题是在申请专利时专利
权人陈述的效果。当将要求保护的设计与现有设计进行对比时，专利权人经常
限制其设计或特定要素的保护范围。现有设计本身和被诉设计也需要适当地对
保护范围进行解释。地区法院可以自行决定外观设计专利视图的区别特征来解
决这些问题。然而，总体来说，不应要求外观设计案件中保护范围的解释达到
发明专利解释时通常使用的文字细节的程度。

VII. 损害赔偿

根据美国专利法，如果确认侵权，专利权人有权获得赔偿以弥补侵权损失 873
并获得法院确定的利息和诉讼费，但侵权损失在任何情况下都不得低于合理的
专利使用费。通常，专利权人会被赔偿利润损失而不是合理的专利使用费。此
外，如果侵权行为是故意的，法院可能会将损害赔偿额提高至已确认或已评估
数额的 3 倍。在"特殊情况"下，法院可能判定胜诉方获得合理的律师费。

对于外观设计专利，如果确认侵权，可以以侵权人利润的形式获得额外的 874
补偿。如前所述，这种补偿不适用于发明专利侵权。

875　　　最后，对专利权人因专利侵权而获得损害赔偿实行 6 年的时间限制。对于在提起诉讼或反诉之前超过 6 年的任何侵权行为，不得追偿。

VIII. 结　　论

876　　　总之，在聘请专业法律顾问的情况下，外观设计专利是一种相对花费不多但功能强大的知识产权。尽管外观设计专利不能像发明专利那样提供更宽的保护，但它们仍可以成为整体知识产权战略的组成部分，在各种商业交易中获取优势。

N

日本外观设计法

Michiko HIGUMA[1]

在日本，《日本外观设计法》[2] 直接保护工业制造的产品的外观设计。虽然在某些情况下，外观设计可以受到《日本商标法》《日本著作权法》或《日本反不正当竞争法》的间接保护，但是外观设计保护的最有效制度仍是基于《日本外观设计法》。下面将对《日本外观设计法》进行解读。   877

此外，自 2015 年 5 月 13 日起，可以基于《海牙协定》的日内瓦文本来提交指定日本的国际外观设计申请。指定日本的国际外观设计申请的独特之处也被包括在下面的讨论中。   878

I . 适于得到《日本外观设计法》保护的外观设计

1. 《日本外观设计法》中对外观设计的定义

《日本外观设计法》第 2 条（1）规定：本法所称"外观设计"，是指产品（包含产品的构成部分）能够引起视觉上美感的形状、图案或色彩，或者其结合。   879

因此，为了符合《日本外观设计法》中对外观设计的规定，外观设计必须属于"产品"（局部外观设计的情况除外，将在后文对局部外观设计进行讨论）。即形状、图案或色彩本身，或者图案和色彩的结合不属于外观设计。例   880

---

❶ Patent Attorney at TAIYO, NAKAJIMA & KATO, Tokyo (JAPAN), /www. taiyo‐nk. co. jp/.

❷ 对于英文版本的《日本外观设计法》，请参见：http: //www. japaneselawtranslation. go. jp/law/detail/？ ft = 1&re = O1&dn = 1&co = O1&ia = 03&x = O&y = O&ky = % E6% 84% 8F% E5% 8C% AO% E6% B3%95&page = 1.

如，单独的一种文本字体不属于《日本外观设计法》中的外观设计，这是由于其与产品无关。另外，虽然存在文本的字符可以被视为产品中图案的构成部分的情形，但是如果文本的唯一目的是传达信息，则其将不会被视为图案，因而不会被视为外观设计的元素。

881　　此外，由于第 2 条（1）规定了外观设计在引起"视觉上美感"方面的效果，因此，产品肉眼不可见的单个单元以及产品不能被看到的内部部分都不属于《日本外观设计法》中的外观设计，产品肉眼不可见的单个单元例如为粉末状物质的肉眼不可见的单个单元，产品不能被看到的内部部分例如为在不对钟表进行拆卸的情况下不能被看到的钟表的内部结构。

2. 适于取得外观设计注册的外观设计（注册要求）

882　　《日本外观设计法》第 3 条规定：为了取得外观设计注册，外观设计必须能够在工业上应用（即必须具有"工业实用性"），必须具有"新颖性"，并且必须不是"很容易创作出"的外观设计。

　　a）工业实用性

883　　"工业实用性"是指利用工业技术以复制的方式大量生产同一对象，但不需要为了满足此要求而在工业制造中实际应用的外观设计。

884　　因此，不能完全相同地批量生产的绘画或雕刻不被认为具有工业实用性，因而不能取得外观设计注册。另外，通过利用天然散石的形状制造的装饰物因每个单件各自具有不同的形状，故而它们不能完全相同地批量生产，因此也不能取得外观设计注册。

　　b）新颖性

885　　第 3 条（1）（ⅰ）和（ⅱ）规定：对于缺乏新颖性的外观设计，在任何条款下均不能取得外观设计注册。

886　　缺乏新颖性的外观设计是指在提出外观设计申请之前，在日本或其他地方已经为公众所知的外观设计。

887　　由于该法条规定了提出外观设计申请的优先条件，例如，如果一外观设计的外观设计申请是在下午提出的，而在同一日上午该外观设计已经成为公知的外观设计，则该外观设计申请的外观设计被认为缺乏新颖性。

888　　此外，除在日本国内公知的外观设计外，公知的外观设计还包括在日本以外为公众所知的外观设计。在诸如报纸和杂志的出版物中描述的外观设计，以及经由诸如因特网的电信线路公开的外观设计也被认为是公知的外观设计，因而不能取得外观设计注册。

此外，第 3 条（1）（ⅲ）规定：与公知的外观设计相似的外观设计不能 889
取得外观设计注册。下面将讨论外观设计的相似性。

c）不容易创作出的外观设计

第 3 条（2）规定：在提出外观设计的申请之前，本领域技术人员基于在 890
日本国内或以外已经为公众所知的外观设计而很容易创作出的外观设计，不能
取得外观设计注册。

"很容易创作出的外观设计"是指通过使用本领域技术人员熟知的方法用 891
另一外观设计替换公知外观设计的限定元素来构造出的外观设计。

另外，使用本领域技术人员熟知的方法简单地改变公知外观设计元素的位 892
置的外观设计也被认为是很容易创作出的外观设计。

此外，通过不同产品之间基于一般商业用途的转换而很容易创作出的外观 893
设计也被归入第 3 条（2）的类别。虽然玩具和摩托车显然不是相似的产品，
但是将摩托车的形状转换成玩具的形状是为了一般商业用途而进行的。因此，
由于玩具的外观设计很容易基于摩托车的外观设计而创作出，故而这种外观设
计不能取得外观设计注册。

3. 外观设计新颖性丧失的例外情况

第 4 条（1）和（2）对"外观设计新颖性丧失的例外情况"做出了规定。 894
这些条款明确在满足某些条件的情况下，根据第 3 条（1）（ⅰ）和（ⅱ）的
规定丧失新颖性的外观设计申请被视为未丧失新颖性，即可以被视为未落入第
3 条（1）（ⅰ）和（ⅱ）。例如，如果外观设计申请的外观设计与在提出该外
观设计申请之前即为公众所知的外观设计相同或相似，则该外观设计申请被以丧
失上述新颖性为由驳回。然而，由于为了市场调研、初始销售或者在展览会展出
等而提前提供商品是商业的重要组成部分，第 4 条（1）和（2）规定：丧失新
颖性的外观设计如果满足某些条件，则被视为未丧失第 3 条（1）（ⅰ）和（ⅱ）
规定的新颖性。下面对适于这种情况的具体条件进行解释。

（1）违背有权获得外观设计注册者的意愿而被公开的外观设计，以及由 895
于有权获得外观设计注册者所做出行为而被公开的外观设计。

违背有权获得外观设计注册者的意愿而被公开的外观设计是指，例如违 896
背外观设计保密而被公开的外观设计，或者由于敲诈等而被公开的外观
设计。

此外，由于有权获得外观设计注册者所做出行为而被公开的外观设计是 897
指，由于学术出版、商品进入展览会，或销售、一般展示或者列入产品目录而
被公开的外观设计。

898 （2）自外观设计被公开起 6 个月以内，提出外观设计申请。

899 在（1）中描述的两种情形下，外观设计申请必须在该外观设计被公开起 6 个月以内提出。

900 （3）欲使外观设计因申请人所做出行为而被公开的情形中的外观设计申请适用第 4 条的条款，必须在外观设计申请的同时，提交记载该外观设计被公开情况的书面声明。另外，必须自外观设计申请提出之日起 30 天内提交文件，证明该外观设计适用上述条件。但是，对于违背申请人的意愿而被公开的外观设计，不需要这些文件。

901 此外，有关指定日本的国际外观设计申请提交此类文件的讨论，请参考下文 "基于《工业品外观设计国际注册海牙协定日内瓦文本》的国际外观设计申请"。

4. 不能取得注册的外观设计

902 《日本外观设计法》第 5 条规定：即使满足所有其他注册要求，以下外观设计也不能取得外观设计注册。

a）有危害公共秩序或善良风俗之虞的外观设计

903 例如，该条款适用描绘国家元首的肖像、国旗，或皇室或王室纹章标志的外观设计。另外，破坏他人声誉的插图等，由于该条款也不能取得外观设计注册。

b）有与他人业务相关产品发生混淆之虞的外观设计

904 描绘他人驰名商标或者可能与知名标志发生混淆的标志的外观设计被视为有与他人业务相关产品发生混淆之虞。因此，该条款使此类外观设计不能取得外观设计注册。

c）由为确保产品的功能而不可或缺的形状组成的外观设计

905 由为了确保产品的技术功能而不可避免地确定的形状形成的外观设计，以及由根据为了确保产品的兼容性而标准化的规格确定的形状形成的外观设计不能取得外观设计注册。例如，由根据国际标准化组织 ISO 的国际标准确定的形状形成的外观设计不能取得外观设计注册。

5. 先申请原则

906 《日本外观设计法》第 9 条规定：对于相同或者相似的外观设计，在不同日期有两件或更多件的外观设计申请时，只有最先提出外观设计申请的申请人才可以就该外观设计获得外观设计注册。因此，当就相同或者相似的外观设计提出多件申请时，只有最先提出的申请能取得外观设计注册。

在同日就相同或者相似的外观设计有多件外观设计申请提出时，会给每件 907
外观设计申请的申请人发出驳回理由（审查意见）通知书和协商指令，随后
相应的申请人需要彼此协商以确定哪一申请人可以继续进行外观设计注册。相
应申请人之间的协商结果必须以结论通知书提交给特许厅。如果没有提交结论
通知书，则该协商被视为未达成，并且所有竞争方的外观设计申请均不能取得
外观设计注册。

由于这一条款也适用同一申请人就相同或相似的外观设计提出多件申请的 908
情况，当申请人就与其已提出的外观设计申请相同或相似的外观设计提出
（一件或多件）外观设计申请时，除首件外观设计申请以外的所有外观设计申
请通常都将根据此规定被驳回，或者在各个外观设计申请的申请日相同的情况
下收到协商指令。

然而，当相同或相似外观设计的多件申请的申请人为同一申请人时，可以 909
通过将除该首件外观设计申请以外的外观设计指定为"关联外观设计"来取
得外观设计注册，这将在下文进行讨论。

6. 一外观设计一申请

《日本外观设计法》第7条规定：外观设计注册申请，必须按照由经济产 910
业省令规定的产品的分类，就单项外观设计提出。因此，这一条款规定了每件
外观设计注册申请仅限于一项外观设计，因而一套申请文件通常只能包括一项
外观设计。

当申请被认为包括两项或更多项外观设计时，可以从申请中删除额外的外 911
观设计，以仅保留一项外观设计，并且可以根据需要通过就每项被删除的外观
设计提交一件分案申请来将被删除的外观设计在分开的申请中保持在审状态。
如果在这种情况下提交的分案申请导致各个外观设计被认为彼此相似，则可以
采用下文所讨论的"关联外观设计"途径。

外观设计申请可以包括多项外观设计的唯一情况是，当该外观设计申请是 912
就成套产品的外观设计提出的，这将在下文进行讨论。

此外，在申请文件中描述"外观设计所适用的产品"时，必须根据经济 913
产业省令规定的产品的分类或者根据与之等同的分类来描述产品。不允许通过
添加对产品的材料的描述（例如，木制椅子），或者使用不适于以日语表达的
外语词汇来描述产品。

此外，对于包括多项外观设计的指定日本的国际外观设计申请，适用特定 914
条款，如下文讨论的"基于《工业品外观设计国际注册海牙协定日内瓦文本》
的国际外观设计申请"。

Ⅱ. 外观设计相同性/相似性的评价

915 　　值得注意的是，对两项外观设计是否相似的评价不能与诸如注册要求或注册后外观设计权利的有效性的因素分开。下面对外观设计相同性或相似性的评价进行解释。

1. 外观设计的相同性

916 　　外观设计的相同性是指相同产品的相同构型。"相同产品"是指用途和功能与另一产品相同的产品。与另一产品用途相同但功能不同的产品是"相似产品"，而用途不同且功能不同的产品则是"不相似产品"。另外，"相同构型"是指形状、图案以及色彩与另一产品相同的外观设计，而仅形状或者仅图案相同的外观设计不被认为具有相同的构型。

2. 外观设计的相似性

917 　　虽然以前对于评价的准确标准存在各种意见，但为了明确评价外观设计是否相似的标准，2006 年的法律修正案规定："取得注册的外观设计是否与另一外观设计相同或相似，应基于这些外观设计给其消费者带来的视觉上的美感来确定。"此外，《外观设计审查基准》规定：评价相似性的参与者是作为与产品的交易和/或分销的实际情况有关的合适人员的"消费者"。

3. 评价外观设计相似性的方法

918 　　《外观设计审查基准》详细列举基于以下 a）～e）方面来进行外观设计相似性的评价，并进一步详细描述相应的评价方法。

919 　　a）明确被比较的两项外观设计的产品并进行相似性评价；
　　b）明确被比较的两项外观设计的构型；
　　c）明确构型的共性和差异；
　　d）单独评价构型的共性和差异；
　　e）将外观设计作为整体进行相似性评价。
　　上述评价方法的各个步骤的具体内容，如下所述：

920 　　a）明确被比较的两项外观设计的产品并进行相似性评价。

921 　　两项外观设计的产品的用途和功能是基于产品的预期用途和使用环境确定的，并且如果在各自产品的用途和功能方面存在相似性，则产品被确定为相似。如果在上述方面不存在共性，则外观设计不相似。

b）明确被比较的两项外观设计的构型，以及 c）明确构型的共性和差异。 922

对外观设计的构型的审查主要使用肉眼通过目视观察进行。也就是说，通 923
常通过仅在肉眼可以察觉的程度上明确外观设计的构型来进行相似性评估。

另外，外观设计的视觉审查是根据在观察与外观设计有关的产品时所通常 924
采用的方法来进行的。例如，在电视机外观设计的例子中，在其正常安装状态
下通常不会从下方或后方对其进行观察，而是优先对正面、侧面和顶面进行
审查。

根据上文的视觉评估方法来明确产品的总体构型和各部分的构型。明确被 925
比较的两项外观设计的产品的总体构型和各部分构型的共性和差异。

d）单独评价构型的共性和差异。 926

对各个共性和差异的构型进行以下评价：（ⅰ）明确当通过视觉观察比较 927
该构型时，某个部分是否引起注意，并评价引起注意的程度，以及（ⅱ）基
于与现有的外观设计注册的比较来评价受到注意的程度。

e）将外观设计作为整体进行相似性评价。 928

基于对两项外观设计的构型的共性和差异的单独评估，判断当将两项外观 929
设计的所有共性和差异作为整体综合地观察时，是否会给消费者（包括商人）
带来不同的美感。带来不同美感的外观设计被认为是不相似的外观设计，而没
有带来不同美感的外观设计被认为是相似的外观设计。

Ⅲ. 《日本外观设计法》的独特制度

以下内容涵盖了《日本外观设计法》独特的几个制度。在以下这些制度 930
中，"局部外观设计"和"关联外观设计"制度被非常频繁地使用。

1. 局部外观设计

由于《日本外观设计法》第 2 条（1）规定：本法所称"外观设计"，是 931
指产品（包含产品的构成部分）能够引起视觉上美感的形状、图案或色彩，
或者其结合……因此产品的构成部分的外观设计被认为是《日本外观设计法》
所规定的"局部外观设计"，并且能够取得外观设计注册。

然而，为了符合局部外观设计的规定，外观设计必须属于占据作为整体的 932
产品的固定部分（即产品的单个明确区域）的构成部分的构型。

因此，在外观设计注册的产品的构成部分仅为棱线或边缘线的情况下，由 933
于该外观设计不被认为是占据固定部分的构成部分，因而该外观设计不能取得
外观设计注册。

934　　　　另外，在局部外观设计的情况中，当包括产品的两个或更多个单独部分时，这违反了上述"一外观设计一申请"的规定，因而通常不能取得外观设计注册。但是，当认为产品的两个或更多个单独部分共享构型或功能的完整性时，相应部分可以被认为是单个外观设计。

935　　　　在提交局部外观设计的申请时，必须提交一套整个产品的构型的视图，包括期望进行外观设计注册的部分以及未被包括在该局部外观设计中的部分。此外，应该注意的是，对于成套产品的外观设计，不能获得局部外观设计注册，这将在下文进行讨论。

2. 关联外观设计

936　　　　在外观设计的开发过程中，通常会基于单个设计理念在大约同一时间创作出大量变型外观设计。另外，这些变型外观设计中的每个都可能具有值得保护的创作价值。对于这种情况，在某些条件下，可以通过将其中一个变型外观设计指定为"基本外观设计"，并将与该基本外观设计相似的每个其余变型指定为"关联外观设计"来使所有外观设计取得外观设计注册。

937　　　　为了使关联外观设计取得注册，必须满足以下条件：

938　　　　（ⅰ）关联外观设计的外观设计申请必须由基本外观设计申请的同一申请人提出；

　　　　（ⅱ）关联外观设计的外观设计申请必须是基本外观设计的相似外观设计；

　　　　（ⅲ）关联外观设计的外观设计申请必须在基本外观设计的外观设计申请的提交日之后并且在基本外观设计于外观设计公告上公布之前提出。

939　　　　另外，为了使关联外观设计取得注册，必须将"其基本申请的指示"以列出基本外观设计的申请号的方式包括在外观设计申请文件中；但是，这并不需要在提交时包括在内，也可以在提交申请后通过修改来加入。因此，即使在基于上述先申请规则发出协商指令的情形中，也可以通过修改相应申请来指定将其中一个设计作为基本外观设计并将其余设计作为关联外观设计而使协商指令下的所有外观设计适于取得外观设计注册。

3. 秘密外观设计

940　　　　当外观设计取得注册时，该外观设计会被公布在外观设计公告中，取得注册的外观设计被公开披露。但是，由于外观设计通常易于理解，因此易于被模仿或抄袭。另外，时尚性的问题与外观设计有关，并且当需要确保着眼于未来时尚的储备外观设计时，即使外观设计仅在将来使用，也有必要确保在先的权利。在这种情况下，为了协调外观设计的使用时机与注册的公布时间，采用了秘密外观设计制度，由此可以请求自注册之日起 3 年内对外观设计注册保密。

申请人可以请求秘密外观设计，秘密外观设计制度适用一般外观设计、局部外观设计、关联外观设计以及成套产品的外观设计（如下文所述）。秘密外观设计的请求可以在提交申请的同时提出，也可以在缴纳注册的第 1 年年费时提出。保密期限可以自由设定为在注册之日起 3 年内的任意时长，也可以从最初请求的期限缩短或延长保密期限（但不得超过注册之日起 3 年）。此外，即使在请求秘密外观设计的情况下，也会在外观设计公告上公布已取得注册的秘密外观设计权以及权利所有人的姓名和地址，申请号和注册号也将被公开，但不会公布实际显示外观设计细节的内容，例如附在申请文件中的图片或照片。 941

此外，秘密外观设计制度不适用指定日本的国际外观设计申请。 942

4. 成套产品的外观设计

如上文所讨论的，由于《日本外观设计法》规定一外观设计一申请，因而通常不能在一件申请中包括多件产品。然而，在商业中存在由两件或更多件产品构成的组实际上成套地销售并同时一起使用的情况。另外，有时可以通过将整组产品的外观设计集成为一件外观设计来获得创作价值。在这些情况下，如果满足某些条件，可以将具有两件或更多件产品的组注册为成套产品的外观设计，以取得外观设计注册。为了取得成套产品的外观设计注册，除了上述注册要求外，还必须满足以下两个条件。 943

（1）外观设计适用的产品必须是同时使用的且由经济产业省令规定的两件或更多件产品。因此，即使产品实际上同时使用，但根据经济产业省令不能被确认为成套产品的一组产品，也不能作为成套产品的外观设计取得外观设计注册。经济产业省的相关条令承认 56 种成套产品，例如，由两根或更多根高尔夫球杆组成的"成套的高尔夫球杆"，以及由调谐器、放大器和扬声器组成的"成套音频设备"。 944

（2）成套产品作为整体必须具有一致性。这种一致性意味着，例如，构成成套外观设计的所有产品的形状、图案或色彩在整体上具有一致性，或者当放在一起作为整体时，成套外观设计的各个产品形成一种形状或图案。 945

5. 具有活动部件的外观设计

形状或图案改变且改变状态不能简单地从外观设计的静止状态中得出的外观设计被称为"具有活动部件的外观设计"。这种类型的外观设计的示例包括当盖子打开时有玩偶从盒子跳出的玩偶匣，或具有仅在使用时伸出的闪光部件 946

的相机。在此类外观设计申请文件中，必须在外观设计说明中描述该外观设计是"具有活动部件的外观设计"，并解释该外观设计如何变化。

IV. 依《巴黎公约》主张优先权的申请

947　　基于在《巴黎公约》成员国提交的外观设计申请或共同体外观设计要求优先权的申请可以在日本提交。但是，应该注意的是，一外观设计一申请的规定仍适用于要求优先权的申请。因此，即使优先权所基于的外国申请包括多项外观设计，要求外国申请优先权的日本外观设计申请只可以包括一项外观设计。如果包括在多项外观设计的在先申请中的所有外观设计寻求在日本的外观设计注册，则每项外观设计必须以单独的申请提交。优先权期限为自第一国的申请日起 6 个月。

V. 外观设计申请的可选类型

1. 外观设计申请的分案

948　　外观设计注册的申请可以将包括两项或更多项外观设计的外观设计申请分案为一件或多件新的外观设计申请。例如，当在日本提交包括多项外观设计的申请要求优先权的外观设计申请时，如果日本申请将所有这些多项外观设计包括在一套申请文件中提交，则将收到基于"一外观设计一申请"规定的驳回理由通知书。但是，可以通过为每项外观设计提交分案申请来答复该通知书，以克服该驳回理由。另外，当以这种方式将外观设计申请分案时，新的外观设计申请将被视为在提交原始申请时提交。

2. 变更为外观设计申请

949　　申请发明或实用新型注册的申请人可以将其申请变更为外观设计申请。例如，在提交专利申请后，申请人认为通过外观设计注册获得保护权比通过发明获得保护权更可取，或者，尽管专利申请最终被驳回，但申请人确定在专利申请的附图中显示的外观设计值得外观设计保护，此时可以采用该制度。但是，只能针对显示在原始说明书或附图中的同一外观设计将申请变更为外观设计申请，因此，除非原始专利申请的说明书或附图中显示了具体的外观设计，否则不允许变更为外观设计申请。

3. 修改后外观设计的新申请

如果对外观设计申请的修改被驳回，可以就修改后的外观设计提交新的申请。对此，《日本外观设计法》第 17 - 3 条规定，外观设计注册申请人，在驳回修改的决定副本送达之日起 30 日以内，对其修改后的外观设计提出新的外观设计注册申请时，该外观设计注册申请视为在提交修改之时提出。当提出新的外观设计申请后，原外观设计申请视为已撤回。

VI. 申请和注册的程序

1. 申请流程

欲取得外观设计注册者，须向特许厅长官提出申请书，并附上申请注册的外观设计的附图。该申请书必须记载下列事项：

ⅰ）外观设计注册的申请人的姓名或名称以及住所或居所；

ⅱ）外观设计创作者的姓名以及住所或居所；

ⅲ）外观设计所适用的产品。

虽然需要提交外观设计的视图，但也可以提交期望注册的外观设计的照片、模型或样品来替代视图。实际上，需要包括至少主视图、后视图、左视图、右视图、俯视图和仰视图的一套视图。另外，除了在可选的参考图中外，在视图中不能包括未示出外观设计的基本构型的线条或符号，诸如代表阴影的阴影线或画影线。如果无法单独通过视图来准确地限定外观设计，则可以在申请文件的外观设计说明中提供详述外观设计构型所必要的进一步说明。

2. 审查

在收到外观设计申请后，首先就申请的形式要求（例如，申请是否以日文写成）进行审查。随后就注册的要求进行实质审查，如果审查员发现驳回该申请的理由，则向申请人发出驳回理由通知书（即审查意见通知书）。申请人可以通过书面答复的方式提出答复意见，有时可以通过修改申请来克服驳回理由。如果驳回理由未被克服，则发出最终驳回决定。此外，如果申请人急需迅速地取得权利，则可以请求加速审查。

另外，《日本外观设计法》没有规定请求审查的制度。因此，与审查专利申请不同，外观设计申请的审查开始时没有任何程序来请求审查。

950

951

952

953

954

955

3. 修改

956 可以在提交后对外观设计申请的申请文件和视图进行修改。然而，被认为改变外观设计使其超出在申请时的申请文件和所附视图中定义的外观设计的要点的修改，以及澄清了在申请时不清楚的外观设计的要点的修改，会因改变外观设计的要点而被拒绝。

957 作为对拒绝修改的回应，可以通过对审查员驳回/拒绝修改的决定提出上诉来对驳回提出抗辩或者如上文所述对修改的外观设计提出新的申请。

4. 注册

958 在发出授权决定后，外观设计注册在缴纳第 1 年年费后生效。

5. 公告

959 做出外观设计注册时，在外观设计公告上登载下列事项：

960 ⅰ）外观设计权人的姓名或者名称以及住所或者居所；

ⅱ）外观设计申请的编号以及日期；

ⅲ）注册编号及注册成立的日期；

ⅳ）申请书的内容及申请书附带的视图、照片、模型或者样品。

961 秘密外观设计在做出注册时也在外观设计公告上登载；然而，如上文所讨论的，在保密期限到期以前，申请书的内容以及申请书附带的视图、照片、模型或者样品不会被公布。

6. 不服审查员的驳回决定而提出的上诉

962 可以通过对审查员的驳回决定提出上诉从而对驳回决定进行抗辩。

Ⅶ. 基于《海牙协定》的日内瓦文本的国际外观设计申请

963 对于基于《海牙协定》的日内瓦文本并指定日本的国际外观设计申请，应注意以下几点。

964 （1）包括多项外观设计的国际外观设计申请不需要分案为具有单项外观设计的多件申请，即不考虑"一外观设计一申请"的规定。但是，由于审查是在单项外观设计的基础上进行的，因而外观设计权仅对于被授权的单项外观设计成立。

965 （2）当要求优先权时，原始优先权文件必须在国际公布的 3 个月内提交至日本特许厅。另外，优先权文件必须通过日本代理机构提交。

（3）上文中关于外观设计新颖性丧失的例外情况的文件必须在国际公布 966
的 30 日内提交至日本特许厅。此类文件也必须通过日本代理机构提交。

（4）指定日本的国际外观设计申请也需要显示请求保护的外观设计的 6 967
个方向的视图，即俯视图、仰视图、主视图、后视图、右视图以及左视图。如
果没有包括这 6 幅视图，则该申请将被驳回。此时，如果提交修改来补充缺失
的视图，该修改将很可能由于改变了外观设计的要点而被驳回。因此，当在国
际外观设计申请中指定日本时，自始即包括规定的 6 幅视图是非常重要的。

VIII. 注册的外观设计权

1. 外观设计权的期限

外观设计权的期限为自其注册成立之日起 20 年。但是，关联外观设计的 968
权利的期限为自基本外观设计的权利注册之日起 20 年。

2. 外观设计无效请求

当第三方希望对外观设计注册提出异议时，可以提出外观设计无效请求以 969
无效该外观设计。然而，违背"一外观设计一申请"规定或者不满足对成套
产品的外观设计或关联外观设计的要求的注册，虽然属于驳回理由，但并非无
效理由，因此，基于此类原因提出的外观设计无效请求不受支持。

IX. 外观设计权的效力

外观设计权的权利人具有对取得注册的外观设计及与之相似的外观设计进 970
行商业行为的专有权。由于外观设计权的权利人当然可以实施与取得注册的外
观设计相同或相似的外观设计，因此可以享有许可权和质押权。此外，可以排
除第三方对与取得注册的外观设计相同或相似的外观设计进行商业行为。

另外，由于关联外观设计权的效力与一般外观设计权的效力相同，因而可 971
以基于关联外观设计的权利行使权利。但是，应该注意的是，基本外观设计的
权利和与之关联的外观设计也可以彼此独立地转移给第三方。

另外，由于成套产品的外观设计权的效力基于整套的外观设计权，因而构 972
成该套产品的单件物品不存在单独的外观设计权。

X. 侵害外观设计权

973   由于外观设计权使外观设计权的权利人能够垄断且排他地实施与取得注册的外观设计相同或相似的外观设计，因此第三方对相同或相似的外观设计的任何使用都构成对外观设计权的侵害。此外，在贸易过程中对专门用于制造注册式外观设计或与其相似的外观设计已应用的产品所使用的物品进行制造、转让等或进口、提供转让等的任何行为均被视为侵害外观设计权或独占实施权。在这种情况下，外观设计权的权利人或独占许可的被许可人有权寻求禁令和/或要求赔偿损失。侵害外观设计权的侵权人也可能受到刑事处罚。

1. 禁令

974   外观设计权的权利人或独占许可的被许可人可以要求正在侵害或可能侵害外观设计权或独占实施权的个人中止或停止上述侵权行为。但是，在秘密外观设计的情形中，由于外观设计注册的内容尚未公开，因此外观设计权的权利人或独占许可的被许可人不得采取此类行动，直至其以文件形式向侵权人发出警告，该文件应表明在外观设计的注册进行公告时通常在外观设计公告中列出的所有项目（包括因保密期限而未公布的项目）并经特许厅长官认证。

2. 要求赔偿损失的权利

975   在针对一般侵权行为的损害赔偿要求中，权利人有责任确定侵权方的意图或过失，并证明损害额。但是，由于在外观设计侵权行为中通常很难证实上述任何一种情况，因此将这方面的全部责任分配给权利人将导致对外观设计权的保护不足。因此，《日本外观设计法》规定了"过失的推定"和"损害额的推定"，由此将证实责任转移给侵权人，并减轻了外观设计权利人在这方面的举证责任。

3. 刑罚

976   《日本外观设计法》中有关"侵害罪"的规定可能导致侵权人被判处罚金或监禁。此外，关于"两罚"规定的条款，如果公司的雇员侵害外观设计权利，除了对该雇员处以刑罚外，还会对该公司处以罚金。

O

中国外观设计专利

曾　立❶　张文达❷　贾庆忠❸

I. 概　　述

外观设计在中国可获得法律保护；根据《中国专利法》的规定，外观设计　977
专利权人可禁止他人未经许可进行制造、许诺销售、销售、进口等生产经营行
为。中国外观设计专利的客体是指可重复生产的产品的外观设计，而不是仅指外
观设计本身，因此中国外观设计申请的客体对应于可重复生产的产品。根据目前
的中国实践，除了《中国商标法》《中国著作权法》《中国反不正当竞争法》等
其他知识产权法之外，外观设计还可通过《中国专利法》获得有效的保护。

产品的外观设计要想获得保护，需要在中国国家知识产权局（"SIPO"，　978
现改名为"CNIPA"）进行申请和授权。同时，对于未经授权的外观设计，
《中国专利法》没有提供相关的保护条款。准备和递交一件外观设计申请的费
用，相对而言不算昂贵，并且在经过约 4 个多月的相对较短的审查程序之后，
申请人就有可能收到授权通知书。就目前而言，中国国家知识产权局不对外观
设计申请进行全面的实质审查。在实践中，对外观设计申请的审查主要包括：
是否属于授权客体，是否具有明显实质性缺陷，以及是否具有形式缺陷。此
外，在 2019 年 11 月之前，没有官方的程序来对授权外观设计专利的公布进行
延迟。❹

---

❶❷❸　专利代理师，永新知识产权，北京（中国），www.chinantd.com。

❹　根据中国国家知识产权局自 2019 年 11 月 1 日起新增的"延迟审查"制度，延迟审查的请求，
应当在提交外观设计申请的同时提出。延迟审查的期限，可以是自延迟审查请求批准生效之日起的 1
年、2 年或 3 年。

979　目前外观设计专利的保护期是从申请日起算的 10 年，同时在 10 年的保护期结束之后不能延展。可以预计的是，在对《中国专利法》进行第四次修改之后，外观设计专利的保护期将延长为 15 年。

Ⅱ. 实质性要求

1. 不能获得保护的外观设计

　　a）违反国家法律

980　例如，具有人民币图案的手绢不能获得外观设计专利保护，因为人民币是中国目前的法定货币，并且根据《中国人民银行法》的规定，禁止在广告、出版物和其他商品上非法使用人民币的图案。

　　b）违反社会道德

981　"社会公德"，是指中国的公众普遍认为是正当的、并被接受的伦理道德观念和行为准则。在中国，带有暴力、凶杀或者淫秽内容的外观设计，不能被授予专利权。

　　c）妨害公共利益

982　"妨害公共利益"，是指外观设计的实施或使用会给公众或社会造成危害，或者会使国家和社会的正常秩序受到影响。例如，由下图所示的灯的外观设计，因为未经授权地使用 2010 年上海世博会的吉祥物，所以不能获得外观设计专利保护（见图 O‑1）。

图 O‑1　带有未经授权的世博会吉祥物的灯（不能获得保护）

　　d）主要用作标识物的平面印刷品的外观设计

983　"主要用作标识物"，指该外观设计的主要目的是供社会公众来识别产品的设计、服务来源等。

984　主要由商标、标识物、产品名称、厂家信息或产品说明等构成的平面印刷品，不能获得外观设计专利保护。然而，商务卡片、公共标识板、包装袋、壁纸、纺织物等，其主要目的不是用作标识物，因此可以获得外观设计专利的保

护。以下分别是可以获得和不能获得外观设计专利保护的平面印刷品的示例
（见图 O – 2）。

　　　标贴（不能获得专利保护）　　　　　　瓶贴（可获得专利保护）

图 O – 2　平面印刷品

　　e）设计要素（如形状、图案和色彩）不确定的产品外观设计

　　例如，由下图所示的沙画不能获得外观设计专利保护，因为沙画中的沙子　985
不具有确定的形状或图案（见图 O – 3）。

图 O – 3　沙画（不能获得专利保护）

　　f）不能单独销售或使用的组件产品的构件

　　组件产品的不能单独销售和/或使用的构件，不能获得外观设计专利保护。　986
例如，由下图所示的搭接玩具的构件，不能单独销售和使用，所以不能获得外
观设计专利保护（见图 O – 4）。

图 O – 4　搭接玩具的单个构件（不能获得专利保护）

g）仅有简单几何形状或图案的外观设计

987　　这种类型的外观设计主要是由自然物的原有形状、图案或色彩构成的，例如下图所示的糖方块（见图 O‑5）。

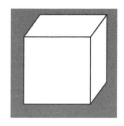

图 O‑5　糖方块（不能获得专利保护）

h）完全属于艺术、雕塑、摄影等领域的工艺品

988　　下图所示的装饰绘画作品，可由著作权法进行保护，而不可由专利法进行保护（见图 O‑6）。

图 O‑6　装饰绘画作品（不能获得专利保护）

i）图形用户界面（简称"GUI"）本身

989　　从 2014 年 5 月 1 日开始，GUI 产品的外观设计在中国可获得外观设计专利保护。然而，GUI 本身并不是可以获得外观设计专利授权的客体。相反地，只有 GUI 产品的外观设计，即对应于带有 GUI 的产品或产品的 GUI，才能获得外观设计专利保护（见图 O‑7）。

图 O‑7　单纯 GUI（不能获得专利保护）

j）常规产品的、与人机交互无关的 GUI 设计

并不是所有常规产品的 GUI 外观设计都能获得专利保护。诸如游戏界面、　990
电子屏幕壁纸、开关机界面和与人机交互无关的网页图文排版，目前不能得到
外观设计专利保护，因为这些 GUI 外观设计通常与人机交互无关（见图 O - 8）。

图 O - 8　计算机的网页图文混排 GUI（不能获得专利保护）

根据《中国专利法》（2008 年）的规定，产品的不能分割的或者不能单　991
独销售和/或使用的局部，例如轮胎的表面图案，不能获得外观设计专利的保
护。部分的或局部的外观设计将来能否获得保护仍然是未知的。

2. 新颖性

《中国专利法》第 23 条第 1 款规定，授予专利权的外观设计，应当不属于　992
现有设计；也没有任何单位或者个人就同样的外观设计在申请日以前向国务院
专利行政部门提出过申请，并记载在申请日以后公告的专利文件中（即抵触
申请）。因此，外观设计专利可能会因为现有设计或抵触申请的存在而被无效。

如果一般消费者在将被比设计与现有设计进行整体观察之后发现，二者的　993
差别仅在于以下内容，则可以认为被比设计与现有设计两者实质相同（见表
O - 1）。

－　细微的区别，所述细微的区别在施加一般注意力的情况下不会被注意　994
到，例如百叶窗的板片的数量变化；

－　产品在使用时不能或者不容易看到的部分，除非有证据证明这些部分
对于一般消费者而言具有显著的视觉效果；

－　产品的一个部分或者一个方面在整体上由同类产品的惯常设计的对应
部分或方面来替换；

－　以常规的布置方式，对现有设计中可以找到的元素进行重复布置，或

者改变单元的数量，例如电影院中的椅子数量或排的数量发生改变，或者进行镜像对称布置。

表 O-1　新颖性示例

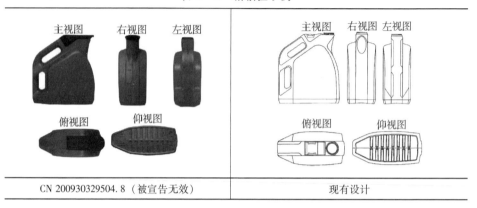

主视图　右视图　左视图	主视图　右视图　左视图
俯视图　仰视图	俯视图　仰视图
CN 200930329504.8（被宣告无效）	现有设计

995　　　在上述外观设计专利 '504.8 的无效宣告案中，外观设计专利产品的主体、手柄以及出口的整体形状、图案和位置，都与上述现有设计的对应部分大致相同，以至于外观设计专利 '504.8 的整体外观与所述现有设计看起来大致相同。尽管两者之间有一些细微的区别，但是这些区别都是比较细微的，以至于它们往往被一般消费者所忽视。因此，上述外观设计专利 '504.8 被认定为与现有设计实质相同，进而最终被宣告无效❶。

3. 不丧失新颖性的公开的情形

　　　a）在中国政府主办或者承认的国际展览会上首次展出

996　　　中国政府承认的国际展览会，是指根据国际展会公约在国际展览局进行注册或由其认可的展览会。

　　　b）在规定的学术会议或者技术会议上首次发表的

997　　　规定的学术会议或者技术会议，是指国务院有关主管部门或者全国性学术团体组织召开的学术会议或者技术会议。在除此之外的其他学术会议或者技术会议上的发表或公开，都会导致新颖性的丧失，除非这些会议本身有保密约定。

　　　c）他人未经申请人同意而泄露其内容的

998　　　他人未经申请人同意而泄露其内容所造成的公开，包括他人使用威胁、欺诈或者间谍活动等手段，未遵守明示或者默示的保密义务，而将外观设计的内容予以公开。

---

❶　参见专利复审委员会做出的无效决定号 16678。

在外观设计专利申请的申请日以前的 6 个月内，他人未经申请人同意而泄露了其申请内容，若申请人在申请日前已获知，应当在提出外观设计专利申请时在请求书中声明，并且最迟在自申请日起的 2 个月内提交证明材料，以要求不丧失新颖性的宽限期。若申请人在申请日以后得知的，应当在得知泄露情况后的 2 个月内提交证明材料，以要求不丧失新颖性的宽限期。在某些情况下，审查员可以要求申请人在指定期限内递交相关的证明材料。 999

由申请人提交的关于他人泄露申请内容的证明材料，应当注明泄露日期、泄露方式、泄露的内容，并由证明人签字或者盖章。 1000

4. 创造性（或明显区别）

根据《中国专利法》（2008 年）的规定，授予专利权的外观设计与现有设计或者现有设计特征的组合相比，应当具有明显区别。如果不是这种情况，则外观设计专利有可能会被无效。 1001

a）缺乏明显区别的情形

在以下的情形中，被比设计与现有设计或现有设计特征的组合相比，不具有明显区别。 1002

－ 被比设计没有显著地不同于相同或相近种类产品的已有设计（见表 O－2）。 1003

表 O－2　缺乏明显区别示例一

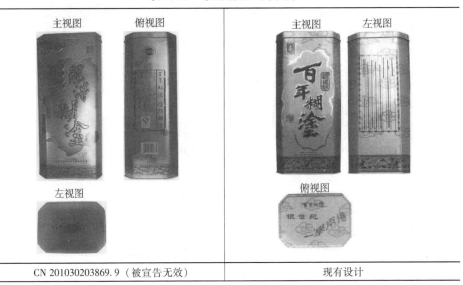

| CN 201030203869.9（被宣告无效） | 现有设计 |

1004 外观设计专利'869.9和现有设计两者都涉及一种包装盒。在外观设计专利'869.9和现有设计两者之间没有显著的区别，二者的差别对于整体视觉效果不具有显著影响。因为外观设计专利'869.9相对于现有设计不具有明显区别，最终外观设计专利'869.9被宣告无效❶。

1005 － 被比设计是由现有设计转用得到的，二者的设计特征相同或者仅有细微差别，且该具体的转用手法在相同或者相近种类产品的现有设计中存在启示（见表O-3）。

表O-3 缺乏明显区别示例二

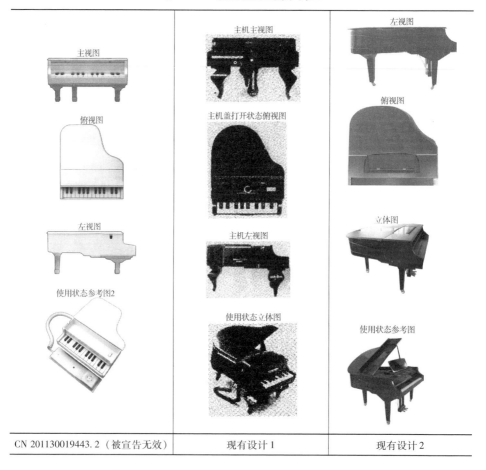

| CN 201130019443.2（被宣告无效） | 现有设计1 | 现有设计2 |

1006 涉案专利'443.2和现有设计1都涉及一种钢琴形电话机。现有设计2涉及一种钢琴。现有设计1是一种具有钢琴形状的电话机，所以它提供一种将钢琴

---

❶ 参见专利复审委员会做出的无效决定号17220。

形状应用到电话机上的动机或启示，从而给出现有设计 1 中的钢琴腿由现有设计 2 中的钢琴腿来替代的启示。涉案专利 '443.2 被宣告无效❶。

作为例外的情形，如果上述转用和/或组合后能够产生独特视觉效果的，则可不被宣告无效。这与发明技术方案因取得意想不到的技术效果而具有创造性的情形相类似。 　　1007

－　被比设计是由现有设计或者现有设计的特征相组合得到的，所述现有设计与被比设计的相应设计部分两者相同或者仅有细微差别，并且所述具体的组合手法在相同或者相近种类产品的现有设计中存在，从而能给出进行组合的启示（见表 O－4）。 　　1008

表 O－4　缺乏明显区别示例三

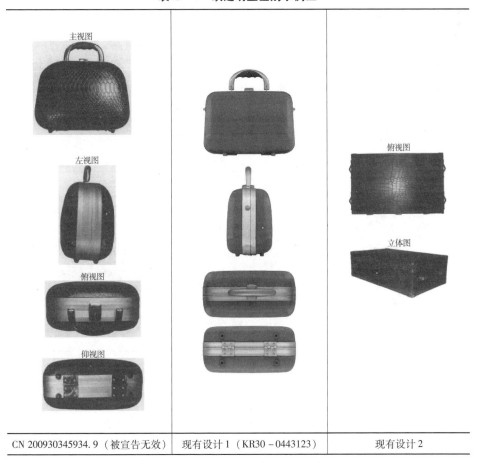

CN 200930345934.9（被宣告无效）	现有设计 1（KR30－0443123）	现有设计 2

❶　参见专利复审委员会做出的无效决定号 19036。

1009 　　涉案专利 '934.9 的形状与现有设计 1 的形状大致相同，但是两者的图案不同。涉案专利 '934.9 的图案与现有设计 2 大致相同。因此，涉案专利 '934.9 没有明显区别于现有设计 1、2 两者的结合，从而被宣告无效❶。

　　b）设计空间

1010 　　设计空间，也可称为"设计自由度"。尽管在专利法或实施细则中没有对此给以明确规定，但是设计空间在判断外观设计专利的新颖性和创造性的实务中已经变成了一个关键性因素。并且，在分析和确定一项新外观设计的内容和保护范围时，人们也经常会引入设计空间的概念。由于设计空间对外观设计产品的整体视觉效果起到显著的影响，因此设计空间在外观设计的确权过程中起到了非常显著的作用。

1011 　　例如，如果产品具有相对大的设计空间，则设计者具有更多的设计自由度，自然也会创作出各种形式的外观设计。在这种情况下，一般消费者不太容易注意到新设计和现有设计之间的较小区别（见表 O–5）。相反地，对于设计空间较小的产品，设计者往往具有较小的设计自由度，因而这类的外观设计往往会在许多方面呈现相同或相似，以至于一般消费者能够注意到新设计和现有设计之间的细微区别（见表 O–6）。

表 O–5　设计空间示例一

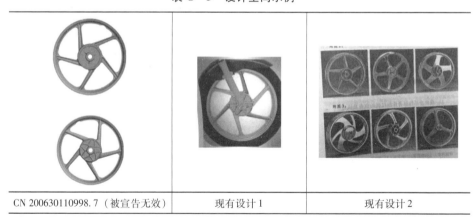

CN 200630110998.7（被宣告无效）	现有设计 1	现有设计 2

1012 　　涉案专利 '998.7 是关于一种汽车车轮。涉案专利 '998.7 的专利权人称，汽车车轮的设计空间有限，一般消费者会注意到涉案专利 '998.7 和现有设计 1 之间的区别，而这些区别会在车轮的整体视觉效果上产生显著影响。然而，专利复审委员会和最高人民法院对此持有不同的观点。如现有设计 2 所示，车轮

❶　参见专利复审委员会做出的无效决定号 17193。

的辐条的数量、布置方式和形状可以呈现各种各样的形式，因此汽车车轮的设计有较大的设计空间。相应地，涉案专利 '998.7 和现有设计 1 之间的区别很容易被一般消费者所忽略，并且在车轮的整体视觉效果方面不具有显著的影响。由于涉案专利 '998.7 和现有设计 1 构成相似，从而被宣告和维持无效❶。

表 O-6 设计空间示例二

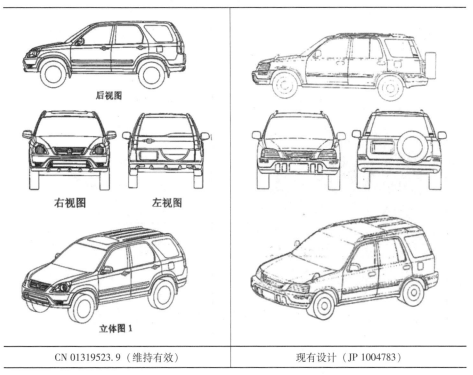

| CN 01319523.9（维持有效） | 现有设计（JP 1004783） |

涉案专利 '523.9 是关于汽车的专利。汽车的整体外观设计，不仅包括所有部件的基本外轮廓和比例，而且包括前脸、侧面和后部。对于汽车外观设计而言，外轮廓都非常相似，其共有的设计要素对于视觉效果的影响有限。也就是说，汽车基本外轮廓的设计空间相对有限。但是，汽车的其他部件的形状，例如头灯、尾灯、前保险杠、后保险杠和散热格栅的形状，更能够吸引一般消费者的注意力。在涉案专利 '523.9 中，这些部件都不同于现有设计。这些不同点对于汽车的整体视觉效果具有显著影响。因此，涉案专利 '523.9 被认定为与现有设计不相似，最终维持有效❷。

1013

---

❶ 参见最高人民法院 2011 年行提字第 5 号判决。
❷ 参见最高人民法院 2010 年行提字第 3 号判决。

5. 不得与他人已经取得的合法权利相冲突

1014　　授予专利权的外观设计，不得与他人在申请日以前已经取得的合法权利相冲突。

1015　　"合法权利"，是指依照中华人民共和国法律享有的，并且在涉案专利申请日仍然有效的权利或者权益。此类合法权利通常包括商标权、著作权、企业名称权、肖像权等。

1016　　"相冲突"，是指未经权利人许可，外观设计专利使用了在先合法权利的客体，从而导致专利权的实施将会损害在先权利人的相关合法权利或者权益（见表 O – 7 和表 O – 8）。

表 O – 7　与注册商标相冲突

中国外观设计专利 200730316151.9（被宣告无效）	中国注册商标 1222497

1017　　涉案专利 '151.9 中的图案 "3cc" 与注册商标 '497 中的对应图案非常相似，而注册商标 '497 的注册日期早于涉案专利 '151.9 的申请日。涉案专利 '151.9 的使用将侵犯注册商标 '497 的商标专用权。因此，涉案专利 '151.9 与注册商标 '497 相冲突，从而被宣告无效❶。

表 O – 8　与在先著作权相冲突

主视图  后视图 	 
中国外观设计专利 200530115635.8（被宣告无效）	在先的著作权

---

❶　参见专利复审委员会的无效决定号 15726。

涉案外观设计专利 '635.8 使用了由他人拥有的在先著作权的内容。因此，涉案外观设计专利 '635.8 被认定为与他人已经取得的在先著作权相冲突，从而被宣告无效❶。 1018

6. 清楚地表达外观设计

《中国专利法》第 27 条第 2 款规定，申请人提交的有关图片或者照片应当清楚地显示要求专利保护的产品的外观设计。 1019

根据上述规定，外观设计的视图在实践中应当满足以下的要求。首先，要求获得保护的外观设计的视图应该具有足够的质量，以使得所有的特征都可以进行复制。在以下的一些示例中，前两个视图因缺乏足够的视图质量而不被接受，而后两个视图具有足够的视图质量（见图 O-9）。 1020

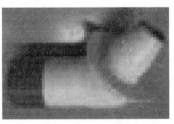

不具有足够视图质量的线条图和照片

具有足够视图质量的线条图和照片

图 O-9　图片和照片质量

其次，在最初递交外观设计申请时，应当递交足够数量的外观设计产品视图，以使得立体产品的三维形状能够被准确地确定下来。例如，仅仅提交下图 1021

---

❶ 参见专利复审委员会的无效决定号 15714。

所示的曲线锯的一张主视图（见图 O－10），对立体产品的外观设计申请而言，是不符合要求的。

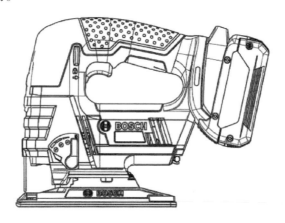

图 O－10　主视图

1022　　　　相反的，申请人需要递交该曲线锯的更多视图（通常为六面正投影视图和立体图，见图 O－11 和图 O－12）。

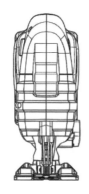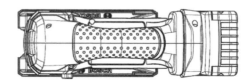

图 O－11　左视图和俯视图

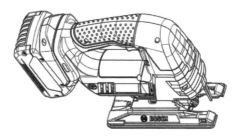

1023　　　　　　　　　　　　图 O－12　立体图

在另一个示例中，如果仅递交如下图所示的瓶体的主后左右视图（见 图 O-13），则仍然不能确定瓶体的横截面究竟是圆形还是方形。

1024

图 O-13 主后左右视图

因此，在最初递交外观设计申请时，申请人还需要再递交立体图（如 图 O-14 所示）或俯仰视图（未示出），以便瓶体的横截面或整体形状能够 被确定下来。

1025

图 O-14 立体图

7. 其他重要的问题

对于复合产品的可分离或独立的部件，如果所述部件能够被独立销售和/ 或使用，但是在正常使用的过程中并不能被看到，则这样的部件根据目前的中 国实践仍然可以获得外观设计专利的保护。

1026

对于要求外国优先权的中国外观设计专利申请而言，在原始视图中的虚线 应当被改为实线，其中具有虚线的原始视图可以作为参考图来递交，以显示该 外观设计的新颖特征是对应于参考图中的实线特征部分。如果除了虚线之外的 其他实线特征能够显示一个独立的产品或产品部件，则在视图修改时可以删除

1027

原始视图中的虚线特征，仅保留和递交由实线表现的特征，同时这样的视图修改通常不损害优先权要求。

III. 外观设计申请的递交

1028

1. 递交外观设计申请的最低要求

申请人可以通过电子申请、面交或者邮件的方式，将外观设计申请递交至国家知识产权局。但是，不接受通过传真的方式来递交申请。为了获得一个有效的申请日，应该递交以下的文件：

- 具有申请人信息的申请表格；
- 外观设计的图片或照片；
- 简要说明。

1029 缺乏任何上述文件，国家知识产权局将不给予指定申请日。

2. 申请表格

1030 申请表格，应该包括如下的申请人和设计人信息：

- 申请人：全名、国籍和地址；
- 设计人：姓名和国籍（必须是作为自然人）。

1031 当申请人于在先申请的申请日起6个月内递交中国外观设计申请且要求在先申请的优先权时，应当在申请表格中写明在先申请的申请日、申请号和受理机关（或国家专利局）；同时，申请人应该在申请日或自申请日起的3个月内递交在先申请文件的认证文本（以及如果申请人发生变化的话，还需要转让证明），否则优先权要求将会丧失。但是，丧失的优先权可以通过恢复程序予以恢复。委托书可在申请日之后再补交。

3. 图片或照片

1032 一件外观设计申请可包括外观设计产品的线条图或者照片视图。也可接受类似于"照片"的由计算机软件生成的图片（见图 O－15）。

1033 线条图和照片不可以结合起来显示同一个外观设计。然而，同一产品的多项相似外观设计，可分别使用线条图或照片来表示，并且递交在一件外观设计申请中。

①CN 201230605366. 3
线条图

②CN 201030658763. 8
照片

③CN 201330058400. 4
计算机生成的图片

图 O – 15　图片或照片

a）外观设计视图

申请人应该递交足够多的视图，以显示产品的三维形状和/或图案（以及 1034
如果要求保护的话，还包括色彩）。通常地，用来限定外观设计保护范围的视
图（如立体图和六面视图）不应当包括环境要素，或不应当包括任何不构成
外观设计产品本身的其他部分。

在实践中，通常可以使用以下的申请策略： 1035

－　仅递交具有装饰性特征的并且数量足够必要的视图； 1036

－　省略纯功能性的正投影视图；

－　省略底面视图，或省略无装饰特征的侧面的视图。

如果已经递交了至少两个立体图和一个正投影视图，则通常认为外观设计 1037
产品的整体三维形状已经被确定下来。如果已经递交了显示不同面的四张正投
影视图，则通常认为已经满足了视图递交的要求。对于平面设计而言，仅仅递
交一张主视图，通常已满足要求。

在审查过程中，审查员会仔细地审查正投影视图和立体图之间的对应性。 1038
例如，在正投影视图中显示的一个特征，应该相对应地显示在立体图和其他正
投影视图中。后视图的外轮廓，应当严格地与主视图的外轮廓镜像对称；对于
左右视图、俯仰视图两两之间的对称，也是如此要求的。

在一项外观设计申请中，还可包括剖视图、剖面图、放大图或使用状态 1039
图，并且在确定外观设计的保护范围时，这些视图也要被考虑。剖视图或剖
面图能够用来表示从正投影视图和立体图中看起来不清楚的内部凹入或凸起
的特征。例如，仅从下图所示的瓶子的正投影视图和立体图中，并不能清楚

地确定瓶底是平的还是凹入的。但是，通过如下所示的剖视图可以确定所述瓶子的瓶底是平的（见图 O – 16）。

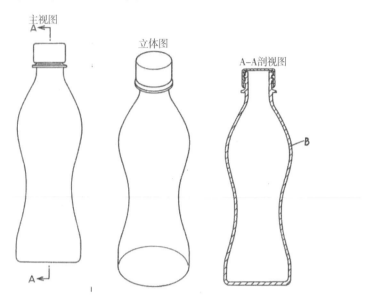

图 O – 16　CN 03343051.9：主视图、立体图和剖视图

1040　　放大图可用来表示新颖的但是相对较为细小的特征，例如轮胎的表面花纹（见图 O – 17）。

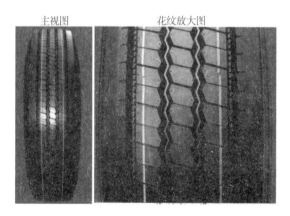

图 O – 17　主视图和放大图

1041　　使用状态图需要显示出外观设计产品的所有组成部分。以下就是这样的一个示例，其中左侧的视图为外观设计产品沙发床的立体图，右侧的视图为外观设计产品沙发床的使用状态图（见图 O – 18）。

立体图　　　　　　　　　使用状态图

图 O－18　立体图和使用状态图

参考图通常用来表明外观设计产品的用途。例如，左侧的主视图显示了外 1042
观设计产品为手柄，而右侧的参考图还显示了所述外观设计产品手柄在使用时
的其他周围相连部件（见图 O－19）。

图 O－19　CN01311092.6：主视图和参考图

在过去的实践中，为了获得不同的保护范围，一辆新车的正投影视图和立 1043
体图可以分成两组，并且递交在两个不同的外观设计申请中（见图 O－20 和
图 O－21）。●

左视图　　　　　　　　　　　　　　　　　立体图1

图 O－20　第一个外观设计申请

● 以上的申请策略现已不被中国国家知识产权局接受，因为目前认为两张视图不能清楚地表达或
确定外观设计产品的全部特征。——译者注

图 O–21　第二个外观设计申请

1044　　根据目前的专利实践，第一个和第二个外观设计申请分开递交之后都有可能获得授权。相较于单个申请包括所有的正投影视图和立体图的情形，这两个外观设计专利在总体上可以提供更大的保护范围和更有效的保护。❶

　　b）图片或照片的准备

1045　　外观设计的图片或照片，应当参照正投影规则来准备。如下所示，根据维基百科中的解释，正投影规则是一种以二维的方式来表示三维物体的方法（见图 O–22）。

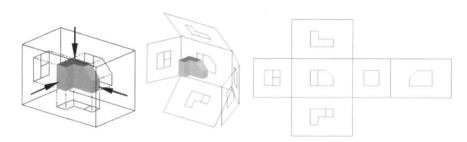

图 O–22　根据正投影规则制备的视图

1046　　正投影规则是平行投影法的一种，其中所有的投射线平行于投射面，进而通过仿射变换而出现在每个投影面上。例如，根据正投影规则，左视图的高度和主视图的高度相同，俯视图的宽度与主视图的宽度相同。

1047　　线条图应该具有足够的视图质量，以使得所有的线条特征都能够清晰地复制。在线条图中，应该使用均匀且具有足够线宽的实线。阴影线、指示线、虚线、点画线、中心线、尺寸线、点横线等，不可以出现在线条图中。但是，可以用两条平行的双点画线或自然断裂线来表示细长物品的省略部分。

---

　　❶　以上的申请策略现已不被中国国家知识产权局接受，因为中国国家知识产权局通常要求显示汽车的至少前后左右四个侧面。——译者注

　　在照片中显示的外观设计的所有特征应该是清晰、对应且可复制的。照片　　1048
中显示的外观设计产品的外轮廓，应该清楚地区别于照片的背景，且照片的背
景通常应该是单色的。照片中应该避免出现变形、强光、阴影、反光等。

4. 简要说明

　　简要说明是外观设计申请的必要文件，并且可以用来解释由图片或照片所　　1049
显示的产品的外观设计。简要说明最少应该包括产品名称、产品用途、设计要
点和最能表明设计要点的代表图。

　　a）产品名称

　　产品名称应该是简要且广泛使用的。产品名称可以用来解释产品的类别，　　1050
一般应当符合国际外观设计分类表（"洛迦诺分类"）中的小类所列举的产品
名称。

　　b）用途

　　简要说明中应当写明有助于确定产品类别的用途。对于具有多种用途的产　　1051
品，简要说明应当写明所述产品的多种用途。例如，带有温度计的相框，具有
测量温度和放置照片两种用途，由此审查员指定的产品分类号可能是 06 - 07
和 10 - 04。

　　有些外观设计产品的用途通常是不言自喻的，除非其是罕见的或者是完全　　1052
新的产品，以至于从产品名称上无法得知其产品的用途。对于这样的新产品，
如果没有对产品用途进行说明，一般人可能无法仅从产品名称如"电子接入
验证装置"上知晓产品的用途。在这种情况下，申请人需要在简要说明中来
说明产品的用途，例如"本外观设计产品用于在个人试图接入远程计算机服
务系统或互联网时，对所述接入操作进行验证"。

　　c）设计要点

　　外观设计的设计要点可以是产品的形状和/或图案（以及色彩，如果色彩　　1053
要求保护的话），或者对应于某一张图（立体图、主视图、局部放大图等）。
设计要点也可以是对应于产品不同于现有设计的某一区域或部位。

　　在实践中，以下一些方法可以用来表示外观设计的设计要点（见表 O - 9）。　　1054

表 O - 9　表示外观设计的设计要点的方法

	图　　示	简要说明中的设计要点
1	主视图	CN 201130069901.3： 设计要点对应于所示的形状和图案

	图　示	简要说明中的设计要点
2	主视图　右视图 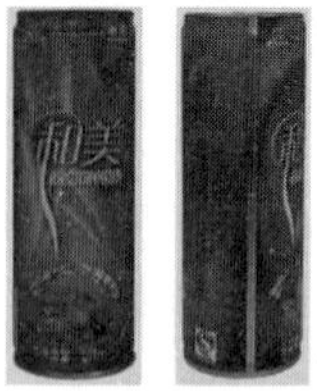 	CN 201030561716.1： 设计要点在于图案和色彩的组合
3	主视图 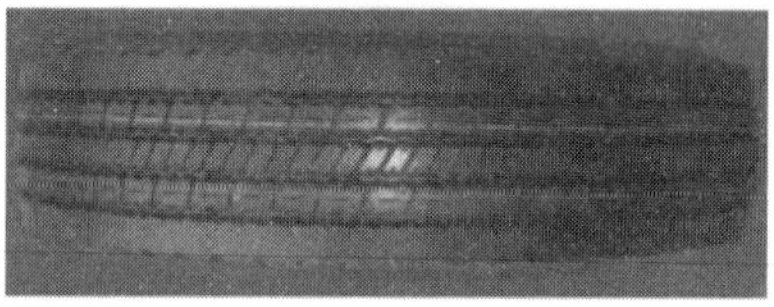 	CN 200930010585.5： 设计要点仅在于图案
4	主视图  	CN 201330174536.1： 设计要点仅在于杯子的把手部分
5	立体图  A部局部放大图 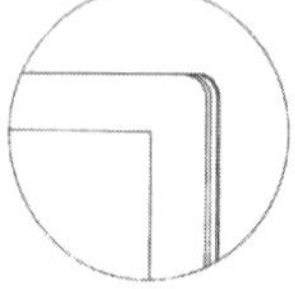	CN 200930169195.2： 设计要点对应于参考图中所示的 A 部分

1055　　　根据目前的中国专利实践，设计要点基本上是一个事实问题。申请人在简要说明中指明的那些设计要点，并不一定就构成本外观设计和现有设计之间的明显区别。例如，即便在简要说明中指明汽车的设计要点是底面，但是汽车的底面并不因此就对整体视觉效果具有显著影响。

　　　d）代表图

1056　　　代表图通常仅用于出版的目的。代表图通常可以是立体图、主视图、局部图或者其他具有设计要点的视图。

e）其他必要信息

除了上述事项之外，简要说明在必要的时候还可包含以下的内容： 1057

- 请求同时保护色彩；
- 由于镜像对称而省略某一视图；
- 在多项相似外观设计申请中指定某一项为基本设计；
- 在多项成套外观设计申请中的每个套件的产品名称；
- 细长物体省略中间部分；
- 二维产品的单元图案的重复情况；
- 外观设计产品的局部或整体是透明或半透明的。

如果在简要说明中没有包括诸如"外观设计申请请求同时保护色彩"的 1058
文字，则不要求保护色彩，并且在行使权利时色彩不予以考虑。在这种情况
下，会获得相对较宽的保护范围，但是授权后的外观设计专利相对容易被无
效。另一方面，如果在外观设计申请的简要说明中包括有上述类似的文字，则
色彩会被认为是外观设计专利的一个组成部分，从而在后续的程序中色彩会和
形状和/或图案一起被考虑。

5. 多项外观设计进行合案申请

同一产品的两项以上的相似外观设计，或者用于同一类别并且成套出售或 1059
者使用的产品的两项以上外观设计，可以作为一件申请提出。具有多个外观设
计的多项外观设计申请，将会被指定一个申请日和一个申请号，不需要支付额
外的官费，因而在事实上相当于多个外观设计获得授权。当多项外观设计专利
中的一项外观设计被宣告无效时，其余的外观设计不必然会被宣告无效。特别
地，成套产品的多项外观设计是完全相互独立的。在多项外观设计申请中，授
权、公告、转让和失效应该同时进行，但是可以针对其中的全部的外观设计或
其中的一项或数项外观设计提起无效宣告请求。

a）同一产品的相似外观设计

在确定多项外观设计之间的相似性时，一般情况下经整体观察，如果其他 1060
外观设计和基本外观设计具有相同或者相似的设计特征，并且二者之间的区别
点在于局部细微变化、该类产品的惯常设计、设计单元重复排列或者仅色彩要
素的变化等情形，则通常认为二者属于相似的外观设计。同一产品的两项以上
相似外观设计要想作为一件申请提出，在实践中需要同时满足以下条件：

（1）相似外观设计的总数量不超过 10 个；
（2）属于同一产品的相似外观设计；
（3）其他外观设计与在简要说明中指定的基本外观设计构成相似；

（4）每个外观设计都由足够的视图（正投影视图和立体图）来表示，并且都符合授权条件。

1061　　同一产品的多项相似外观设计进行合案申请的示例，如图 O－23 所示。

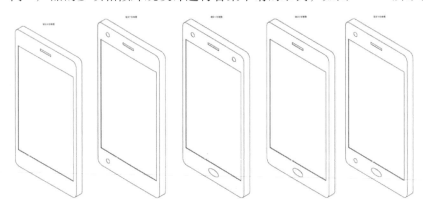

图 O－23　CN 201230468135.2：手机

　　b）"成套产品"的多项外观设计

1062　　用于同一类别并且成套出售或者使用且具有相同设计构思的多个产品（即"套件"）的多项外观设计，可以作为一件申请提出。具体而言，成套产品的多项外观设计应该满足以下的条件：

（1）成套产品的各个套件属于国际外观设计分类表中的同一大类；

（2）各个套件习惯上同时出售或者同时使用，并具有组合使用价值；

（3）各个套件的设计构思相同；

（4）每个套件都由足够的视图（正投影视图和立体图）来表示，且都符合授权条件。

1063　　在包含成套产品的多项外观设计申请中，没有规定最多可以包括多少个成套产品。通常，应当递交成套产品在一起使用的整体图。成套产品的多项外观设计的示例如图 O－24 所示。

6. 要求优先权

1064　　在审查过程中，国家知识产权局通常仅对要求优先权的请求进行形式审查，不审查外观设计申请是否在实质上享有外国在先申请的优先权。但是，如果中国外观设计申请不能最终要求外国在先申请的优先权，则中国外观设计专利申请将会因在先申请的公开而丧失新颖性，进而被宣告无效。

成套产品一起使用时的视图   套件1的立体图

套件2的立体图

套件3的立体图

套件4的立体图

图 O – 24   CN201230411108.1：成套家具

为了确保最终能够享有优先权，推荐在中国申请和在先申请中递交相同的   1065
图片或照片。同时，尽管在中国申请和在先申请中递交的图片或照片不同，但
是在以下情况下，仍然能够确保享有在先申请的优先权（见表 O – 10）。

表 O – 10   确保享有在先申请优先权的情形

		在先申请中递交的视图	中国外观设计申请中递交的视图
1	仅有一幅立体图	立体图	从立体图中可见的一至三个侧面 主视图 左视图 仰视图 （立体图可以递交或者不递交）

	在先申请中递交的视图		中国外观设计申请中递交的视图	
2	带有阴影线的线条图		不带有阴影线的线条图	
3	递交了一幅正投影视图，而另一幅正投影视图由于对称或相同而被省略		同时递交了被省略的对称正投影视图	
4	彩色照片显示的视图	（彩色的视图照片）	灰色照片显示的视图，不要求保护色彩	（灰色的视图照片）
5	彩色照片显示的视图	（彩色的视图照片）	彩色照片显示的视图，同时要求保护色彩	（彩色的视图照片）
6	具有虚线特征的视图		视图中的虚线特征被修改为实线	

续表

	在先申请中递交的视图		中国外观设计申请中递交的视图
7	具有虚线特征的视图	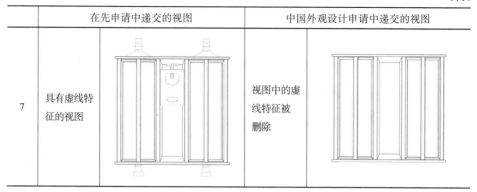	视图中的虚线特征被删除

7. 官费

表 O–11 官费

1066

		人民币	欧元（按 1 欧元 = 7.35 元人民币换算）
1	申请费	500	68
2	要求优先权	80	11
3	延期 2 个月的请求	600	82
4	恢复权利	1000	136
5	专利证书费❶	205	28
6	年费（第 1~3 年，每年）	600	82
7	年费（第 4~5 年，每年）	900	122
8	年费（第 6~8 年，每年）	1200	163
9	年费（第 9~10 年，每年）	2000	272
10	提起复审	300	41
11	提起无效请求	1500	204
12	请求出具专利权评价报告	2400	327

8. 电子申请（e – Filing）

自 2004 年 3 月起，申请人就可以利用电子申请系统来递交外观设计申请。电子申请的出现，极大地加速了中国外观设计申请的审查和授权过程。

1067

在一件外观设计申请通过电子申请的途径递交后，其他补交的文件等都应该通过电子申请的途径来递交。此外，官方通知书、答复意见、修改文件也应

1068

---

❶ 根据 2018 年 6 月 20 日发布的《关于停征和调整部分专利收费的公告（第 272 号）》，专利权人在授权程序中仅需缴纳 5 元的印花税，无需再缴纳专利登记费和公告印刷费。

该通过电子申请的途径来传递。国家知识产权局目前在一般情况下不对委托书、优证文件等扫描文件的真实性进行审查。

1069　　电子申请只可以使用两种格式的图片：∗.jpg（或 jpeg）和 ∗.tif（或 tiff）。图片的尺寸不应超过 150mm × 220mm（宽度 × 高度），像素分辨率应该为72 ~ 300dpi。

9. GUI 外观设计

1070　　根据中国国家知识产权局颁布并且于 2014 年 5 月 1 日施行的审查指南的规定，产品的设备专用界面、通用操作系统、网页应用或图标界面等，都可以通过申请外观设计专利来进行保护。以下所示的 GUI 产品的示例，可通过递交外观设计申请来获得专利保护。

a）带设备专用界面的产品（见图 O – 25）

图 O – 25　带界面的手表

b）带通用操作系统界面的产品（见图 O – 26）

图 O – 26　带操作系统界面的手机

c）带应用软件界面的产品（见图 O – 27）

图 O – 27 带通讯界面的平板电脑

d）带网页应用界面的产品（见图 O – 28）

图 O – 28 带网页应用界面的电脑

e）带图标界面的产品（见图 O – 29）

图 O – 29 带图标界面的手机

在递交涉及 GUI 的外观设计申请时，申请人应当提交足够数量的产品的   1071
或显示屏面板的正投影视图，以清楚地显示 GUI 产品和 GUI 本身。如果与整
体产品相比，GUI 区域相对较小，申请人需要递交局部放大图，以清楚地显示

GUI 区域。

1072　　　　根据最新的专利代理实务，涉及 GUI 的外观设计申请的客体，既可以是"产品的 GUI"的设计，也可以是"带 GUI 的产品"的设计。具体而言，在下图所示的"产品的 GUI"的外观设计申请中，仅递交所述产品的一幅主视图，即可满足关于"清楚地显示要求保护的产品的外观设计"的要求，而不再需要提交所述 GUI 产品的其他正投影视图和立体图，但是外观设计产品的名称应当是"产品的 GUI"（见图 O-30）。在必要时，申请人可以递交一幅或多幅显示 GUI 本身的视图。

主视图

图 O-30　CN 201630041987.1，带有图形用户界面的车载设备

1073　　　　另一方面，如果保护的客体是"带有 GUI 的产品"的外观设计，则在这种情况下申请人需要递交 GUI 产品的正投影视图和立体图，而且可以递交显示 GUI 本身的视图。此时，中国外观设计产品的名称应当是"带有 GUI 的产品"的名称。

1074　　　　对于使用时包含"内容画面"的图形用户界面，所提交的产品视图不能包含"内容画面"。例如，下图所示的手机的主视图不应该包括拍摄到的"汽车内容画面"，但是带"汽车内容画面"的视图可以作为使用状态参考图提交（见图 O-31）。

图 O-31　不可以作为 GUI 产品的主视图，但是可以作为参考图来递交

1075　　　　如前所示，申请人需要提交适当的视图来显示 GUI 产品的整体形状。当

图形用户界面为动态图案的，申请人应当至少提交一个状态的图形用户界面所涉及面的正投影视图作为主视图；其余状态可仅提交图形用户界面关键帧的视图作为变化状态图，所提交的视图应能唯一确定动态图案中动画完整的变化过程。例如，为了显示动态图案的变化趋势，在如下所示的示例中递交的视图可连续编号，以显示动态变化的顺序（见图 O‐32）。

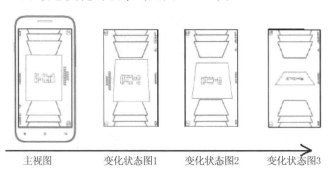

主视图　　　　变化状态图1　　　变化状态图2　　　变化状态图3

图 O‐32　显示动态图案的变化趋势

此外，必要时在简要说明中应当说明 GUI 的用途、GUI 在产品中的区域、人机交互方式以及变化状态等。❶　1076

关于 GUI 外观设计的无效宣告程序，审查指南规定：对于包括 GUI 的外观设计，如果本领域的一般消费者在整体观察时发现，涉案专利和现有设计之间的区别没有对产品的整体视觉效果产生明显区别，则认为涉案专利没有明显区别于现有设计。总体而言，在确定涉案专利和现有设计之间是否存在明显区别时，如果涉案专利其余部分的设计为惯常设计，则其图形用户界面对整体视觉效果更具有显著的影响。　1077

最后，如果在简要说明中没有对 GUI 进行清楚说明，则可能导致难以确定相应的外观设计是否属于保护客体，或导致未能清楚表达产品的视图特征，进而使得 GUI 外观设计申请不能获得专利权。参见以下的一些示例。　1078

f）需要特别清楚地说明 GUI 的用途（见图 O‐33）

图 O‐33　带有 GUI 的计算机

仅从产品名称和递交的视图中，难以确定　1079

---

❶　根据 2019 年 11 月 1 日施行的《专利审查指南》，如果仅提交了包含该图形用户界面的显示屏幕面板的正投影视图，应当穷举该图形用户界面显示屏幕面板所应用的最终产品，例如"该显示屏幕面板用于手机、电脑"。

所示的 GUI 外观设计属于网站网页的图文排版，还是应用软件界面。为克服上述缺陷，申请人在递交外观设计申请时需要在简要说明中进行一些文字描述。例如，在简要说明中可包括类似的文字说明：产品的界面是一种名为手机助手的客户端软件的界面。

　　g）需要特别清楚地说明 GUI 对应的设计区域（见图 O – 34）

图 O – 34　带有 GUI 的手机

1080　　仅从上述视图难以确定圈出的部位是手机机身上的操作按键，还是图形用户界面的一部分。为此，在本外观设计申请中，申请人需要在简要说明中对图形用户界面的区域做出限定性说明。

　　h）需要特别清楚地说明动态 GUI 的变化趋势（见图 O – 35）

主视图　　　　　　　变化状态图1　　　　　　　变化状态图2

图 O – 35　未清楚说明动态 GUI 的变化趋势

1081　　仅从上述视图难以确定动态 GUI 的变化趋势。例如，在简要说明中可写明：主视图的界面向左滑动呈现变化状态图 1，向右滑动呈现变化状态图 2。

VI. 审查和授权程序

1. 审查程序

在国家知识产权局指定了申请日和申请号以及收到申请费之后，一件外观设计申请将首先由分类审查员进行分类处理。如果不能基于外观设计的产品名称、图片或照片、简要说明等给出适当的分类号，则分类审查员会发出补正通知书，要求申请人在 2 个月之内陈述外观设计产品的用途。 1082

在分类工作完成之后，国家知识产权局将指定初审审查员，对外观设计申请进行明显实质性和形式缺陷审查。国家知识产权局还将对涉及非正常申请等情形进行实质性审查。在没有发现驳回理由之后，申请人将收到国家知识产权局发出的授权通知书。 1083

a）审查意见通知书

如果外观设计申请中存在以下最常见的明显实质性缺陷，审查员将会发出审查意见通知书，此时外观设计申请有可能最终被驳回。 1084

－ 一项外观设计不符合《中国专利法》第 2.4 条关于外观设计的如下定义：外观设计，是指对产品的形状、图案或者其结合以及色彩与形状、图案的结合所做出的富有美感并适于工业应用的新设计；

－ 一项外观设计违反国家法律、社会公德或者妨害公共利益（《中国专利法》第 5.1 条）；

－ 一项外观设计属于"对平面印刷品的图案、色彩或者二者的结合做出的主要起标识作用的设计"[《中国专利法》第 25.1（6）条]；

－ 一项外观设计明显属于现有设计（《中国专利法》第 23.1 条）；

－ 一项外观设计不能由所递交的图片或照片"清楚地显示"（《中国专利法》第 27.2 条）。

在收到审查意见通知书之后，申请人需要在 2 个月之内对上述通知书进行答复：或者递交修改文件，或者递交答辩意见。然而，在实践中，很多的明显实质性缺陷都难以克服。因此，申请人应当在递交申请之前就克服或避免上述类型的明显实质性缺陷。如果上述的明显实质性缺陷无法被克服，申请人应当避免将上述的外观设计申请递交至国家知识产权局。如果在答复或修改/意见陈述递交之后，上述明显实质性缺陷仍然存在，则审查员可能会最终驳回该外观设计申请。当申请人不服驳回决定时，申请人可以自收到驳回决定之日起的 1085

3 个月内，向专利复审委员会提起复审请求。

1086 　　在审查过程中，审查员通常基于外观设计的图片或照片、简要说明以及一般消费者的常识，来判断一项外观设计是否是"新"的。此外，审查员可基于未经检索而获得的有关现有设计，或者基于其他的审查信息（例如通过外观设计专利检索），来判断外观设计是否明显不具有新颖性。审查员也可自行判断一件外观设计申请是否符合"先申请原则"，以及是否违反"禁止重复授权原则"。

　　b）要求克服缺陷的补正通知书

1087 　　在以下的情形中，审查员会发出补正通知书，指出在外观设计的图片或照片或简要说明中存在需要被克服的缺陷。

1088 　　（1）线条图或照片不清晰，以至于某些特征不能被复制（见图 O–36）。

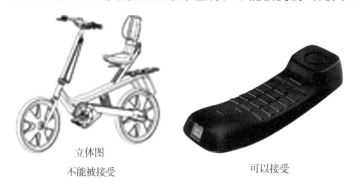

立体图

不能被接受　　　　　　　可以接受

图 O–36　线条图或照片不清晰

1089 　　（2）外观设计图片包含有应删除或修改的线条，如阴影线、虚线、箭头等（见图 O–37）；或者照片中存在不相关的背景（见图 O–38）。

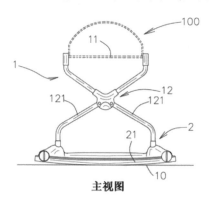

主视图

图 O–37　不被接受的箭头、数字、阴影线、虚线等

图 O－38　不被接受的不相关背景

（3）各个视图之间的投影关系不对应，特别是某一个视图的外轮廓线和　　1090
另一个相反视图的外轮廓线不镜像对称（见图 O－39 和图 O－40）。

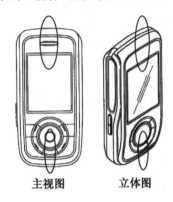

　　　主视图　　　　　立体图

图 O－39　主视图中显示的特征没有对应地显示在立体图中

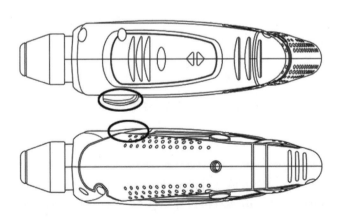

图 O－40　俯仰视图的外轮廓线非镜像对称

1091　　　（4）图片或照片与简要说明结合不能确定外观设计产品的全部特征

1092　　　　　例如，下图所示的一张正投影视图不足以显示平板显示器的整体立体形状，因此仅仅一张图不能够清楚地显示平板显示器的全部外观设计特征（见图 O -41）。

图 O -41　平板显示器的主视图

1093　　　　　但是对于以下的外观设计而言，通过下图所示的主视图、仰视图，并结合简要说明中的描述"本外观设计产品是旋转对称的"，可以唯一地确定灯泡的三维立体形状（见图 O -42）。

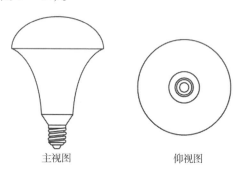

主视图　　　　　　仰视图

图 O -42　灯泡的主视图和仰视图

2. 修改

1094　　　　　总体上，对外观设计申请文件的修改需要在原始的递交文件中找到修改的基础。在递交申请之后，申请人可以从申请日起算的 2 个月内对申请文件进行主动修改，但是这样的修改不应当超过原始申请文件所披露的内容和范围。

审查过程中，在收到审查意见通知书或者对缺陷进行修改的补正通知书之后，申请人应当根据审查员的要求，在 2 个月内对图片或照片和/或简要说明进行修改，同时在支付延期费之后可以将答复期限延期 1 个月或 2 个月。　1095

对于某些细微的缺陷，一些审查员倾向于通过电话会晤的方式来通知申请人或代理人，以便加速审查过程。对于电话会晤方式的审查通知，申请人应当在审查员指定的时限之前进行答复。　1096

3. 授权和办登程序

外观设计专利申请经初步审查而没有发现驳回理由的，申请人将收到国家知识产权局发出的授予外观设计专利权通知。申请人应当在收到授权通知书之后的 2 个月内，缴纳授权当年的年费专利登记费以及公告印刷费。❶ 通常在完成上述手续后的少于 2 个月的时间内，申请人将收到外观设计专利证书。　1097

4. 保护期

根据目前的法律规定，从申请日起算，外观设计专利的保护期是 10 年，并且不可延展。在中国专利法第四次修正案通过之后，外观设计专利的保护期有望延长为 15 年。　1098

V. 外观设计专利的侵权和无效

侵权　1099

在外观设计专利权被授予后，未经专利权人许可，为生产经营目的制造、销售、许诺销售或进口该外观设计专利产品，将构成侵犯该外观设计专利权❷。　1100

请注意，使用外观设计专利产品在中国不被视为侵权行为。也就是说，外观设计专利的专利权人无权禁止他人使用其外观设计专利产品。　1101

但是，如果使用侵犯外观设计专利权的产品作为另一产品的零部件并销售该另一产品的，则此行为将被视为"销售"侵权产品（见表 O–12），但侵权产品在该另一产品中仅具有技术功能的除外。　1102

---

❶ 根据国家知识产权局颁布的第 272 号《关于停征和调整部分专利收费的公告》，自 2018 年 8 月 1 日起停征专利收费中的专利登记费、公告印刷费。

❷ 参见《中国专利法》第 11 条第 2 款。

表 O－12 侵犯外观设计专利权示例

CN 02305464.6	被控侵权产品

1103 本外观设计专利是一种汽车车灯。一家汽车制造商采购了侵犯该外观设计专利权的车灯，并销售了具有这种车灯的汽车，则认为该汽车制造商因销售侵权产品而侵犯了该外观设计专利权❶。

1. 外观设计专利的保护范围

1104 外观设计专利权的保护范围以表示在图片或者照片中的该产品的外观设计为准，简要说明可以用于解释图片或者照片所表示的该产品的外观设计❷。

1105 在与外观设计专利产品相同或相近种类的产品上使用与专利设计相同或相近似的设计的，被控侵权设计落入该外观设计专利的保护范围。

1106 相同或相近似的判断应基于一般消费者，而不是本领域设计人员的知识水平和认知能力。在判断相同或相近似时，应采用"整体观察""综合判断"的原则。也就是说，对相同或相近似的判断应基于一般消费者对外观设计专利和被控产品中所有可见的和/或对整体视觉效果具有视觉影响的特征的观察。对于主要由技术功能决定的设计特征以及对整体视觉效果不产生影响的产品的材料、内部结构等特征，应当不予考虑。

1107 另外，通常认为以下因素对外观设计的整体视觉效果更具有显著影响：

1108 （1）产品正常使用时容易被直接观察到的部位；

（2）授权外观设计区别于现有设计的设计特征。

1109 此外，还应考虑设计自由度或设计空间。在设计空间较大的情况下，法院可以认定一般消费者通常不容易注意到不同设计之间的较小区别；设计空间较小的，人民法院可以认定一般消费者通常更容易注意到不同设计之间的较小区别。

---

❶ 参见北京市高级人民法院，第 2007 号民终 636 字判决书。

❷ 参见《中国专利法》第 59 条。

在整体视觉效果不存在差异的情况下，被控产品的外观设计将被视为与专利设计相同；在整体视觉效果不存在实质性差异的情况下，被视为与专利设计相近似（见表 O – 13）。 1110

对于成套产品的外观设计专利，只要被控侵权设计与其中的一个设计相同或相近似，就应当认定侵权。 1111

对于组装关系唯一的组件产品的外观设计专利，如果被控侵权设计与组合状态下的设计相同或相近似，则认定侵权。对于无固定组装关系或者组装关系不唯一的，只有被控侵权设计与外观设计专利的所有独立部件的设计相同或相近似，才能认定侵权。 1112

对于具有变化状态的外观设计专利，只有当被控侵权设计与所有变化状态下的外观设计专利相同或相近似时，才能认定侵权，否则不存在侵权。 1113

表 O – 13 外观设计侵权示例

| CN 200430088722.4 | 被控侵权产品（A9 巴士） |

通过比较被控侵权产品（A9 巴士）和现有设计 '722.4，只能发现很小的差异，这些差异应被视为产品局部细节上的微小变化，不会对整体视觉效果带来显著影响。因此，A9 巴士的设计与设计 '722.4 相近似，落入该外观设计专利的保护范围，认定侵权成立❶。 1114

---

❶ 北京市第一中级人民法院，（2006）民初第 12804 号。

1115 需要注意的是，在中国，只有当一项设计与专利设计相同或相近似并且该设计用于与专利设计产品相同或相近种类的产品时，才能认定侵犯外观设计专利权。如果其产品种类与外观设计专利的产品种类不同，则无论该设计是否与专利设计相同或相近似，都不会被认定侵权（见表O-14）。

1116 产品的种类根据其用途来确定。产品的用途可以参考各种因素来确定，如外观设计专利的简要说明、工业设计国际分类、产品功能、产品销售及其实际使用情况。

表O-14 不属于相同或相近似种类

主视图P1

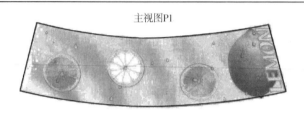

CN 200430104787.3

1117 涉案外观设计专利'787.3的产品名称为"餐具用贴纸"。被控侵权人生产的厨用杯子上印有与该外观设计专利相近似的图案。法院判定设计'787.3的贴纸是用于美化和装饰餐具，是一种可以单独使用和销售的独立产品。相比之下，被控产品是用于盛装饮料或食物的杯子。即使这些杯子上印有与外观设计专利相近似的图案，这些图案也不能与杯子分离，图案不具有独立形式，不能单独销售。因此，认定被控产品与专利设计产品不属于相同或相近种类，认定不侵权❶。

2. 外观设计专利维权

1118 **法院诉讼**

1119 外观设计专利侵权诉讼的一审管辖法院，通常是知识产权法院和中级人民法院。

1120 具体而言，以下法院对外观设计的一审专利诉讼具有管辖权：

1121 － 知识产权法院、专门知识产权法庭；

1122 － 各省、自治区、直辖市人民政府所在地的中级人民法院；

---

❶ 参见最高人民法院（2012）民申第41号。

－ 最高人民法院指定的中级人民法院。 1123

外观设计专利的专利权人或独占实施被许可人，可以向侵权行为地或被告 1124
住所地的有管辖权的法院起诉。

侵权行为地是指侵权产品的制造、许诺销售、销售或进口地。 1125

然而，如果诉讼只针对制造者，则应向侵权产品制造地（通常是制造者 1126
所在地）的法院提起诉讼。如果诉讼既针对制造者又针对销售者，侵权产品
销售地的法院和侵权产品制造地的法院都有管辖权，原告可以选择向哪个法院
提起诉讼。

实际上，由于北京或上海等大城市的法院在审理知识产权案件方面的经验 1127
更为丰富，原告通常会在这些城市寻找销售者，然后在销售者所在地的法院起
诉制造者和销售者。

法院诉讼的基本程序如下： 1128

（1）提交起诉状 1129

在向法院递交起诉状时，还需要提供以下文件： 1130

－ 专利权人的商业注册证明； 1131

－ 专利权人的法定代表人证明；

－ 由专利权人的法定代表人签署的授权委托书；

（需要注意的是：上述三份文件必须经过公证及中国驻该国使领馆的认 1132
证，才能够在中国法院使用。）

－ 证明在中国拥有专利所有权的证据； 1133

－ 证明侵权人侵权行为的初步证据。

（2）证据交换 1134

法院通常会安排在开庭之前进行证据交换。证据交换日期通常是双方当事 1135
人提交证据的最后期限。如果证据过多和/或证据过于复杂，法院可以召集双
方当事人召开庭前会议，对当事人进行交叉询问，以审查所提交证据的效力。

（3）法庭审理 1136

法庭审理通常安排在证据交换一至两个月后，通常会持续几个小时到一整天。 1137
在大多数案件中，只举行一次法庭审理，除非证据广泛或特别复杂，需要进行额外
的法庭审理。案件通常由三名法官或法官与人民陪审员组成的合议庭审理。

（4）判决 1138

法院将在法庭审理结束几个月后发布判决。如果认定侵权成立，判决通常 1139
会包含永久性禁令和损害赔偿。

（5）上诉 1140

如果任何一方当事人对一审判决不服，该方当事人可向上级人民法院提起 1141

1142　上诉。上级人民法院的判决是终审判决。

一般来说，一审程序需要大约 1 年的时间，而上诉程序需要大约半年的时间。

1143　**行政执法**

1144　在中国，除向法院提起民事诉讼外，专利权人还可以选择采用行政手段来制止侵权行为。

1145　要启动行政执法，专利权人必须向侵权人所在地的专利行政管理部门（IPO）提出处理请求。行政处理的大致程序如下。

1146　（1）提出投诉

1147　向当地 IPO 提出投诉，需要以下文件：

1148　　－　专利权人的公司注册证明；

　　　－　专利权人的法定代表人证明；

　　　－　法定代表人签署的授权委托书；

1149　（上述三份文件必须经过公证及中国驻该国使领馆的认证，方可用于行政处理程序。）

1150　　－　证明在中国拥有专利所有权的证据；

　　　－　证明侵权人侵权行为的初步证据。

1151　（2）送达投诉和现场调查

1152　通常情况下，当地 IPO 可以对侵权人的场所进行现场调查，并同时送达处理请求书。在调查过程中，当地 IPO 可以抽取侵权产品作为样品，并可以在发现与产品账册有关的文件时复制。

1153　需要注意的是：IPO 的行政处理没有工商行政管理局（AIC）对商标造假者的突袭行动强度大。不同于 AIC 针对商标造假者的行动，IPO 不会扣押侵权产品、零部件和工具。

1154　（3）证据交换

1155　在一些复杂案件中，类似于法院的民事诉讼，IPO 可以在口头审理之前安排证据交换。如果证据过多和/或证据过于复杂，IPO 可以召集双方当事人召开庭前会议，当事人进行交叉询问，以确认所提交证据的效力。

1156　（4）口头审理

1157　接下来，IPO 将组织口头审理（类似于法庭审理）来认定侵权是否成立。IPO 通常会鼓励双方当事人通过和解来解决纠纷。

1158　（5）决定

1159　如果认定侵权，IPO 将做出决定，发布禁令，责令侵权人停止所有侵权行为。就损害赔偿而言，IPO 只能进行调解，无权裁决损害赔偿。

（6）司法审查   1160

IPO 的决定受到司法审查。对 IPO 决定不服的当事人可以将决定起诉至   1161
法院。

从上述情况可以看出，行政执法过程中所遵循的程序与法院提起的诉讼有   1162
很多相似之处。在实践中，行政执法通常比诉讼更短，更具成本效益。即使当
地 IPO 缺乏侵权判定的经验，如果目的是快速停止大规模侵权，尤其是在侵权
容易判断的情况下，行政执法是较好的选择。此外，行政执法程序的一个重要
作用是，在此过程中获得的证据对于后来的法院程序也是有用的。因此，如果
外观设计专利权受到侵犯，首先申请行政执法而不是诉诸法院是有利的，因为
通过行政程序，侵权行为可以迅速被制止，收集的证据可以在后续法院诉讼程
序中使用。通过随后向法院提起诉讼，可以获得针对侵权人的停止侵权和损害
赔偿的最终判决。

3. 专利权评价报告

由于中国国家知识产权局仅对外观设计专利申请进行包括新颖性在内的初   1163
步审查，外观设计专利权相对不稳定。鉴于此，专利权人或外观设计专利的独
占被许可人可能希望通过向国家知识产权局申请评价报告来确定其外观设计专
利权的效力。国家知识产权局将依请求进行检索并对外观设计专利的专利性提
供分析和意见。

评价报告被视为法院或行政处理程序中的证据，以帮助法官了解外观设计   1164
专利的有效性。若评价报告对外观设计专利的专利性提出正面意见，即使被控
侵权人提出无效宣告请求，法院或当地 IPO 也可以不中止侵权处理程序。如果
未提供评价报告或评价报告对外观设计专利的专利性提出否定性意见并且被控
侵权人向专利复审委员会提出无效宣告请求，法院或当地 IPO 通常会中止侵权
处理程序，等待专利复审委员会做出有效性决定。因此，如果重要的是迅速阻
止侵权，那么获得评价报告就非常有用。

4. 证据开示/调查取证

中国没有类似于美国的"证据开示"制度。在提起侵权诉讼或行政查处   1165
请求之前，专利权人需要对侵权人进行调查，收集必要的证据。通常情况下，
公证购买侵权产品是必要的。❶

---

❶ "公证购买"指购买的过程由公证员进行监督并记录，以便购买到的侵权产品在诉讼中被法院
采信。

5. 临时禁令

1166　　《中国专利法》设置了临时禁令救济措施。《中国专利法》规定，专利权人或者利害关系人有证据证明他人正在实施或者即将实施侵犯专利权的行为，如不及时制止将会使其合法权益受到难以弥补的损害的，可以在起诉前向人民法院申请采取责令停止有关行为的措施。

1167　　2001 年 6 月 5 日，中国最高人民法院颁布了《关于对诉前停止侵权行为适用法律问题的若干规定》。根据《中国专利法》和中国最高人民法院的司法解释，专利权人申请临时禁令至少应提供以下证明和满足以下条件。

1168　　（1）被申请人正在实施或即将实施的行为的证据，包括被诉侵权产品与涉案专利的外观设计特征对比；

1169　　（2）如不发布临时禁令，权利人的合法权益受到难以弥补的损害的具体说明；

1170　　（3）提供担保。

1171　　临时禁令制度刚设置时，法院对临时禁令较积极，发布了一些临时禁令。但近年来，法院对临时禁令申请的审查较为慎重，很少发布临时禁令。

6. 赔偿

1172　　损害赔偿的数额通过下列方式确定。

1173　　（1）权利人因被侵权所受到的损失

1174　　权利人因被侵权所受到的损失可以根据专利权人的专利产品因侵权所造成销售量减少的总数乘以每件专利产品的合理利润所得之积计算。权利人销售量减少的总数难以确定的，侵权产品在市场上销售的总数乘以每件专利产品的合理利润所得之积可以视为权利人因被侵权所受到的损失。

1175　　（2）侵权人因侵权所获得的利益

1176　　侵权人因侵权所获得的利益可以根据该侵权产品在市场上销售的总数乘以每件侵权产品的合理利润所得之积计算。

1177　　（3）参照该专利许可使用费的倍数合理确定

1178　　如果有专利许可使用费，可以参照该专利许可使用费的 1 ~ 3 倍合理确定赔偿数额。

　　　　（4）法定赔偿

1179　　权利人的损失、侵权人获得的利益和专利许可使用费均难以确定的，可以根据专利权的类型、侵权行为的性质和情节等因素，确定给予 1 万元以上 100

万元（约 1560 美元至 15.6 万美元）以下的赔偿，即所谓的"法定赔偿"❶。

实践中，由于中国没有证据开示制度，原告很难取得被告方的财务方面的 1180
证据以及侵权产品总销售数量的证据。由此，实践中，大多数专利侵权案件法
院采用"法定赔偿"的方式确定赔偿数额。多数情况下，外观设计专利侵权
的赔偿数额相对较低，一般为 10 万元人民币左右。

如果原告胜诉，法院还会判决被告赔偿原告为制止侵权行为所支付的合理 1181
的律师费、调查费等合理开支（法院判决的"合理开支"的数额通常不高于
10 万元人民币）。

7. 诉讼费

在中国，原告提起诉讼时要缴纳诉讼费。诉讼费按原告主张的赔偿数额计 1182
算，大致为原告主张赔偿额的 0.5%～2.5%。例如，原告主张 100 万元的赔偿
额，诉讼费是 13800 元（约 2200 美元）。如果原告主张 1000 万元的赔偿额，
诉讼费是 81800 元（约 13000 美元）。如果原告胜诉，法院会判决部分或全部
诉讼费由被告承担。

如果法院认为不构成侵权，法院仅驳回原告的诉讼请求，通常不会判决原 1183
告赔偿被告的损失或支出。当然，这种情况下，诉讼费要全部由原告承担。

8. 抗辩

（1）现有设计抗辩 1184

被控侵权人有证据证明其实施的设计属于现有设计的，不构成侵犯专利 1185
权。如果被控侵权人实施的是现有设计，可以在法院提出现有设计抗辩，而不
是必须向专利复审委员会申请宣告原告的外观设计专利权无效。这可以节约无
效宣告程序的成本。

（2）先用权抗辩 1186

在原告外观设计专利申请日前，已经制造相同产品或者已经做好制造的必 1187
要准备，并且仅在原有范围内继续制造该产品的，不视为侵权。

无效宣告 1188

尽管外观设计专利的授权没有经过实质审查，任何人想挑战一项已授权外 1189
观设计专利的有效性的，必须向中国国家知识产权局专利复审委员会提出宣告

---

❶ 根据第四次《中华人民共和国专利法修正案（草案）》征求意见稿规定，对故意侵犯专利权，
情节严重的，可以在按照权利人受到的损失、侵权人获得的利益或者专利许可使用费倍数计算的数额 1
到 5 倍内确定赔偿数额；法定赔偿的数额，从现在的 1 万元到 100 万元提高为 10 万元到 500 万元。

专利权无效的请求。只有专利复审委员会才有权受理专利权的无效宣告请求。审理专利侵权案件的法院或地方专利行政管理部门无权审查涉案外观设计专利权的有效性。

1190　　在诉讼或行政查处的过程中，如果被告在答辩期内向专利复审委员会提出宣告涉案外观设计专利无效，并申请中止侵权案件审理程序的，法院或地方专利行政管理部门通常会中止侵权案件审理程序，除非法院或地方专利行政管理部门认为被告无效宣告请求的理由明显不成立。

1191　　（1）无效的理由

1192　　外观设计专利无效的理由主要是与现有设计相同或实质相同；或者与现有设计或现有设计特征的组合相比，不具有明显区别；或者与他人的在先权利相冲突。

1193　　和侵权判断相同，判断外观设计专利与现有设计是否相同或具有明显区别，应当基于涉案专利产品的一般消费者的知识水平和认知能力进行评价，而不是本领域的设计人员的知识水平和认知能力进行评价。

1194　　一般消费者被假定为对涉案专利申请日之前相同种类或相近种类产品的外观设计及其常用设计手法具有常识性了解，对外观设计产品之间在形状、图案以及色彩上的区别具有一定的分辨力，但不会注意到产品的形状、图案以及色彩的微小变化。

1195　　对比时应采用整体观察、综合判断的方式，即由涉案专利和对比设计的整体来判断，而不是从外观设计的部分或局部出发得出判断结论。

1196　　1）相同或实质相同

1197　　根据《中国专利法》第23条第1款的规定，授予专利权的外观设计，应当不属于现有设计；也没有任何单位或者个人就同样的外观设计在申请日以前向国务院专利行政部门提出过申请，并记载在申请日以后公告的专利文件中（即没有抵触申请）。如果被授权的外观设计专利是现有设计，或者有抵触申请，该外观设计专利应当被宣告无效。

1198　　2）具有明显区别

1199　　授予专利权的外观设计与现有设计或者现有设计特征的组合相比，应当具有明显区别。如果不具有明显区别，该外观设计专利也应当被宣告无效。

1200　　3）和他人在先权利相冲突

1201　　与他人在申请日以前已经取得的合法权利相冲突的外观设计的专利权应当被宣告无效。合法权利，是指依照中国法律享有并且在涉案专利申请日仍然有效的权利或利益，包括商标权、商号权、著作权、肖像权以及知名商品特有包装或装潢使用权等。

1202　　（2）无效宣告程序简介

1203　　启动无效程序，请求人需要向专利复审委员会提交书面的宣告专利权无效请求书，并具体说明无效宣告请求的理由，指明每项理由所依据的证据。

无效宣告请求提出后，专利复审委员会先进行形式审查，形式审查合格后（通常 1 个月内），向请求人和专利权人发出无效宣告请求审查受理通知书，并将无效宣告请求书和有关文件副本转送专利权人。　1204

专利权人在收到无效宣告请求审查受理通知书后 1 个月内，可以提交书面答复意见。　1205

专利复审委员会将专利权人的答复意见转送请求人。　1206

接下来，专利复审委员会通常会进行口头审理。　1207

口头审理后，专利复审委员会做出无效决定。　1208

通常，从提交专利权宣告无效请求书到专利复审委员会做出无效决定，需要 6 ~ 12 个月。❶　1209

对专利复审委员会宣告专利权无效或者维持专利权的决定不服的，可以自收到通知之日起 3 个月内向北京知识产权法院起诉。对北京知识产权法院的判决不服的，还可以向北京市高级人民法院上诉。北京市高级人民法院的判决是终审判决。❷　1210

（3）无效宣告请求的官费　1211

请求宣告一项外观设计专利权无效的费用是人民币 1500 元。该请求费由无效宣告请求人缴纳。即便涉案专利被宣告无效，专利权人也不用赔偿请求人该笔费用。　1212

其他与外观设计保护有关的问题　1213

工业品外观设计通常是通过申请外观设计专利来保护。只有具有较高艺术性的产品才有可能构成"实用艺术品"，受著作权法保护。中国法律没有"实用艺术品"的明确定义。司法实践中，只有能够被认定为"艺术作品"，才有可能作为"实用艺术品"受著作权法保护。　1214

虽然立体商标在中国也可以申请注册和受到法律的保护，但根据《中国商标法》规定，仅由商品自身的性质产生的形状、为获得技术效果而需有的商品形状或者使商品具有实质性价值的形状，不得注册立体商标。因此，在实践中，工业品的外观设计很少能够注册为立体商标。　1215

最后，与商品的包装或装潢相关的未注册外观设计有可能通过《中国反不正当竞争法》保护，条件是这种商品的包装或装潢需要在中国有一定影响，　1216

---

❶ 根据最新的审查实践，无效宣告请求的审查周期在进一步缩短。

❷ 根据《最高人民法院关于知识产权法庭若干问题的规定》，从 2019 年 1 月 1 日开始，外观设计专利无效案件的二审法院是最高人民法院知识产权法庭，而不是之前的北京市高级人民法院。

他人模仿会造成相关公众对商品来源的混淆或误认。

VI. 展　望

1217　　2014 年 4 月 3 日，中国国家知识产权局公布了《专利法修改草案（征求意见稿)》。修改草案提出了以下涉及外观设计专利的修改建议。

1218　　（1）外观设计专利权的期限延长到 15 年，而之前中国外观设计专利的限期是 10 年。

1219　　（2）专利复审委员会做出的宣告专利权无效或者维持专利权的决定，自公告之日起生效。

1220　　（3）对于故意侵犯专利权的行为，法院可以根据侵权行为的情节、规模、损害后果等因素，将赔偿数额提高 2 ~ 3 倍。目前的专利法没有惩罚性赔偿。

1221　　（4）考虑增加局部外观设计保护制度。根据目前《中国专利法》，产品的局部设计不能作为外观设计专利的保护客体。

1222　　中国国家知识产权局已表示：中国有意向加入海牙协定，并且正在讨论加入《工业品外观设计国际注册海牙协定日内瓦文本》。

P

韩国外观设计

Young – Nok HAW[1]

I. 简　介

在韩国提交外观设计注册申请的外观设计受《韩国外观设计法》的保护，1223
其基础是注册原则、先申请规则以及实质审查制度（在《韩国外观设计法实
施细则》中对适用非实质审查制度的产品进行了规定）。修改后的《韩国外观
设计法》于 2017 年 9 月 22 日生效，其中最显著的变化是外观设计权的期限和
《海牙协定》下的国际注册。

韩国外观设计注册的整体程序与其他采用实质审查制度的国家相似。下面　1224
显示了外观设计申请程序一般流程的概况。

外观设计注册申请的流程如图 P – 1 所示。　1225

一般而言，从提交到注册的大致时间为：（ⅰ）在实质审查的情形下，1226
6 ~ 7月；（ⅱ）在非实质审查的情形下，4 个月；（ⅲ）如果有任何审查意见
发出，则额外增加3 ~ 4 个月。因此，外观设计一般会在提交申请后的最多 1
年内获得注册。

下面对韩国外观设计注册申请程序进行介绍。具体而言，第Ⅱ部分是关于　1227
提交申请的程序，第Ⅲ部分指出了注册要求和审查程序，第Ⅳ部分指出了申请
人在审查期间可用的不同选项，第Ⅴ部分介绍了独特的韩国外观设计制度，例
如相似外观设计、成套产品外观设计等，第Ⅵ部分是关于外观设计注册和外观
设计权。

---

[1]　Chairman of SunYoung International Patent and Law Firm，韩国首尔，www. sunyoung. com。

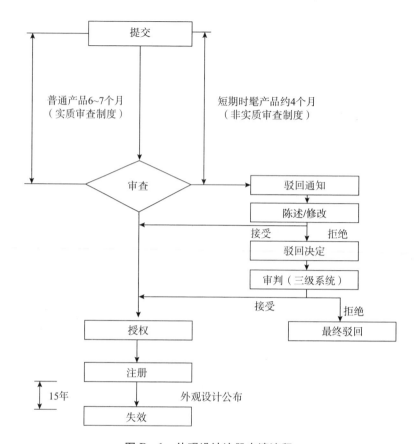

图 P-1　外观设计注册申请流程

II. 提交申请

1. 需要提交的文件

a）请求书

1228　　请求书应说明以下内容：

1229　　（ⅰ）设计人的姓名和地址；

（ⅱ）申请人的姓名和地址；

（ⅲ）代表人的姓名（如果申请人是公司的话）；

（ⅳ）他/她的代理人（如有）的姓名以及地址或营业场所；

（ⅴ）作为外观设计的对象的产品。

b）外观设计视图

外观设计视图应包含以下内容：　　　　　　　　　　　　　　　　1230

（ⅰ）体现外观设计的产品的名称；　　　　　　　　　　　　　　1231

（ⅱ）外观设计的说明和设计要点；

（ⅲ）立体图、主视图、后视图、右视图、左视图、俯视图、仰视图和/或其他视图（如果必要或对描述外观设计有用，则可提交）（例如截面图、参考图）。在两个正投影视图对称的情况下，可以省略两者中的任一视图，在俯视图和仰视图对称的情况下也是如此。

立体图和六面视图的示例如图 P-2 所示。　　　　　　　　　　　1232

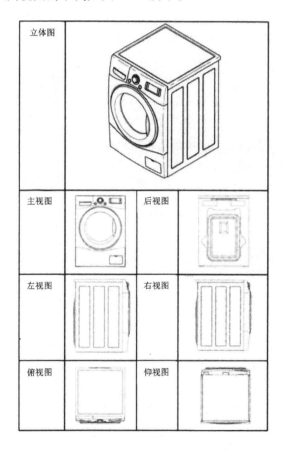

图 P-2　立体图和六面视图

除了各线条视图，还可以提交照片、模型、设计样本或 3D 图像文件　1233
[3DS、DWG、DWF、IG（E）S 格式]。

当表示外观设计的产品是平面形状（例如壁纸）时，只需要将主视图和　1234

后视图包含在图纸中。

c）经证明的优先权申请副本及其韩语翻译

1235　根据《巴黎公约》或基于双边协议或互惠原则，外观设计申请可要求优先权。只有外观设计申请自优先权日起 6 个月内在韩国提交，该外观设计申请才能享有优先权。

d）委托书

1236　如果申请人在韩国没有住所或居住地，则必须通过在韩国有住所或居住地的代理人申请。这是为了方便申请人与 KIPO（韩国知识产权局）之间的沟通。

1237　文件（a）和（b），即请求书和视图，必须在提交外观设计申请时提交。

1238　文件（c），即经证明的优先权申请副本，可以在申请日起 3 个月内提交。

1239　文件（d），即委托书，可以在申请日起 1 个月内提交。

2. 形式审查

1240　一旦外观设计申请提交至 KIPO，将对其进行检查以确保满足申请能够被给予申请日所需的全部要求。根据《韩国外观设计法实施细则》第 2（1）条的规定，在下列任何情况下，申请将被退回给提交者，而不会给该申请分配任何申请号，并且该申请将被视为未提出：

1241　（ⅰ）申请类型不明确的；

（ⅱ）未填写申请人的姓名或地址的；

（ⅲ）申请不以韩文撰写的；

（ⅳ）申请未附有视图的；

（ⅴ）未描述体现外观设计的产品的；

（ⅵ）申请是由在韩国没有地址或营业场所的人提交的，而没有通过韩国的代理人提交。

1242　一旦申请满足要求，KIPO 将分配申请号和申请日，随后指定一名审查员审查该申请是否满足实质性要求。

Ⅲ. 审　　查

1. 实质审查制度（SES）和非实质审查制度（NSES）

1243　为了响应申请人对于加速外观设计注册程序的要求，KIPO 修订了《韩国外观设计法》，从 1998 年 3 月 1 日起实施针对短生命周期产品的非实质性审查制度。适用在该法中规定的 NSES 产品的外观设计必须在非实质审查制度（Non – Substantial Examination System，NSES）下提交。

（1）在实质审查制度（Substantial Examination System，SES）下，外观设计申请按其申请日的顺序自动接受审查。从申请日起，通常需要 6~7 个月才能完成审查。　　1244

（2）在 NSES 下，纺织品图案等生命周期相对较短的产品可以在申请日起 2~3 个月内简单地通过形式检查而获得注册，无需检索现有设计。即使 NSES 下的申请不经过实质性审查，但也需要满足 SES 下的一些注册要求，才能在 NSES 下获得注册。　　1245

2. SES 下的注册要求

为了根据《韩国外观设计法》而获得注册，外观设计应符合以下要求：　　1246

（1）外观设计的定义。根据《韩国外观设计法》，符合保护条件的外观设计被定义为："在视觉上产生美感的产品的形状、图案、颜色或其任何组合。"　　1247

（ⅰ）必须是产品：外观设计与产品密不可分。因此，表示的是单纯的形状或图案或产品的一部分（其本身不能成为交易对象）的外观设计的申请将被驳回，理由是，它不是产品或该产品不构成法律意义上的产品。　　1248

（ⅱ）必须有视觉的可观察性：外观设计必须是可以通过肉眼观察到的。因此，表示极端微小产品（例如，粉末、气体、液体等）的外观设计的申请将被驳回，理由是，此类外观设计不具有视觉的可观察性。

（ⅲ）美感：外观设计必须创造一种美感。因此，表示极度不协调的外观或者缺乏统一性的形状的外观设计的申请将被驳回，理由是，此类外观设计缺乏美感。

（2）工业实用性。作为单件作品（如艺术作品）创作的产品或者不适于重复大量生产的产品的外观设计将被驳回，理由是，其不适用于工业用途或不能用于工业应用。　　1249

（3）新颖性。外观设计需要有新颖性。因此，与下文提到的类别下的外观设计相同或相似的外观设计的申请将被驳回，理由是该外观设计没有新颖性：　　1250

（ⅰ）在提交申请之前已经在韩国或任何外国公开的外观设计。　　1251

（ⅱ）在提交申请之前记载于韩国或任何外国发行的出版物中的外观设计。

（ⅲ）与上述（ⅰ）和（ⅱ）中提到的外观设计相似的外观设计。

（4）创造性。外观设计应该具有创造性，这是该外观设计所属领域的普　　1252

通设计人员根据在韩国或国外广为人知的形状、图案、颜色或其组合而不容易创作的。

1253　　　（5）不能获得注册的外观设计。

1254　　　（ⅰ）与国家或公共组织的旗帜、徽章相同或相似的外观设计；

　　　　　（ⅱ）其意义或内容有违反公共秩序或道德之虞的外观设计；

　　　　　（ⅲ）有导致与他人业务有关的产品产生混淆之虞的外观设计；

　　　　　（ⅳ）仅由确保产品功能必不可少的形状组成的外观设计。

1255　　　（6）先申请规则。当两件或更多件涉及相同或相似外观设计的外观设计申请于不同的日期提交时，只有申请日较早的申请有权获得外观设计注册。

3. NSES 下的注册要求

1256　　　NSES 下所需要的文件，如优先权要求、外观设计申请的视图，与 SES 的相同。

4. 审查

1257　　　（ⅰ）NSES 下的外观设计申请的形式检查与 SES 下的相同。

1258　　　（ⅱ）工业实用性：作为单件作品（如艺术作品）创作的产品或者不适于重复大量生产的产品的外观设计将被驳回，理由是，其不适用于工业用途或不能用于工业应用。

1259　　　（ⅲ）创造性：外观设计应该具有创造性，这是该外观设计所属领域的普通设计人员根据在韩国或国外广为人知的形状、图案、颜色或其组合而不容易创作的。

5. 公布和授权后异议

1260　　　（ⅰ）在外观设计申请人缴纳注册费后，KIPO 在 NSES 下出版《外观设计注册公报》。

1261　　　（ⅱ）在《外观设计注册公报》中公布外观设计后，任何人都可以在公布日起 3 个月内对 NSES 的外观设计注册提出异议。异议理由应与 SES 规定的注册要求相同：缺乏新颖性、创造性、工业实用性以及属于其他不能获得注册的外观设计。

6. 对审查意见的答复

1262　　　如果发现驳回理由，则发出驳回理由的通知书，给予申请人在指定时间（即通知书发出后 2~4 个月）内提交意见陈述和/或修改的机会。

当申请人收到驳回理由的通知书时，如有必要，他/她可以通过提交意见 1263
陈述和/或修改来克服驳回。

7. 起诉和审判

申请人可以在收到最终驳回通知书之日起 30 日内对审查员的最终驳回提 1264
出起诉。此类起诉和审判程序在 KIPO 知识产权审判庭（Intellectual Property
Tribunal，IPT）进行，可针对 IPT 决定向专利法院提出起诉。对专利法院裁决
的上诉可能会由最高法院进行再审。

Ⅳ. 与申请有关的制度

1. 简介

在提交外观设计申请时，申请人可以使用以下制度对外观设计及其注册进 1265
行适当的保护。

2. 丧失新颖性的例外

即使外观设计在外观设计申请的申请日之前由申请人本人发布、知晓或实 1266
施，但如果外观设计申请是在披露后 12 个月内提交的，则认为具有新颖性。

任何人想要其外观设计被认为具有新颖性，都必须（ⅰ）在提交外观设 1267
计申请时，或者（ⅱ）在外观设计申请的注册通知书发出前，（ⅲ）提交反对
异议的答复时，（ⅳ）对无效诉讼提出答复时，向 KIPO 提交此类书面陈述。
在（ⅰ）的情况下，提交证明相关事实的文件应在申请日起 30 日内提交。

3. 请求提前公布

所审查的外观设计注册的申请人可以要求在标题为《外观设计公报》的 1268
官方公报上公布外观设计申请。

要求：如果申请的外观设计属于以下任何一种情况，则可能不会接受此类 1269
提前公布的请求：（ⅰ）有违反公共秩序之虞；（ⅱ）申请曾收到第一份批准
或驳回申请的最终决定的副本。

影响：（ⅰ）一旦外观设计申请被公开，申请人可以以书面形式向在商业 1270
或工业上实施与提交的外观设计相同或相似的外观设计的人提出警告，表明其
所实施的外观设计是已提交外观设计注册申请的外观设计；（ⅱ）警告函意味
着计算合理的补偿金金额的有关期限从收到警告函的日期开始，但是，这种补

偿只能在外观设计注册后得到保障;(ⅲ)任何人可以向 KIPO 提交与有关外观设计的可注册性相关的信息以及任何支持性证据。

4. 请求加速审查

1271 在下列情况下可以提出加速审查的请求:(ⅰ)外观设计申请已经公开,可由公众查阅;(ⅱ)表明它目前正在被侵权。

1272 一旦加速审查获得批准,审查将在 2 个月内开始,并需要经历 3 ~ 4 个月直到授权或驳回决定做出。

5. 分案申请

1273 提交包括两项或更多项外观设计的申请的申请人可以将申请的一部分分成一件或多件新的申请。在对申请进行分案时,必须通过删除被划分为新申请的外观设计来修改原始申请。否则,原始申请和新申请将因违反单项外观设计注册单件申请原则而被驳回。

1274 要求:(ⅰ)申请人与申请注册原始外观设计的申请人相同;(ⅱ)原始外观设计包括两项或更多项外观设计;(ⅲ)在外观设计注册授权决定或外观设计注册驳回决定的通知送达之前。

1275 影响:分案申请被视为在提交原始申请时提交。

V. 独特的韩国外观设计制度

1. 简介

1276 《韩国外观设计法》提供了一套独特的制度,以便根据外观设计的特点和功能以适当的方式促进外观设计的保护,这种制度在其他知识产权法律中并不常见。

2. 关联外观设计申请

1277 自 2014 年 7 月 1 日开始,与权利人注册或申请的外观设计相似的外观设计可注册为作为基础外观设计注册或申请的外观设计的关联或相似外观设计(与 2014 年 7 月 1 日之前提交的相似外观设计形成对比)。

1278 要求:(ⅰ)申请人自己的基础外观设计注册或申请的存续;(ⅱ)仅与申请人自己的基础外观设计相似的外观设计;(ⅲ)与拥有或申请原始外观设计注册或申请的申请人相同的申请人;(ⅳ)与体现基础外观设计的产品相同

或相似的产品；（ⅴ）关联外观设计应在基础外观设计申请日起 1 年内提交。

影响：相似外观设计的外观设计权包含与基础外观设计关联的外观设计。 1279
因此，相似外观设计权的期限与基础外观设计的期限相同。

3. 多项外观设计申请

根据 NSES 的规定，自 2014 年 7 月 1 日开始，申请人可在一件多项外观设 1280
计申请中递交至多 100 项外观设计（与 2014 年 7 月 1 日之前在 NSES 下提交
20 项外观设计形成对比）。引入该制度是为了简化申请程序并降低成本，同时
考虑到在创作外观设计的过程中，申请人通常会根据一个外观设计概念创作出
各种形状的多个外观设计。

要求：（ⅰ）洛迦诺分类下属于同一类别的产品；（ⅱ）至多 100 项外观 1281
设计；（ⅲ）应提交包含外观设计序号等事项的多项外观设计的说明，并提交
每项外观设计的视图、名称和优先权要求。

影响：外观设计权对于多项外观设计中的每一项外观设计都是有效的。 1282

4. 成套产品外观设计申请

作为外观设计单一性规定的例外，对于两种或两种以上通常一起销售或使 1283
用的产品的外观设计，可以作为一件外观设计提出外观设计注册申请，但前提
是成套产品作为一个整体是统一的。

要求：（ⅰ）符合成套产品的外观设计注册的成套产品，其规定在《韩国 1284
外观设计法实施细则》；（ⅱ）成套产品在外观设计上整体统一。

影响：成套产品的外观设计权与普通外观设计权相同。相比于多项外观设 1285
计的外观设计权，成套产品的外观设计权作为一个整体给予成套产品，而不是
构成该成套产品的每项产品。

5. 保密外观设计

外观设计注册申请人可以要求外观设计在请求中指定的时间内保密。外观 1286
设计与产品的外观有关，因此它可能很容易被模仿。其目的是在外观设计注册
之后并且在外观设计销售开始之前通过预先防止假冒商品的流通来适当地保护
注册的外观设计。

要求：（ⅰ）要求保密的期限不得超过注册式外观设计权成立日期后的 3 1287
年；（ⅱ）在外观设计注册的申请日和初次缴纳外观设计注册费用的日期之间
提出申请；（ⅲ）当申请多项外观设计注册时，必须针对申请外观设计注册的
所有外观设计提出保密要求。

1288　影响：（ⅰ）所请求的时间内不对外观设计注册进行公布；（ⅱ）不适用疏忽推定条文；（ⅲ）对侵权行为的禁令的限制。

6. 产品的局部外观设计

1289　产品的局部外观设计意味着产品的一部分的形状、图案、颜色或它们的组合，产生视觉上的美感。这是对于不能与整个产品物理分离的产品的一部分（例如，杯子的手柄、家具的旋钮）给予外观设计注册。

1290　要求：（ⅰ）产品的一部分的外观设计；（ⅱ）产品的该部分必须与其他设计进行比较；（ⅲ）该产品不得是成套产品；（ⅳ）产品的该部分必须在视觉上产生美感；（ⅴ）在视图中，需要注册的部分必须用实线表示，而其他部分用虚线表示。

7. 动态外观设计

1291　动态外观设计保护外观设计的形状、外观和颜色或就其组合而言具有活动元素的外观设计。

1292　要求：为了注册动态外观设计，应满足以下要求：（ⅰ）外观设计产品的形状可以根据其功能而改变；（ⅱ）改变应当是可以预期的；（ⅲ）改变应基于可视性；（ⅳ）改变应当是持续的。

8. 国际外观设计

1293　韩国已加入《工业品外观设计国际注册海牙协定》。因此，自2014年7月1日开始，申请人能够在《海牙协定》下在工业品外观设计的国际注册申请中指定韩国。

VI. 外观设计注册

1. 注册费

1294　外观设计注册费：获得外观设计申请注册的申请人必须在发出外观设计注册的授权通知书起3个月内缴纳注册费。费用包括第一年到第三年的年费。也可以在缴费期限届满（即授权通知起3个月）后的6个月内缴费，但必须缴纳相当于两倍注册费的额外费用。当寻求注册式外观设计权成立的申请人未缴纳注册费时，外观设计注册申请被视为放弃。

1295　年费：第四年开始的年费必须每年或每几年缴纳。未能缴纳年费时，外观设计注册被视为放弃。

2. 外观设计权

外观设计权的期限：自 2014 年 7 月 1 日开始，外观设计权的期限是在注 1296
册成立之日以后从申请日起 20 年（与 2014 年 7 月 1 日前提交的注册日起 15
年形成对比）。然而，关联外观设计的外观设计权期限的届满日期是基础外观
设计的外观设计权期限的届满日期。

外观设计权的效力：外观设计权自其注册成立起有效。外观设计权的权利 1297
人拥有商业和工业上实施外观设计及其相似外观设计的排他权。

授予 NSES 外观设计注册的权利：（ⅰ）授予 NSES 外观设计注册排他权 1298
的权利与 SES 相同。（ⅱ）如果根据 NSES 进行的注册被提出异议或审判无效，
则赋予 NSES 注册的权利将追溯失去效力。

3. 外观设计的保护范围

外观设计的保护范围取决于申请中产品的描述、申请附带的视图中所表示 1299
的或照片中显示的外观设计以及视图附带的外观设计的意图和目的说明。

Q

商标和外观设计

1300   由于一方面可以注册立体商标，另一方面图形符号和标志可以注册为外观设计，因此在这里存在冲突地带。

1301   在《德国外观设计保护条例》第 3 条 b 款或者《德国外观设计法》第 1 条第 2 项中，图形符号被明确列为可保护的并且可获得外观设计保护的。在《德国商标法》第 3 条第 1 款中规定了对立体商标的保护。《德国反不正当竞争法》第 4 条一般性地规定了形状和装饰的可保护性，立体商标也落入可保护的范围中。立体商标既可以作为注册的外观设计，也可以作为非注册的外观设计在欧洲受到保护。但这不适用于纯文字符号，因为外观设计始终必须以图形表示。虽然文字商标的表示也是一种图形表示，但是字体类型是标准字体，因而以这种字体类型书写的文字不可能产生独特性。[1] 在此，必须始终记住，在外观设计中重要的不是文字内容或其原创性，而是包含该外观设计的产品的外形，例如具有外观设计者标志的皮带扣或具有重复图案的地毯（参见 Rdn. 19 ff.）。

1302   在此有趣的是这种考虑：通过在欧盟国家的商标公报中公开商标，在满足其他保护前提如新颖性和独特性的条件下，也自动创建非注册式共同体外观设计。当然，这也适用于公开文献或者专利文献和实用新型文献中的图示。此外，在欧盟内对图形形式的平面符号（例如标志）的任何其他方式的使用也可以产生非注册的共同体外观设计。

1303   与商标权相比，外观设计保护首先是一种廉价、简单和快速的替代方式。此外，因为这种保护不受产品说明的限制，所以以这种方式有可能针对所有商品类别获得保护。然而另一方面，这也会开启一个大的在先权利区域，在对外

---

[1]   然而，也可以进一步考虑被理解为象征符号的单个字母的不寻常排列是否能够存在独特性，例如类似于花蔓。

观设计的可保护性进行审查时，这些在先的权利要与该外观设计进行比较，并且可能损害该外观设计的可专利性。

然而，在此不应忽视，作为保护前提必须存在新颖性和独特性，即使对新颖性和独特性只在可能发生争议的情况下才进行审查。而商标权正好提供这样的优点：即使已经使用过的符号也可以被注册。   1304

比较两种符号时，在外观设计中与在商标中同样应当基于总体印象。然而在外观设计中，读音上的或内容上的一致性没有意义。   1305

对触觉符号、味觉符号和嗅觉符号以及动画符号的可保护性的考虑，无论对于《德国商标法》还是在《德国外观设计法》中都更具有理论意义。虽然德国和欧洲的外观设计法明确提出表面结构也具有可保护性，但这应该更多的是基于视觉角度而不是基于触觉角度。对于其他符号形式，可保护性仍然存疑。❶ 即使个别符号已经注册为商标或外观设计也不能因此做出其他的不同评判。这里尤其遵从了《德国外观设计法》的逻辑，即只有可见的元素才能够获得保护。反过来，这至少对于味觉符号和气味符号意味着不是外观设计可保护的客体。   1306

此外，对于注册的外观设计权，和商标权一样存在为注册所必需的"图形可表示性"问题。虽然这种可表示性不会妨碍非注册式外观设计，但非注册式外观设计保护产品的外形。外形描述产品的外表。动画图案的可保护性似乎更有可能。然而，在此也要考虑动画是否能够表达产品的外形。   1307

另一方面，可能存在这种考虑：对于已经存在的外观设计，在最长保护期限届满之后申请商标保护，以延长保护期。然而，在此应考虑到：商标在使用宽限期届满之后必须与注册所针对的商品和服务一起使用。原则上，对于立体商标也存在下面的问题：立体商标经常不具有根据《德国商标法》第 8 条第 2 款第 1 项或者《德国反不正当竞争法》第 7 条第 1 款 b 项所要求的具体显著性，因为仅由商品形状构成的立体商标不一定被公众以和文字商标或图片商标一样的方式所感知，并且，消费者一般不能从商品的形状或其包装推断出商品的商业来源。❷ 如果形状超出了常见的造型，则具有决定性的是，公众从这种"超越"中仅看到造型特征并且能够从中看出来源信息。即使具体显著性是可以得到肯定的，也存在这样的问题：是否存在根据《德国商标法》第 8 条第 2 款第 2 项或者《德国反不正当竞争法》第 7 条第 1 款 c 项所规定的情形。如果立体商标仅限于表示商品的外部形状，那么它就是一种描述所要求保护的商品   1308

---

❶ 参见商标局审查事务处，外观设计主要部门第 2/2005 号通知：据此颜色、气味和芳香不构成产品的外形，也参见 Rdn. 26。

❷ BGH GRUR 2008，71，72 – Fronthaube.

的特性，即外部造型的符号，因此没有可保护性。❶ 因而，对于立体商标，尤其基于形状是否被理解为来源信息的疑问，已经在绝对不予注册方面存在问题，然而也存在关于合法使用方面以及可强制实施性方面的问题。在实践中，有相当严格的注册标准，该注册标准一般只在商标被强制实施的情况下具有可注册性。因此，由于两种工业产权的不同保护主题，通过商标来延长保护期仅在很少的情况下是有意义的。

1309 　　在外观设计和商标之间存在冲突的情况下，要区分以下情况。

Ⅰ . 在先的外观设计和在后的商标

1310 　　对于欧盟商标，在《德国反不正当竞争法》第 53 条第 2 款 d 项中对在先的外观设计与在后的商标的冲突做了规定。根据该规定，如果根据适用于某个工业产权的保护的共同体法律或国家法律，欧盟商标的使用与一个在先的工业产权发生抵触，那么该欧盟商标应当被宣告无效。由于不断地新出现大量非注册式外观设计，在此存在不可忽视的冲突风险。然而更多自动产生的非注册式共同体外观设计用于商标所有者自己，或者以注册和公告的外观设计形式或者通过简单的商标公布，然后创建非注册式共同体外观设计。

1311 　　对于德国商标，在《德国商标法》第 13 条中对这种情形进行了规定，该条规定，如果另一人已经获得一项在先的其他权利，该其他权利使其有权禁止他人在德国使用某个商标，则该商标应被撤销。《德国商标法》第 13 条第 2 款尤其列出了其他工业产权，即外观设计（应为德国外观设计或欧洲外观设计）。

Ⅱ . 在后的外观设计和在先的商标

1312 　　在《共同体外观设计条例》第 25 条第 1 款 e 项中规定了与在先商标权抵触的外观设计的无效理由。在这里，对冲突的审查也取决于哪些商品和服务对应于该共同体外观设计。如果仅局限于对应所列出的产品，则是不适当的，因为这样的话服务商标永远不可能与外观设计产生冲突。因为产品说明没有对保护范围起到限制作用，所以这尤其适用。在此，所有商品和服务都属于共同体外观设计已经被视为事实，使得商品和服务之间始终存在相同性。❷ 因为立体商标的注册实践非常受限，所以冲突一般仅限于装饰品或装饰物，这证明了广

---

❶ BGH GRUR 2006, 679, 682—Porsche Boxster.

❷ Schlötelburg, Musterschutz an Zeichen, GRUR 2005, 123.

泛的商品和服务概念作为对外观设计的基础。因此，如果在后的共同体外观设计与在先的商标在《德国商标法》意义上相似或相同，则可以被宣告无效。此外，在许多案例中由于以下事实：即使也引用缺乏新颖性和独特性的无效理由，在先的商标却已经预先公布了，参见《共同体外观设计条例》第 25 条第 1 款 b 项与第 5、6 条的比较。

对于近期的德国外观设计，在《德国外观设计法》第 33 条第 2 款第 3 项中存在类似的规定：如果在德国外观设计中使用具有显著性的符号并且该符号的所有者有权禁止使用，则按照规定，该德国外观设计可以被撤销。

1313

如果商标的设计者在商标公布之后，根据《共同体外观设计条例》第 11 条，该设计者对由此产生的非注册式共同体外观设计的权利生效，则也产生一个有趣的局面。因此可能重要的是，必须以合同形式保证，将对商标的权利，同时也将对外观设计的权利转让给设计者的委托人，以便因此保护免受不愉快的意外。然而，通过《德国外观设计法》第 7 条或者《共同体外观设计条例》第 4 条，在大多数案例中，对外观设计的合法所有权视为一并转移。另一方面，保护权的所有者应当通过提出申请或证明未经注册的外观设计设法使其请求早日得到保证。

1314

R
不正当竞争和外观设计

1315   原则上，如果补充性的《德国反不正当竞争法》的保护不适用于仿冒物品，那么在商业权利保护的特殊保护权之外存在仿冒自由性。如果仿冒的物品具有商业竞争独特性并且存在使仿冒显得违反公平竞争原则的特殊情形，则考虑这种反不正当竞争保护。

1316   外观设计法用于保护劳动成果，即外观图样，而《德国反不正当竞争法》（UWG）应当防止市场参与者的不正当行为损害商业竞争。

1317   根据《德国反不正当竞争法》第 3 条和第 4 条第 3 项规定，在满足以下条件的情况下，提供竞争对手的商品的仿冒品是违反公平竞争原则的行为：由此导致对购买人就商品的企业来源产生可避免的欺诈（可避免的来源欺诈），由此而不当地利用或损害被仿冒的商品的商誉（声誉滥用、假借良好声誉、声誉损害），或者不诚实地获取为仿冒所需的知识或资料。

1318   在判定是否违反公平竞争原则时，一直以来的司法判决考虑仿冒程度、竞争独特性程度和特殊竞争情形强度之间的相互作用。竞争独特性越大并且接受程度越高，则对证明不正当性的来源欺诈及其可避免性的要求就越低，反之亦然。❶如果对于仿冒不能提出有效的技术上的理由，那么一般仅对特殊竞争情形的要求就比较低。❷

1319   如果产品的具体造型或特定特征有助于向相关的公众圈提示其企业来源或其特殊性，则该产品具有竞争独特性。竞争独特性应根据仿冒产品的整体印象来确定。❸该整体印象可以通过造型特征来确定或参与确定，这些造型特征虽

---

❶ 生效判决，为此尤其参见 BGH GRUR 2016，730 – Herrnhuter Stern m. w. N。

❷ BGH GRUR 1998，830 – Les – Paul Gitarren.

❸ BGH GRUR 2016，730 – Herrnhuter Stern；GRUR 2010，80 – LIKEaBIKE；GRUR 2013，1052 – Einkaufswagen III；GRUR 2015，909 – Exzenterzähne.

然本身不会在公众中提示来自特定企业的仿冒产品的来源，但是它们的组合能够产生这种提示效果。❶ 与在外观设计法意义上的独特性要求相比，应强调的是，竞争独特性原则上也可以由技术特征得到。❷

补充性的《德国反不正当竞争法》保护中的重大意义适于可避免的来源欺诈事实。来源欺诈原则上必须是在购买时给予购买人的。❸ 在此，除非原创产品和仿冒品并列销售从而公众能够将两者直接相互比较，否则仿冒产品必定已经在相关公众圈的绝大部分中获得一定的认知。❹ 在判定来源欺诈时，对于仿冒产品来说与原创产品的区别并不重要，更重要的是与原创产品的一致之处。❺ 此外，在评价产品的一致性和相似性时，原则上着眼于在按照规定利用原创产品和仿冒品时原创产品和仿冒品带给观察者的整体印象。如果公众稍加注意就能感知到原创产品和仿冒品之间的差异，则排除来源欺诈。❻ 在此适用经验定律，即相关公众圈通常不会同时感知仿冒品和原创产品，而是基于可能模糊不清的记忆印象获得他们的见解。原则上，仿冒产品或其包装上的可清楚识别的制造商说明不存在来源欺诈。❼

1320

科隆地区高等法院❽曾经需要裁定，"Winergy"巧克力棒的包装外形是否构成对知名巧克力棒"Snickers"的产品外观的不正当仿冒（见图R–1）。

1321

图 R–1 存在可避免的来源欺诈

对此，该法院解释，尽管"Winergy"巧克力棒的包装具有一定的视觉独特性，但考虑到在结构和颜色方面的视觉一致性，在"Winergy"的包装中仍然可以看到"Snickers"的包装痕迹。因此，由于对"Snickers"包装的巨大认知度，消费者会认为"Winergy"是原告的第二商标或者至少双方有商业方面的联系。被告附在包装上的制造商标识"Sölen"不能避免这种来源欺诈。该

1322

❶ BGH GRUR 2016，730 – Herrnhuter Stern m. w. N.

❷ BGH GRUR 2007，984 – Gartenliege.

❸ BGH GRUR 2008，793 – Rillenkoffer.

❹ GH GRUR 2010，80 – LIKEaBIKE m. w. N.

❺ BGH GRUR 2007，795，798 – Handtaschen；BGH v. 28. 5. 2009 – LIKEaBIKE.

❻ BGH GRUR 2007，795 – Handtaschen.

❼ OLG Frankfurt GRUR RR 2011，186 – STABILO PEN68.

❽ OLG Köln GRUR – Prax 2014，114 – Bounty & Snickers.

制造商标识很难被认为是独立的标志并且对于德语的公众圈而言其作为独立的制造商标识是不知名的。总体而言，绝大部分的消费者将会由于视觉上的关联而将其对"Snickers"的品质预想转移到"Winergy"上。法院最终确定了存在可避免的来源欺诈。

1323 如果来源欺诈在后来才出现，尤其是在使用产品时才出现，那么原则上就没有理由因为可避免的来源欺诈事实而索赔。❶ 类似的情况还有，仿冒产品仅欺诈了在买方看到该产品的公众，但没有欺诈买方自己，例如因为相关的买方在购买时会特别注意产品的细节。❷ 在这种情况下，通常不认为存在《德国反不正当竞争法》第4条第3a项规定意义上的来源欺诈。然而，可以根据《德国反不正当竞争法》第4条第3b项规定考虑因为违反公平竞争原则地利用了商誉（声誉滥用）而索赔。例如，地区高等法院❸裁定，以"iPod"名称销售的MP3播放器因为其特殊的造型和较高的公众认知度而具有极强的竞争独特性。任何人如果没有合理的技术理由而在仿效性成果抄袭的意义上在自己的产品中重复"iPod"的基本要素，试图分享其良好的声誉并且吸引那些与其周围的部分人相比想要成为正宗产品拥有者的消费者，那么根据《德国反不正当竞争法》第4条第3b项规定，认为是不正当行为。为此不需要考虑，是否可以按照《德国反不正当竞争法》第4条第3a项规定认为存在该意义上的可避免的来源欺诈，这种认定因为商品的制造商说明以及因为造型差异可以排除直接成果引用或几乎相同的成果抄袭而存疑。

1324 原则上，只要仿冒产品的竞争独特性没有丧失并且证明不正当性的特定情形（例如可避免的来源欺诈）没有被消除，❹ 那么不正当竞争保护就能够一直存在。因此，一般来说不存在时间限制。❺ 然而，《德国反不正当竞争法》规定的反仿冒保护的保护期限在权衡相关利益的情况下取决于基于个案的总体评估。这可能导致保护期限的时间限制。❻ 尤其在司法中强调，《德国反不正当竞争法》不能针对仿冒创新提供超过可能的工业产权时限的保护。例如，如果出于不正当竞争保护而对投放市场中很长一段时间的产品中的配件采取措

---

❶ BGH Mitt. 2005, 177 – Klemmbausteine III.

❷ BGH GRUR 1985, 876 – Tchibo/Rolex I; BGH GRUR 2007, 795 – Handtaschen.

❸ OLG Köln BeckRS 2007, 12883 – iPod.

❹ BGH GRUR 2016, 730 – Herrnhuter Stern; BGH GRUR 2003, 356, 358 – Präzisionsmessgeräte; BGH GRUR 1999, 751, 754 – Güllepumpen.

❺ BGH GRUR 1964, 621, 625 – Klemmbausteine I; BGH GRUR 1992, 620 – Klemmbausteine II.

❻ BGH GRUR 2015, 909 – Exzenterzähne.

施，则可能产生这种局面。在这种情况下，在司法上要求对保护进行时间限制。❶

与外观设计或其他工业产权不同，补充的反不正当竞争保护并不构成物权，而仅涉及债权法的索赔。作为对《德国反不正当竞争法》第 14 条的管辖法院规定的补充，《德国外观设计法》第 53 条还包括对主张外观设计权方面和补充竞争权方面诉权的管辖权规定（参见 Rdn. 623）。

1325

---

❶ BGH Mitt. 2005, 177 – Klemmbausteine III.

S
著作权和外观设计

1326   美术作品，包括建筑艺术作品和应用艺术作品以及这些作品的设计，都根据《德国著作权法》第 2 条第 1 款第 4 项规定被保护，只要它们是创作者个人的智力创作。

1327   著作权实质上作为创作者的人格权构型。因此，根据《德国著作权法》第 11 条规定，著作权在创作者与其作品的人格和精神的关系中及其作品使用中保护创作者。由此，不同于在外观设计中，对创作作品保护的物权的理由不成立。

1328   原则上也可以对外观设计的内容申请著作权保护（《德国外观设计法》第 50 条），反之亦然（《德国著作权法》第 97 条第 3 款）。

1329   值得注意的是，应用艺术作品的使用目的与著作权保护并不冲突。❶ 尤其对于应用艺术作品和日用品，应既考虑著作权保护又考虑外观设计保护。当然，如果构型仅由虽然可自由选择或可互换的但技术引起的特征构成并不能识别出任何艺术成就，则该构型不享受著作权保护。仅通过利用手工构造上的构型自由空间或将一个技术特征通过另一技术特征的置换还不能形成自创作的艺术作品。❷

1330   在 2004 年 3 月 12 日之前的旧版本中，旧版的《德国外观设计法》大部分借鉴《德国著作权法》并且在艺术创作高度方面可以被视为"小著作权法"。❸ 与之相对地，现行《德国外观设计法》则不再具有与《德国著作权法》的相似性。新《德国外观设计法》已经有意识地放弃了对构型水平作为保护前提的要求。❹ 在新《德国外观设计法》中，在与其他外观的单独比较中更多地基于不同的整体印象，根据《德国外观设计法》第 2 条第 3 款的规定。

---

❶ BGH GRUR 2012，58 – Seilzirkus；BGH GRUR1987，903 – Le Corbusier Möbel.

❷ BGH GRUR 2012，58 – Seilzirkus.

❸ BHG GRUR 1995，581，582 – Silberdistel.

❹ BHG v. 22. 4. 2010，I ZR 89/08 – Verlängerte Limousinen.

在旧版的《德国外观设计法》生效期间，对于具有使用目的的应用艺术 1331
作品，为了建立著作权保护，通常提出比其他作品类型对构型水平更严格的要
求。[1] 根据作品分类或者创作的表现形式，法律实践（至少在旧版的《德国外
观设计法》生效期间）从对个人精神创作的存在性采取不同的评价尺度出发。
尤其对于不同的作品类型没有统一地评价构型高度的必要等级。表现形式的著
作权保护尤其被视为取决于与美术的距离。相应于古典美术的表现形式导致个
人精神创作比日常典型的日用品更容易得到肯定。仅具有低的构型高度的日用
品应当优先适用作为"小著作权法"的旧版《德国外观设计法》。

涉及实用艺术的上述更严格的处理使联邦法院放弃了"生日礼服"的裁 1332
决。[2] 德国联邦法院在此坚持，对应用艺术作品的著作权保护原则上不应提出
不同于对非实用美术作品的著作权保护的要求。因此，这些作品达到这样的构
型高度就足够了：按照对艺术敏感并且在一定程度上熟悉艺术观的圈子的观点
证明，所述构型高度足以代表"艺术"成就。相反，不要求这些作品明显超
过平均构型高度。此外，德国联邦法院指出，在评价应用艺术作品是否达到所
要求的构型高度时，必须考虑构型的美学效果可以仅依据著作权保护，只要该
美学效果不是由于使用目的而是基于艺术成就。此外，应注意，虽然依据著作
权保护，但同时低的构型高度导致所涉及作品的相应窄的保护范围。

科隆地区高等法院[3]必须做出裁决，对于骨灰坛（原告的产品）是否存在 1333
著作权保护以及被告的产品是否侵犯了原告的著作权（见图S-1）。

原告产品　　　　　被告产品

图S-1　侵犯著作权示例

关于是否存在著作权保护，高等地区法院同意地方法院的判决："据此决 1334

---

[1]　BGH GRUR 1998，830 – Les – Paul – Gitarren.

[2]　BHG GRUR 2014，175 – Geburtstagszug；也参见 Zentek，Designspezifische Absenkung derurheber-
rechtlichen Gestaltungshöhe – Keine Angst vorm BGH，WRP，2010，73 ff.

[3]　OLG Köln GRUR – RR 2016，275 – Airbrush – Urnen.

定性在于，这不涉及自然主义构型的自然复制品，而仅具有边缘化的疏离。更多的，该产品一方面富有想象力和色彩丰富的构型，另一方面同时在选择为此所使用的风格手段时极大简约。因此，中央的鹿主题被剪影式地突出，还附加地通过以下方式强调：鹿和草地的轮廓已通过秀丽的浅配色被得体地勾画出，由此应同时表达出低垂的太阳的光线入射。在描绘的背景中，仅以两个山丘表达的景色在远处消失，其中，深度效果通过不同的灰色或彩色渐变来实现。在该景色的上方是一片由居中表达出的明亮照射的太阳占主导的天空，太阳又被从左向右水平延伸的银灰色的双重云带部分地遮挡。整个主题背景最终沉浸在强烈的浅绿色的基色中，该基色赋予整体一个宁静但同时也与自然模型明显疏离的氛围。"因此，总体而言，原告的产品具有所要求的创作高度。

1335　　　法院进一步指出，在本案中不能由此出发认为原告的骨灰坛仅具有"显而易见的低的构型高度"。使用已经具有独立创作特性的表达用于装饰墓地骨灰坛更多地具有原创性的程度，这绝对超出了刚好还可保护的"小硬币"的下限。在这种背景下，地区法院以合适的理由认为，这两种产品的整体印象彼此如此相似，使得被告的产品没有任何独立的创作特性，与独立的创作特性相比，由原告所使用的构型的创作元素是次要的。更多地这两个骨灰坛特征均在于，在一片少云的天空下，在开阔的山谷景色前的剪影式表达的鹿以及保持绿色调的主题。由被告举证的区别（动物的神态、景色的构型、第二光源的存在、延伸到盖上的绘图）仅涉及不能表征整体印象的细节，并且因此不被认为是独立创作的成就。因此法院裁决构成侵犯著作权。

1336　　　较早期的判决涉及所谓的 Tripp Trapp 儿童椅。联邦法院裁定，仿制品 Alpha 椅不是独立研发的家具，而是有针对性的 Tripp Trapp 椅的复制品（见图 S–2）。❶

Tripp Trapp椅　　　　　　　　Alpha椅

图 S–2　侵犯著作权示例

---

❶　BHG GRUR 2009，856 – Tripp Trapp Stuhl.

虽然 Tripp Trapp 椅是权威的，但并非仅通过平行的侧支撑的醒目的"L"　1337
形状表征；在整体观察中，"L"形状处于中心地位，因为椅子在后方区域中
在一定程度上显得自由晃动或者无支撑。Alpha 椅在如此大的程度上抄袭 Tripp
Trapp 椅的重要的构型特征，给观察者提供了一种视觉的整体印象：Alpha 椅
在其表征独特性的构型中，很大程度上相应于受保护作品。在 Alpha 椅中正好
也存在典型的形状元素，Alpha 椅在基本形状、结构和尺寸上实际几乎完全相
应于 Tripp Trapp 椅。Alpha 椅附加的支撑杆看起来明显地像后装入的附加物，
它应该会增强椅子的稳定性，但不能作为使原创作品的表现特征的本质特性淡
化的构型对立点。尽管增加了引人注目的支撑杆，但受保护作品的醒目的
"L"形状似乎没有改变。在这方面，法院裁决著作权侵权成立。

著作权在创作者去世后 70 年届满（《德国著作权法》第 64 条）。　　1338

T
边境扣押

1339   在德国法律中，《德国外观设计法》第 55～57a 条规定了边境扣押。

1340   在此，按照《德国外观设计法》第 38 条第 1 款规定在边境扣押情况下的侵权行为必须是明显的。

1341   边境扣押的依据可以是德国外观设计、在德国享有保护的国际外观设计或共同体外观设计。共同体外观设计可以是已注册或未注册的。在此，边境扣押有助于保证请求，尤其销毁请求。

1342   在大多数情况下，海关根据欧盟法律行事，国家法规一般处于次级地位，《德国外观设计法》第 55 条第 1 款在此参考 2013 年 6 月 12 日的（欧盟委员会）条例第 608/2013 号法规，自 2014 年 1 月 1 日起生效。然而，存在未被欧盟法规覆盖的领域。例如涉及：

1343   –   平行进口/灰色进口/超配额（超过批准的许可数量的商品）；

         –   共同体内的商品运输；

         –   在用于特殊目的使用的规定范畴内已经转移到海关法规定的自由运输中的商品；

         –   在旅行者的个人行李中携带的非商业性质的商品。

1344   到目前为止的应用范围扩大到包括半导体拓扑图、外观设计、避开版权的产品、商品名称和某些地理说明。用于在（欧盟委员会）条例未涵盖的情况下的扣押程序在国家权利保护法规，例如《德国商标法》《德国著作权法》《德国外观设计法》或《德国植物品种保护法》中被规定。

1345   用于按照国家程序扣押的绝对条件是由权利人提出申请和相应的保证金（银行担保）。当侵权行为明显时，如果存在经批准的申请，海关可以下令扣押。这意味着，对在场的海关官员而言，侵权必须证据确凿并且不能存在合理的怀疑。排除进一步调查，甚至鉴定的请求。而对于按照（欧盟委员会）条例第 608/2013 号法规的程序，怀疑已经足以执行扣押。

为了减轻海关的工作，权利人必须参与，以便澄清侵权的明显识别特征。权利人必须在提出申请时已经说明使海关能够毫无疑问地确定专利侵权的特征。在没有这种线索的情况下，海关不能执行扣押。   1346

扣押的期限为两周，在此期间被申请人可以向海关针对该措施提出异议。在该期限届满后或异议程序终止后，有关货物将被没收。当然，也提供针对没收提出异议的机会。在没收的法力生效后，货物将被销毁。   1347

应根据《德国外观设计法》第 57 条第 1 款向海关总署提出扣押申请。   1348

此外，海关自 2004 年 7 月 1 日起依据（欧盟委员会）条例第 1383/2003 号法规行事，并且在此背景下不限于单纯的国家措施。共同体外观设计的权利人可以据此在任一成员国的总局提出申请，然后该申请在几个或所有欧盟成员国有效。该程序在德国被称为简化的申请程序。该申请将被集中批准并且将决定传达给有关的成员国。决定有效期为 1 年，但可以任意延长。因此，必须及时提交延长申请，优选在届满前至少 30 个工作日内提出。   1349

关于按照国家以及共同体法律扣押的更多信息也可以在海关主页 www.zoll. de 上获取。   1350

附件 *1*
共同体外观设计条例

欧盟理事会关于共同体外观设计的 6/2002 号条例

2001 年 12 月 12 日

（ABl. EG Nr. L 3，2002.1.5，S. 1）

欧盟理事会 1891/2006 条例于 2006 年 12 月 18 日就关于批准欧共体加入

《工业品外观设计国际注册海牙协定日内瓦文本》

修订了欧盟理事会 6/2002/EG 条例和欧盟理事会 40/94/EG 条例

（ABl. EG Nr. L 386，2006.12.29，S.14）

目录（本目录并非此条例的一部分）

第一章　总　则

第 1 条　共同体外观设计

1. 符合本条例规定的外观设计在本条例中被称为"共同体外观设计"。

2. 外观设计按以下方式受到保护：

（a）如果通过本条例所规定的方式被公众所知晓，则作为"非注册式共同体外观设计"受到保护；

（b）如果通过本条例所规定的方式进行注册，则作为"注册式共同体外观设计"受到保护。

3. 共同体外观设计具有统一的特性，在整个共同体领域内具有同等效力。共同体外观设计仅能在整个共同体境内进行注册、转让，或者作为放弃或被宣告无效的客体，并且其使用仅能在整个共同体领域内被禁止。除非本条例另有规定，这一原则应予适用。

第 2 条　协调局

根据 1993 年 12 月 20 日通过的关于共同体商标的欧盟理事会第 40/94 号条例〔ABl. L 11，1994.1.14，S. 1，条例最后由 EG 第 3288/94 号条例（ABl. L349，1994.12.31，S. 1）修订〕设立内部市场协调局（商标和外观设计），其负责履行本条例赋予的职责。内部市场协调局以下简称为"协调局"。关于共同体商标的欧盟理事会第 40/94 号条例以下简称为《共同体商标条例》。

第二章　有关外观设计的法律

第一节　保护要件

第 3 条　定义

根据本条例：

（a）"外观设计"是指产品的整体或部分的外观特征，尤其是线条、轮廓、色彩、形状、产品本身的表面结构和/或材料和/或产品的装饰；

（b）"产品"是指任何工业或手工制品，包括要组合成复合产品的部件、包装、装潢、图形符号以及字体设计，但计算机程序不属于"产品"；

（c）"复合产品"是指由多个可以被替换的组件组成的、能够分拆和重新组装的产品。

第 4 条　受保护的要件

1. 受共同体外观设计保护的外观设计应具有新颖性和独特性。

2. 应用于或包含于某产品的外观设计，如果所述产品是某复合产品的一个组件，则该外观设计只有在下列情形下才被视为具有新颖性和独特性：

（a）该组件安装到复合产品中后，在复合产品正常使用过程中该组件仍然可见；并且

（b）该组件的上述可见特征本身能够满足新颖性和独特性的要件。

3. 在本条第 2 款（a）项中所述的"正常使用"是指终端用户的使用，不包括维护、服务或修理工作。

第 5 条　新颖性

1. 外观设计具有新颖性是指没有完全相同的外观设计为公众所知晓：

（a）对于非注册式共同体外观设计，是指在要求受保护的外观设计首次为公众所知的日期之前；

（b）对于注册式共同体外观设计，在要求受保护的外观设计的注册申请日之前，如果要求了优先权，则在优先权日之前。

2. 特征差异仅存在于非实质性细节方面的外观设计视为相同。

第 6 条　独特性

1. 如果一项外观设计给予见多识广的用户的整体印象不同于任何为公众所知晓的外观设计给予该用户的整体印象，则该外观设计被视为具有独特性：

（a）对于非注册式共同体外观设计，是指在要求保护的外观设计首次为公众所知晓的日期之前；

（b）对于注册式共同体外观设计，是指注册申请日之前，如果要求了优先权，则在优先权日之前。

2. 在评价独特性时，应考虑设计者在开发外观设计时所享有的设计自由度。

第 7 条　公开

1. 在适用第 5 条和第 6 条时，如果在第 5 条第 1 款（a）项和第 6 条第 1 款（a）项或者第 5 条第 1 款（b）项和第 6 条第 1 款（b）项所规定的日期之前，外观设计已经注册公布或以其他方式公布，或者被展出、在商业中使用或以其他方式公开，则该外观设计被视为已被公众所知晓，除非上述情形在正常商业活动中不能被共同体内相关行业的从业人员合理地知晓。但是，如果该外观设计仅仅公开给具有明示或默示的保密义务的第三人，则该外观设计不应视为已经被公众所知晓。

2. 如果要求作为注册式共同体外观设计受保护的外观设计在下列情形下已被公众所知晓，则不能被视为第 5 条和第 6 条所述的公开：

（a）由设计者或其权利继受人，或者通过设计者或其权利继受人提供的

信息或采取的行动而知晓的第三人进行公开；并且

（b）在注册申请日之前的 12 个月内进行公开，如果要求了优先权，则在优先权日之前的 12 个月内进行公开。

3. 本条第 2 款的规定同样适用于因滥用与设计者或其权利继受人的关系而导致外观设计被公开。

第 8 条 由技术功能和连接关系决定的外观设计

1. 如果产品的外观特征仅由其技术功能所决定，则不给予共同体外观设计保护。

2. 如果产品的外观特征必须以其确切形状和确切尺寸才能复制再现，以使包含和使用外观设计的产品能够机械连接到另一产品或安装在另一产品之中、之上或者周围从而实现两者的功能，则不给予共同体外观设计保护。

3. 不论是否适用本条第 2 款，在符合第 5 条和第 6 条规定要件的前提下，为了使模块化系统内多个可相互替换的产品能够组装或连接的外观设计，给予共同体外观设计保护。

第 9 条 违反公共政策或公共道德的外观设计

违反公共政策或公认道德原则的外观设计，不给予共同体外观设计保护。

第二节 保护范围和期限

第 10 条 保护范围

1. 共同体外观设计的保护范围延及未给见多识广的用户造成不同整体印象的任何外观设计。

2. 在确定保护范围时，应考虑设计者在开发外观设计时所享有的设计自由度。

第 11 条 非注册式共同体外观设计的起始日和保护期限

1. 符合第一节所规定要件的外观设计作为非注册式共同体外观设计受到保护，保护期为 3 年，自该外观设计被共同体境内的公众首次知晓之日起计算。

2. 就本条第 1 款而言，如果一项外观设计已经公开、展出、在商业中使用或以其他方式公开，使得在正常商业活动中被共同体内相关行业的从业人员合理地知晓，则该外观设计应视为已经被共同体境内的公众所知晓。但是，仅公开给具有明示或默示的保密义务的第三人，该外观设计不应视为已经被公众所知晓。

第 12 条 注册式共同体外观设计的起始日和保护期限

在协调局注册后，符合第一节所规定要件的外观设计作为注册式共同体外观设计受到保护，保护期为 5 年，自申请日起计算。权利人可以每 5 年续展保护期，并且可以续展一次或多次，直至自申请之日起 25 年的总期限。

第 13 条　续展

1. 经权利人或其明确授权的任何人的请求，在已经缴纳续展费的情况下，注册式共同体外观设计的注册可以续展。

2. 在注册期届满之前，协调局及时通知注册式共同体外观设计的权利人以及任何登记在注册式共同体外观设计登记簿（参见第 72 条，以下称为"登记簿"）上的权利所有人。协调局不对未提供该等通知承担任何责任。

3. 应在保护期届满当月最后一日之前的 6 个月内提交续展申请并缴纳续展费。如未能采取前述行为，可以在前述规定的日期之后 6 个月的延长期内提交续展请求并缴纳续展费，但是必须在延长期内缴纳额外费用。

4. 续展期从当前注册期届满之日起生效。续展应被登记在登记簿上。

第三节　共同体外观设计的权利

第 14 条　共同体外观设计的权利

1. 共同体外观设计的权利由设计者或其权利继受人享有。

2. 如果外观设计由多人共同开发，则共同体外观设计的权利由前述多人共同享有。

3. 但是，如果外观设计是由雇员履行职责而开发或者依照雇主的指示而开发的，则共同体外观设计的权利由雇主享有，除非双方另有约定或成员国国内法另有其他规定。

第 15 条　主张与共同体外观设计的权利相关的权利

1. 如果非注册式共同体外观设计被非第 14 条赋权的人员公开或主张权利，或者注册式共同体外观设计被前述人员以其自身名义注册或申请，则第 14 条规定的权利人有权请求成为前述共同体外观设计的合法权利人，且不损害权利人的其他救济方式。

2. 根据本条第 1 款，与他人共同享有共同体外观设计权利的人有权主张成为共同权利人。

3. 在注册式共同体外观设计公布日之后或者非注册式共同体外观设计公开日之后的 3 年内，禁止提起本条第 1 款或第 2 款项下的法律程序。本规定不适用于无权享有共同体外观设计的人在该期间恶意地申请、公开或受让该等外观设计的情形。

4. 对于注册式共同体外观设计，以下内容应被登记在登记簿上：

（a）根据本条第 1 款规定已提起的法律程序；

（b）生效决定或其他终止程序；

（c）因生效决定而导致注册式共同体外观设计所有权的任何变更。

第 16 条 关于注册式共同体外观设计权利的判决的效力

1. 如果由于第 15 条第 1 款规定的法律程序导致注册式共同体外观设计的所有权发生彻底改变，登记在登记簿上的权利人的许可权和其他权利失效。

2. 在第 15 条第 1 款规定的法律程序登记在册之前，如果注册式共同体外观设计的所有人或被许可人已经在共同体境内实施该外观设计或已经为实施该外观设计做了认真且有效的准备，并且其在实施细则规定的期限内向被登记在册的新所有人请求一项非排他性的许可，则其可以继续实施该外观设计。前述许可应在合理期限和合理条件下获得。

3. 本条第 2 款不适用于注册式共同体外观设计的所有人或被许可人在该期间恶意地实施或准备实施该外观设计的情形。

第 17 条 有利于外观设计的注册人的推定

注册式共同体外观设计以某人的名义注册，或者在注册之前以某人的名义提交申请，则该人应被视为是协调局任何程序或其他诉讼中的权利人。

第 18 条 被援引的设计者的权利

设计者以与注册式共同体外观设计的权利人或申请人相同的方式有权出席协调局的庭审并登记在登记簿上。如果外观设计是团队合作的成果，则团队的援引可以替代个人设计者的援引。

第四节 共同体外观设计的效力

第 19 条 共同体外观设计赋予的权利

1. 注册式共同体外观设计赋予其权利人使用和阻止第三方未经同意而使用的排他性权利，并且前述"使用"应特别包括制造、提供、投入市场、进口、出口或使用包含或应用该外观设计的产品，或者为了前述目的而储存该等产品。

2. 然而，只有因抄袭受保护的外观设计而发生有争议的使用时，非注册式共同体外观设计才赋予其权利人参照本条第 1 款阻止该等行为的权利。被合理地认为对权利人公之于众的外观设计并不熟悉的设计者独立创作的结果，不应视为因抄袭受保护的外观设计而导致的有争议的使用。

3. 本条第 2 款也适用于延期公布的注册式共同体外观设计，只要登记簿和档案中的相关条目还没有根据第 50 条第 4 款被公众所知晓。

第 20 条 共同体外观设计赋予的权利的限制

1. 在下列情形下共同体外观设计赋予的权利不得行使：

（a）为了非商业目的的私人领域的使用；

（b）为实验目的的使用；

（c）为了引用或教学之目的而复制，前提是该等行为符合公平贸易的惯例并且不得过度损害该外观设计的正常实施，并且注明了出处。

2. 此外，共同体外观设计赋予的权利在下列情形下不得行使：

（a）登记在第三国并且临时到达共同体境内的船舶和飞机上的设备；

（b）为修理上述船舶或航空器进口到共同体境内的备件和附件；

（c）上述船舶或航空器的修理工作。

第21条　权利用尽

某产品包含一项落入某共同体外观设计保护范围中的外观设计或使用该外观设计的，如果共同体外观设计的权利人将该产品投放到共同体市场或者经权利人同意该产品被投放到共同体市场，则共同体外观设计赋予的权利不得扩大到与该产品有关的行为。

第22条　与注册式共同体外观设计有关的先用权

1. 如果第三人能够证明在申请日之前或者有优先权的在优先权日之前，其已经在共同体境内善意地使用一项落入某注册式共同体外观设计的保护范围内的，并非抄袭该注册式共同体外观设计的外观设计或已经为该等使用做了认真且有效的准备的，则该第三人可以主张先用权。

2. 第三人出于某目的在注册式共同体外观设计申请日之前或优先权日之前使用该外观设计或出于该目的认真且有效的准备使用的，先用权赋予该第三人出于前述目的实施该外观设计的权利。

3. 先用权不得延及许可他人使用该外观设计。

4. 先用权不得转让，除非第三人是企业且该转让与已进行前述使用或前述准备的企业业务共同进行。

第23条　政府使用

成员国法律允许由政府或为了政府使用国内外观设计的，也可以适用于共同体外观设计，但是仅限于为了必不可少的国防或安全的需要而使用。

第24条　宣告无效

1. 由协调局根据第六章和第七章规定的程序依申请或由共同体外观设计法院基于侵权程序中的反诉，注册式共同体外观设计被宣告无效。

2. 即使在共同体外观设计终止或放弃之后，该共同体外观设计仍可以被宣告无效。

3. 共同体外观设计法院依向其提出的申请或基于侵权程序中的反诉，宣告非注册式共同体外观设计无效。

第 25 条　无效理由

1. 共同体外观设计只有在以下情形下可以被宣告无效：

（a）如果该外观设计不符合第 3 条（a）项的定义；

（b）如果该外观设计不符合第 4~9 条规定的要件；

（c）如果根据法院的判决，权利所有人不是依据第 14 条规定应被授予共同体外观设计的人；

（d）❶ 如果共同体外观设计与一项在先设计相冲突，该在先设计在共同体外观设计申请日之后或有优先权的在共同体外观设计的优先权日之后公之于众并且在该等日期之前依照下列情形受到保护：

（ⅰ）根据注册式共同体外观设计或注册式共同体外观设计的申请；

（ⅱ）根据成员国的已注册的外观设计权或根据其申请；

（ⅲ）根据 1999 年 7 月 2 日在日内瓦通过的《工业品外观设计国际注册海牙协定日内瓦文本》（以下称《日内瓦文本》，欧盟理事会 2006/954/EG 决议通过了《日内瓦文本》且在共同体境内生效）所规定的外观设计权利，或者根据其申请；

（e）如果在后的外观设计中使用了特殊标识，并且可适用的共同体法律或成员国法律赋予该特殊标识的权利人禁止他人使用的权利；

（f）如果该外观设计构成对成员国著作权法所保护的作品的未经授权使用；

（g）如果该外观设计构成对《保护工业产权巴黎公约》（以下称《巴黎公约》）第 6b❷条列明的物品的不适当使用，或者构成对该第 6b 条列明之外的且在成员国具有特定公共利益的徽章、图章和纹章的不适当使用。

2. 本条第 1 款（c）项所规定的无效理由只能由第 14 条规定的共同体外观设计权利人援引。

3. 本条第 1 款（d）~（f）项规定的无效理由只能由申请人或在先权利人援引。

4. 本条第 1 款（g）项规定的无效理由只能由使用人或使用实体援引。

5. 本条第 3 款和第 4 款不得损害成员国的权利，但是第 1 款（d）项和（g）项规定的无效理由也可以由协调局的相关成员国的主管权力机关援引。

6. 根据本条第 1 款（b）、（e）~（g）项被宣告无效的注册式共同体外观设计可以通过修改的形式而维持有效，只要经该等修改后符合受保护的要件

---

❶ 协调局 1891/2006 号条例于 2006 年 12 月 18 日修订。该修订于 2008 年 1 月 1 日生效。

❷ 指《巴黎公约》第 6 条。

且该外观设计保持了同一性。"通过修改的形式而维持有效"可以包括由注册式共同体外观设计权利人部分放弃权利而注册，或将法院判决或协调局宣告注册式共同体外观设计部分无效的判决决定登记在登记簿上。

第 26 条　无效的后果

1. 共同体外观设计根据本条例规定的效力在该共同体外观设计被无效宣告的范围内视为自始不存在。

2. 根据国内法因共同体外观设计权利人疏忽或缺乏善意的行为而导致损害赔偿的或者根据国内法属于不当得利的，共同体外观设计的无效不具有溯及力：

（a）侵权判决已经生效且在无效判决之前已经执行；

（b）在无效判决之前签订并履行的合同；但是，在一定程度合理的情况下，可以根据公平理由主张退回履行合同所支付的款项。

第三章　共同体外观设计作为财产权利客体

第 27 条　共同体外观设计作为成员国国内外观设计权利对待

1. 除非第 28~32 条另有规定，在下列情况下，将共同体外观设计作为财产权利客体，在其整体上且在整个共同体范围内，作为成员国国内外观设计权利对待：

（a）权利人于相关日期时处于该成员国境内或在该成员国境内具有住所；

（b）如果（a）项不适用，权利人于相关日期时在该成员国境内设有机构。

2. 对于注册式共同体外观设计，第 1 款应适用登记簿上的内容。

3. 对于共同权利人的情形，如果其中的两人或多人符合第 1 款规定的要件，则第 1 款所规定的成员国应根据以下规定确定：

（a）对于非注册式外观设计，参照经共同权利人共同磋商而指定的相关共同权利人；

（b）对于注册式共同体外观设计，参照在登记簿上依次登记的第一个相关共同权利人。

4. 如果第 1 款、第 2 款和第 3 款均不适用，则第 1 款所涉及的成员国应根据协调局所在地确定。

第 28 条　注册式共同体外观设计权的转让

注册式共同体外观设计权的转让应遵守以下规定：

（a）经一方当事人请求，权利转让登记在登记簿上且被公布；

（b）在被登记到登记簿上之前，权利继受人不能享有源自共同体外观设计注册的权利；

（c）如果协调局规定了转让时限，则一旦协调局收到转让登记的请求，权利继受人应向协调局做出相应的声明；

（d）根据第66条的规定，需要通知注册式共同体外观设计权利人的全部文件，由协调局向注册为权利人的人或其代理人提出。

第29条 注册式共同体外观设计的对物权

1. 注册式共同体外观设计可以作为抵押或作为对物权的客体。

2. 经一方要求，第1款所指的权利应被登记在登记簿上并被公布。

第30条 扣押

1. 注册式共同体外观设计可以被扣押。

2. 对于涉及注册式共同体外观设计的扣押程序，第27条规定的成员国的法院或权力机关具有排他管辖权。

3. 经一方要求，扣押应登记在登记簿上并被公布。

第31条 破产程序

1. 涉及共同体外观设计的破产程序只能在债务人主要财产集中地的成员国领域内进行。

2. 对于共同体外观设计为共同所有权的情况，第1款的适用应按照共同权利人的份额确定。

3. 如果破产程序涉及共同体外观设计，经有管辖权的国家权力机关要求，该事项应登记在登记簿上并在根据第73条第1款规定的共同体外观设计公报上公告。

第32条 许可

1. 共同体外观设计可以在共同体全部或部分领域内许可。许可包括排他性许可和非排他性许可。

2. 在不违背基于合同法的任何法定程序的前提下，如果被许可人违反了许可合同项下有关许可期限、外观设计使用方式、许可授予的产品范围以及被许可人制造的产品质量的条款，权利人可以向被许可人行使共同体外观设计赋予的权利。

3. 在不违背许可合同规定的前提下，只有经过权利人同意，被许可人才能提起共同体外观设计的侵权程序。但是，如果共同体外观设计权利人在收到通知后的适当期限内没有提起侵权程序，则排他性被许可的权利人可以提起这样的程序。

4. 为了获得损害赔偿，被许可人有权参加共同体外观设计权利人提起的侵权诉讼。

5. 经一方当事人请求，注册式共同体外观设计的许可的授予或转让应登记在登记簿上并被公布。

第 33 条 对第三人的效力

1. 涉及第 28～30 条和第 32 条的对第三人的法律诉讼的效力适用根据第 27 条规定所确定的成员国法律。

2. 但对于注册式共同体外观设计而言，涉及第 28～29 条和第 32 条的法律诉讼只有经登记在登记簿上之后才拥有在全体成员国境内对抗第三人的效力。尽管如此，在登记之前，该等法律诉讼仍对知晓该诉讼并且给予该诉讼在诉讼日后对该注册式外观设计享有权利的第三人具有对抗效力。

3. 第 2 款不适用于通过企业的全部转让或其他任何概括转让而获得注册式共同体外观设计或与注册式共同体外观设计有关权利的人。

4. 在各成员国在破产领域的统一法规生效前，破产程序对第三人的效力适用在其中第一次提起此类程序的成员国法律。

第 34 条   将注册式共同体外观设计作为财产权客体的申请

1. 将注册式共同体外观设计作为财产权客体申请应在整体上并且在整个共同体范围内，与根据第 27 条确定的成员国的国内外观设计权利一样地对待。

2. 注册式共同体外观设计的申请应比照适用第 28～33 条的规定。

如果该等条款的效力根据登记簿上的登记而生效，在共同体外观设计注册时应适用该等程序规定。

第四章   共同体外观设计的申请

第一节   提交申请和申请需满足的要求

第 35 条   申请的提交和转交

1. 申请人可以选择向以下机构提交共同体外观设计申请：

（a）协调局；

（b）成员国中央级工业产权局；

（c）比荷卢关税国家境内的向比荷卢外观设计局提交。

2. 如果向成员国中央级工业产权局或比荷卢外观设计局提交申请，该等机构应在收到申请后两周内采取一切必要手段将申请转交给协调局。成员国中央级工业产权局或比荷卢外观设计局可以向申请人收取一定费用，但该费用不得超过接收和转交该申请所需的行政成本。

3. 协调局一旦收到成员国中央级工业产权局或比荷卢外观设计局转交的申请，就立刻通知申请人告知其收到该申请的日期。

4. 在本协议生效后 10 年内，欧盟委员会将就申请注册式共同体外观设计的运作体系制定一份报告，并附上其认为适当的修订提议。

第 36 条　申请需满足的要求

1. 注册式共同体外观设计的申请必须包含：

（a）注册请求；

（b）确认申请人身份的信息；

（c）外观设计的适于复制的视图。但是，如果申请的客体是二维外观设计并且该申请包含根据第 50 条规定的延期公布申请的请求，则外观设计的视图可以由样本替代。

2. 申请还必须包含产品说明，前述产品要包含或使用该外观设计。

3. 此外，申请可以包括：

（a）用以解释视图或样本的描述；

（b）根据第 50 条规定的延期公布注册的请求；

（c）申请人指定了代理人的，代理人身份的信息；

（d）产品的分类，该产品根据该分类包含或使用该外观设计；

（e）设计者或设计团队的援引，或者由申请人担责声明设计者或设计团队放弃被援引权利。

4. 申请应缴纳注册费和公布费。如果根据第 3 款（b）项提出延期公布的请求，公布费由延期公布的费用代替。

5. 申请应符合实施细则所规定的要求。

6. 包含有第 2 款、第 3 款（a）项和（d）项所提到的信息不影响外观设计的保护范围。

第 37 条　多项申请

1. 多个外观设计可以合成一个注册式共同体外观设计多项申请。除了装饰物的情况外，多项申请还适用于包含或使用该外观设计的产品全部属于工业设计国际分类的相同类别的情况。

2. 除了第 36 条第 4 款所提到的费用之外，多项申请还应缴纳额外的注册费和额外的公布费。如果多项申请包含了延期公布请求，则附加的公布费由延期公布的额外费用代替。该等额外费用应与每项附加的外观设计的基本费用成比例。

3. 多项申请应符合实施细则所规定的要求。

4. 根据本条例，包含在多项申请或注册的每项外观设计可以相互独立地对待。特别是其可以相互独立地执行，作为许可、对物权、扣押或破产程序、放弃、续展或转让、作为延期公布或被宣告无效的客体。只有在符合实施细则所规定的要件时，多项申请或注册才可以被分成单一申请或单一注册。

第 38 条　申请日

1. 注册式共同体外观设计的申请日是申请人将包含第 36 条第 1 款所规定的信息的文件提交到协调局或者提交到成员国中央级工业产权局或比荷卢外观设计局的日期。

2. 作为第 1 款的例外，将包含第 36 条第 1 款所规定的信息的文件提交给成员国中央级工业产权局或比荷卢外观设计局的日期后超出 2 个月协调局才收到的，则将协调局收到该等文件的日期视为申请日。

第 39 条　共同体申请等同于国内申请

已经给予申请日的注册式共同体外观设计申请应在成员国境内等同于正规的国家申请，包括在适当情形下就上述申请主张优先权。

第 40 条　分类

为本条例之目的，使用 1968 年 10 月 8 日在洛迦诺签署的《工业品外观设计国际分类洛迦诺协定》作为本条例的附件。

第二节　优先权

第 41 条　优先权的权利

1. 向《保护工业产权巴黎公约》或《建立世界贸易组织协定》的缔约国合法提出外观设计权利或实用新型申请的人或其权利继受人，为了就相同的外观设计或实用新型申请注册式共同体外观设计之目的享有从首次提出申请之日起 6 个月的优先权。

2. 根据缔约国国内法或双边或多边协定，等同于正规的国家申请的每项申请应视为产生了优先权基础。

3. "正规的国家申请"是指任何足够确定申请日期的申请，无论申请的结果如何。

4. 如果在后申请的外观设计是先前首次申请的客体且在相同的缔约国提出申请，则为确定优先权之目的，该外观设计的在后申请视为首次申请，但前提是在提出在后申请之日，在先申请被撤回、放弃或驳回且没有公开给公众查阅和没有留下任何未决的权利，也没有作为要求优先权的基础。在这种情况下在后申请不再作为要求优先权的基础。

5. 如果首次申请不是向《保护工业产权巴黎公约》或《建立世界贸易组织协定》的缔约国提出，则第 1~4 款只适用于该国范围内。根据公布的协议，基于向协调局提出的申请且根据等同于本条例规定的要件的，授予具有相同效力的优先权。

第 42 条   主张优先权

希望获得在先申请优先权的注册式共同体外观设计的申请应提交优先权声明以及在先申请的副本。如果在先申请的语言不是协调局指定的语言，则协调局可以要求提交在先申请的协调局指定的语言的译文。

第 43 条   优先权的效力

优先权的效力是指，就第 5 条、第 6 条、第 7 条、第 22 条、第 25 条第 1 款（d）项和第 50 条第 1 款而言，优先权日应视为申请注册式共同体外观设计的申请日。

第 44 条   展览优先权

1. 注册式共同体外观设计申请人在官方的或官方认可的国际性展会上公开包含或使用该外观设计的产品，该等国际性展览会符合 1928 年 11 月 22 日在巴黎签署的《国际展览公约》及其在 1972 年 11 月 30 日修订的条款规定的，如果申请人在首次公开该等产品之日起 6 个月内提出申请，可以主张第 43 条规定的优先权。

2. 申请人希望根据第 1 款主张优先权的，必须根据实施细则规定的要件提交其在展览会上公开了包含或使用该等外观设计的产品的证明。

3. 成员国或第三国授予的展览优先权不得延长第 41 条规定的优先权期限。

第五章   注册程序

第 45 条   申请形式要求的审查

1. 协调局审查申请是否符合第 36 条第 1 款所规定的有关确定申请日的要求。

2. 协调局审查：

（a）申请是否符合第 36 条第 2~5 款所规定的其他要求，并且如果属于多项申请，是否符合第 37 条第 1 款和第 2 款所规定的要求；

（b）申请是否符合实施细则第 36 条和第 37 条所规定的形式要求；

（c）是否符合第 77 条第 2 款规定的要求；

（d）如果主张优先权，是否符合主张优先权的要求。

3. 作为申请的形式要求的审查条件由实施细则做出规定。

第 46 条   可纠正的缺陷

1. 在根据第 45 条进行审查时，协调局确定可以被纠正的缺陷的，协调局要求申请人在规定期限内纠正缺陷。

2. 如果缺陷涉及第 36 条第 1 款所规定的要求且申请人遵照协调局的要求

在规定期限内补正，则协调局应将缺陷补正之日作为申请日。如果缺陷在规定期限内未补正，则申请将不作为注册式共同体外观设计申请进行处理。

3. 如果缺陷涉及第45条第2款（a）~（c）项所规定的要件（包括费用缴纳）且申请人在规定期限内满足了协调局的要求，则协调局应将最初提出申请之日作为申请日。如果在规定期限内缺陷未补正或没有缴纳费用，则协调局应驳回申请。

4. 如果缺陷涉及第45条第2款（d）项所规定的要件，未能在规定期限内补正将导致申请丧失优先权。

第47条　不予注册的理由

1. 如果在根据第45条进行审查时，协调局认为要求所保护的外观设计：

（a）不符合第3条（a）项所规定的定义；

（b）违反公共政策或公认的道德准则。

协调局将驳回申请。

2. 在给予申请人撤回或修改申请或提交其意见的机会之前，申请不得被驳回。

第48条　注册

如果申请注册式共同体外观设计必须满足的要件已经满足且申请没有根据第47条的规定而被驳回，则协调局应将申请作为注册式共同体外观设计登记在共同体外观设计登记簿上。注册日应为第38条规定的申请日。

第49条　公布

一经注册，协调局应在第73条第1款规定的共同体外观设计公报上公布注册式共同体外观设计。公布的内容由实施细则做出规定。

第50条　延期公布

1. 注册式共同体外观设计申请人可以在提出申请时请求，自申请日或优先权日（如果主张优先权）起30个月内延期公布该注册式共同体外观设计。

2. 如果提出该等请求，符合第48条规定条件的注册式共同体外观设计应被注册，但该外观设计的表达和与申请有关的任何档案均应根据第74条第2款的规定不对公众查阅开放。

3. 协调局应在共同体外观设计公报上公告有关注册式共同体外观设计延期公布的消息。该消息应附带确认注册式共同体外观设计权利人身份的信息、申请日和其他由实施细则规定的细节。

4. 延期公布期限届满时或者在经权利人要求的更早日期，协调局应向公众查询开放所有登记在登记簿上的内容以及与申请有关的档案，并且应在共同体外观设计公报上公布该注册式共同体外观设计，但前提是在实施细则规定的期限内：

（a）已经缴纳了公布费和额外公布费用（如果是多项申请）；

（b）根据第 36 条第 1 款（c）项的规定，权利人已向协调局提交了该外观设计的表述。

如果权利人未能满足上述要件，则注册式共同体外观设计应视为自始没有取得本条例规定的法律效力。

5. 对于多项申请，第 4 款可能只适用于其中的一些外观设计。

6. 在延期公布期间，仅当登记簿或与申请有关的档案所包含的信息已经通知了被起诉人时，才能基于注册式共同体外观设计而提起的法律程序。

第六章　注册式共同体外观设计的放弃和无效

第 51 条　放弃

1. 注册式共同体外观设计的放弃应由权利人向协调局提交书面声明。直到登记在登记簿上，放弃才能发生法律效力。

2. 放弃延期公布的共同体外观设计的，该共同体外观设计视为自始没有取得本条例规定的法律效力。

3. 注册式共同体外观设计可以被部分放弃，但前提是其修订方式符合受保护的要件并且该外观设计的同一性仍然保留。

4. 放弃只有经登记簿上登记的权利人同意才能被登记。登记了许可的，只有注册式共同体外观设计权利人证明他已经将放弃的意向告知被许可人，放弃才能被登记在登记簿上。该等登记应在实施细则规定的期限届满后做出。

5. 如果已在共同体外观设计法院提起第 14 条规定的与注册式共同体外观设计权利有关的诉讼，则未经原告同意，协调局不得将放弃登记在登记簿上。

第 52 条　无效宣告请求

1. 根据第 25 条第 2 ~ 5 款，任何有权提起无效宣告的自然人、法人或公共机关可以向协调局提交注册式共同体外观设计的无效宣告请求。

2. 请求应提交书面的理由陈述。如未缴纳无效宣告的请求费，视为未提交申请。

3. 如果针对相同诉讼标的和理由以及相同的当事人，且该诉讼已由共同体外观设计法院做出生效判决，则该无效宣告的请求将不被受理。

第 53 条　请求的审查

1. 如果协调局认定无效宣告请求可以被受理，则协调局审查第 25 条规定的无效理由是否影响注册式共同体外观设计的有效性。

2. 在根据实施细则的规定审查无效宣告请求时，协调局视情况随时要求双方当事人在协调局规定的期限内提交意见陈述书，与另一方当事人辩论或自己陈述意见。

3. 宣告注册式共同体外观设计无效的决定在最终生效后应登记在登记簿上。

第 54 条 被控侵权人参与法律程序

1. 如果提起无效宣告请求且协调局尚未做出生效决定，能够证明该外观设计的侵权诉讼涉及其利益的任何第三人在侵权诉讼开始后 3 个月内可以提出请求作为一方加入无效程序。

该规定也适用于因共同体外观设计权利人已经要求其停止可能的外观设计侵权并且在法院提起确认不侵权之诉的任何第三人。

2. 请求作为一方当事人加入该等程序应提交书面的理由陈述。如未缴纳第 52 条第 2 款规定的无效宣告费用，则视为未提出请求。此后，根据实施细则规定的例外情形作为无效宣告请求予以受理。

第七章 申 诉

第 55 条 可申诉的决定

1. 审查员、商标及外观设计管理和法律部门以及无效部门的决定能够因申诉而效力待定。该申诉具有延期效力。

2. 针对当事人一方的尚未终止程序的决定只能与最终决定一起效力待定，除非在决定中允许单独申诉。

第 56 条 有权申诉的人和申诉程序的当事人

因决定而导致不利影响的程序中的任何一方当事人可以提起申诉。其他当事人有权参与申诉程序。

第 57 条 申诉的时限和形式

申诉通知必须在决定发出之后的 2 个月内以书面形式向协调局提交。只有缴纳申诉费用后，申诉才视为被提交。在决定发出之后 4 个月内，必须以书面形式陈述申诉理由。

第 58 条 中间修正

1. 如果做出有争议决定的部门认为申诉可以受理且理由成立，则该部门应当修正其决定，但该规定不适用于提起申诉的当事人受到其他当事人异议的情形。

2. 如果在收到理由陈述后 1 个月内没有修正决定，则申诉应当无须陈述事实立即提交到申诉委员会。

第 59 条　申诉的审查

1. 如果申诉被受理，则申诉委员会应审查申诉理由是否成立。

2. 在审查申诉的过程中，申诉委员会应视情况需要而要求当事人在申诉委员会规定的期限内就审查通知或另一方当事人的答辩提交意见陈述。

第 60 条　有关申诉的决定

1. 在审查申诉的理由之后，申诉委员会应对申诉进行裁决。申诉委员会可以在申诉所针对的有管辖权部门的职权内行使权力，或者将案件发回给原部门进行重审。

2. 如果申诉委员会发回案件给决定被申诉的原部门进行重审，则该部门应在相同的事实范围内受申诉委员法定决定的理由的约束。

3. 申诉委员会的决定只在第 61 条第 5 款规定的期限届满之日起生效，或者，如果在该期限内向欧洲法院提起诉讼，则在该诉讼的驳回之日起生效。

第 61 条　向欧洲法院提起诉讼

1. 可以向欧洲法院提起针对申诉委员会的决定的诉讼。

2. 可以依据声称无管辖权、违反重要的程序规定、违反欧盟条约、违反本条例和执行本条例时所应用法规的或滥用权力的提起诉讼。

3. 欧洲法院有权废除或修改有争议的决定。

4. 受申诉委员会决定不利影响的任何当事人有权提起诉讼。

5. 应在申诉委员会做出决定的通知之日起 2 个月内向欧洲法院提起诉讼。

6. 协调局应当采取必要措施遵从欧洲法院的判决。

第八章　协调局的程序

第一节　总　　则

第 62 条　决定所依据的理由

协调局的决定应具有所依据的理由。

协调局只能依据当事人能够表达其意见的理由和证据做出决定。

第 63 条　协调局依职审查事实

1. 在协调局的审查程序中，协调局可以依职对事实进行审查。然而，涉及无效宣告程序时，协调局应限于审查当事人提交的事实或证据以及诉求。

2. 协调局可以不考虑当事人未在规定期限内提交的事实或证据。

第 64 条　口头审理程序

1. 如果协调局认为适宜采用口头审理程序，则口头审理程序应根据协调局的提议或程序当事人的申请而进行。

2. 口头审理程序包括决定的宣布应被公开，除非执行程序的部门认为如果程序公开在该案件中可能导致严重不利和不公正的后果，特别是对参与程序的一方严重不利或不公正。

第 65 条　举证

1. 在协调局的任何程序中，允许提供或取得证据的方式包括：

（a）听取当事人意见；

（b）获取信息；

（c）提交原件和证据目录；

（d）听取证人意见；

（e）专家鉴定；

（f）以誓言、宣誓或按照所在国法律规定具有类似效果的书面声明。

2. 协调局的相关部门可以委托其成员执行证据采纳。

3. 如果协调局认为当事人、证人或专家有必要参与口审，应邀请有关人员出席口头审理。

4. 在协调局听取证人或专家意见时应通知当事人。

当事人有权出席并向证人或专家提问。

第 66 条　通知

协调局将依职从估计时限起以通知书或者其他告知形式通知根据本条例的其他条款或实施细则规定或者协调局局长规定须通知的人。

第 67 条　恢复权利

1. 注册式共同体外观设计的申请人或权利人或其他任何协调局程序的当事人尽管针对情境已尽到了注意义务但仍有障碍遵守欧盟商标规定的时限，如果该障碍根据本条例的规定直接导致任何权利或法律手段的丧失，经申请有权恢复权利。

2. 障碍消除后 2 个月内应提交书面申请。遗漏的手续必须在所述期限内补办。申请仅允许在遗漏的时限届满后 1 年内提出。如果未提交注册续展的请求或未缴纳续展的费用，则在第 13 条第 3 款第 2 句中规定的 6 个月延长期限应计入 1 年的期限内。

3. 申请必须说明理由并且注明所依据的事实。申请在缴纳恢复权利的费用后，视为提交。

4. 决定遗漏行为的有关部门应对申请做出决定。

5. 本条款的规定不得适用于本条第 2 款和第 41 条第 1 款所规定的时限。

6. 如果注册式共同体外观设计的申请人或权利人被予以恢复其权利，则其不得对在申请或注册所述注册式共同体外观设计权利的丧失和公开恢复该权利之间的期间内善意地将注册式共同体外观设计保护范围内的包含或使用该外观设计的产品投入市场的第三人主张该权利。

7. 从权利恢复的记录公布日起2个月内，有权享有第6款规定的第三人可以就恢复注册式共同体外观设计申请人或权利人权利的决定提起第三方诉讼。

8. 本条款未触动各成员国有关本条例所规定的恢复权利期限的规定，并且遵守该成员国政府机关的有关规定。

第68条 一般参考原则

在本条例、实施细则、收费细则或申诉委员的程序条例未做出明确规定的情况下，协调局应考虑各成员国普遍认可的程序法原则。

第69条 付费义务的失效

1. 协调局的收费要求在费用到期时的年度末起4年之后失效。

2. 要求协调局退还费用或缴纳的超出费用应在该要求提出的年度末起4年之后失效。

3. 第1、2款规定的期限，对于第1款的情形通过要求付费而中断，对于第2款的情形通过书面请求而中断。发生中断后，期限应立即重新开始计算并且除非有司法程序开始强制执行，否则期限在最初开始计算的年度末起最迟6年内结束。在此情形下，期限应在判决生效之后最早1年内结束。

第二节 费 用

第70条 费用分摊

1. 在注册式共同体外观设计无效宣告程序中或申诉程序中败诉的一方应在根据实施细则的每项费用目录确定的费率范围内承担除诉讼费外，另一方由此产生的费用以及用于执行程序所需的全部费用，包括住宿旅行费、生活费和代理人、顾问或律师的费用。

2. 然而，如果每一方在一些方面胜诉而在另一些方面败诉，或者基于公平理由，无效部门或申诉委员会决定不同比例的费用分摊。

3. 如果一方通过放弃注册式共同体外观设计或者放弃续展其注册或者撤回无效宣告申请或撤回申诉而终止程序，则该方应承担根据第1款和第2款的规定的另一方由此产生的费用和开支。

4. 如果程序停止执行，应由无效处或申诉委员会裁量。

5. 如果当事人在无效处或申诉委员会决定之前达成不同于第1～4款规定的费用原则的和解，则协调局应知晓和解的内容。

6. 无效处或申诉委员会的办事处经请求应确定根据第1～5款规定的应缴

纳的金额。允许在实施细则规定的期限内经请求，由无效处或申诉委员会审查办事处确定的金额。

第71条　费用决定的执行

1. 协调局做出确定费用的任何有效力的决定具有可执行性。

2. 扣押应受其发生的所在国的民事诉讼法约束。执行条款在仅允许延伸到决定的真实性的审查之后由成员国政府为此目的指定的国家机关颁布并且通知协调局和欧洲法院。

3. 如果实施执行的当事人在申请时已履行手续，则该当事人将执行事项直接提交给有管辖权的部门，该部门可以根据国内法律实施强制执行。

4. 强制执行只能根据欧洲法院的裁决而中止。然而有关成员国的司法机构有权对执行措施的合法性进行审查。

第三节　向成员国官方权力机关和公众发出通知

第72条　共同体外观设计登记簿

协调局应管理命名为"共同体外观设计登记簿"的登记簿，该登记簿应记录在本条例或实施细则中规定的注册的所有事项。该登记簿应对公众开放查阅，除非第50条第2款另有规定的情形。

第73条　定期公布

1. 协调局应定期出版共同体外观设计公报，该公报包含向公众开放查阅的登记簿上的条目以及在本条例或实施细则中规定的其他公开事项。

2. 协调局局长签发的一般性通知和信息以及其他任何涉及本条例或实施细则的信息应在协调局官方公报上公布。

第74条　案卷查阅

1. 未经注册式共同体外观设计申请人或权利人同意，不得查阅与申请注册式共同体外观设计相关的尚未公开的案卷或根据第50条延期公开的注册式共同体外观设计案卷或在该期限届满时或之前已放弃的注册式共同体外观设计案卷。

2. 无须注册式共同体外观设计申请人或权利人同意，根据第1款规定的情形在公开之前或放弃注册式共同体外观设计之后，任何具有合法利益的人可以查阅该案卷。

本条款尤其适用于利害关系人能够证明注册式共同体外观设计申请人或权利人已采取步骤对其主张注册式共同体外观设计的权利的情形。

3. 在注册式共同体外观设计公开之后，经请求可以查阅案卷。

4. 然而，如果根据第2款或第3款查阅案卷，该案卷的部分文件可以根据实施细则的规定被禁止查阅。

第 75 条　行政合作

除非本条例或国内法律另有规定，协调局和成员国法院或权力机构应经对方请求提供协助以沟通信息或开放案卷查阅。

如果协调局对法院、公诉机关或中央级工业产权局开放案卷查阅，该查阅不受第 74 条规定的限制。

第 76 条　公开物的交换

1. 经相应的请求，协调局和成员国的中央级工业产权局应为自身使用之目的相互免费传送一份或多份各自的公开物。

2. 协调局可以就交换或传送公开物缔结协议。

第四节　代　　理

第 77 条　代理总则

1. 根据第 2 款，不得强迫任何人向协调局委托代理。

2. 在不违背第 3 款第 2 句的前提下，在共同体境内没有住所、营业场所或真实且有效的工商业地址的自然人或法人，除提交注册式共同体外观设计申请之外，还必须根据第 78 条第 1 款在通过本条例规定的程序中向协调局委托代理；本实施细则可以做出豁免的规定。

3. 在共同体境内没有住所、营业场所或真实且有效的工商业地址的自然人或法人可以由其雇员向协调局做出代理，该雇员必须提交经签名的授权书用于存档，具体细节由实施细则做出规定。在本条款意义上的法人的雇员也可以代理与所述第一法人有商业往来的其他法人，即使那些其他法人在共同体境内没有住所、营业场所或真实且有效的工商业地址。

第 78 条　专业代理

1. 根据本条例在协调局的程序中，自然人或法人的代理只能委托以下专业人员：

（a）任何在成员国具有资质且商业住所位于共同体境内的法律执业者，只要该法律执业者在该成员国内有资格从事对工业产权保护领域的代理；

（b）任何登记在《共同体商标条例》第 89 条第 1 款（b）项的代理名录中的有资格的代理人；

（c）任何登记在根据第 4 款的外观设计事务中的有资格的代理人名录中的人员。

2. 根据第 1 款（c）项规定的人员仅在外观设计事项的程序中有权向协调局代理第三人。

3. 在实施细则中应规定代理人是否需要且在何种条件下必须向协调局提交经签名的授权书用于记录到案卷中。

4. 只要符合以下条件，任何自然人可以被登记到外观设计事务有资格的代理人名录中：

（a）其必须具有成员国的国籍；

（b）其必须在共同体境内具有商业场所或工作场所；

（c）其必须有资格就外观设计事务向成员国的中央级工业产权局或荷比卢外观设计局代理自然人或法人。如果在该成员国代理外观设计事务的资格对特定专业资格没有要求，则申请人必须已在该成员国中央级工业产权局从事外观设计事务至少5年。然而，如果向成员国的中央级工业产权局部分代理自然人或法人从事外观设计事务的专业资格已根据该成员国的规定被官方认可，则其不必受执业的条件限制。

5. 登记到根据第4款的名录中必须经申请生效，并附上相关成员国的中央级工业产权局出具的证书，该证书表明已满足上述条款规定的条件。

6. 协调局局长可以对以下要求授予豁免：

（a）在特殊状况下豁免第4款（a）项规定的要求；

（b）如果申请人能证明其以其他方式获得了必要的资格，则豁免第4款（c）项第二句规定的要求。

7. 能够将某人从名录中删除的条件在实施细则中做出规定。

第九章 共同体外观设计法律涉及诉讼的管辖权和程序

第一节 管辖和执行

第79条 执行公约的适用性

1. 除非本条例另有特殊规定，1968年9月27日在布鲁塞尔签署的《民商事案件管辖权及判决执行的公约》（以下称《执行公约》❶）适用于有关注册式共同体外观设计和申请注册式共同体外观设计的任何程序，同时也适用于基于共同体外观设计和同时享有类似保护的国内外观设计的诉讼的任何程序。

2.《执行公约》的规定应仅在对各成员国有约束力的文本方面相对于各成员国生效。

3. 在涉及第81条规定的诉讼或反诉的程序中：

（a）不适用《执行公约》的第2条，第4条，第5条第1款、第3款、第

---

❶ 1972年12月31日 ABL L299，第32页。条约由于加入欧共体的成员国加入该条约而改变。

4 款和第 5 款，第 16 条第 4 款和第 24 条；

（b）《执行公约》的第 17 条和第 18 条的适用应受到本条例第 86 条第 4 款的限制；

（c）对在成员国境内有住所的人可适用的《执行公约》的第二篇规定也可适用于在成员国境内没有住所，但有营业场所的人。

4.《执行公约》的规定不适用该公约尚未生效的成员国。在该公约生效之前，根据第 1 款规定的程序应依据规范该成员国与其他成员国关系的任何双边或多边的条约，如果不存在这样的条约，则国内法规适用有关管辖权以及承认和执行裁决。

第二节　关于共同体外观设计侵权和法律效力的争议

第 80 条　共同体外观设计法院

1. 成员国应在其境内尽可能限制地指定一审和二审的国内法院（共同体外观设计法院）履行本条例赋予的职责。

2. 每个成员国应不迟于 2005 年 3 月 6 日向欧盟委员会提交一份共同体外观设计法院名单，以列明其名称和属地管辖权。

3. 在根据第 2 款规定提交名单后，如果改变共同体外观设计法院的数量、名称或属地管辖权，该成员国应立即通知欧盟委员会。

4. 在第 2 款和第 3 款中规定的信息应由欧盟委员会通知给各成员国，并且在欧盟官方公报上公开。

5. 如果成员国未提交第 2 款规定的名单，则涉及第 81 条规定的诉讼和反诉的并且该成员国法院根据第 82 条对诉讼具有管辖权的程序，应由对涉及该成员国的国内外观设计权利具有属地和属物管辖权的法院行使。

第 81 条　侵权和法律效力的管辖权

共同体外观设计法院仅具有排他性管辖权的情形：

（a）共同体外观设计侵权诉讼和——如果国内法允许该诉讼——共同体外观设计侵权威胁的诉讼；

（b）如果国内法允许该诉讼，确定共同体外观设计未侵权的诉讼；

（c）宣告非注册式共同体外观设计无效的诉讼；

（d）与因（a）项规定提起的诉讼相关的宣告共同体外观设计无效的反诉。

第 82 条　国际管辖权

1. 依据本条例的规定以及根据第 79 条能够适用的《执行公约》的规定，涉及第 81 条（a）项和（d）项规定的诉讼和反诉，应向被告在该成员国具有住所的成员国法院提起诉讼；如果被告在该成员国没有住所，则向其具有营业场所的成员国的法院提起诉讼。

2. 如果被告在成员国境内既没有住所也没有营业场所，则向原告住所地或营业场所地（如果没有住所）的成员国的法院提起诉讼。

3. 如果被告和原告在成员国均没有住所或营业场所，则向协调局所在地的有管辖权的成员国法院提起诉讼。

4. 不属于第1款、第2款和第3款规定的情形：

（a）如果当事人约定同意其他共同体外观设计法院应进行管辖，适用《执行公约》第17条；

（b）如果被告出现在其他共同体外观设计法院的程序中，适用《执行公约》第18条。

5. 涉及第81条（a）项和（d）项规定的诉讼和反诉，也可以向侵权行为发生地或侵权威胁地的成员国法院提起诉讼。

第83条　侵权管辖权的范围

1. 根据第82条第1~4款具有管辖权的共同体外观设计法院对任何在成员国境内的侵权行为或威胁侵权的行为具有管辖权。

2. 根据第82条第5款具有管辖权的共同体外观设计法院仅对在该法院所在地的成员国境内的侵权行为或可威胁侵权的行为具有管辖权。

第84条　针对共同体外观设计无效宣告的诉讼和反诉

1. 针对共同体外观设计无效宣告的诉讼或反诉只能依据第25条规定提出无效理由。

2. 对于第25条第2~5款规定的情形，诉讼或反诉只能由在这些条款下具有资格的人员提起。

3. 如果在法律诉讼中提起反诉而共同体外观设计权利人尚不是该诉讼的当事人，则共同体外观设计权利人应被通知并且按照法院所在地的成员国法律的规定有权参与诉讼。

4. 对于确定未侵权的诉讼不考虑共同体外观设计的法律效力。

第85条　推定有效——对事实的抗辩

1. 在注册式共同体外观设计侵权诉讼或侵权威胁的诉讼中，共同体外观设计法院推定共同体外观设计有效。只能在无效宣告反诉中质疑注册式共同体外观设计的有效性。然而，以反诉以外的方式提交的有关共同体外观设计无效的答辩可以被接受，只要被告根据第25条第1款（d）项的规定主张其享有在先的国内外观设计权利，则共同体外观设计可以被宣告无效。

2. 在非注册式共同体外观设计的侵权诉讼或侵权威胁的诉讼中，如果权利人能够证明满足第 11 条规定的条件且表明其共同体外观设计从共同体外观设计的有效性出发具有独特性。然而，被告可以以反诉方式对无效宣告进行争辩❶。

第 86 条　无效判决

1. 如果在共同体外观设计法院的程序中，通过无效宣告反诉的方式提出对共同体外观设计的有效性的争议：

（a）如果法院确认根据第 25 条规定的理由之一使得共同体外观设计的效力维持不成立，则法院应宣告共同体外观设计无效；

（b）如果法院确认根据第 25 条规定的任何理由均不使共同体外观设计的维持不成立，则法院应驳回反诉。

2. 提起针对注册式共同体外观设计无效宣告反诉的共同体外观设计法院应于提起反诉之日通知协调局。协调局应将该事项登记在登记簿上。

3. 受理注册式共同体外观设计无效宣告反诉的共同体外观设计法院可以经注册式共同体外观设计权利人请求在听证其他当事人后，中止诉讼程序并且要求被告在法院规定的期限内向协调局提起无效宣告请求。如果未在期限内提出请求，则诉讼程序将继续进行；且反诉被视为撤回。应适用第 91 条第 3 款。

4. 如果共同体外观设计法院就注册式共同体外观设计无效宣告反诉做出生效的判决，则应向协调局提交出具的判决书。任何当事人可以请求获知上述信息。协调局应按照实施细则的规定将该判决登记在登记簿上。

5. 如果协调局通过由于相同当事人的相同事由的申请已经公布有法律效力的决定，则不得提起针对注册式共同体外观设计无效宣告的反诉。

第 87 条　关于有效性判决的效力

如果共同体外观设计法院对共同体外观设计无效的判决生效，则根据第 26 条规定，该判决在所有成员国生效。

第 88 条　可适用的法律

1. 共同体外观设计法院适用本条例的规定。

2. 对于任何本条例未规定的事项，共同体外观设计法院适用其国内法，包括国际私法。

3. 除非本条例另有规定，共同体外观设计法院适用与其所在的成员国的能够适用有关国内外观设计权利的同类诉讼程序的程序规定。

---

❶ 权威的英文原文是："However，the defendant may contest invalidity by way of a plea or with a counterclaim for a declaration of invalidity"。因此，无效请求也可以在侵权程序中有效。

第 89 条　侵权诉讼的制裁措施

1. 如果在侵权诉讼或威胁侵权的诉讼中，共同体外观设计法院确认被告对共同体外观设计侵权或侵权威胁，除非具有特殊原因，法院应做出以下指令：

（a）禁止被告继续进行侵犯或威胁侵犯共同体外观设计行为的指令；

（b）扣押侵权产品的指令；

（c）扣押制造侵权产品而主要使用的材料和工具的指令，如果侵权产品的所有人明知使用的后果或者该后果显而易见；

（d）对其他任何成员国法律规定的情形施加适当制裁的指令，在该情形下侵权行为或侵权威胁的行为违反了成员国法律，包括国际私法。

2. 共同体外观设计法院应按照其国内法采取要求的措施，以确保遵守第 1 款规定的指令。

第 90 条　包括保护性措施的临时措施

1. 可以就共同体外观设计向任何成员国法院，包括共同体外观设计法院申请成员国有关国内外观设计权利的法律可获得的临时措施，包括保护性措施，即使其他成员国外观设计法院对根据本条例的主要事项的裁定具有管辖权。

2. 在采取临时措施，包括保护性措施的程序中，允许除反诉途径外对共同体外观设计提起无效。但是，第 85 条第 2 款相应地适用。

3. 基于第 82 条第 1～4 款有管辖权的共同体外观设计法院有权在任何成员国境内根据《执行公约》第三章规定依据任何必要的承认和执行程序采取临时措施，包括保护性措施。其他法院对此没有管辖权。

第 91 条　相关诉讼程序的特殊规定

1. 除了确认未侵权的诉讼，在根据第 81 条规定，向共同体外观设计法院提起诉讼时，如果共同体外观设计有效性已由于反诉而由其他共同体外观设计法院审理，或者注册式共同体外观设计无效宣告申请已提交到协调局，则中止审理，只要在听证当事人一方之后自行或者在经一方当事人请求听证另一方之后不存在继续进行审理的特殊原因。

2. 在向协调局提出对注册式共同体外观设计无效宣告的申请时，如果注册式共同体外观设计的有效性已由于反诉向共同体外观设计法院提出争议，则中止审理，只要在听证当事人一方之后自行或者在经一方当事人要求听证另一方之后不存在继续进行审理的特殊原因。但是，共同体外观设计法院可以经在未决的程序中的当事人一方的请求在听证另一方当事人之后中止诉讼。协调局在这种情形下应继续进行未决案件的程序。

3. 如果共同体外观设计法院中止诉讼，则可以在中止期间采取临时措施，包括保护性措施。

第 92 条　共同体外观设计二审法院的管辖权——上诉

1. 就与第 81 条规定的诉讼或反诉有关的共同体外观设计一审法院的判决可以向共同体外观设计二审法院提起上诉。

2. 向共同体外观设计二审法院上诉的条件应依据该法院所在的成员国的国内法。

3. 涉及上诉的国内法适用共同体外观设计二审法院的判决。

第三节　与共同体外观设计有关的其他纠纷

第 93 条　除共同体外观设计法院外的国内法院管辖权的补充规定

1. 根据第 79 条第 1 款或第 4 款具有管辖权的法院对除第 81 条规定的诉讼之外的共同体外观设计诉讼具有管辖权，该法院对涉及在该成员国中的国内外观设计权利具有属地和属物管辖权。

2. 如果除了第 81 条规定的诉讼，根据第 79 条第 1 款或第 4 款以及根据本条第 1 款没有法院管辖涉及共同体外观设计的诉讼，则可以向协调局所在地的成员国法院提起诉讼。

第 94 条　国内法院的义务

审理除第 81 条规定的诉讼之外的共同体外观设计诉讼的国内法院应从该外观设计的有效性出发。然而，第 85 条第 2 款和第 90 条第 2 款仍然相应地适用。

第十章　成员国法律的效力

第 95 条　基于共同体外观设计和国内外观设计的平行诉讼

1. 如果因为侵权或侵权威胁就相同的诉讼理由并且在相同当事人之间，向不同的成员国法院提起诉讼，一个法院基于共同体外观设计的侵权而另一法院基于提供同时享有类似保护的国内外观设计的侵权，则后受理的法院应有利于先受理的法院而自动放弃管辖权。如果其他法院就管辖权存在争议，要放弃管辖权的法院可以中止诉讼。

2. 如果就相同的诉讼理由并且在相同当事人之间，基于国内外观设计权利提供的类似保护已经做出生效判决，则基于共同体外观设计的侵权或侵权威胁而受理的共同体外观设计法院应驳回起诉。

3. 如果就相同的诉讼理由并且在相同当事人之间，基于共同体外观设计权利提供的类似保护已经做出生效判决，则基于国内外观设计的侵权或侵权威胁而受理的法院应驳回起诉。

4. 第 1 款、第 2 款和第 3 款不适用临时措施，包括保护性措施。

第 96 条　按照国内法的不同形式保护的关系

1. 本条例的规定不妨害共同体或成员国的有关未注册外观设计、商标或其他显著性标志、专利、实用新型、字体、民事责任和不正当竞争的法律规定。

2. 共同体外观设计所保护的外观设计自该外观设计产生或以任意形式固定之日起，也有权受到成员国版权法的保护。授予保护的范围和条件，包括独特性所要求的程度应由各成员国自行规定。

第十一章　协调局的补充规定

第一节　总　　则

第 97 条　总则

除本章另有规定外，协调局执行本条例赋予的职责应适用第十二章的关于《共同体商标条例》的规定。

第 98 条　程序语言

1. 注册式共同体外观设计的申请应以一种共同体官方语言提交。

2. 申请人应指定一种第二语言，该第二语言应为他能够接受的在协调局的程序中使用的语言。

如果申请以非协调局语言提交，协调局应负责将申请翻译成由申请人指定的语言。

3. 如果注册式共同体外观设计申请人是协调局程序中的唯一当事人，则程序的语言应为申请的语言。如果申请以非协调局语言提交，协调局可以以申请人在其申请时指定的第二语言向申请人发出书面通知。

4. 在无效宣告程序中，程序语言应为申请注册式共同体外观设计时所使用的语言。

如果申请以非协调局语言提交，则程序语言应为申请时指定的第二语言。

无效宣告申请应以程序语言提出。

如果程序语言不是申请注册式共同体外观设计时所使用的语言，则共同体外观设计权利人可以以提交申请的语言提出声明。协调局应负责将这些声明翻译为程序语言。

实施细则可以规定，除协调局基于案件的复杂性依据的特殊规定外，协调局承担的翻译费根据协调局收到的申请书不得超过每种程序的平均篇幅所确定的金额。超过该金额的费用可以根据第 70 条由败诉方承担。

5. 无效宣告程序的当事人可以约定，使用其他共同体官方语言作为程序语言。

第 99 条　公布和注册

1. 在本条例或实施细则中规定公布的所有信息应以所有共同体官方语言进行公开。

2. 登记到注册式共同体外观设计登记簿中的所有条目应以所有共同体官方语言进行记载。

3. 如有异议，提交注册式共同体外观设计申请的使用协调局的语言的文本应具有权威性。如果申请以共同体官方语言而非协调局的语言提交，则申请人指定的第二语言的文本应具有约束性。

第 100 条　协调局局长的附加权力

除具有《共同体商标条例》第 119 条授予的职责和权力之外，在咨询管理委员会和就有关收费细则咨询预算委员会之后，协调局局长可以向欧盟委员会建议修订本条例、实施细则、收费细则和其他任何与使用注册式共同体外观设计有关的法律。

第 101 条　管理委员会的附加权力

除具有《共同体商标条例》第 121～123 条及其以下各条或本条例其他规定授予的权力之外，管理委员会应：

（a）根据第 111 条第 2 款确定首次提交注册式共同体外观设计申请的日期；

（b）在适用审查指南之前，就由协调局执行的形式要求审查、拒绝注册理由审查、无效程序以及本条例规定的其他案件咨询管理委员会。

第二节　程　　序

第 102 条　职权

以下主体有权做出与本条例规定的程序有关的决定：

（a）审查员；

（b）商标及外观设计管理和法律处；

（c）无效处；

（d）申诉委员会。

第 103 条　审查员

审查员有权以协调局名义做出与注册式共同体外观设计申请有关的决定。

第 104 条　商标及外观设计管理和法律处

1. 通过《共同体商标条例》第 128 条设立的商标管理和法律处更名为商

标及外观设计管理和法律处。

2. 除具有《共同体商标条例》授予的权力之外，商标及外观设计管理和法律处还有权根据本条例规定做出决定，该权力不属于审查员或无效处的管辖权。商标及外观设计管理和法律处尤其负责有关在登记簿中注册和注销的决定。

第 105 条　无效处

1. 无效处有权做出与注册式共同体外观设计无效宣告申请有关的决定。

2. 无效处由三个成员组成。其中，至少一个成员必须具有法律专业资格。

第 106 条　申诉委员会

除了具有《共同体商标条例》第 131 条授予的权力之外，通过本条例设立的申诉委员会负责审理针对审查员、无效部门和商标及外观设计管理和法律处做出的涉及共同体外观设计的决定的申诉。

第十一·a[1] 章　外观设计的国际注册

第一节　总　　则

第 106a 条　申请的规定

1. 除本章另有规定外，本条例以及根据第 109 条通过的任何实施细则应适用于将工业外观设计根据《日内瓦文本》在共同体指定的世界知识产权组织国际局（以下称"国际局"）所管理的国际登记簿上进行国际注册（以下称"国际注册"）。

2. 任何在国际登记簿上的共同体指定的国际注册记录应与将该国际注册登记在协调局的登记簿上一样具有同等效力，并且任何共同体指定的国际注册在国际局公报上的公开与将该国际注册在共同体外观设计公报上的公开一样具有同等效力。

第二节　欧盟指定的国际注册

第 106b 条　提交国际申请的程序

国际申请应根据《日内瓦文本》第 4 条第 1 款的规定直接提交到国际局。

第 106c 条　指定费

根据《日内瓦文本》第 7 条第 1 款规定的指定费应取代个人指定费。

第 106d 条　欧盟指定的国际注册的效力

1. 共同体指定的国际注册应自《日内瓦文本》第 10 条第 2 款规定的注册

---

[1] 通过 2006 年 12 月 18 日欧盟委员会第 1891/2006 号条例补充。该修改于 2008 年 1 月 1 日生效。

日起具有与注册式共同体外观设计申请同等的效力。

2. 如果未发出驳回通知或撤销驳回，共同体指定的外观设计国际注册应自第 1 款规定的日期起具有与注册式共同体外观设计申请同等的效力。

3. 协调局应按照实施细则就关于第 2 款规定的国际注册发出通知。

第 106e 条　驳回

1. 如果在审查国际注册时，协调局确认受保护的外观设计不符合第 3 条（a）项的概念定义或者违反公共准则或良好道德，则应在国际注册公开之日起最迟 6 个月内向国际局发出驳回通知。

在通知中应列出驳回的理由。

2. 在权利人有机会放弃国际注册在共同体境内的保护或对驳回陈述意见之前，国际注册在共同体境内的效力不得被驳回。

3. 作为驳回理由进行审查的细节在实施细则中做出规定。

第 106f 条　国际注册效力的无效宣告

1. 根据第六章和第七章规定的程序或通过共同体外观设计法院基于在侵权诉讼程序中的反诉，国际注册在共同体境内的效力可以被宣告部分或全部无效。

2. 如果协调局已知该无效，应通知国际局。

第十二章　最终条款

第 107 条　实施细则

1. 实施本条例的具体规定由本实施细则规定。

2. 除缴纳本条例规定的费用之外，按照实施细则和收费细则还应在以下列出的情形中缴纳费用：

（a）注册费的逾期缴纳；

（b）公布费的逾期缴纳；

（c）延期公布费的逾期缴纳；

（d）多项申请的附加费的逾期缴纳；

（e）出具注册证书副本；

（f）登记注册式共同体外观设计的转让；

（g）登记注册式共同体外观设计许可或其他权利；

（h）许可或其他权利的注销登记；

（i）出具登记簿摘录；

（j）案卷查阅；

（k）出具案卷资料的副本；

（l）案卷内信息的通知；

（m）退还程序费用的决定的复议；

（n）出具经公证的申请证明副本。

3. 根据第 109 条第 2 款的规定通过和修订实施细则和收费细则。

第 108 条　申诉委员会的程序规定

申诉委员会的程序规定应适用于该委员会在本条例规定内处理的申诉，但不妨碍按照第 109 条第 2 款规定的程序所通过的必要的调整或附加规定。

第 109 条　欧洲经济和社会委员会

1. 欧洲经济和社会委员会应协助欧盟委员会。

2. 本款规定的内容应适用 1999/468/EG 决议第 5 条和第 7 条的规定。1999/468/EG 决议第 5 条第 6 款规定的期限应为 3 个月。

3. 欧洲经济和社会委员会应通过程序性规则。

第 110 条　过渡性条款

1. 在欧盟委员会提议修订本条例并生效之前，共同体外观设计的保护范围不得扩大到根据第 19 条第 1 款定义的作为复合产品的结构元件的外观设计，以修复上述复合产品使其恢复原貌为目的的情形。

2. 根据第 1 款的欧盟委员会提议应同时与根据 98/71/EG 指南第 18 条规定就该领域提出修订一并提交并考虑。

第 110a 条❶　与共同体扩大有关的规定

1. 自保加利亚、捷克、爱沙尼亚、塞浦路斯、拉脱维亚、立陶宛、匈牙利、马耳他、波兰、罗马尼亚、斯洛文尼亚和斯洛伐克（以下称"新成员国"）加入共同体之日起，在加入日之前受保护或申请的共同体外观设计应适用于这些新成员国境内，以便在整个共同体境内具有同等效力。

2. 注册式共同体外观设计申请不得基于第 47 条第 1 款规定的不予注册理由而驳回，如果该理由仅由于新成员国的加入而产生。

3. 根据第 1 款规定的共同体外观设计不得根据第 25 条第 1 款的规定被宣告无效，如果该无效理由仅由于新成员国的加入而产生。

4. 在新成员国内存在的在先权利的申请人和权利人可以在在先权利受保护的领域内对根据第 25 条第 1 款（d）～（f）项的共同体外观设计的使用提出争议。对于本规定之目的，"在先权利"是指在加入之前善意地取得或应用的权利。

5. 上述第 1 款、第 3 款和第 4 款也适用于非注册式共同体外观设计。根据

---

❶ 通过 2003 年 9 月 23 日的欧洲共同体公报第 344 页补充。

第 11 条，在共同体境内未公开的外观设计不得作为非注册式外观设计受到保护。

第 111 条　生效

1. 本条例在欧盟官方公报中公布之后第 60 日起生效。

2. 注册式共同体外观设计申请可以经由协调局局长推荐的管理委员会确定的日期起向协调局提交。

3. 在根据第 2 款规定的日期之前最后 3 个月内提出的注册式共同体外观设计申请应视为在该日期提交。

本条例的全部规定具有约束力并直接适用于所有成员国。

2002 年 12 月 12 日于布鲁塞尔制定

欧盟理事会

主席　M. Aelvoet

附件 *2*
共同体外观设计实施细则

欧盟委员会（EG）2245/2002 号条例（2002 年 10 月 21 日）：实施关于共同体外观设计的欧盟理事会 6/2002 号条例

欧盟委员会（EG）876/2007 号条例（2007 年 7 月 24 日）：欧洲共同体加入《工业品外观设计国际注册海牙协定日内瓦文本》并修订用于实施共同体外观设计之欧盟理事会（EG）6/2002 号条例的（EG）2245/2002 号条例

目录（本目录并非此细则的一部分）

第一章　申请程序

第 1 条　申请的内容

1. 注册式共同体外观设计的申请，应包括以下内容：

（a）将外观设计注册为注册式共同体外观设计的申请书；

（b）申请人的名称、地址和国籍，以及申请人住所、所在地或设立机构的所在国。自然人的名称要采用姓和名的形式。法人的名称要以官方名称表示，可依习惯按照通常的缩写表示；此外，应注明对该等实体进行法律管辖的国家。

应提交电话号码、传真号码以及其他通信手段，如电子邮件。原则上，一个申请人只标明一个地址；标明几个地址的，只考虑第一个地址，除非申请人指定其中一个作为送达地址。如果主管局（欧盟内部市场协调局）向申请人提供一个识别号，则申请人只需提供该识别号和申请人名称；

（c）符合本细则第 4 条规定的外观设计图片；如果申请的是二维外观设计且包含根据（EG）6/2002 号条例第 50 条规定的延期公布的申请，应提交符合本细则第 5 条所规定的样本；

（d）根据第 3 条第 3 款规定，应提交包含或使用该外观设计的产品的说明；

（e）申请人已经指定代理人的，应提交符合（b）项要求的代理人的名称及其营业地；如果代理人有多个营业地，或有不同营业地的两个或两个以上的代理人，申请应指定一个地址作为送达地址；未指定时，则第一个地址将被作为送达地址。有多个申请人的，可以指定一个申请人或代理人作为共同代理人。如果主管局已经提供所委托的代理人的识别号，则只需提供该识别号和代理人名称；

（f）根据（EG）6/2002 号条例第 42 条的规定主张在先申请的优先权的（如适用），应说明在先申请提交的日期和提交申请的国家；

（g）根据（EG）6/2002 号条例第 44 条的规定主张展览优先权的（如适用），应说明展会的名称、首次披露包含或使用该外观设计的产品的日期；

（h）说明申请语言以及根据（EG）6/2002 号条例第 98 条第 2 款所规定的第二语言；

（i）符合第 65 条所规定的申请人或代理人的签名。

2. 申请可包含如下内容：

（a）每件外观设计附一份不超过 100 字的说明，用于解释外观设计或者样品的图片；该说明应当仅涉及该外观设计或样品的图片上出现的特征，不能包括有关该外观设计的新颖性、独特性及其技术价值的说明；

（b）根据（EG）6/2002 号条例第 50 条第 1 款所做的延期公布的申请；

（c）申请所包含的产品的"洛迦诺分类表"名称，即根据 1968 年 10 月 8 日在洛迦诺签署的协定第 3 条的大类号或小类号，其中该协定（下称《洛迦诺协定》）在第 2 条第 2 款的前提下建立了用于工业设计的国际分类；

（d）根据（EG）6/2002 号条例第 36 条第 3 款（e）项所规定的设计人或设计团队的署名，或申请人就设计人或设计团队放弃署名权所签署的声明。

第 2 条　合案申请

1. 可将多项外观设计集中注册为一份共同体外观设计的合案申请。

2. 如果不属于装饰品的多项外观设计被集中在一个合案申请中，并且包含或使用该外观设计的产品属于洛迦诺分类表的不同大类号，则应将所述合案申请进行分案。

3. 对合案申请中包含的每一项外观设计，申请人都应提交一份符合第 4 条规定的外观设计图片，并说明包含或使用该外观设计的产品。

4. 申请人应使用阿拉伯数字对合案申请中包含的多项外观设计进行连续编号。

第 3 条　产品的分类和命名

1. 根据《洛迦诺协定》第 1 条，产品应按提交外观设计的申请之日有效的分类版本进行分类。

2. 产品的分类应符合专属管理之目的。

3. 产品应以清楚地表明产品的特性的方式命名，并且使得这些产品中的每个产品分别只属于洛迦诺分类表中的一个大类；优先选用产品名称使用分类表的产品列表中使用的术语。

4. 产品应根据洛迦诺分类表中的大类进行分组，将相应的大类的序号放在每一组产品之前，并且将其按分类表中的大类号或小类号的顺序排列。

第 4 条　外观设计的图片

1. 外观设计的图片应包括该外观设计的照片形式的或其他形式的视图，既可以是黑白的，也可以是彩色的。在此，应满足下列要求：

（a）除根据第 67 条的规定以电子方式提交申请以外，图片必须以附页提交，或者根据第 68 条规定以主管局提供的表格提交；

（b）以附页提交时，应使用不透明的白纸，将外观设计的图片直接打印或者粘贴在纸上。只需提交一份，纸张不得折叠或装订；

（c）附页必须是 A4 的尺寸（29.7 厘米高，21 厘米宽），图片所占空间不得大于 26.2 厘米 × 17 厘米。左边至少要留 2.5 厘米的边距；根据第 2 款的要求，在每页的顶部要标明视图的编号；合案申请时，应标明多项外观设计的连续编号；除标明"顶部"或者申请人的名称或地址外，不能有任何说明文本（文字或符号）；

（d）以电子方式提交申请的，外观设计的照片形式或其他形式的视图应符合主管局局长决定的数据格式；合案申请中的各个外观设计或不同的视图的标识方式，也由主管局局长确定；

（e）外观设计应展示在中性背景上，并且不能用墨水或修正液修改。示图的品质应能清晰地显示要求保护的全部细节，且可将每个视图缩小或扩大到最大 8 厘米宽且 16 厘米高的规格，以便根据（EG）6/2002 号条例第 72 条的规定登记在共同体外观设计登记簿（下称"登记簿"）上，并按该条例第 73

条的规定直接发布在共同体外观设计公报上。

2. 一个外观设计可以包含不超过 7 个不同视图的图片。一个照片形式或其他形式的示图只能包括一个视图。申请人应为全部视图编号，编号应用点号隔开的阿拉伯数字表示，点号左边的数字表示该外观设计的编号，点号右侧的数字表示视图的编号。

提供超过 7 个视图的，主管局对多余的视图不予注册和公布。主管局将按申请人标明编号的顺序来采用视图。

3. 如果申请包含由重复的表面图案组成的外观设计，则图片应显示一个完整的图案，并且带有重复图案的足够大的部分表面。

图片应适用第 1 款（c）项规定的尺寸限制。

4. 如果申请包含由印刷字体组成的外观设计，外观设计的图片应包括字母表的全部大小写字母，还包括全部阿拉伯数字以及使用该字体的五线文本，其中字母和数字均用 16 号字号。

第 5 条　样本

1. 如果申请包含二维外观设计，并含有根据（EG）6/2002 号条例第 50 条第 1 款规定的延期公布的请求，那么图片应通过粘在纸张上的样本替代。提交样本的申请应当用挂号信寄送，或直接提交到受理局。申请书和样本应当同时提交。

2. 样本的尺寸应小于 26.2 厘米 × 17 厘米，质量小于 50 克，厚度小于 3 毫米。样本不应当折叠，并且与第 4 条第 1 款（c）项规定的文件一起保存。

3. 不得提交易损的或者储存有危险的样本。样本应提交一式 5 份；对于合案申请的，每项外观设计都应提交一式 5 份的样本。

4. 如果外观设计由重复的表面图案组成，那么样本要显示一个完整的图案，且在长度和宽度上要显示带有重复的图案的足够部分。样本同样地适用第 2 款规定的尺寸限制。

第 6 条　申请的费用

1. 在向主管局提交申请时，申请人应支付下列费用：

（a）注册费；

（b）公布费或申请延期公布的延期费；

（c）合案申请中所包含的每项附加外观设计的附加注册费；

（d）合案申请中每项附加外观设计的附加公布费，或对合案申请中所含的每项附加外观设计申请延期公布的附加延期费。

2. 如果申请包括延期公布的请求，合案申请中所包括的每项附加外观设计的公布费和全部附加公布费应在第 15 条第 4 款规定的期限内缴纳。

第 7 条　申请的提交

1. 主管局应为申请文件标明收到的日期和申请的申请号。主管局要按局长确定的体系，为合案申请中的每个外观设计进行编号。主管局应立即向申请人送交收据，该收据应至少标明外观设计的申请号、图片、说明或其他识别信息、文件的形式和数量及收到的日期。合案申请的，主管局在收据中应标明第一项外观设计和所提交的外观设计的数量。

2. 如果根据（EG）6/2002 号条例第 35 条之规定，申请人将申请书提交给成员国中央级工业产权局或比荷卢外观设计局的，受理局要用阿拉伯数字为每页申请文件进行编号。在将申请文件转交到主管局之前，受理局应为构成申请的文件标明收到的日期和页码。受理局要立即向申请人送交收据，在收据中标明文件的形式和数量以及收到的日期。

3. 如果主管局收到成员国中央级工业产权局或比荷卢外观设计局送交的申请，应在申请上注明收到的日期和申请号，并应依据第 1 款第 3、4 句的规定立即向申请人送交收据，并且在收据中标明主管局收到的日期。

第 8 条　优先权的主张

1. 根据（EG）6/2002 号条例第 42 条的规定，在申请中主张一项或多个在先申请优先权的，申请人应根据该条例第 38 条规定的申请日期起 3 个月期限内送交在先申请的申请号以及该在先申请的副本。由主管局局长决定申请人应提交的证据。

2. 提交申请之后，申请人根据（EG）6/2002 号条例第 42 条的规定主张一个或多个在先申请优先权的，其应在申请日起 1 个月内提交主张优先权的声明，其中说明在先申请的申请日及所在国。在收到优先权声明起的 3 个月内，申请人应向主管局提交第 1 款规定的说明或证据。

第 9 条　展览优先权

1. 根据（EG）6/2002 号条例第 44 条之规定，在申请书中主张展览优先权的，申请人应在申请日或最迟在申请日起的 3 个月内，提交在展览会期间由负责展览会工业产权保护的机构签发的证明文件。该证明文件应确认该外观设计被包含或使用在相应的产品中并且已在展览上展出，还应包含展览会的开幕日期；当产品首次展出的日期与展览会开幕日期不一致的，应说明首次展出的日期。证明文件应附上由该机构认证的实际展出的产品的说明。

2. 申请人在提交申请之后主张展览优先权的，应在提交申请起最迟 1 个月内提交优先权声明，该声明应指明展览会的名称和包含或使用该外观设计的产品首次展出的日期。第 1 款所规定的说明和证据，需要在收到优先权声明起的 3 个月期限内向主管局提交。

第 10 条　对申请日要件和对形式要求要件的审查

1. 如果申请不包括下列事项，则主管局应通知申请人不授予申请日：

（a）将外观设计注册为注册式共同体外观设计的请求书；

（b）确认申请人身份的信息；

（c）第 4 条第 1 款（d）项和（e）项所规定的外观设计的图片或者样本（如适用）。

2. 在收到通知起 2 个月期限内，申请人对第 1 款中列出的瑕疵予以补正的，收到更正全部瑕疵的日期视为申请日。

在规定的期限届满前未补正瑕疵的，则该申请将不被视为共同体外观设计申请。已经支付的全部费用应予返还。

3. 经审查显示有下列情形之一，尽管已授予了申请日的，主管局仍应要求申请人在规定期限内对瑕疵进行补正：

（a）申请注册的产品不满足（EG）6/2002 号条例中第 1、2、4、5 条或其他有关申请要求的，或不满足本细则规定的形式要求的；

（b）主管局未收到（EG）2246/2002 号条例第 6 条第 1 款规定的全部应缴费用的；

（c）在申请日或在申请日起 1 个月内，根据第 8～9 条的规定主张优先权，但不满足这些条款规定的其他要求的；

（d）在合案申请中，包含或使用该外观设计的产品属于洛迦诺分类表中的不同大类的。

特别是，主管局应要求申请人在收到催缴书后 2 个月期限内，支付规定的费用以及根据（EG）6/2002 号条例第 107 条第 2 款（a）～（d）项和（EG）2246/2002 号条例所规定的滞纳金。

存在第 1 款（c）项规定的涉及第 4 条第 1 款（d）项的瑕疵的，主管局可要求申请人对合案申请进行分案，以确保满足第 2 条第 2 款的条件。主管局也可要求申请人在由主管局规定的期限内支付对合案申请进行分案而产生的全部申请的费用。

申请人按照要求在规定的期限内进行分案的，分案申请的申请日应为最初授予合案申请的申请日。

4. 没有按规定的期限对第 3 款（a）项和（d）项中列出的瑕疵进行补正的，主管局将驳回申请。

5. 没有按规定的期限对第 6 条第 1 款（a）项和（b）项规定的应缴费用进行缴纳的，主管局将驳回申请。

6. 没有按规定的期限对第 6 条第 1 款（c）项和（d）项规定的，足额支付有关合案申请的应缴附加费的，主管局将驳回未被已缴纳费用涵盖的所有外观设计的申请。

如果没有标准来确定已支付的费用涵盖哪些外观设计，那么主管局应按第 2 条第 4 款规定的编号顺序处理。主管局应驳回附加费未缴纳或未足额缴纳所涉及的那些外观设计的申请。

7. 没有按规定的期限对第 3 款（c）项提出的瑕疵进行补正的，将丧失申请的优先权。

8. 没有按规定的期限对第 3 款的任何瑕疵进行补正的，并且该瑕疵只涉及合案申请中的部分外观设计的，主管局将仅驳回这些外观设计所涉及的那些申请或优先权。

第 11 条　不予注册理由的审查

根据（EG）6/2002 号条例第 47 条的规定，在实施本细则第 10 条规定的审查中，主管局查明申请保护的外观设计不符合（EG）6/2002 号条例第 3 条（a）项规定的外观设计定义的，或该外观设计有悖于公序良俗的，主管局将通知申请人该外观设计不予注册，并说明不予注册的理由。

第 11a 条　拒绝理由的审查❶

1. 根据（EG）6/2002 号条例第 106e 条第 1 款的规定，在实施对国际注册的审查中，主管局查明申请保护的外观设计不符合该条例第 3 条（a）项规定的外观设计定义的，或该外观设计有悖于公序良俗的，应在该国际注册公布之日起最迟 6 个月内向世界知识产权组织国际局（下称"国际局"）发出驳回通知，并说明驳回的理由，其中该理由是根据欧盟理事会 2006/954/EG 决议批准并于 1999 年 7 月 2 日通过的《工业品外观设计国际注册海牙协定日内瓦文本》（下称《日内瓦文本》）第 12 条第 2 款的规定。

2. 主管局应指定一个期限，其中在该期限内，国际注册的权利人可以根据（EG）6/2002 号条例第 106e 条第 2 款的规定来放弃与共同体有关的国际注册的保护，或者将国际注册限定于与共同体有关的一个或几个外观设计，或者提交意见陈述。

3. 如果根据（EG）6/2002 号条例第 77 条第 2 款的规定，国际注册的权利人必须在主管局的程序中做出陈述，则通知应包含权利人根据该条例第 78 条第 1 款规定的任命代理人的义务。

该条第 2 款规定的期限应比照适用。

---

❶ 由 2007 年 7 月 24 日的欧盟委员会（EG）876/2007 号条例补入。该修订于 2008 年 1 月 1 日生效。

4. 在规定的期限内，权利人没有任命代理人的，则主管局应拒绝保护该国际注册。

5. 在规定的期限内，权利人提交的意见陈述符合主管局规定的，则主管局应根据《日内瓦文本》第 12 条第 4 款撤回驳回并通知国际局。

根据《日内瓦文本》第 12 条第 2 款的规定，在规定的期限内，权利人没有提交符合主管局要求的意见陈述的，主管局应维持拒绝保护该国际注册的决定。权利人可以根据（EG）6/2002 号条例第七章的规定，对该决定提起上诉。

6. 权利人放弃国际注册，或将国际注册限定在与共同体有关的一个或几个外观设计的，应按照《日内瓦文本》第 16 条第 1 款第（ⅳ）和（ⅴ）项规定的注册程序通知国际局。权利人可通知主管局并提交相应的声明。

第 12 条　申请的撤回或更正

1. 申请人可随时撤回共同体外观设计申请；或在合案申请中，可随时撤回其中包含的数个外观设计。

2. 申请人经请求，仅可以修改申请人的名称和地址的拼写错误、传输错误或明显疏漏，但前提是该等更改不会改变外观设计的图片。

3. 根据第 2 款的规定，更正申请的请求应包括：

（a）申请的申请号；

（b）第 1 条第 1 款（b）项规定的申请人的名称和地址；

（c）申请人指定了代理人的，第 1 条第 1 款（e）项规定的代理人的名称和营业地址；

（d）对申请中要更正部分的说明，及对该部分更正后的内容。

4. 未满足更正申请条件的，主管局应向申请人告知该瑕疵。在主管局规定的期限内未消除该瑕疵的，主管局应驳回更正请求。

5. 对同一申请人的多个申请中的相同组成部分进行更正的，只须提交一份请求。

6. 第 2~5 款比照适用于对申请人指定的代理人的名称或营业地的更正请求。

第二章　注册程序

第 13 条　外观设计的注册

1. 如果申请符合（EG）6/2002 号条例第 48 条的规定，则有关外观设计和本条例第 69 条第 2 款所规定的事项应登记在登记簿中。

2. 如果申请包括根据（EG）6/2002 号条例第 50 条的规定的延期公布请求，该请求和延期期限到期日也应予以登记。

3. 即使申请的外观设计未予注册，根据第 6 条第 1 款规定的应缴费用也不予返还。

第 14 条 注册的公布

1. 外观设计注册应在共同体外观设计公报上公布。

2. 在第 3 款的条件下，注册的公布应包括：

（a）共同体外观设计权利人（下称"权利人"）的名称和地址；

（b）申请人指定的代理人的名称和营业地址（如适用），但不包括（EG）6/2002 号条例第 77 条第 3 款第 1 项规定的代理人；如果多个代理人有相同营业地，只公布排在第一位的代理人的名称和营业地，同时在该名称后加注"等等"；如果多个代理人有不同的营业地，则仅指出本条例第 1 条第 1 款（e）项确定的送达地址；如果根据第 62 条第 9 款的规定指定的是代理人联合会，则仅公布该联合会的名称和营业地；

（c）第 4 条规定的外观设计的图片；如果外观设计的图片是彩色的，则应公布彩色；

（d）根据第 1 条第 2 款（a）项的规定提交的说明（如适用）；

（e）包含或使用该外观设计的产品的说明，按照洛迦诺分类表中相关的大类号或小类号进行分组，将相应的序号前置；

（f）设计人或设计团队的名称（如适用）；

（g）申请日和申请号；如果是合案申请的，每项外观设计的申请号；

（h）（EG）6/2002 号条例第 42 条规定的主张优先权的说明（如适用）；

（i）（EG）6/2002 号条例第 44 条规定的主张展览优先权的说明（如适用）；

（j）注册日、注册号和注册公布的日期；

（k）（EG）6/2002 号条例第 98 条第 2 款规定的提交申请的语言，以及申请人在其申请中指定的第二语言。

3. 如果申请包含（EG）6/2002 号条例第 50 条规定的延期公布请求，该延期公布请求连同权利人的名称、代理人的名称（如有）、提交和注册的日期以及申请的申请号，都应在共同体外观设计公报上公布。

应公布外观设计的图片或者公布其表现形式的说明。

第 15 条 延期公布

1. 如果申请包含（EG）6/2002 号条例第 50 条规定的延期公布请求的，权利人应在提出请求时，或最迟在 30 个月的延期期限届满前的 3 个月内：

（a）按照第 6 条第 1 款（b）项的规定缴纳公布费；

（b）合案注册的，根据第 6 条第 1 款（d）项的规定缴纳附加公布费；

（c）外观设计的图片由根据第 5 条规定的样本替代的，应提交根据第 4 条规定的外观设计的图片。这也适用于合案申请中所有请求公布的外观设计；

（d）合案注册的，应明确说明包含在合案注册中的哪一项外观设计要公布，或者所述外观设计的哪一个要放弃，或者延期期限尚未届满时，说明哪一项外观设计将继续延期公布。在 30 个月的延期期限届满之前，权利人要求公布的，其应最迟在请求公布日期前的 3 个月内满足第 1 款（a）~（d）项规定的要求。

2. 权利人没有遵守第 1 款（c）项或（d）项规定的要求的，主管局应要求其在主管局指定的期限内对确定的瑕疵进行排除，该期限在何种情况下都不应超出 30 个月的延期期限。

3. 在规定的期限内，权利人没有依第 2 款的规定对瑕疵进行排除的：

（a）外观设计应被视为其自始未取得（EG）6/2002 号条例规定的效力；

（b）权利人请求根据第 1 款（b）项提前公布的，该请求应被视为未提交。

4. 权利人没有支付第 1 款（a）项或（b）项规定的费用的，主管局应要求其在主管局指定的期限内缴纳这些费用，连同（EG）6/2002 号条例第 107 条第 2 款（b）项或（d）项以及（EG）2246/2002 号条例规定的滞纳金，该期限在何种情况下都不应超出 30 个月的延期期限。

在该期限内没有支付费用的，主管局应通知权利人，该注册式共同体外观设计自始没有取得（EG）6/2002 号条例所规定的效力。

对于合案申请，在规定的期限内缴纳了费用，但不足以涵盖第 1 款（a）项和（b）项规定的全部应缴费用和应缴的滞纳金的，则未缴纳费用的全部相关外观设计将被视为自始未取得（EG）6/2002 号条例规定的效力。

在明确不能清楚得知所支付费用欲涵盖哪一项外观设计时，并且没有其他标准能够确定所支付的费用要涵盖的外观设计的，主管局应按第 2 条第 4 款的规定视外观设计的序号顺序而定。

附加公布费及滞纳金未缴纳或未足额缴纳的，所有相关外观设计均应被视为自始未取得（EG）6/2002 号条例规定的效力。

第 16 条　迟延期限届满后的公布

1. 如果权利人已遵守第 15 条规定的要求，在迟延期限届满之后或请求提前公布时，在技术条件可行的情况下，主管局应尽早安排：

（a）在共同体外观设计公报上，公布该注册式共同体外观设计连同第 14 条第 2 款规定的说明，包括该申请含有根据（EG）6/2002 号条例第 50 条规定的延期公布请求的附注，以及提交根据本细则第 5 条规定的样本（如适用）；

（b）供公众查询的外观设计的全部有关档案；

（c）开放给公众查询的登记簿上的所有内容，包括根据第 73 条规定保留的内容。

2. 符合第 15 条第 4 款规定的，就合案注册中被视为自始未取得（EG）6/2002 号条例所规定的效力的外观设计，不得采取本条第 1 款规定的措施。

第 17 条　注册证书

1. 在公布之后，主管局应向权利人签发注册证书，该证书包括第 69 条第 2 款规定的登记簿中的内容，以及有关说明已被登记在登记簿中的声明。

2. 权利人可要求向其提供经公证或未公证的注册证书的副本，并缴纳相应的费用。

第 18 条　以修正的方式维持外观设计

1. 如果注册式共同体外观设计根据（EG）6/2002 号条例第 25 条第 6 款的规定以修改后的方式得以维持，该共同体外观设计应以其修改后的方式登记在登记簿上，并在共同体外观设计公报上公布。

2. 以修正方式维持外观设计，可以包括不超过 100 字的有关权利人部分放弃声明的登记内容，或者可以包括在登记簿中关于注册式共同体外观设计的部分无效的法院裁判或主管局决定的记载。

第 19 条　权利人或其注册代理人名称或地址的变更

1. 不是由于注册式外观设计转让所导致的权利人名称或地址的变更，经权利人请求，应予以登记。

2. 权利人名称或地址变更的请求应包括：

（a）外观设计的注册号；

（b）登记在登记簿上的权利人的名称和地址。如果主管局已为权利人分配了识别号，只须提供该识别号和权利人的名称；

（c）符合第 1 条第 1 款（b）项规定的权利人的变更名称和变更地址的说明；

（d）权利人指定了代理人的，符合第 1 条第 1 款（e）项规定的代理人的名称和营业地址。

3. 第 2 款规定的请求不需要缴纳费用。

4. 一份申请可以包括同一权利人的多个注册的名称或地址的变更。

5. 不符合第 1、2 款规定的条件的，主管局应将瑕疵通知请求人。在主管局规定的期限内，上述瑕疵未予排除的，主管局将驳回请求。

6. 第 1～5 款比照适用于注册的代理人的名称或地址变更。

7. 第 1～6 款比照适用于共同体外观设计申请。该变更应登记在由主管局保存的申请档案中。

第 20 条　登记簿及注册公布中的错误和疏漏的更正

如果外观设计注册或注册公布具有归因于主管局的错误或疏漏，则主管局要自行或经权利人请求来更正该错误或疏漏。

如果该请求是由权利人做出的，比照适用第 19 条，同时该请求不需要缴纳费用。主管局应公布依本条的规定所做的更正。

第三章　注册续展

第 21 条　注册届满的通知

在注册届满前的至少 6 个月内，主管局应将该注册即将届满的情况通知权利人，以及任何登记在登记簿中的享有该共同体外观设计权利的权利人，其包括被许可的权利人。未予通知的，不影响该注册的届满。

第 22 条　共同体外观设计的注册续展❶

1. 注册的续展请求，应包括下述说明：

（a）请求续展人的名称；

（b）注册号；

（c）对合案注册的全部外观设计请求续展的说明，或续展不包括全部有关外观设计时，对所请求续展的外观设计的说明（如适用）。

2. 根据（EG）6/2002 号条例第 13 条的规定，注册续展应支付的费用包括：

（a）续展费；属于合案注册的一部分的多个外观设计，应按续展的外观设计数量的比例计算；

（b）根据（EG）2246/2002 号条例规定的附加费，用于根据（EG）6/2002 号条例第 13 条的规定延迟缴纳续展费或者延迟提交续展请求。

3. 如果第 2 款规定的费用依据（EG）2246/2002 号条例第 5 条第 1 款的规定缴纳，视为构成了续展请求，但前提是其包含了本条第 1 款第（a）项和（b）项及本条例第 6 条第 1 款所规定的说明。

4. 在（EG）6/2002 号条例第 13 条第 3 款规定的期限内提交了续展请求，但没有满足该条例第 13 条及本条例的其他规定要件的，主管局应将瑕疵通知请求人。

5. 没有提交续展请求或在（EG）6/2002 号条例第 13 条第 3 款第 2 句规定的期限届满后才提交续展请求的，或者没有缴纳费用或在相关期限届满后才

---

❶　2007 年 7 月 24 日由欧盟委员会（EG）876/2007 号条例修订。该修订于 2008 年 1 月 1 日生效。

缴纳的，或者在主管局规定的期限内没有排除确定的瑕疵的，主管局将确认注册届满并告知权利人。

主管局在核实所缴费用涵盖哪些项外观设计后，才确认请求续展的其他外观设计注册届满。

缺乏确定要被所缴纳的费用额涵盖的外观设计的标准时，主管局应按第 2 条第 4 款的规定视外观设计的序号顺序而定。

主管局对没有缴纳或没有足额缴纳续展费用的所有外观设计，应确认其注册届满。

6. 根据第 5 款做出的确认是终局性的，主管局应将该外观设计从登记簿上注销；该注销从注册届满的次日起生效。

7. 已经缴纳第 2 款规定的续展费，但注册未予续展的，所支付的费用应予返还。

8. 一个续展请求可以涉及两个或更多外观设计，不管其是否属于同一合案注册的一部分，但前提是为每项外观设计缴纳所需费用并且续展请求的权利人或代理人相同。

第 22a 条   欧洲共同体指定的国际注册的续展❶

根据《日内瓦文本》第 17 条的规定，国际注册的续展直接在国际局办理。

第四章   转让、许可及其他权利、变更

第 23 条   转让

1. 根据（EG）6/2002 号条例第 28 条的规定，转让登记的请求应包括：

（a）共同体外观设计的注册号；

（b）第 1 条第 1 款（b）项规定的新权利人的说明；

（c）合案注册中，转让的标的物不包括全部注册式外观设计的，该转让涉及的特定注册式外观设计；

（d）设定转让的文件。

2. 请求还可包括第 1 条第 1 款（e）项所规定的新权利人的代理人的名称和营业地址（如适用）。

3. 在缴纳规定的费用后，该请求才被视为已提交。费用没有缴纳或没有足额缴纳的，主管局应通知请求人。

---

❶ 2007 年 7 月 24 日根据欧盟委员会（EG）876/2007 号条例补充。该修订于 2008 年 1 月 1 日生效。

4. 下列内容构成第 1 款（d）项下转让的证明：

（a）登记的权利人或其代理人，以及权利继受人或其代理人签署的转让注册的请求；

（b）权利继受人提交请求的，应同时提交登记的权利人或其代理人签署的表明登记的权利人同意登记该权利继受人的声明（如适用）；

（c）随请求附上的关于转让的完整表格或文件，由登记的权利人或其代理人和权利继受人或其代理人签署。

5. 不符合转让登记的请求要件的，主管局应将瑕疵通知请求人。

在主管局规定的期限内，未予排除瑕疵的，将驳回该转让登记的请求。

6. 多个注册式共同体外观设计可提交一份转让登记请求，但前提是在任何情况下登记的权利人和权利继受人分别相同。

7. 第 1~6 款比照适用于注册式共同体外观设计的申请的转让。该转让应登记在由主管局保存的申请档案中。

第 24 条　许可和其他权利的登记

1. 第 23 条第 1 款（a）～（c）项及第 23 条第 2、3、5 和 6 款比照适用于与共同体外观设计有关的许可授予或许可转让有关的登记，或物权创设或转让的登记，或者强制执行措施的登记。

然而，如果共同体外观设计涉及破产程序，有管辖权的成员国国内机关请求相应地附注在登记簿中的，无须缴纳费用。

在合案注册情形下，每项注册式共同体外观设计可单独地作为许可标的物、物权标的物、强制执行标的物或破产程序的标的物。

2. 如果共同体外观设计只被许可在共同体的部分地区或受限的时间段内使用，相关许可的登记请求需要指明许可授权的共同体的部分地区或时间段。

3. 如果不符合（EG）6/2002 号条例第 29、30 或 32 条及本条第 1 款和其他可适用的条款规定的许可和其他权利的登记请求的条件，主管局应将相关瑕疵告知请求人。

在主管局规定的期限内，未排除上述瑕疵的，将驳回该登记请求。

4. 第 1~3 款比照适用于与注册式共同体外观设计申请相关的许可和其他权利。许可、物权和强制执行措施，应登记在由主管局保存的申请档案中。

5. 根据（EG）6/2002 号条例第 16 条第 2 款的规定，非排他性的许可的请求应在新权利人登记后的 3 个月内做出。

第 25 条　许可登记的特别规定

1. 如果外观设计权利人或被许可人提出请求，注册式共同体外观设计的许可应作为排他性许可而记录在登记簿上。

2. 如果是已登记在登记簿上的被许可人授权，注册式共同体外观设计的许可应作为再许可而记录在登记簿上。

3. 如果仅授权在欧盟部分地区使用，注册式共同体外观设计的许可应作为区域受限许可而记录在登记簿上。

4. 如果仅授权在规定时间段内使用，注册式共同体外观设计的许可应作为时间受限许可而登记在登记簿上。

第 26 条 许可及其他权利登记的撤销或变更

1. 根据第 24 条生效的登记，可经利害关系人的请求予以撤销。

2. 请求应包括：

（a）注册式共同体外观设计的注册号；在合案注册情形下，每项外观设计的注册号；

（b）被撤销登记的权利的描述。

3. 在缴纳相关费用后，撤销许可或其他权利登记的请求才视为提交。

费用没有缴纳或没有足额缴纳的，主管局应通知请求人。如果注册式共同体外观设计涉及破产程序，有管辖权的成员国国内机关请求撤销的，无须缴纳费用。

4. 请求时应一并提交表明该登记权利不再存在的证明，或者被许可人或其他权利人所做的同意撤销该登记的声明。

5. 不符合请求登记撤销的要求的，主管局应将瑕疵通知请求人。在主管局规定的期限内，未排除瑕疵的，应驳回撤销该登记的请求。

6. 第 1、2、4 和 5 款比照适用于第 24 条规定的登记变更的请求。

7. 第 1~6 款比照适用于第 24 条第 4 款规定的档案中的附注。

第五章 放弃和无效

第 27 条 放弃

1. 根据（EG）6/2002 号条例第 51 条的规定，放弃声明应包括：

（a）注册式共同体外观设计的注册号；

（b）根据第 1 条第 1 款（b）项规定的权利人的名称及地址；

（c）如果指定了代理人，根据第 1 条第 1 款（e）项规定的代理人的名称及营业地址；

（d）仅放弃合案注册中的部分外观设计的，被宣布放弃或保留注册的对应外观设计的说明；

（e）根据（EG）6/2002 号条例第 51 条第 3 款的规定，注册式共同体外观设计部分放弃的，根据本条例第 4 条规定的修改后的外观设计的图片。

2. 如果在登记簿中登记了注册式共同体外观设计的第三人权利，权利人或其代理人签署对该放弃的书面同意声明，才构成其同意放弃的充分证据。

如果登记了许可，外观设计的放弃应于权利人向主管局证明其已就放弃意向通知了被许可人之日起的 3 个月后才予以登记。如果权利人能够向主管局证明在上述期限届满之前被许可人已经同意，则应立即登记该放弃。

3. 根据（EG）6/2002 号条例第 15 条的规定，已在法院提起与注册式共同体外观设计权利有关的诉讼的，经原告或其代理人签署对该放弃的书面同意声明，才构成原告同意放弃的充分证据。

4. 不符合放弃要件的，主管局应将瑕疵通知宣告人。在主管局规定的期限内，未排除瑕疵的，主管局应拒绝将该放弃登记到登记簿中。

第 28 条　无效宣告请求

1. 根据（EG）6/2002 号条例第 52 条的规定，向主管局提出的无效宣告请求应包括：

（a）请求宣告无效所针对的注册式共同体外观设计：

（ⅰ）注册号；

（ⅱ）权利人的名称及地址；

（b）提出请求的理由：

（ⅰ）支持该请求的无效理由的说明；

（ⅱ）根据（EG）6/2002 号条例第 25 条第 1 款（d）项提出请求的，还应提出作为无效宣告请求基础的在先外观设计的图片和说明，以此表明根据该条例第 25 条第 3 款的规定请求人有权引用该在先外观设计作为无效理由的证明；

（ⅲ）根据（EG）6/2002 号条例第 25 条第 1 款（e）项或（f）项提出请求的，还应提出作为无效宣告请求基础的独特标识或版权法所保护的作品的图片和说明，以及表明请求人是符合该条例第 25 条第 3 款所规定的在先权利的权利人的证明；

（ⅳ）根据（EG）6/2002 号条例第 25 条第 1 款（g）项提出请求的，还应提出基于该条款的对象或符号的图片和说明，以及表明由该条例第 25 条第 4 款规定的、由与不当使用有关的人或团体提出请求的证明；

（ⅴ）如果无效宣告请求的理由是注册式共同体外观设计不符合（EG）6/2002 号条例第 5 条或第 6 条的要求，应提交在先外观设计的说明和图片，所述在先外观设计有损于注册式共同体外观设计的新颖性或独特性，以及应提交能够证明存在该等在先外观设计的文件；

（ⅵ）能支持这些理由的事实、证据和论据的说明；

（c）与请求人有关的信息：

（ⅰ）符合第 1 条第 1 款（b）项规定的请求人的名称和地址；

（ⅱ）请求人指定代理人的，符合第 1 条第 1 款（e）项规定的代理人的名称及营业地址；

（ⅲ）根据（EG）6/2002 号条例第 25 条第 1 款（c）项提出请求的，还应提交表明由符合该条例第 25 条第 2 款规定享有权利的人提出请求的证明。

2. 请求必须缴纳（EG）6/2002 号条例第 52 条第 2 款所规定的费用。

3. 无效宣告请求被提交后，主管局应通知权利人。

第 29 条　无效程序所使用的语言

1. 无效宣告请求必须以（EG）6/2002 号条例第 98 条第 4 款规定的程序语言提交。

2. 程序语言不是提交申请时所用语言的，且权利人已用申请时的语言提交了意见陈述的，主管局应负责将该意见陈述翻译成程序语言。

3. 在（EG）6/2002 号条例第 111 条第 2 款所规定日期的 3 年后，欧盟理事会将向（EG）6/2002 号条例第 109 条提到的欧洲经济和社会委员会提交一份有关应用本条第 2 款的报告，并且根据（EG）6/2002 号条例第 98 条第 4 款第 4 项的规定，提交由主管局对此承担的费用的限额规定的建议（如适用）。

4. 欧盟理事会可决定提前提交第 3 款规定的报告和可能的建议，并且如果第 2 款的规定导致过多的开支，欧洲经济和社会委员会将优先讨论上述事项。

5. 支持请求的证据没有以无效程序的语言提交的，请求人应在提交该证据的 2 个月内，以程序语言提交该证据的翻译。

6. 在权利人收到本条例第 31 条第 1 款规定的通知起的 2 个月内，无效宣告的请求人或权利人应通知主管局双方根据（EG）6/2002 号条例第 98 条第 5 款的规定同意使用不同的程序语言；如果请求不是以该语言提交，请求人应在上述日期起 1 个月内以该语言提交对该请求的翻译。

第 30 条　因不予受理而驳回无效宣告请求

1. 如果主管局确认无效宣告请求不符合（EG）6/2002 号条例第 52 条、本条例第 28 条第 1 款或上述两条例的其他规定，主管局应通知请求人，并要求其在指定的期限内排除瑕疵。

如果在指定的期限内未排除瑕疵，主管局应以不予受理驳回该申请。

2. 如果主管局确认未缴纳费用，其应通知请求人并告知请求人如果在规定的期限内不缴纳费用，则该请求视为没有提交。

在规定的期限届满后缴纳费用的，该费用应返还给请求人。

3. 根据第 1 款做出的无效宣告请求的任何驳回决定，均应通知请求人。

如果根据第 2 款的规定，请求被视为未提交的，应通知请求人。

第 31 条 无效宣告请求的审查

1. 主管局未根据第 30 条的规定驳回无效宣告请求的，应将该请求通知权利人，并要求其于主管局指定的期限内提交意见陈述。

2. 权利人未提交意见陈述的，主管局可依现有证据做出相关的无效决定。

3. 主管局将权利人提交的全部意见陈述通知请求人，并可要求其在主管局指定期限内对此发表意见。

4. （EG）6/2002 号条例第 53 条第 2 款规定的所有信息或辩护书和对此提交的全部意见陈述，均应送达当事人。

5. 主管局可召集各方进行友好调解。

6. 主管局宣告国际注册的效力在共同体境内无效的，应将其生效裁定通知国际局❶。

第 32 条 多个无效宣告请求

1. 如果多个无效宣告请求均针对相同的注册式共同体外观设计的，主管局可在同一程序内进行处理。

主管局随后可决定分开处理上述请求。

2. 一个或多个请求的初步审查显示该注册式共同体外观设计可能无效的，主管局可中止该注册式共同体外观设计的其他无效宣告程序。

主管局应通知在该等程序进行期间做出任何相关决定的其他请求人。

3. 一旦宣告无效请求的驳回决定生效，根据第 2 款已中止的请求应被视为已经做出处理，并应通知相关请求人。这种处理方式应被视为（EG）6/2002 号条例第 70 条第 4 款规定的程序中止。

4. 根据本条第 1、2、3 款的规定，请求被视为已经处理的，请求人根据（EG）6/2002 号条例第 52 条第 2 款规定所缴纳的无效费用，主管局应予以返还其中的 50%。

第 33 条 被指控侵权人的加入

根据（EG）6/2002 号条例第 54 条的规定，被指控侵权人请求加入该程序的，其应遵照本条例第 28～30 条的规定并且应专门提交其请求的理由，以及缴纳根据（EG）6/2002 号条例第 52 条第 2 款规定的费用。

---

❶ 2007 年 7 月 24 日根据欧盟委员会（EG）876/2007 号条例补充。该修订于 2008 年 1 月 1 日生效。

第六章　申诉程序

第 34 条　申诉书的内容

1. 申诉书应包括以下内容：

（a）根据第 1 条第 1 款（b）项规定的申诉人的名称和地址；

（b）根据第 1 条第 1 款（e）项，申诉人已经指定代理人的，该代理人的名称和营业地址；

（c）确定其不服的决定并指出其要求更改或撤销该决定的范围的陈述。

2. 申诉书须以被提起申诉的决定所使用的程序语言提交。

第 35 条　申诉不予受理

1. 申诉不符合（EG）6/2002 号条例第 55～57 条及本细则第 34 条第 1 款（c）项和第 2 款之规定的，如果所有缺陷直至（EG）6/2002 号条例第 57 条规定的期限届满仍未克服的，则申诉委员会将以不予受理为由而驳回申诉。

2. 申诉委员会确定申诉不符合（EG）6/2002 号条例及本细则的其他规定、特别是第 34 条第 1 款（a）项和（b）项之规定的，则申诉委员会应将相关情况通知申诉人，并要求申诉人在申诉委员会规定的期限内克服已确定的缺陷。未在规定期限内克服缺陷的，申诉委员会将以不予受理为由而驳回申诉。

3. 申诉费用在根据（EG）6/2002 号条例第 57 条规定的提起申诉的期限届满后缴纳的，则申诉将视为未提出，并将申诉费用返还给申诉人。

第 36 条　申诉的审查

1. 除非另有其他规定，做出因申诉而被质疑的决定的机构，对于程序方面的规定应比照适用于申诉程序。

2. 申诉委员会的决定应包括：

（a）由申诉委员会做出的声明；

（b）做出决定的日期；

（c）申诉委员会主席及参与决定的其余成员的姓名；

（d）机构负责官员的姓名；

（e）当事人及其代理人的姓名；

（f）当事人的申请书；

（g）事实概述；

（h）决定理由；

（i）申诉委员会的决定主要内容，以及如有必要的话，还包括关于费用的决定。

3. 决定应由申诉委员会主席及其他成员和申诉委员会的相关机构的官员

签名。

第37条 申诉费的偿还

对中间修改或者申诉委员会认为申诉能接受的案件，如果基于违反了实质性程序的理由而要求偿还是公平的，则应当偿还申诉费。对中间修改的案件，则应由做出被申诉决定的机构负责偿还，而在其他情况中由申诉委员会负责偿还。

第七章 主管局的决定、通知书和通知

第38条 决定的形式

1. 主管局的决定应以书面形式做出，并说明其所根据的理由。主管局进行口头审理的，该决定可以口头做出，随后仍应将书面决定告知各方当事人。

2. 主管局做出的可申诉决定应附书面通知，告知申诉书必须在收到决定之日起2个月内、以书面形式提交给主管局。在该通知中，也需提醒各方当事人注意（EG）6/2002号条例第55～57条之规定。

但是，各方当事人不得因其未获得上诉通知而提起抗辩。

第39条 决定错误的更正

在主管局的决定中，只有语法错误、打印错误和明显的错误可以获得更正。决定中的错误，应由主管局基于或者根据做出被申诉决定的机构的当事人的申请进行更正。

第40条 权利丧失的查明

1. 主管局查明基于（EG）6/2002号条例或本细则规定而导致权利丧失的，在无须做出任何决定的情况下，主管局应通知根据（EG）6/2002号条例第66条规定的相关当事人，并提醒其注意本条第2款规定的法律救济措施。

2. 相关当事人认为主管局的查明不准确的，其可以在收到第1款所述通知书起的2个月内，请求主管局就此请求做出一个决定。

这种决定只有在主管局不同意该相关当事人的请求时才做出；否则，主管局应修改其查明结论，并通知请求做出决定的当事人。

第41条 签名、姓名、印章

1. 主管局做出的任何决定、通知书或通知，都应标明主管局的负责机构或部门，以及负责官员的姓名。上述决定、通知书或通知应由官员签名，或者附有主管局的印制或加盖的印章。

2. 决定、通知书或通知是以传真或其他通信技术方式来传送的，主管局局长可以决定允许使用能够确认主管局的负责部门或机构的方式，以及能够表明负责官员的名字的其他方式或者非印章的确认方式。

第八章　口头审理和证据调取

第 42 条　口头审理传唤

1. 当事人被传唤参加（EG）6/2002 号条例第 64 条规定的口头审理时，应当被提醒需注意本条第 3 款之规定。除双方当事人同意在更短期限内进行传唤外，应至少提前 1 个月通知双方当事人。

2. 签发传票时，主管局应提醒当事人注意主管局所认为的、在做出决定前需要讨论的问题。

3. 被依法传唤需参加主管局口头审理的一方当事人不出席的，将在其缺席的情况下，继续进行口头程序。

第 43 条　主管局的取证

1. 主管局认为有必要听取当事人陈述、证人证言、专家证言或进行调查的，则应做出决定，其中在该决定中需说明其意图获得证据的方式，要证明的相关事实和听证或者调查的日期、时间和地点。

一方当事人请求听取证人证言和专家证言的，主管局应做出决定并指定一个期限，在该期限内提交请求的当事人应将希望出庭的证人和专家的姓名、住址通知给主管局。

2. 传唤当事人、证人或专家出证通知的时间，最迟应在 1 个月前，除非上述人员同意在更短期限内通知。

传唤应包括：

（a）第 1 款第 1 项所规定的决定的要点，其中应特别指明安排听证的具体日期、时间和地址，说明双方当事人、证人和专家听证的有关事实；

（b）程序中的双方当事人的姓名，以及根据第 45 条第 2~5 款规定的证人或专家的权利。

第 44 条　专家委托

1. 主管局应决定由其指定的专家出具报告的形式。

2. 专家的委托说明应包括：

（a）委托的准确描述；

（b）提交专家报告的期限；

（c）程序中双方当事人的姓名；

（d）根据第 45 条第 2~4 款规定的专家的具体要求。

3. 任何书面报告的副本提交给双方当事人。

4. 当事人可以以专家不适格为由提出异议，或者基于同样理由根据（EG）40/94 号条例第 132 条第 1、3 款之规定对审查员或者对申诉委员会或部门的成员表示异议。主管局的负责机构将裁定该异议。

第 45 条　取证的费用

1. 主管局在调取证据时可以是附条件的，并要求调取证据的当事人在参照估计成本的金额之后存入一笔款项。

2. 证人和专家被传唤和出席主管局的程序，有权要求主管局偿付其合理的差旅及食宿费用。这些费用应由主管局预付。上述规定也适用于未经传唤而出席主管局的程序的情况，以及适用于证人或专家参加听证的情况。

3. 第 2 款规定的有权要求偿付的证人，也有权要求就其合理的收入损失而获得补偿，同时专家应获得合理的服务报酬。证人和专家是主管局依职权传唤的，主管局应在证人和专家履行完职责或任务后支付其上述款项。

4. 根据第 1 ~ 3 款之规定支付的金额及费用预付，应由主管局局长做出决定，并在主管局官方公报上予以公布。

以欧共体政府员工法规及附则 7 所规定的政府 A4 ~ A8 级的同样标准，来计算补偿和薪水的金额。

5. 根据第 1 ~ 4 款所述应付或已付金额的义务，最终应由以下主体承担：

（a）主管局认为有必要依职权主动听取证人证言或专家证言的，由主管局承担；

（b）基于（EG）6/2002 号条例第 70 ~ 71 条及本细则第 79 条规定的成本确定和分配决定，由请求证人或专家出具证言的当事人一方承担。

第 1 款（b）项所指的当事人，应偿还主管局而正当预付的费用。

第 46 条　口头审理和取证笔录

1. 口头审理或取证应制作笔录，其中笔录应包括口头审理或取证的主要内容，当事人做出的相关权利陈述，当事人、证人或专家所作的证言以及调查结果。

2. 证人、专家或当事人所作证言的笔录，应当向其宣读或者向其出示以便检查。在笔录中应当注明笔录的制作情况和出具证言的人已同意该笔录。该笔录未经同意的，应注明受到异议。

3. 笔录应由进行笔录的官员、主持口头审理的官员或者调取证据的官员进行签名。

4. 当事人应收到笔录的副本。

5. 经向主管局请求，主管局应以书面或其他机器可读形式，向当事人提供口头审理笔录的副本。

为了提供笔录副本，主管局应收到用于偿付制作笔录副本产生的费用。由主管局局长决定相应费用金额。

第九章 送   达

第 47 条 送达的一般规定

1. 在主管局的各项程序中，任何主管局的通知采用原本，或者采用经主管局认证或设有签章或计算机打印印章证实的副本。由当事人自己制作的文件副本，不要求进行上述认证。

2. 送达通过如下方式进行：

（a）根据第 48 条之规定邮递；

（b）根据第 49 条之规定亲自转交；

（c）根据第 50 条之规定存放于主管局处的取件箱中；

（d）根据第 51 条之规定通过传真和其他通信技术方式；

（e）根据第 52 条之规定公告送达。

3. 主管局和国际局之间的文件交换，应以双方约定的方式和形式进行，并且尽可能采用电子方式。任何方式应被理解为包括适于电子格式的方式。

第 48 条 邮递送达

1. 关于申诉期限内的决定、传票和主管局局长决定的其他文件，均应以挂号信方式附随送达回执确认送达。

决定和附期限的通知书应以挂号信的方式送达，主管局局长另有规定的除外。

其他的通知，均应以普通信件方式送达。

2. 收件人在欧盟境内没有住所、主要营业地或商业机构且未指定根据（EG）6/2002 号条例第 77 条第 2 款所述的代理人的，通知书应以普通信件方式邮递到主管局所知的最近的收件人地址。

该送达通过邮局寄出视为生效。

3. 在以挂号信方式送达的情况中，不管是否取得签收回执，都将推定信件寄出之日的第十天已送达相关地址，除非该要送达的信件确实未能送达相关地址，或者在更晚的日期才送达相关地址。

如果有任何争议，主管局将根据具体情况而定，以确定信件已送达相关地址的日期或者必要时确定信件发出的日期。

4. 以挂号信方式的送达，不管是否取得签收回执，即使收件人拒收该信件，也应视为送达已生效。

5. 在第 1～4 款中未覆盖的地区，应适用该地区所在的成员国法律的执行送达。

第 49 条　亲自转交送达

送达可以在主管局办公所在地、通过亲自将文件转交给收件人来实现，其中收件人在此被通知即视为已接收送达。

第 50 条　存放于主管局处取件箱送达

收件人在主管局处设有取件箱的，将文件存放于收件人的取件箱中，可视为实现向收件人的送达。存放在取件箱的书面通知，应存入档案。存放日期应记录在文件中。从存放在取件箱之日起的 5 天之后，视为送达已生效。

第 51 条　以传真或其他通信技术方式送达

1. 根据第 47 条第 1 款之规定，原件或副本可以通过传真送达。关于传送的详细规定，由主管局局长决定。

2. 通过其他通信技术方式送达的详细规定，由主管局局长决定。

第 52 条　公告送达

1. 收件人地址不能确定的，或者根据第 48 条第 1 款之规定经主管局两次送达尝试已证实不可能送达的，则将公告送达。

该公告至少应公布在共同体外观设计公报上。

2. 主管局局长可以决定如何发布公告，并规定自公告开始后 1 个月期限届满日时相关文件推定为已送达。

第 53 条　通知代理人

1. 已指定代理人的，或者申请人根据第 61 条第 1 款之规定第一次在共同申请中指定共同代理人的，应送达给指定代理人或共同代理人。

2. 单一利害关系人指定了多个代理人的，可送达给其中任何一个代理人，除非根据第 1 条第 1 款（e）项之规定指明了特定的送达地址。

3. 多个利害关系人指定了共同代理人的，只需将一份文件送达该共同代理人即可。

第 54 条　不符合规定的送达

虽然文件已到达收件人，但主管局不能证明其已经适时通知或者通知的有关条款未被遵守的，则确定以主管局收到收据日视为文件送达。

第 55 条　多方当事人案件中文件的送达

当事人提交的包含实质性意见的文件，或者放弃实质性意见的声明，必须要送达给其他当事人。如果文件未包含新的答辩意见且案件即将做出决定，可以不送达上述文件。

第十章　期　　限

第 56 条　期限的计算

1. 期限应以整年、整月、整周或整日来计算。

2. 任何期限的开始计算始于相关事件发生的次日；该相关事件既可以是程序步骤，也可以是另一个期限的届满。当该程序步骤是通知时，除非另有规定，收到通知的文件被认为是事件发生。

3. 期限确定为 1 年或者确定为几年的，期限应在相关事件发生后的随后相关年的同月同日届满。相关月没有同一日期的，期限将届满于该月的最后一天。

4. 期限确定为 1 个月或确定为几个月的，期限应在相关事件发生后的随后相关月的同日届满。相关事件发生日为发生月的最后一天或者随后的相关月没有同一日期的，该期限将届满于该月的最后一天。

5. 期限确定为 1 周或一个特定数目周的，期限应在相关事件发生后的规定数目周的对应那一天届满。

第 57 条　期限的持续时间

1. 在相关当事人在欧盟境内有住所、主要营业地或商业机构的情况下，（EG）6/2002 号条例或本细则规定的由主管局指定的期限不少于 1 个月；不具备该条件的，则不少于 2 个月但不超过 6 个月。

如果相关当事人在原来期限届满前提出延期请求的，主管局可以在适当情况下同意延长期限。

2. 有两个或两个以上当事人的，主管局在征得其他当事人同意的情况下可以延长期限。

第 58 条　特别案件的期限届满

1. 如果期限届满于主管局不接收文件的日期，或者由于第 2 款规定之外的原因普通信件没有送达主管局所在地的，则该期限应延长至随后主管局接收文件之日或者普通信件送达之日。

主管局不接收文件的日期，由主管局局长在每年开始前决定。

2. 对于在相关成员国有住所或登记有机构，或者已经指定在该成员国有营业地的代理人的当事人，如果期限届满于在送达信件到某成员国或者在成员国和主管局之间出现一般性中断期间或者其后的混乱期间，则该期限应延期至所述中断或混乱结束后的首日。

相关成员国为主管局所在国的，第 1 款的规定适用于所有当事人。

第 1 款所指的期限应为主管局局长决定的期限。

3. 第 1 款和第 2 款应比照适用于（EG）6/2002 号条例或本细则规定的（EG）6/2002 号条例第 35 条第 1 款（b）项和（c）项含义下的主管机关办理事件的期限。

4. 如果发生诸如自然灾害或罢工等意外事件而中断或扰乱了主管局的正常运作，并且由此使主管局和当事人通信的期限届满日延期，则在原期限内须完成的事务于通知延期通信后的 1 个月内完成的仍然有效。

上述任何中断或者扰乱的开始和结束，由主管局局长决定。

第十一章 中断程序和取消强制恢复程序

第 59 条 中断程序

1. 在下列情况下，主管局的程序中断：

（a）注册式共同体外观设计的申请人或权利人，或者依据成员国国内法以其名义行使权力的授权人发生死亡或者无法定行为能力；

（b）注册式共同体外观设计的申请人或权利人成为诉讼中被反对其所有权的一方，可作为阻止主管局程序进行的法定理由；

（c）在主管局的程序进行过程中，注册式共同体外观设计的申请人或权利人指定的代理人死亡或者无法定行为能力，或者存在成为诉讼中被反对其所有权的一方，可作为阻止主管局程序进行的法定理由。

如果第 1 款（a）项所述事件不会影响（EG）6/2002 号条例第 78 条所述代理人的授权，主管局仅中断由代理人提出申请的程序。

2. 在第 1 款（a）项和（b）项规定的情况中，主管局被告知有权继续参加在主管局进行相关程序的人后，主管局应通知此人和任何相关第三人自主管局确定的日期起恢复进行相关程序。

3. 在第 1 款（c）项规定的情况中，主管局被告知申请人已重新指定了代理人或者主管局已经通知另一方当事人的，程序予以恢复。

如果自程序中断起 3 个月后，主管局未被告知委托新代理人，则主管局应通知注册式共同体外观设计的申请人或权利人以下事实：

（a）如果适用（EG）6/2002 号条例第 77 条第 2 款的规定，上述通知在 2 个月后未接到答复的，则共同体外观设计申请视为撤回；

（b）如果不适用（EG）6/2002 号条例第 77 条第 2 款的规定，则程序自送到通知申请人或权利人之日起恢复。

4. 除缴纳续展费的期限外，其他期限一直有效至共同体外观设计申请人或权利人中断程序日，且在程序恢复日重新开始计算。

第 60 条　取消强制恢复程序

主管局局长可以基于强制恢复款项极少或者强制恢复过于不确定这样的理由，取消强制恢复欠付款项。

第十二章　代　　理

第 61 条　共同代理人的指定

1. 不止一个申请人，或注册式共同体外观设计申请没有指定代理人的，申请里署名第一位的申请人应被认定视为共同代理人。

但是，如果其中一名申请人有义务且指定了授权代理人，则该代理人应被视为共同代理人，除非申请中署名第一位的申请人同样指定了授权代理人。

第 1 款和第 2 款的规定，比照适用于宣告无效程序中的共同第三人以及注册式共同体外观设计的共同权利人。

2. 如果在程序过程中转让在多于一人之间进行，并且这些人没有指定共同代理人的，则应适用第 1 款的规定。

如果相应的适用是不可行的，则主管局应要求这些人在 2 个月内指定共同代理人。如果未按该要求进行指定，主管局将为其指定共同代理人。

第 62 条　授权

1. 法律从业者和根据（EG）6/2002 号条例第 78 条第 1 款（b）项和（c）项之规定列入主管局保留名录的授权代理人，可以向主管局提交一份签名授权书以供存档。

如果主管局明确要求，则必须提交授权书；或者如果多方当事人参与代理人代理的主管局程序，并且一方当事人有明确要求的，则必须提交该授权书。

2. 根据（EG）6/2002 号条例第 77 条第 3 款之规定，以自然人或法人名义进行代理的人，应向主管局提交一份已签名的授权书以供存档。

3. 授权书可以以任何一种欧盟官方语言提交。它可以涵盖一份或多份申请或者一个或多个共同体外观设计，或者代理人可以以总授权书形式，代理该人作为一方当事人的所有主管局程序。

4. 根据第 1、2 款之规定必须提交授权书的，主管局应明确指定提交授权书的期限。授权书没有在指定期限内提交的，相关程序应由被代理者继续。未经被代理者同意的，代理人完成的任何不同于提交申请的程序步骤均应被视为无效，但根据（EG）6/2002 号条例第 77 条第 2 款之规定提交申请的不受此影响。

5. 第 1~3 款之规定比照适用于撤回授权书时的文件。

6. 任何被停止授权的代理人仍被视为代理人，直到对其的授权终止通知到达主管局为止。

7. 在授权人死亡的情况下，其在主管局的授权不会终止，授权书内有任何相反条款的除外。

8. 授权指定多个代理人的，除非有其他规定，其可以共同或独立从事代理行为。

9. 对代理机构的授权书，可以被视为是对在该机构中执业的任何代理人的授权书。

第63条 代理

由主管局送达给合法授权的代理人的任何通知或其他通知书，与送达给被代理者具有同等的法律效力。

合法授权的代理人送交给主管局的任何文件，与被代理者直接送交一样，具有同等的法律效力。

第64条 有关外观设计事务的授权代理人的特别名录的修改

1. 根据（EG）6/2002号条例第78条第4款之规定，登记在有关外观设计事务的授权代理人特别名录中的授权代理人，可以应其要求从特定名录中删除。

2. 在下列情况下，登记的授权代理人将被自动从授权代理人名册上删除：

（a）授权代理人死亡或无法定行为能力；

（b）授权代理人不再具有一个成员国国籍，但是主管局局长根据（EG）6/2002号条例第78条第6款（a）项之规定给予其豁免的除外；

（c）授权代理人在欧盟范围内不再拥有营业地或雇佣关系的；

（d）授权代理人不再拥有（EG）6/2002号条例第78条第4款（c）项第1句规定的权利的。

3. 根据（EG）6/2002号条例第78条第4款（c）项第1句之规定，授权代理人在比荷卢外观设计局或成员国中央级工业产权局所享有的能够代理自然人或法人的权利被中止的，主管局应依职权中止该授权代理人的登记。

4. 根据（EG）6/2002号条例第78条第5款之规定，删除条件已不存在的，登记中被删除的人员提出请求后，将重新被登记在授权代理人名录中。

5. 比荷卢外观设计局和相关成员国中央级工业产权局知悉第2、3款规定的事项的，应立即将有关事项通知主管局。

6. 有关外观设计事务的授权代理人的特别名录的修改情况，应在主管局官方公报上予以公布。

第十三章　书面通信及表格

第 65 条　以书面或其他方式提交

1. 除第 2 款规定的情形外，共同体外观设计的申请、（EG）6/2002 号条例规定的其他任何申请或通信，均应按以下方式提交给主管局：

（a）通过邮递、亲自递交或其他方式向主管局提交经签名的文件的原件，同时相应文件的附录不需要签名；

（b）根据第 66 条之规定，通过传真提交经签名的原件；

（c）根据第 67 条之规定，通过电子方式传送内容。

2. 申请人根据（EG）6/2002 号条例第 36 条第 1 款（c）项之规定提交外观设计样本的，申请和样本应按照本条第 1 款（a）项规定的形式，通过一次性唯一的邮寄提交给主管局。该申请和样本或者多项申请的样本没有通过一次性唯一的邮寄提交给主管局的，只有当所有根据本条例第 10 条第 1 款之规定所提及的材料都送达时，主管局才会给予申请日。

第 66 条　通过传真提交

1. 共同体外观设计申请通过传真提交给主管局，且该申请包括不符合第 4 条第 1 款规定的外观设计图片的，申请人应根据第 65 条第 1 款（a）项之规定将规定的适合注册和公布的图片提交给主管局。

在主管局收到传真之日后的 1 个月内收到该图片的，收到传真之日应视为主管局收到申请的日期。

主管局在上述 1 个月的期限届满之后收到该图片的，该图片收到之日视为主管局收到申请的日期。

2. 主管局通过传真收到的信息不完整或不清楚的，或有理由怀疑传送的准确性的，主管局应将相应情况通知发件人，并要求其在主管局规定的期限内，重新传真提交原件或者根据第 65 条第 1 款（a）项之规定递交原件。

传真递交在规定的期限内满足该要求的，收到重新传真件或收到原件的日期应视为收到最初通信的日期；然而，缺陷涉及确定申请日的条件时，则适用有关申请日的规定。

在规定的期限内没有满足该要求的，应视为没有收到该信息。

3. 通过传真向主管局发送的任何信息，如果签名出现在传真件上，应视为正式签名。

4. 主管局局长可以决定通过传真提交的附加条件，该附加条件可以涉及使用的设备、通信的技术细节以及确认发送者身份的方式。

第 67 条　通过电子方式提交

1. 除第 65 条第 2 款规定的样本递交情况外，共同体外观设计的注册申请可以通过电子方式提交；这也适用于外观设计图片的提交。

电子方式提交的条件由主管局局长做出规定。

2. 主管局局长应决定对通过电子方式提交的条件，该条件可以涉及所使用的设备、通信的技术细节以及确定发送者身份的方式。

3. 以电子方式传送信息的，比照适用第 66 条第 2 款的规定。

4. 以电子方式向主管局传送信息的，对发送者姓名的标示应视为与签名等效。

第 68 条　表格

1. 主管局应为下列事项提供免费表格：

（a）提交注册式共同体外观设计申请；

（b）对申请或注册进行更正；

（c）转让注册申请、转让表格和第 23 条第 4 款规定的转让表格和文件；

（d）注册申请许可；

（e）注册式共同体外观设计的注册续展申请；

（f）注册式共同体外观设计的无效宣告申请；

（g）请求恢复权利；

（h）提起申诉；

（i）以个人授权和以共同授权的方式委托代理人。

2. 主管局可免费提供其他表格。

3. 主管局应以欧盟所有的官方语言提供根据第 1、2 款规定的表格。

4. 主管局应将表格免费发放于比荷卢外观设计局和成员国的中央级工业产权局。

5. 主管局也可提供机读方式的表格。

6. 参加主管局程序的当事人，应使用由主管局提供的表格，或者这些表格的复印件，或者和这些表格同样内容和形式的表格，比如通过电子数据处理程序产生的表格。

7. 应当以允许自动将其内容输入计算机的方式完成表格，例如通过文字识别或扫描。

第十四章　公布的信息

第 69 条　共同体外观设计的登记簿

1. 登记簿可以以电子数据库形式进行保存。

2. 登记簿应包括以下内容：

（a）提交申请的日期；

（b）申请的申请号和多项申请中每一个单独外观设计的申请号；

（c）注册的公布日期；

（d）申请人的姓名、地址和国籍，及其住所、营业地或商业机构的所在国；

（e）代理人不属于根据（EG）6/2002 号条例第 77 条第 3 款第 1 项规定的员工代理人，其姓名和地址；不止一个代理人的，只登记署名第一位的代理人的姓名和地址，该姓名后加注"等"；指定代理机构的，只登记该机构的名称和地址；

（f）外观设计的图片；

（g）产品名称，之前加上洛迦诺分类表的大类号和小类号，并据分类号进行分组；

（h）根据（EG）6/2002 号条例第 42 条之规定主张优先权的详细情况；

（i）根据（EG）6/2002 号条例第 44 条之规定主张展览优先权的详细情况；

（j）在适用时，对（EG）6/2002 号条例第 18 条规定外观设计人或外观设计团队的援引，或对外观设计人或外观设计团队放弃权利的援引；

（k）根据（EG）6/2002 号条例第 98 条第 2 款之规定，提交申请使用的语言和申请人在其申请中标明的第二语言；

（l）登记簿中记载的外观设计的注册日期及注册号；

（m）根据（EG）6/2002 号条例第 50 条第 3 款之规定提出延期公开请求的，详细记录延期公布届满的日期；

（n）根据第 5 条之规定提交的样本的简述；

（o）根据第 1 条第 2 款（a）项之规定提交的描述的简述。

3. 除第 2 款规定的内容外，登记簿还应包括以下内容，且每项内容应注明登记的日期：

（a）权利人姓名、地址或国籍的变更情况，或其住所、营业地或商业机构所在国的变更情况；

（b）代理人名称或营业地址的变更情况，该代理人不包括（EG）6/2002 号条例第 77 条第 3 款第 1 句所规定的代理人；

（c）指定新代理人的，该代理人的姓名及营业地址；

（d）注明根据（EG）6/2002 号条例第 37 条第 4 款之规定由多项申请或注册拆分的单独申请或注册；

（e）根据（EG）6/2002 号条例第 25 条第 6 款之规定，对外观设计修改情况的通知，如适用的话，包括：放弃声明、法院判决及主管局宣告外观设计权利部分无效的决定，以及根据本条例第 20 条之规定对错误的更正；

（f）注明根据（EG）6/2002 号条例第 15 条第 1 款之规定与注册式共同体外观设计有关的主张权利程序；

（g）根据（EG）6/2002 号条例第 15 条第 4 款（b）项之规定主张权利程序的生效决定或者其他终审程序；

（h）根据（EG）6/2002 号条例第 15 条第 4 款（c）项规定的所有权的转移；

（i）根据（EG）6/2002 号条例第 28 条规定的转让；

（j）根据（EG）6/2002 号条例第 29 条规定的物权设立或转让，以及物权的性质；

（k）根据（EG）6/2002 号条例第 30 条规定的扣押，以及符合本细则第 31 条的破产程序；

（l）根据（EG）6/2002 号条例第 16 条第 2 款或第 32 条规定的许可的授权或转让，以及符合本细则第 25 条规定的许可类型（如适用）；

（m）根据（EG）6/2002 号条例第 13 条规定注册的续展及其生效日期；

（n）确定注册届满的记录；

（o）根据（EG）6/2002 号条例第 51 条第 1、3 款之规定，权利人全部或部分放弃的声明；

（p）根据（EG）6/2002 号条例第 52 条规定的提交无效宣告请求的日期，或者根据第 86 条第 2 款规定针对无效宣告提起反诉的日期；

（q）根据（EG）6/2002 号条例第 53 条或第 86 条第 4 款之规定，宣告无效请求或者在宣告无效反诉或其他任何终审程序的决定内容和日期；

（r）注明根据（EG）6/2002 号条例第 50 条第 4 款之规定注册式共同体外观设计被视为自始不具有本细则所规定效力；

（s）根据第 2 款（e）项注销已登记的代理人；

（t）第（j）～（l）项所规定的内容在登记簿上的变更或注销。

4. 主管局局长可决定除第 2、3 款规定之外的内容应登记在登记簿上。

5. 应将登记簿的任何变更告知权利人。

6. 根据第 73 条之规定，在请求且已付费的情况下，主管局应提供经认证或未认证的登记簿摘要。

第十五章 共同体外观设计公报和数据库

第 70 条 共同体外观设计公报

1. 主管局应决定共同体外观设计公报的公布周期以及公布方式。

2. 在不违反（EG）6/2002 号条例第 50 条第 2 款的规定和本细则第 14、16 条有关延期公布的情况下，共同体外观设计公报应包括注册公布、登记簿的内容的公布，以及与根据（EG）6/2002 号条例或本细则规定的应公布的外观设计注册有关的其他事项。

3. 对于（EG）6/2002 号条例或本细则规定应在共同体外观设计公报上公布的事项，在公报所显示的发行日应视为该事项的公布日。

4. 如适用的话，根据第 14、16 条规定的公布信息应以欧盟所有官方语言公开。

第 71 条 数据库

1. 主管局应保存一个包含共同体外观设计注册申请的详细说明和登记簿内容的电子数据库。在遵守（EG）6/2002 号条例第 50 条第 2、3 款的条件下，主管局可以直接或者用光盘或者其他可机读形式来提供数据库的内容。

2. 主管局局长可以决定访问数据库的条件和可机读形式的数据库内容的提供方式，包括这些服务的费用。

3. 主管局应通过电子链接到由国际局管理的数据库的方式，提供欧共体指定的外观设计国际注册的信息。

第十六章 文档的查阅及保存

第 72 条 不予查阅的文档部分

根据（EG）6/2002 号条例第 74 条第 4 款之规定，不予查阅的文档部分包括：

（a）符合（EG）40/94 号条例第 132 条规定的与排除或异议有关的文件，比照适用于注册式共同体外观设计及其申请；

（b）草拟的决定或意见，以及其他用以撰写决定和意见的所有内部文件；

（c）在查阅文档请求之前，该文档对相关当事人具有特殊保密利益，除非请求查阅的当事人的利益被认为是正当合法的。

第 73 条 共同体外观设计登记簿的查阅

对于根据（EG）6/2002 号条例第 50 条第 1 款之规定延期公布共同体外观设计注册：

（a）非权利人查阅登记簿事项，应限于权利人的姓名、代理人的姓名、申请日和注册日、申请的申请号以及延期公布的简述；

（b）经认证或未认证的登记簿摘要，只包括权利人的姓名、代理人的姓名、申请日和注册日、申请的申请号以及延期公开的简述，由权利人或者其代理人请求的除外。

第 74 条　文档查阅程序

1. 查阅的注册式共同体外观设计文档可以是原件、副本，或者当文档存储在电子数据载体中时，可以查询电子数据载体中存储的文档。

如果未缴纳所需费用，查阅文档的请求视为未提出。

查阅方式由主管局局长决定。

2. 请求查阅与注册式共同体外观设计申请有关的文档，以及与在期限届满或者届满前已经放弃，或根据（EG）6/2002 号条例第 50 条第 4 款的规定被认为自始不具有该条例规定的效力的延期公布的注册式外观设计有关的文档，应包括以下说明和证据：

（a）共同体外观设计的申请人或权利人同意查阅；

（b）请求查阅的人确定有查阅文档的合法利益，特别是共同体外观设计的申请人或权利人已声明外观设计注册后其将依据该权利抗辩请求查阅的人。

3. 查阅文档应在主管局的办公地进行。

4. 经请求签发文件副本使查阅文档具有法律效力，该副本应收取费用。

5. 经请求，主管局应签发经认证或未认证的注册式共同体外观设计的申请副本，或者文档文件的副本，该副本根据第 4 款应收取费用。

第 75 条　文档信息的通知

在（EG）6/2002 号条例第 74 条和本细则第 72、73 条规定的条件限制下，经请求且已经缴费的情况下，主管局可以传送任何与共同体外观设计申请或注册式共同体外观设计有关的文档信息。

尽管如此，主管局认为考虑到提供的信息数量在适当的情况下，可以要求申请人在原处查阅文档。

第 76 条　文档的保存

1. 主管局应将与共同体外观设计申请和注册以及注册式共同体外观设计有关的文档保存至少 5 年，自以下年度的结束起计算：

（a）申请被驳回或撤回；

（b）注册式共同体外观设计的注册确定届满；

（c）根据（EG）6/2002 号条例第 51 条的规定，注册式共同体外观设计完全放弃已被登记；

（d）注册式共同体外观设计确定从登记簿上删除；

（e）根据（EG）6/2002 号条例第 50 条第 4 款的规定，注册式共同体外观设计被视为不具有该条例规定的法律效力。

2. 主管局局长决定文档的保存形式。

第十七章　行政合作

第 77 条　主管局与成员国机构之间的信息交换与通信

1. 经请求，主管局、成员国中央级工业产权局及比荷卢外观设计局，应就注册式共同体外观设计、比荷卢外观设计、国家注册式外观设计的申请及其相关程序和作为注册的相关信息进行相互传送。上述通信不受（EG）6/2002 号条例第 74 条的限制。

2. 主管局和法院或成员国的机构之间根据（EG）6/2002 号条例或本细则所规定而申请的通信，可以在那些机构之间直接生效。

这些通信通过成员国中央级工业产权局或比荷卢外观设计局进行同样有效。

3. 根据第 1、2 款所述的通信的花费由进行通信的机构承担；相关花费是免费的。

第 78 条　由法院或成员国机构查阅文档

1. 通过法院或成员国机构查阅与共同体外观设计申请或注册式共同体外观设计有关的文档，如果要求原件或者其副本的话，不受第 74 条限制。

2. 法院或成员国公诉机关，可以在其负责的诉讼程序中公开由主管局提供的文档或者其副本给第三方当事人查阅。查阅应遵守（EG）6/2002 号条例第 74 条的规定。

3. 对第 1、2 款规定的查阅，主管局不应收取任何费用。

4. 主管局在将文档或者其副本传送给法院或成员国公诉机关时，应指明查阅与共同体外观设计申请或注册式共同体外观设计有关的文档应受（EG）6/2002 号条例第 74 条及本细则第 72 条的限制。

第十八章　费　　用

第 79 条　费用的分摊和确定

1.（EG）6/2002 号条例第 70 条第 1、2 款规定的费用分摊，应根据注册式共同体外观设计的无效宣告请求审查决定或申诉决定进行处理。

2. （EG）6/2002 号条例第 70 条第 3、4 款规定的费用分摊，应根据无效庭或申诉委员会有关费用的决定进行处理。

3. 带有附属证据的费用清单，应附上（EG）6/2002 号条例第 70 条第 6 款第 1 句规定的确定费用的请求。

只有确定费用的请求的决定生效后，该请求才被受理。如果请求经查证属实，则可以确定费用数额。

4. 根据（EG）6/2002 号条例第 70 条第 6 款第 2 句之规定，请求复核登记簿关于确定费用的决定，必须表明其依据的理由，并在接到裁定费用通知 1 个月内提交给主管局。

如果未缴纳复核费，则请求视为未提出。

5. 无效庭或申诉委员会视情况而定，可以不经口头审理程序对第 4 款所述请求做出决定。

6. 根据（EG）6/2002 号条例第 70 条第 1 款之规定，由败诉方承担的费用应限定于无效宣告申请或/和提起申诉中另一方当事人实际产生的费用。

7. 根据（EG）6/2002 号条例第 70 条第 1 款之规定，基本的程序费用和胜诉方实际产生的费用应由败诉方基于如下最高比率承担：

（a）一方当事人在其住所地或营业地与口头审理举行地或作证地之间往返的差旅费，规定如下：

（ⅰ）铁路里程不超过 800 千米的，包括通常的运输附加费的一等铁路票价；

（ⅱ）铁路里程超过 800 千米或者路线包括海路的，经济舱飞机票的费用；

（b）等于欧共体政府员工法规附录七第 13 条规定的 A4～A8 级日常生活津贴的一方当事人的生活费；

（c）（EG）6/2002 号条例第 78 条第 1 款规定的代理人、证人及专家的差旅费，按照（a）项规定的标准；

（d）（EG）6/2002 号条例第 78 条第 1 款规定的代理人、证人及专家的生活费用，按照（b）项规定的标准；

（e）以证人证言、专家意见或查阅方式进行取证的费用，每个程序最高300 欧元；

（f）（EG）6/2002 号条例第 78 条第 1 款规定的代理费用；

（ⅰ）请求人在注册式共同体外观设计无效程序中的费用，最高为 400 欧元；

（ⅱ）权利人在注册式共同体外观设计无效程序中的费用，最高为 400 欧元；

（ⅲ）申诉程序中申诉人的费用最高为 500 欧元；

（ⅳ）申诉程序中被告的费用最高为 500 欧元；

（g）胜诉方的根据（EG）6/2002 号条例第 78 条第 1 款规定的代理人不止一个的，败诉方仅应承担（c）、（d）和（f）项规定中的一个代理人的费用；

（h）除（a）~（g）项规定的费用外，败诉方不再偿付胜诉方的其他任何费用。

上述第 1 款（f）项所指在任何程序中通过审查证人证言、专家意见或查阅方式进行取证，每个程序要另外支付最高 600 欧元的代理费。

第十九章　语　言

第 80 条　请求和宣告

在不违反（EG）6/2002 号条例第 98 条第 4 款之规定的情况下：

（a）任何与注册式外观设计申请有关的请求或宣告，应以提交申请所使用的语言或申请人在其申请中指明的第二语言提交；

（b）除（EG）6/2002 号条例第 52 条规定的无效宣告的请求之外，任何与注册式外观设计有关的请求或者宣告，以及根据（EG）6/2002 号条例第 51 条之规定放弃注册式外观设计的宣告，均可以用主管局工作语言之一提交；

（c）根据第 68 条规定的由主管局提供的任何表格，可以使用任意一种欧盟官方语言，只要该表格能以主管局语言之一填写文本内容。

第 81 条　书面程序

1. 在不违反（EG）6/2002 号条例第 98 条第 3、5 款的规定和本细则的其他规定的情况下，当事人在主管局的书面程序中可以使用主管局的任何语言。

如果选定的语言不是该程序的语言，当事人应在提交原件之日起 1 个月内提交一份译文。

如果注册式共同体外观设计的申请人是主管局程序中的唯一当事人，且其提交注册式共同体外观设计申请使用的语言不是主管局语言之一，则译文也可以以申请人在申请中指定的第二语言提交。

2. 如果本细则没有另外规定，主管局程序中所使用的文件可用任何一种欧盟官方语言提交。

如果该文件的语言不是主管局程序语言，主管局可以要求在指定期限内以该程序语言或者根据当事人的选择以主管局语言之一补交译文。

第82条 口头审理程序

1. 主管局的口头审理程序中的任何当事人可以使用另外一种欧盟官方语言替代程序语言，前提是其提供该程序语言的翻译。

在与外观设计注册申请相关的程序中举行口头审理程序的，申请人可以使用申请语言或者其指定的第二语言。

2. 在与外观设计注册申请相关的口头审理程序中，主管局官员既可以使用申请语言，也可以使用申请人指定的第二语言。

在所有其他的口头审理程序中，经该程序当事人同意，主管局官员可以使用另外一种主管局语言来替代该程序语言。

3. 在取证过程中，任何接受询问的当事人、证人或专家无法用程序语言充分进行表达的，可以使用任何一种欧盟官方语言。

在基于程序一方当事人请求决定调取证据的情况下，如果听证的当事人、证人或专家以不同于程序语言的语言表达自己的意见，则提出请求的当事人应提供该语言的翻译。

在与外观设计的注册申请有关的程序中，申请人指定的第二语言可以替代申请语言。

在任何只有一方当事人的程序中，主管局可以在有关当事人要求下允许其不受本款规定限制。

4. 如果当事人和主管局同意，可以在口头审理程序中使用任何一种欧盟官方语言。

5. 必要时，主管局应自行翻译为程序语言，或者在适当情况下翻译为其他合适的语言，除非该翻译应由程序中的一方当事人负责。

6. 主管局的官员、当事人、证人和专家在口头审理程序中以主管局语言之一做出的声明，应以该语言记录在笔录中。以其他语言做出的声明，应以该程序语言记录。

对共同体外观设计申请或注册进行的修改，应以该程序语言记录在笔录中。

第83条 译文的认证

1. 如果提交文件的译文，则主管局可要求在其指定期限内提交一份关于该译文与原文一致的认证文件。

对于（EG）6/2002号条例第42条规定的在先申请的译文的证明文件，该指定期限不少于提交申请日后的3个月。

如果证明文件在指定期限内未提交，则该文件视为未收到。

2. 主管局局长可以决定译文的认证方式。

第 84 条　翻译的法律真实性

如果没有相反证据，则主管局可以推定译文与相关原文一致。

第二十章　互惠、过渡期和生效

第 85 条　互惠的公告

1. 若必要，主管局局长应请求欧盟委员会询问非《保护工业产权巴黎公约》的成员国或者非《世界贸易组织协定》成员国是否认可（EG）6/2002 号条例第 41 条第 5 款含义内的互惠待遇。

2. 欧盟委员会确定根据第 1 款规定给予互惠待遇的，应在欧盟官方公报上公布相关信息。

3. （EG）6/2002 号条例第 41 条第 5 款自如第 2 款所述在欧共体公报上公布之日起适用，除非声明其开始适用的日期。

自欧盟委员会有关不再给予互惠待遇的信息在欧盟官方公报上公布之日起，停止适用（EG）6/2002 号条例第 41 条第 5 款，除非该信息注明适用在先日期。

4. 第 2、3 款规定的信息也应在主管局官方公报上公布。

第 86 条　过渡期

1. 在根据（EG）6/2002 号条例第 111 条第 2 款规定的确定日期前的 3 个月内提交的共同体外观设计申请，应由主管局标明根据该规定所确定的日期和收到该申请的实际日期。

2. 对于该申请，（EG）6/2002 号条例第 41、44 条规定的 6 个月优先期限，应自该条例第 111 条第 2 款规定的确定日期起算。

3. 主管局可以在根据（EG）6/2002 号条例第 111 条第 2 款规定的确定日期之前，向申请人出具确收通知书。

4. 主管局可以审查在（EG）6/2002 号条例第 111 条第 2 款规定的确定日期之前的申请，并通知申请人在该日期前克服缺陷。

关于此类申请的任何决定，均可以在该日期之后做出。

5. 主管局、成员国中央级工业产权局或比荷卢外观设计局收到共同体外观设计的申请的日期早于（EG）6/2002 号条例第 111 条第 3 款规定的 3 个月期限开始之前的，该申请应视为未提交。

应立即通知申请人，并且将其申请退回。

第 87 条　生效

本细则将在欧盟官方公报上公布后的第七天生效。

本细则完全并且直接地适用于所有欧盟成员国。

附件 *3*
共同体外观设计收费细则

在欧盟加入《工业品外观设计国际注册海牙协定日内瓦文本》之后，通过 2007 年 7 月 24 日的用于修改关于向欧盟内部市场协调局缴纳费用的 2246/2002 号条例的 877/2007 号欧盟委员会条例来对 2002 年 12 月 16 日的关于向欧盟内部市场协调局缴纳共同体外观设计注册费的 2246/2002 号欧盟委员会条例（《欧盟官方公报 L 类第 341 号》，2002 年 12 月 17 日，第 54 页）做出修改（《欧盟官方公报 L 类第 193 号》，2007 年 7 月 25 日，第 16 页）。

目录（本目录并非此细则的一部分）

第 1 条　对象❶

本细则针对如下情况规定了金额和缴纳方式：

1. 应缴纳至如下机构的费用：

---

❶ 通过 2007 年 7 月 24 日的 877/2007 号欧盟委员会条例修改。该修改于 2008 年 1 月 1 日生效。

（a）根据欧盟 6/2002 号和 2245/2002 号条例，应缴纳至欧盟内部市场协调局；

（b）1999 年 7 月 2 日通过并经理事会第 5 次 2006/954 号决议批准的《工业品外观设计国际注册海牙协定日内瓦文本》（以下称《日内瓦文本》），应缴纳至世界知识产权组织国际局。

2. 欧盟内部市场协调局局长规定的收费。

第 2 条　费用❶

1. 在本细则的附录中列出了根据欧盟 6/2002 号条例和欧盟 2245/2002 号条例规定应向欧盟内部市场协调局缴纳的费用。

2. 在本细则的附录中列出了根据《日内瓦文本》第 7 条第 2 款并结合欧盟 6/2002 号条例第 106c 条、该欧盟条例第 13 条第 1 款和欧盟 2245/2002 号条例第 22 条第 2 款（a）项规定应向国际局支付的单独指定费用。

第 3 条　欧盟内部市场协调局局长规定的收费

1. 欧盟内部市场协调局局长规定欧盟内部市场协调局提供的除附录中所列的服务之外的其他服务所收取的费用的数额。

2. 此外，欧盟内部市场协调局局长规定欧盟外观设计公报和欧盟内部市场协调局进行的其他公开的费用数额。

3. 所有费用数额以欧元计算。

4. 欧盟内部市场协调局局长根据上述第 1、2 款确定的费用标准在欧盟内部市场协调局的官方公报上公布。

第 4 条　费用和收费的到期日

1. 费用和收费的到期日在《共同体外观设计条例》和《共同体外观设计实施细则》中没有规定的，以收到履行该收费服务的请求日为到期日。

2. 欧盟内部市场协调局局长是否使用本条第 1 款的服务，取决于先期支付相应的费用或收费。

第 5 条　费用和收费的支付

1. 向欧盟内部市场协调局缴纳的费用和收费应以欧元支付并且通过向欧盟内部市场协调局的银行账户存款或转账来支付。❷

2. 欧盟内部市场协调局局长可以指定在第 1 款中所列之外的支付方式，尤其是可以指定向在欧盟内部市场协调局开设的经常性账户存款。这些支付方式在欧盟内部市场协调局官方公报上予以公布。

---

❶❷　通过 2007 年 7 月 24 日的 877/2007 号欧盟委员会条例修改。该修改于 2008 年 1 月 1 日生效。

第 6 条　支付方式

1. 每次缴费时应说明支付人的姓名和能够使欧盟内部市场协调局直接得知缴费目的的更详细明细。尤其应说明以下内容：

（a）在缴纳注册费时说明缴费目的，即"注册费"，必要时还要说明申请人在共同体外观设计注册申请中已经说明过的事项；

（b）在缴纳公告费时说明缴费目的，即"公告费"，必要时还要说明申请人在共同体外观设计注册申请中已经说明过的事项；

（c）在缴纳欧盟 6/2002 号条例第 50 条第 4 款所规定的公告费用时说明缴费目的，即"公告费"，以及说明注册号；

（d）在缴纳公告延期费时说明缴费目的，即"延期费用"，必要时还要说明申请人在共同体外观设计注册申请中已经说明过的事项；

（e）在缴纳无效请求费时说明注册号和被请求无效的注册式共同体外观设计的权利人姓名以及缴费目的，即"无效费用"。

2. 如果不能直接看出缴费目的，则欧盟内部市场协调局要求付款人在官方指定的期限内书面告知其缴费目的。如果付款人未在规定期限内履行该要求，则视为未缴费。已缴纳的金额将予以退还。

第 7 条　认定的缴费日期❶

1. 缴纳的金额实际记入欧盟内部市场协调局银行账户的日期被视为欧盟内部市场协调局收到缴费的日期。

（a）在第 6 条第 1 款（a）项情形下为缴纳的金额实际记入欧盟内部市场协调局银行账户的日期；

（b）在第 6 条第 1 款（b）项情形下为支票向欧盟内部市场协调局的兑付日期；

（c）在第 6 条第 1 款（c）项情形下为收到现金付款的日期。

2. 如果欧盟内部市场协调局局长根据第 5 条第 2 款同意以不同于第 5 条第 1 款规定的支付方式，则欧盟内部市场协调局局长也指定该缴费被视为收到的日期。

3. 根据第 1、2 款规定，如果费用的缴纳被视为在到期的期限届满后才完成，那么，如果向欧盟内部市场协调局证明以下情形，则视为遵守了该规定期限：

（a）在缴费期限内已在任一成员国内授权一家银行按照规定转账；并且

（ⅰ）银行已安排支付；

（ⅱ）已授权银行按规定转账；

---

❶ 通过 2007 年 7 月 24 日的 877/2007 号欧盟委员会条例修改。该修改于 2008 年 1 月 1 日生效。

（ⅲ）在邮局或以其他途径已经向欧盟内部市场协调局寄出信件，该信件附有根据第 6 条第 1 款（b）项的兑付了的支票；

（b）已经缴纳了到期费用 10% 作为附加费，附加费最高金额为 200 欧元；

如果最迟在缴费期限届满前 10 日已满足了（a）项所列出前提条件之一，则无须支付附加费。

4. 欧盟内部市场协调局可以要求付款人证明在哪一天满足了（a）项所列出的前提条件之一，并且在必要时要求付款人在由欧盟内部市场协调局指定的期限内缴纳根据第 3 款（b）项规定的附加费。如果付款人未遵守上述要求，或证据不足，或未在规定期限内缴纳附加费，则视为错过缴费期限。

第 8 条　费用金额不足

1. 原则上，只有在规定期限内足额缴纳了费用金额，才视为遵守了缴纳期限。如果费用未足额缴纳，则已缴纳的金额在缴纳期限届满之后被退还。

2. 但是，欧盟内部市场协调局可以给予付款人补齐差额的机会，如果当前的期限仍允许这样做的话，或者，在不给付款人带来不利的法律后果的情况下不计小额差额，前提是这样做显得合理。

第 9 条　小额金额的退还

1. 超额缴纳的费用或收费，如果超额金额很小且支付人没有明确要求退还，则不予退还。

欧盟内部市场协调局局长确定小额金额的定义。

2. 欧盟内部市场协调局局长根据第 1 款做出的决定，在欧盟内部市场协调局官方公报上予以公布。

第 10 条　生效

本细则在欧盟官方公报上公布之后的第七日生效。

附录　向欧盟内部市场协调局缴纳的费用　　　　　（单位：欧元）

1	注册费（《共同体外观设计条例》第 36 条第 4 款；《共同体外观设计实施细则》第 6 条第 1 款 a 项）	230
1a	国际汴册的单独指定费用（6/2002 号欧盟委员会条例第 106c 条；《日内瓦文本》第 7 条第 2 款）——（每一项外观设计）	62
2	多项申请的每一项附加的外观设计所需的附加注册费（《共同体外观设计条例》第 37 条第 2 款；《共同体外观设计实施细则》第 6 条第 1 款 c 项）	

续表

	（a）从第 2 到第 10 项的每一项外观设计	115
	（b）从第 11 项起的每一项外观设计	50
3	公布费用（《共同体外观设计条例》第 36 条第 4 款；《共同体外观设计实施细则》第 6 条第 1 款 b 项）	120
4	多项申请的每一项附加的外观设计所需的附加公布费（《共同体外观设计条例》第 37 条第 2 款；《共同体外观设计实施细则》第 6 条第 1 款 d 项）	
	（a）从第 2 到第 10 项的每一项外观设计	60
	（b）从第 11 项起的每一项外观设计	30
5	延期公布的费用（《共同体外观设计条例》第 36 条第 4 款；《共同体外观设计实施细则》第 6 条第 1 款 b 项）	40
6	多项申请的每一项应当被延期公布的附加外观设计的延期公布附加费用（《共同体外观设计条例》第 37 条第 2 款；《共同体外观设计实施细则》第 6 条第 1 款 d 项）	
	（a）从第 2 到第 10 项的每一项外观设计	20
	（b）从第 11 项起的每一项外观设计	10
7	逾期支付注册费的费用（《共同体外观设计条例》第 107 条第 2 款 a 项；《共同体外观设计实施细则》第 10 条第 3 款）	60
8	逾期支付公布费的费用（《共同体外观设计条例》第 107 条第 2 款 b 项；《共同体外观设计实施细则》第 10 条第 3 款和第 15 条第 4 款）	30
9	逾期支付延期公布费的费用（《共同体外观设计条例》第 107 条第 2 款 c 项；《共同体外观设计实施细则》第 10 条第 3 款）	10
10	逾期支付多项申请的附加注册费的费用（《共同体外观设计条例》第 107 条第 2 款 d 项；《共同体外观设计实施细则》第 10 条第 3 款和第 15 条第 4 款）	附加费的 25%
11	每一项外观设计的续期费用（《共同体外观设计条例》第 13 条第 1 款；《共同体外观设计实施细则》第 22 条第 2 款 a 项），与是否是多项申请的一部分无关	
	（a）第一次续期	90
	（b）第二次续期	120
	（c）第三次续期	150
	（d）第四次续期	180

11a	国际注册的单独续期费用（6/2002 号欧盟委员会条例第 13 条第 1 款和第 106c 条；2245/2002 号欧盟委员会条例第 22 条第 2 款 a 项），每项外观设计	
	（a）第一次续期	31
	（b）第二次续期	31
	（c）第三次续期	31
	（d）第四次续期	31
12	逾期支付续期费用或逾期提交续期请求的费用（《共同体外观设计条例》第 13 条第 3 款；《共同体外观设计实施细则》第 22 条第 2 款 b 项）	续期费用的 25%
13	无效宣告请求费（《共同体外观设计条例》第 52 条第 2 款；《共同体外观设计实施细则》第 28 条第 2 款）	350
14	申诉费（《共同体外观设计条例》第 57 条；《共同体外观设计实施细则》第 35 条第 3 款）	800
15	恢复原状态的费用（《共同体外观设计条例》第 67 条第 3 款 a 项）	200
16	共同体外观设计申请的转让记录费（《共同体外观设计条例》第 34 条第 2 款和第 107 条第 2 款 f 项；《共同体外观设计实施细则》第 23 条第 7 款）	每项外观设计 200 欧元，在同一申请中提出多个转让记录请求或同时提出多个转让记录请求的情况下最多 1000 欧元
17	注册式共同体外观设计的转让登记费（《共同体外观设计条例》第 107 条第 2 款 f 项；《共同体外观设计实施细则》第 23 条第 3 款）	每项外观设计 200 欧元，在同一转让登记请求内提出多项请求或同时提出多项请求的情况下最多 1000 欧元
18	注册式共同体外观设计的许可证或其他权利的登记费用（《共同体外观设计条例》第 107 条第 2 款 g 项；《共同体外观设计实施细则》第 23 条第 3 款和第 24 条第 1 款）或者共同体外观设计申请的其他权利的登记费用（《共同体外观设计条例》第 34 条第 2 款和第 107 条第 2 款 g 项；《共同体外观设计实施细则》第 23 条第 3 款、第 24 条第 1 款和第 24 条第 4 款） （a）授予许可证； （b）转让许可证； （c）对物权利的创立； （d）对物权利的转让； （e）强制执行	每项外观设计 200 欧元，在同一许可证登记或其他权利登记的请求中提出多项请求或同时提出多项请求的情况下最多 1000 欧元

续表

19	许可证登记或其他权利注册登记的撤销费用（《共同体外观设计条例》第107条第2款h项；《共同体外观设计实施细则》第26条第3款）	每次撤销200欧元，在同一撤销许可证登记或其他权利登记的请求中提出多项请求或者同时提出多项请求的情况下最多1000欧元
20	注册时共同体外观设计申请副本的出具费（《共同体外观设计条例》第107条第2款n项；《共同体外观设计实施细则》第74条第5款）、注册证书副本的出具费（《共同体外观设计条例》第107条第2款e项；《共同体外观设计实施细则》第17条第2款）或注册簿摘录的出具费（《共同体外观设计条例》第107条第2款i项；《共同体外观设计实施细则》第69条第6款）	
	（a）未认证的副本或未认证的摘录	10
	（b）认证的副本或认证的摘录	30
21	卷宗查阅费（《共同体外观设计条例》第107条第2款j项；《共同体外观设计实施细则》第74条第1款）	30
22	卷宗文件复制费（《共同体外观设计条例》第107条第2款k项；《共同体外观设计实施细则》第74条第5款）	
	（a）未认证的副本	10
	（b）认证的副本	30
	超过10页的每页附加费	1
23	卷宗的信息通知费（《共同体外观设计条例》第107条第2款l项；《共同体外观设计实施细则》第75条）	10
	超过10页的每页附加费	1
24	多项确定的待返还程序费用的复核费（《共同体外观设计条例》第107条第2款m项；《共同体外观设计实施细则》第79条第4款）	100

附件 *4*
德国外观设计法

于 2014 年 2 月 24 日（《联邦法律公报》第 I 部分，第 122 页）公布的版本，已经依照 2016 年 4 月 4 日颁布的修订法（《联邦法律公报》第 I 部分，第 558 页）的第一条进行了修改。

目录（本目录并非此法的一部分）

第一章　获得保护的条件

第 1 条　定义

在本法中：

1. "外观设计"是指完整产品或其一部分的平面或立体的外观形式，该外观形式尤其通过产品本身或者其装饰件的线条、轮廓、色彩、形状、表面结构或产品表现出来。

2. "产品"包括任何工业品或手工业制品，包括包装、装潢、图形标志、印刷字样以及用以装配成复杂产品的部件；但是计算机程序不被视为产品。

3. "复杂产品"指由若干可被替代的部件组成的、可拆卸和重新组装的产品。

4. "常规使用"是指终端用户的使用，不包括保养、服务或维修。

5. 在登记簿中登记的外观设计所有人被视为权利人。

第 2 条　外观设计保护

1. 只有新颖的、独特的注册式外观设计，才受本法保护。

2. 在登记日前没有相同外观设计被公开的，该外观设计具有新颖性。如果特征上仅存在非实质性的细节差别，则视为是相同的外观设计。

3. 如果一项外观设计给予见多识广的使用者的整体印象与任何在申请日

前能为公众所知的外观设计给予该使用者的整体印象不同，该外观设计具备独特性。在评判独特性时，应当考虑到设计者在进行这一设计时所享有的设计自由度。

第 3 条　不给予外观设计保护的情形

1. 下述情形，不给予外观设计保护：

（1）仅由产品技术特征所限定的产品的外形特征；

（2）产品的外形特征，必须以其准确的形状和尺寸加以复制，以确保包含或者使用该外观设计的产品可以与另一产品进行组装或者被机械地连接、被置、挨着或者环绕另一个产品，并使每个产品能够运行其功能；

（3）与公序良俗相违背的外观设计；

（4）构成对《保护工业产权巴黎公约》第 6 条所列举的标识，或者对其他有公共利益的标识、徽章或者符号的滥用的。

2. 第 1 款第（2）项中的外形特征，若是服务于一个模型系统内多个可相互替换的部件的组合和连接的，不应排除在外观设计的保护之外。

第 4 条　复杂产品的组成部分

如果包含或者使用外观设计的产品属于一个复杂产品的组成部分的，仅当该组成部分被放入复杂产品之后在常规使用时仍然可见，并且这些可见的特征自身满足新颖性和独特性时，该外观设计才具有新颖性和独特性。

第 5 条　公开

如果一项外观设计被公布、展览、在贸易中使用或者以其他方式为公众所知，则该外观设计属于被公开，除非上述情形在申请日之前不能为欧盟内相关部门的专业人员在正常的商业活动中合理获知。不能仅因为一项外观设计曾透露给具有明示或者默示的保密义务的第三方，就视该外观设计已经公开。

第 6 条　新颖性的宽限期

在申请日之前的 12 个月内，由设计者或其权利继受人，或者由设计者或其权利继受人提供信息而得知或者受其支配的第三人，使外观设计为公众所知的，不适用第 2 条第 2~3 款的规定。违背设计者或者其权利继受人意愿的滥用行为，导致外观设计公开的，同样不适用第 2 条第 2~3 款的规定。

第二章　权利人

第 7 条　注册式外观设计的权利

1. 注册式外观设计的权利属于设计者或者其权利继受人。若外观设计由两人或者多人共同设计出，则注册式外观设计的权利由其共同享有。

2. 若一项外观设计是雇员在履行职责或者执行雇主指令时所设计的，除非合同另有约定，否则该注册式外观设计的权利由雇主享有。

第8条　正式权利

在与注册式外观设计相关的程序中，推定申请人及权利人享有所有权利并承担所有义务。

第9条　对抗非权利人的主张

1. 如果一项注册式外观设计并非以第7条规定的权利人的名义所注册，权利人可以不考虑其他请求，要求转让或者同意撤销该注册式外观设计。有多个权利人的，未被登记为权利人的人，可以要求承认其共同所有人的身份。

2. 第1款的请求，仅能在注册式外观设计公布之日起3年之内，以诉讼的方式行使。但如果权利人恶意申请注册式外观设计或者转让注册式外观设计的，不适用该规定。

3. 如果依据第1款第1句的规定，一项登记的外观设计的所有权发生转让的，当将权利人记载到登记簿时，之前的许可以及其他权利将丧失。如果之前的权利所有人或者被许可人开始实施该外观设计，或者已经为之做了实质性和重要的准备的，只要在新权利所有人获得登记之后1个月内，向其要求一个非独占许可的，可以继续实施该注册式外观设计。该许可应以合理期限和合理条件授予。若之前的权利所有人或者被许可人乃恶意实施外观设计或者为实施做准备的，不适用本条第2~3句的规定。

4. 第2款规定的司法程序的启动、该程序的生效裁决以及任何其他结局以及因该程序而导致权利所有人资格的任何变更应载入注册式外观设计登记簿。

第10条　设计者的署名

不同于申请人或者权利人，设计者有权在德国商标专利局审理程序中以及登记簿上署名。如果外观设计为合作劳动的成果，每一个参与的设计者可以主张署名权。

第三章　注册程序

第11条　申请

1. 在登记簿上注册外观设计的申请，应向德国专利商标局提出。联邦司法和消费者保护部在《联邦法律公报》中公告指定专利信息中心接受外观设计申请的，也可以向所述指定的专利信息中心递交申请。

2. 申请必须包含：

（1）注册请求；

（2）能够明确申请人身份的说明；

（3）外观设计的适于公布的视图。

如果依据第 21 条第 1 款第一句提起请求，则外观设计的视图可以用一个平面外观设计的一部分来代替。

3. 申请必须包括包含或使用该外观设计的产品的说明。

4. 申请必须符合依第 26 条在法令中规定的其他申请要件。

5. 申请还可以包括：

（1）解释视图的说明；

（2）依据第 21 条第 1 款第 1 句，延期图片公布的请求；

（3）放弃外观设计所归入的某个或者某些产品类别；

（4）设计者的说明；

（5）代理人的说明。

6. 第 3 款和第 5 款第（3）项的说明均不影响注册式外观设计的保护范围。

7. 申请人可以随时撤回申请。

第 12 条　多项申请

1. 多个外观设计可以在一项申请中一并提起（多项申请）。多项申请不应包括超过 100 项的外观设计。

2. 申请人可以通过声明，向德国专利商标局要求对一项多项申请进行分案。分案不影响申请日。如果依据《专利费用法》，应缴纳的每项分案申请的费用总额高于已经缴纳的申请费用，则应补缴差额部分。

第 13 条　申请日

1. 一项外观设计的申请日，是指将申请材料以及依据第 11 条第 2 款规定的说明送达下述机构的日期：

（1）德国专利商标局；

（2）德国联邦司法和消费者保护部在《联邦法律公报》中公告指定的专利信息中心。

2. 如果依据第 14 条或者第 15 条有效地主张优先权的，则在适用第 2 ～ 6 条、第 12 条第 2 款第 2 句、第 21 条第 1 款第 1 句、第 33 条第 2 款第（2）项和第 41 条的情况下，用优先权日取代实际申请日。

第 14 条　外国优先权

1. 依据国际条约规定，对相同的外观设计要求外国在先申请优先权的申请人，应当在优先权日后 16 个月内，声明在先申请的时间、受理国家、申请号，并应当提交在先申请的副本。在此期限内，可以修改上述内容。

2. 若在先申请是在未参加相互承认优先权国际公约的国家提起的，只要依据德国联邦司法和消费者保护部在《联邦法律公报》上的公告，该国家对在德国专利商标局第一次提出的申请授予优先权，而且该优先权的要件及内容与《保护工业产权巴黎公约》关于优先权的规定相符的，申请人可以依据《保护工业产权巴黎公约》有关优先权的规定要求优先权；就此参照适用第 1 款的规定。

3. 依据第 1 款及时声明以及递交副本的，德国专利商标局将优先权载入登记簿。若申请人在设计登记公告之后才主张优先权或者修改声明的，应随后相应地补正公告。若没有依据第 1 款及时声明或者递交副本的，视为没做出优先权主张的声明。对此由德国专利商标局加以确认。

第 15 条　展览会优先权

1. 如果外观设计的申请人：

（1）在 1928 年 11 月 22 日于巴黎签署的《国际展览公约》所指定的官方或官方认可的国际展览会上；

（2）在其他国内或者国际展览会上展出设计以供参观，并在首次参观展览之后 6 个月的期限内递交申请的，可以对该展览日主张优先权。

2. 第 1 款第（1）项所指的展览会，由联邦司法和消费者保护部在有关展览保护的《联邦法律公报》中公布。

3. 第 1 款第（2）项所指的展览会，由联邦司法和消费者保护部每个案件中指定并且在《联邦法律公报》中公布。

4. 主张第 1 款规定的优先权的，在设计首次展览日之后 16 个月届满之前，应对该日期和展览会做出声明并且提交有关该参观展览会的证明文件。参照适用第 14 条第 3 款。

5. 第 1 款的展览优先权不能延长第 14 条第 1 款的优先权期限。

第 16 条　申请的审查

1. 德国专利商标局审查，是否：

（1）依照《德国专利费用法》第 5 条第 1 款第 1 句的规定申请费用；

（2）符合依据第 11 条第 2 款承认申请日的前提条件；

（3）申请符合其他申请要件。

2. 在德国专利商标局规定的期限内没有足额缴纳费用的，如果多项申请的申请费没有足额补缴，或者申请人没有确定已经缴纳的费用应用于哪个外观设计的，则德国专利商标局确定用于哪个外观设计。申请中的其他部分将视为撤回。德国专利商标局应对此加以确定。

3. 确认出现不符合第 1 款第（2）项和第（3）项的缺陷的，德国专利商标局应要求申请人在规定的时间内消除缺陷。如果申请人遵循德国专利商标局的要求，则在第 1 款第（2）项的情况下，德国专利商标局应依据第 13 条第 1

款的规定，承认缺陷消除之日为申请日。如果没有消除缺陷，德国专利商标局应做出决定，驳回申请。

第 17 条　申请的继续审理

1. 当外观设计申请因错过德国专利商标局规定的期限而已经被驳回的，如果申请人请求继续审理申请并补做了被错过的行为的，无须做出明确的撤销，驳回决定无效。

2. 继续审理的申请应在驳回外观设计申请的决定送达之后 1 个月内提起。应在这一期限内补做被错过的行为。

3. 错过第 2 款规定的期限以及《德国专利费用法》第 6 条第 1 款第 1 句规定的缴纳继续审理费用的期限的，不适用恢复原状。

4. 对该申请进行裁定的部门，也对补做的行为进行裁定。

第 18 条　注册障碍

如果申请的主题不属于第 1 条第（1）项规定的外观设计，或者一项外观设计是依据第 3 条第 1 款第（3）项或者第（4）项被排除保护的，则德国专利商标局应驳回申请。

第 19 条　登记簿、注册和外观设计信息的管理

1. 注册式外观设计登记簿由德国专利商标局管理。

2. 德国专利商标局负责将申请人有义务说明的具体内容登记入册，并确定所登记的产品种类，但不审查申请人资格以及在申请中做出的说明的正确性。

3. 为了进一步处理或使用外观设计信息，德国专利商标局可以将登记簿中的外观设计信息以电子形式转交给第三人。在第 22 条第 3 款所规定的不允许查阅的情况下，不得进行这种转交。

第 20 条　公布

1. 登记簿中的登记将由德国专利商标局以注册式外观设计的视图的方式进行公布。公布不保证呈现的完整性以及外观设计表现特征的可识别性。

2. 公布可以以电子形式进行。

第 21 条　延期公布

1. 注册式外观设计申请可以在递交申请的同时请求，自申请日起 30 个月延期公布视图。如果递交了请求的，公布将限于将外观设计登记于登记簿中。

2. 如果权利人按照《德国专利费用法》第 5 条第 1 款第 1 句在延期期限之内缴纳延迟费的，保护可以扩展到第 27 条第 2 款所规定的保护期限。如果已经利用到了《德国专利费用法》第 11 条第 2 款第 2 句所规定的机会的，在延期期限之内，也应当递交外观设计的视图。

3. 第 20 条规定的视图公布，涉及第 1 款第 2 句的公布，可以在延期期限届满时或者依请求在更早时间补做。

4. 如果保护没有按照第 2 款规定被延迟的，保护期限将结束于延期期限届满之时。若注册式外观设计是基于一项多项申请提起的，公布可限于单个的注册式外观设计。

第 22 条　查阅登记簿

1. 任何人都可以查阅登记簿。任何人都有权查阅注册式外观设计的视图以及德国专利商标局有关注册式外观设计的文档，只要：

（1）视图已经被公布；

（2）申请人或者权利人同意；

（3）证明其具有合法利益需要进行查阅。

2. 如果是电子文档，则根据第 1 款第 2 句对文档的查阅也可以通过互联网进行。

3. 根据第 1、2 款对文件的查阅在如下情况下是不允许的：在法律规定中反对这种查阅时，或者《德国联邦数据保护法》第 3 条第 1 款意义上的数据主体的利益明显占优。

第 23 条　程序规定、申诉和法律上诉

1. 为了执行外观设计相关事宜的程序，在德国专利商标局中设立一个或多个外观设计机构和外观设计部门。外观设计机构有权在根据本法案的程序中进行裁决，但是根据第 34a 条规定的无效程序除外，并且该外观设计机构配备有根据《德国专利法》第 26 条第 2 款第 2 句意义上的法律专员。《德国专利法》第 47 条也相应适用。

2. 根据第 34a 条的无效程序决定应由德国专利商标局的一个外观设计部门做出，每个外观设计部门必须配备有《德国专利法》第 26 条第 2 款第 2 句所指的 3 名法律专员。如果案件提出特殊技术问题，则应咨询《德国专利法》第 26 条第 2 款第 2 句意义上的技术专员。主管外观设计部门的主席应决定是否咨询技术专员，本决定不可单独做出。

3. 对外观设计机构和外观设计部门的成员的自行回避和请求回避，适用《德国民事诉讼法》第 41~44 条、第 45 条第 2 款第 2 句、第 47~49 条关于民事诉讼程序中法院人员自行回避和请求回避的规定。如果需要就请求回避进行裁决的，由德国专利商标局局长已经普遍指定的另外一名法律专员做出这样的裁决。参照适用《德国专利法》第 123 条第 1~5 款和第 7 款以及第 124 条、第 126 条和第 128a 条。

4. 不服德国专利商标局在本法规定的程序中做出的决定，可以向德国联

邦专利法院提起申诉。德国联邦专利法院由 3 名法律专员组成申诉审议庭，对申诉进行裁决。第 2 款第 2 句和第 3 句的适用附带以下条件：申诉委员会由 3 名法律专员组成，应就扩大专家组的不可申诉的命令进行裁定。《德国专利法》第 100 条第 3 款第（1）项不适用于扩大或不扩大专家组。参照适用《德国专利法》第 69 条、第 70 条第 2 款、第 73 条第 2～4 款、第 74 条第 1 款、第 75 条第 1 款、第76～80 条和第 86～99 条、第 123 条第 1～5 款和第 7 款、第 124 条、第 126～128b 条。在根据第 34a 条的无效程序中针对决定提起上诉的，《德国专利法》第 84 条第 2 款第 2 句和第 3 句经必要修改后适用。

5. 不服德国联邦专利法院依第 2 款所做出的决定的，在申诉审议庭允许的情况下，可以向德国联邦最高法院提起法律上诉。参照适用《德国专利法》第 100 条第 2～3 款、第 101～109 条、第 123 条第 1～5 款和第 7 款，以及第 124～128b 条。

第 24 条　程序费用减免

在依据第 23 条第 1 款规定的程序中，若有充分获得注册的前景，则依申请人的申请，参照《德国民事诉讼法》第 114～116 条的规定，申请人可以获得程序费用减免。根据请求，根据第 34a 条提起诉讼的一方可以在适当适用《德国专利法》第 132 条第 2 款的情况下获得程序费用减免。根据权利人的请求，程序费用减免也可以适用于第 21 条第 2 款第 1 句规定的扩展保护费用以及第 28 条第 1 款第 1 句规定的维持费用。参照适用《德国专利法》第 130 条第 2～3 款以及第 133～138 条。

第 25 条　电子程序的管理

1. 只要对德国专利商标局审查过程有关申请、请求或者其他审理活动的书面形式有事先规定的，参照适用《德国民事诉讼法》第 130a 条第 1 款第 1 句和第 3 句以及第 3 款的规定。

2. 德国联邦专利法院和德国联邦最高法院的诉讼文书，可以采取电子文档的形式。此外，除非本法另有规定，参照适用《德国民事诉讼法》有关电子文档、电子文书和电子程序的管理的规定。

3. 德国联邦司法和消费者保护部在无需联邦参议院同意的情况下可以通过法令，规定：

（1）电子文档可以向德国专利商标局和法院递交的时间，以及适合于文档处理形式的电子签章，不论是否使用电子签章以及无论该电子签章是什么；

（2）第 2 款规定的程序文书能够电子化管理的时间，以及对此适用的电子诉讼文书的形成、管理和维护的组织、技术框架条件。

第 26 条　法规授权

1. 德国联邦司法和消费者保护部有权颁布无需联邦参议院批准的法令，规定：

（1）德国专利商标局的机构设置以及业务规程，例如专利事务的流程方式，但以法律尚无确定的相关内容为限；

（2）申请以及外观设计视图的形式以及其他的要求；

（3）依据第 11 条第 2 款第（2）项与申请一起递交的外观设计的一部分的合法尺寸；

（4）附在申请中、用以解释视图的说明的内容和范围；

（5）产品类别的分类；

（6）组织和形成登记簿，包括应载入登记簿的事实以及公布的细节；

（7）在撤销载入登记簿之后，处理与申请一起递交的、作为注册式外观设计视图的物品；

（8）德国专利商标局根据《工业品外观设计国际注册海牙协定》保护外观设计的程序；

（9）德国专利商标局根据第 34a 条确认或宣告注册式外观设计无效的程序。

2. 德国联邦司法和消费者保护部有权颁布无需联邦参议院批准的法令，规定委托中高级公务员或者其他同等职位的职员在有关登记簿事宜的法律程序中进行业务，而就其性质而言，不会引起任何特定的法律困难；但以下内容不包括在内：

（1）依据第 18 条的驳回和依据第 69 条的国际注册的拒绝保护；

（2）依据第 34a 条的无效程序中的裁决；

（3）不服在本法规定的程序中做出的决定而提出补救或上诉；

（4）申诉人针对在本法规定的程序中做出的决定的救济或者陈述（第 23 条第 4 款第 4 句）。

3. 对被委任进行第 2 款第 1 句规定的行为的人的自行回避和申请回避，参照适用第 23 条第 3 款第 1 句和第 2 句的规定。

4. 德国联邦司法和消费者保护部有权依照第 1 款和第 2 款的规定，颁布无需联邦参议院批准的法令，全部或者部分地将前述权力授予给德国专利商标局。

第四章　保护的生效和期限

第 27 条　保护的生效和期限

1. 保护自登记簿上注册之日起生效。

2. 注册式外观设计的保护期限为 25 年，自申请日起算。

第 28 条　维持

1. 必须通过每次支付第 6～10 年、第 11～15 年、第 16～20 年、第 21～25 年保护期的维持费用，才能维持保护。维持将载入登记簿并公布。

2. 以多项申请形式注册的注册式外观设计，如果在缴纳维持费用时没有说明所缴纳的费用具体针对的是哪一部分的注册式外观设计，则将根据申请的顺序进行处理。

3. 如果没有维持保护的，则保护届满。

第五章　作为财产客体的注册式外观设计

第 29 条　权利继受

1. 注册式外观设计权可以转让或者继受给其他人。

2. 如果注册式外观设计属于一个企业或者企业的部分，在有疑问的情况下，对注册式外观设计所属的企业或者企业部分的转让或者继受，应包括该外观设计。

3. 在向德国专利商标局出示注册式外观设计的证明的情况下，权利人或者继受人可以请求将继受载入登记簿。

第 30 条　物权、强制执行、破产程序

1. 注册式外观设计权可以是：

（1）一项物权的客体，尤其被质押时；

（2）强制执行措施的客体。

2. 第 1 款第（1）项所称的权利或者第 1 款第（2）项所称的措施，在债权人或者其他合法权利人提出请求并出示证据的情况下，应载入登记簿。

3. 如果注册式外观设计权成为破产程序的标的，则根据破产管理者或者破产法院的请求，应将此载入登记簿。在注册式外观设计共有的情况下，第 1 句适用于共同所有人的份额。在自行管理的情况下（《破产条例》第 270 条），财产受托管人即为破产管理人。

第 31 条　许可

1. 权利人可以授予德国的全部国境内或部分国境内许可。许可可以是独占许可，也可以是非独占许可。

2. 权利人可以行使注册式外观设计赋予的权利，反对被许可人在如下方面违背许可合同中的条件：

（1）许可期限；

（2）注册式外观设计的使用形式；

（3）授予许可的产品选择；

（4）授予许可的地域范围；

（5）被许可人制造的产品的质量。

3. 不管许可协议的规定如何，被许可人只有在权利人的同意之下，才能够对侵犯注册式外观设计的行为提起诉讼。但是，如果权利人自己在其被要求的合理期限内没有提起诉讼，则独占许可的被许可人可以提起这样的诉讼。

4. 为了主张自身的损害赔偿，每个被许可人都可以共同原告的身份参加到由外观设计权利人提起的诉讼中。

5. 第 29 条规定的权利继受或者本条第 1 款规定的许可授予，不影响以前授予给第三人的许可。

第 32 条　外观设计申请

本条规定参照适用通过外观设计申请所产生的权利。

第六章　无效和注销

第 33 条　无效

1. 在下列情况下，注册式外观设计无效：

（1）产品外观不属于第 1 条第（1）项意义上的外观设计；

（2）外观设计不具备新颖性或不具备独特性；

（3）外观设计不在第 3 条的外观设计保护范围内。

2. 在下列情况下，注册式外观设计应宣告无效：

（1）构成了对一项受版权保护的作品的不正当使用；

（2）落入了一项享有优先权的在先注册式外观设计的保护范围内，即使该注册式外观设计是在被宣告无效的注册式外观设计申请日后才公开的；

（3）使用了具有较早优先权的外观设计的独特标志，并且标志所有人有权禁止其使用。

3. 无效性应当通过德国专利商标局的裁决确认或宣告，或者在诉讼程序中基于反诉的判决确认或宣告。

4. 如果德国专利商标局已经对确认或宣告外观设计无效做出不可上诉的裁决或最终且具有约束力的判决，则外观设计注册的保护效力视为自始不存在。

5. 即使注册式外观设计保护期已经届满或已经被放弃，仍然可以确认或宣告该外观设计权无效。

6. 如果根据第 1、2 款的无效成立，则注册式外观设计的所有人可以通过向德国专利商标局做出声明同意注销。待注销的外观设计的注册的保护效力视为自始不存在。

第 34 条　提出无效的权限

任何人都有权根据第 33 条第 1 款提出确认无效的请求。只有相关权利的所有人才有权根据第 33 条第 2 款提出宣告无效请求。只有受使用影响的人才能主张根据第 33 条第 1 款第（3）项结合第 3 条第 1 款第（4）项的无效理由。主管当局的依职权主张应不受此影响。

第 34a 条　德国专利商标局的无效程序

1. 申请应以书面形式向德国专利商标局提交。应说明所依据的事实和证据。《德国专利法》第 81 条第 6 款和第 125 条比照适用。如果已经对双方之间争议中的同一事项做出不可上诉的裁决或最终且具有约束力的判决，则该申请不予受理。

2. 德国专利商标局应向注册式外观设计的所有人发出申请，并邀请他在申请发出 1 个月内对申请进行答复。如果所有人在此期限内未对申请提出异议，则应确认或宣布无效。如果当事人宣告主诉诉讼终止或者申请人撤回申请的，诉讼程序应当通过裁决终止；除根据第 5 款所规定的诉讼费用决定外，该决定不得上诉。

3. 如果申请及时受到质疑，则德国专利商标局应通知申请人申请已被质疑，并为采取必要的措施准备决定。听证会应当在一方当事人的要求下举行，或者德国专利商标局认为听证会是有必要的。为了取证，可以要求证人、专家以及当事人的审查或听证，可以进行目视检查或者对提交的文件的证明价值进行评估；《德国民事诉讼法》第二卷关于此类证据的规定应比照适用。会议记录应当包括听证会和取得证据，其中载有诉讼程序的基本过程和当事方的有关陈述；《德国民事诉讼法》第 160a 条、第 162 条和第 163 条应比照适用。

4. 决定应通过判决做出。判决结果可在听证会结束时宣布。判决应当合理，并依照官方的要求送达当事人；不需要对副本进行认证。副本只能在其中一方的申请下发布并以纸件形式做出。《德国专利法》第 47 条第 2 款应比照适用。

5. 判决应规定诉讼费用；《德国专利法》第 62 条第 2 款和第 84 条第 2 款第 2 句应比照适用。《德国联邦律师费用法》第 23 条第 3 款第 2 句和第 33 条第 1 款应比照适用于确定争议价值。关于争议价值的决定可能与第 1 句中提到的决定有关。在第 2 款第 2 句和第 3 句所述情况下，德国专利商标局应仅依据申请来决定诉讼费用；关于费用的决定可以通过单独的判决做出。可以在如下情况下提出费用申请：

（1）在第 2 款第 2 句所述的情况下，在做出确认或宣告无效的不可上诉的判决之后的 1 个月届满为止；

（2）在第 2 款第 3 句所述的情况下，在终止程序的判决送达后的 1 个月届满为止。

如果未就费用做出决定，各方应承担自己产生的费用。

第 34b 条　中止诉讼

在无效程序期间，如果一项注册式外观设计的诉讼正在被审理，而该项诉讼的决定取决于注册式外观设计的法律效力，则法院可以下令中止诉讼。如果法院认定该项注册式外观设计无效，则应下令中止诉讼。如果无效申请被不可上诉地驳回，则法院只有在该驳回决定在同一当事方之间做出的情况下才受该驳回决定的约束。第 52b 条第 3 款第 3 句应比照适用。

第 34c 条　加入无效程序

1. 第三方可以在如下情况下加入无效程序：如果尚未针对确认或宣告无效的申请做出不可上诉的判决，并且如果可以证实：

（1）针对涉及侵权的注册式外观设计的申请发起的诉讼程序正在审理中；

（2）该申请被要求禁止涉嫌侵犯同一注册式外观设计。

加入无效程序可以在第 1 款第（1）项提到的诉讼程序开始的 3 个月内发生或在第 1 款第（2）项提到的禁令送达之后发生。

2. 加入无效程序应通过提出请求进行；第 34 条和第 34a 条应比照适用。如果加入无效程序发生在德国联邦专利法院的上诉程序中，则加入方应被赋予上诉人的身份。

第 35 条　部分维持

1. 在下述情形下，注册式外观设计可以用修改后的形式加以维持：

（1）当根据第 33 条第 1 款以不具备新颖性或独特性（第 2 条第 2 款或第 3 款）或不应当授予外观设计保护（第 3 条）为由而确认其无效时，通过确认部分无效或由权利人声明部分放弃；

（2）当根据第 33 条第 2 款第（1）项或第（3）项提出宣告无效的请求时，通过宣告部分无效以及同意部分注销或宣告部分放弃。只要这样做满足了保护条件并且注册式外观设计保持了同一性。

2. 应向德国专利商标局提交第 11 条第（2）款第 1 句第 3 项意义上的修改后的形式的外观设计的视图。

第 36 条　注销

1. 在下述情况下，将注销注册式外观设计：

（1）保护期限届满；

（2）在其他载入登记簿的权利人或者依据第 9 条提起诉讼的原告同意的

情况下，权利人请求放弃；

（3）当第三人提起请求，并且随请求递交了公开、可信的契据以及根据第 2 项的声明；

（4）依照第 9 条或者第 33 条第 6 款第 1 句同意注销；

（5）由于对确认无效或宣告无效的不可上诉的裁决或最终且具有约束力的判决。

德国专利商标局可以通过判决拒绝注销。

2. 如果权利人仅依据第 1 款第（2）项和第（3）项部分放弃注册式外观设计的，或者仅同意依据第 1 款第（4）项部分注销注册式外观设计的，或者依据第 1 款第（5）项确定部分无效的，则不予注销注册式外观设计而在登记簿中进行相应的登记。

第七章　保护的效力和限制

第 37 条　保护的客体

1. 保护针对已经在申请中以可视方式再现的注册式外观设计的外形特征。

2. 如果一项申请出于推迟公告的目的包含了一个平面的外观设计的一部分，则在法律规定的延长情况下，在第 21 条第 2 款规定的延迟期限届满后，保护客体由已经递交的注册式外观设计视图确定。

第 38 条　注册式外观设计权及其保护范围

1. 注册式外观设计权利人享有实施其外观设计以及禁止第三人未经其同意实施其外观设计的独占权。上述实施特别指制造、许诺销售、投入市场、进口、出口或使用包括了该外观设计或应用该注册式外观设计的产品，或为上述目的占有上述产品。

2. 注册式外观设计保护范围延伸到每一个不会使有见识的使用者认为不同于授权外观设计的整体印象的设计。在判断保护范围时，应当考虑设计者在开发其外观设计时的创作自由程度。

3. 在延迟公开期间（第 21 条第 1 款第 1 句），获得第 1 款、第 2 款所述保护的条件是，所涉外观设计是仿制受保护的注册式外观设计的结果。

第 39 条　法律效力的假定

应从有利于权利人的角度出发，假定注册式外观设计已经满足了获得法律效力的所有条件。

第 40 条　注册式外观设计权的限制

下述情况下，不得主张注册式外观设计权：

（1）个人领域的非营利目的的实施行为；

（2）试验目的的行为；

（3）以引用以及指导为目的的复制，前提是这样的复制与诚实交易的习惯一致，没有不正当地损害注册式外观设计的正常应用，并且标明来源；

（4）在国外登记注册并且临时进入国内的船只和航空器上的设备；

（5）进口替换零部件或者配件用以修理第（4）项所述的船只和航空器，以及在第（4）项所述船只和航空器上进行的修理行为。

第41条　先用权

1. 如果在申请日之前，第三人已经在国内以诚信的方式实施过同一个外观设计，或者已经为此做出了真正和实质性的准备，且该外观设计的开发独立于注册式外观设计的，则第 38 条规定的权利，不能向该第三人主张。该第三人有权实施该外观设计。授予许可（第 31 条）则不允许。

2. 第三人的这一权利不得转让，除非第三人运作一个企业，并且与转让一起发生的是企业中涉及实施或者准备实施外观设计的部分。

第八章　侵犯外观设计权

第42条　消除妨碍、停止侵权和赔偿损失

1. 对任何违反第 38 条第 1 款第 1 句的规定实施注册式外观设计的人（侵权人），权利人或者任何其他有权利的人可以要求其消除妨碍、停止连续性侵权行为，也可请求制止其一次性侵权行为。

2. 对任何故意或者过失实施侵权行为的人，对被侵权人因此产生的损害负有赔偿义务。侵权损害的赔偿数额，可以按照侵权人因侵权所获得的利益确定。赔偿数额也可以按照侵权人作为注册式外观设计的实施许可人时应支付的合理补偿费确定。

第43条　销毁、召回和转让

1. 被侵权人可以请求侵权人销毁其当时占有或者所有的非法制造、流通或者用于非法流通的产品。对侵权人所有的主要用于制造这些产品的设备，也参照适用第一句的规定。

2. 被侵权人可以请求侵权人召回其非法制造、流通或者用于非法流通的产品，或者请求从销售渠道中彻底清除这些产品。

3. 除了第 1 款规定的措施，被侵权人可以要求侵权人将其所有的这些产品，以一个不超出制造成本的合理价格，转让给被侵权人。

4. 在具体案件中，当第 1 ~ 3 款规定的请求不合理时，不予支持。审查请求的合理性时，应考虑有权利的第三方的利益。

5. 《德国民法典》第 93 条的建筑物实体部件，或者可以卸除的产品和设

备的部件，如果其制造和流通不合法的，不适用第 1~4 款规定的措施。

第 44 条　企业所有人的责任

如果企业内部的雇员或者受托人非法侵犯一项注册式外观设计的，被侵权人可以向企业所有人主张根据第 42 条和第 43 条规定的除了赔偿损失之外的所有权利。

第 45 条　补偿

如果侵权人既非故意又无过失的，可以通过向被侵权人补偿金钱的形式，避免第 42 条和第 43 条的权利主张，条件是实现这些权利主张将给侵权人带来不合理的损失并且金钱补偿对被侵权人是合理的。作为补偿应支付的金钱数额，应根据订立的情况下所享有的合理报酬加以衡量。一旦支付补偿，在通常的使用范围内，被侵害人的同意视为授权。

第 46 条　信息告知

1. 被侵权人可以要求侵权人立即告知关于该产品的来源和销售途径的信息。

2. 即使存在第 1 款的规定，在明显侵权或者被侵权人向侵权人提起诉讼的场合下，被侵权人也可对曾以商业规模从事下列行为的人提出信息告知的要求：

（1）占有侵权产品；

（2）对侵权行为提供服务；

（3）为侵权行为提供一般的服务；

（4）根据上述三类人的陈述，参与过这些产品的制造、生产或者销售。

除非根据《德国民事诉讼法》第 383~385 条，该人有权拒绝在对抗侵权人的诉讼程序中作证。如果根据第 1 句向法院提出请求，法院可以根据申请，在要求提供信息的争议审结之前，中断审理针对侵权人的法律纠纷。有义务提供信息的人可以要求被侵权人补偿提供信息所需的必要费用。

3. 有告知义务的侵权人应当详细说明：

（1）其所确知的产品制造者、供应商和产品或者服务的其他在先所有人以及商业客户和销售处的姓名和住所；

（2）制造、交付、接收或者订货的产品数量，以及相关产品或者服务的价格。

4. 在具体案件中，当第 1 款和第 2 款的请求不合理时，不予支持。

5. 有告知义务的人如果有故意或者重大过失，提供了错误或者不完整的信息，就因此产生的损失对被侵权人负有相应的义务。

6. 根据第 1 款、第 2 款没有告知义务的人如果提供了真实信息，仅在他提供信息时知道他并没有告知义务的情况下，对第三方负有责任。

7. 在明显侵权的情形下，可以依据《德国民事诉讼法》第 935 ~ 945 条的规定，以颁布临时禁令的方式要求侵权人履行告知义务。

8. 在刑事诉讼或者在依据《德国社会治安法》进行的程序中，因告知信息之前的行为起诉有告知义务的人，或者依据《德国刑事诉讼法》第 52 条第 1 款起诉相关被告，只有经负有告知义务的人同意，才可以利用其告知的信息。

9. 在涉及通信信息（《德国电信法》第 3 条第 30 项）的情况下，被侵权人必须先提出申请，在获得一个有关使用通信信息的授权令后，才能取得信息。不管争议价值大小，有告知义务的人的居住地、所在地、营业地所处辖区的州法院对该授权令的颁发享有排他的管辖权。决定由管辖法院的民事庭做出。《德国自愿管辖事务法》的相关规定，除第 28 条第 2 款和第 3 款外，参照适用。被侵权人承担做出决定的审判费。不服州法院决定的，申诉人可以及时向州高等法院提起上诉。仅当决定对权利造成损害时，申诉人才能获得支持。州高等法院的决定具有终审效力。此外，个人数据保护的规定不受影响。

10. 根据第 2 款和第 9 款的规定，通信秘密的基本权利（《德国基本法》第 10 条）受到相应限制。

第 46a 条　陈述和检查

1. 对有足够可能性出现侵权时，为了确保请求权具有基础，权利所有人或者其他权利人可以要求侵权嫌疑人出示其具有处分权的文件，或者要求检查其具有处分权的物品。如果存在以商业规模侵权的足够可能性，可以要求出示有关银行、金融、交易的书面证据。在特别情况下，侵权嫌疑人如果能证明有关证据涉及保密信息，法院应采取必要保护措施。

2. 在具体案件中，当第 1 款规定的请求不合理时，不予支持。

3. 可以依据《德国民事诉讼法》第 935 ~ 945 条的规定，以颁布临时禁令的方式，要求履行出示文件和接受检查物品的义务。法院应采取必要措施保护秘密信息。颁发临时禁令之前，没有听取过抗辩一方意见的，尤其应采取必要保护措施。

4. 参照适用《德国民法典》第 811 条和本法第 46 条第 8 款的规定。

5. 如果不存在任何侵害或者侵害的威胁，侵权嫌疑人可以要求根据第 1 款主张出示文件和检查物品的人向其补偿此类要求所造成的相应损失。

第 46b 条　对损失赔偿请求权的保护措施

1. 侵权人以商业规模实施第 42 条第 2 款规定的侵权的，被侵权人可以要求侵权人出示银行、金融、交易的书面材料或者有关这些证据的一份合理补充材料，前提是侵权人对这些材料有处分权，且这些材料对损害赔偿请求权的实现必不可少，缺少这些文件损害赔偿请求将难以实现。在特别情况下，侵权嫌疑人如果能证明有关证明涉及保密信息，法院应采取必要保护措施。

2. 在具体案件中，当第 1 款规定的请求不合理时，不予支持。

3. 当损害赔偿请求权明显成立时，可以依据《德国民事诉讼法》第935～945 条的规定，以颁布临时禁令的方式，要求侵权人出示第 1 款所列举的文件。法院应采取必要措施保护秘密信息。颁发临时禁令之前，没有听取过侵权人意见的，尤其应采取必要保护措施。

4. 参照适用《德国民法典》第 811 条和本法第 46 条第 8 款的规定。

第 47 条　判决的公布

根据本法提起的诉讼，当有正当利益时，可判决胜诉方有权公布该判决，费用由败诉方承担。公布的方式和范围，应在判决书中确定。在判决生效日起 3 个月内不行使该权利的，权利消灭。按第 1 句所做的判决，不得采取假执行。

第 48 条　用尽

当权利人自己或者经其同意由第三方将某一产品投放在欧盟任一成员国领域内或者欧洲经济区协议的任一缔约国国土内的，如果该产品中包含了或者应用了落入注册式外观设计保护范围的设计的，则注册式外观设计权不能扩展到涉及该产品的行为。

第 49 条　诉讼时效的限制

第 42～47 条所述的权利受到侵害所产生的请求权的诉讼时效，参照适用《德国民法典》第一编第五章的规定。如果赔偿义务人因侵权行为使权利人受损而自己获益的，参照适用《德国民法典》第 852 条的规定。

第 50 条　根据其他规定的主张

根据其他法律所提起的权利主张不受影响。

第 51 条　刑事规定

1. 违反本法第 38 条第 1 款第 1 句，未经权利人的同意实施注册式外观设计的，可处 3 年以下有期徒刑或者罚金。

2. 以商业目的实施专利的，处以 5 年以下的有期徒刑或者罚金。

3. 企图实施上述行为的，也应当受处罚。

4. 针对第 1 款所规定的行为，除非刑事检控机关认为，对保护特别的公共利益而言依职权进行刑事追诉是必需的，否则该行为只可应请求而提出刑事追诉。

5. 可以没收涉及犯罪行为的产品。适用《德国刑法》第 74 条 A 的规定。

依据《德国刑事诉讼法》关于受害人的损害赔偿的规定（第 403～406 条 C）提起的诉讼中，根据本法第 43 条提出的请求得到支持的，则不适用有关没收的规定。

6. 宣告对行为人进行处罚，依据被侵权人请求并且证明其有正当利益的，法庭应当公开宣判。宣判方式由判决书确定。

第九章 外观设计诉讼的程序

第 52 条 外观设计诉讼

1. 不论诉讼涉案价值如何，州法院对所有依据本法规定的法律关系之一而提出的诉讼主张（外观设计诉讼）享有专属管辖权，但根据第 33 条的确认无效或宣告无效除外。

2. 各州政府有权颁布法令，在多个州法院的管辖区域内，指定其中一个州法院管辖外观设计诉讼，前提是这有利于实质性地促进或加速完成诉讼程序。各州政府可以将此权力移交给州司法行政部门。

3. 各州可以通过协议，将由一州法院负责的事务全部或者部分移交给其他州具有管辖能力的法院。

4. 就专利代理人共同参与外观设计诉讼所产生的费用，必须支付《德国联邦律师费用法》第 13 条规定的费用，以及专利代理人的其他必要支出。

第 52a 条 主张无效

当事人可以仅通过提出反诉来确认或宣告无效，或通过根据第 34 条提出申请来援引注册式外观设计缺乏法律效力。第 1 句不适用于主张根据《德国民事诉讼法》第 935～945 条在禁令程序中的注册式外观设计无效。

第 52b 条 对确认或宣告无效的反诉

1. 外观设计法院对于确认或宣告注册式外观设计无效的反诉具有管辖权，只要这些内容与侵犯相同注册式外观设计的行为有关。第 34 条应比照适用。

2. 如果就同一方之间的争议的相同事项已经通过无效程序（第 34a 条）做出不可上诉的裁决，则反诉不予受理。

3. 在注册式外观设计的所有人提出请求后，法院可在聆讯其他方后中止有关程序，并要求提出反诉一方在法院规定的期限内向德国专利商标局提交申请，以确认或宣布该注册式外观设计无效。如果申请未在规定期限内提出，则诉讼程序将继续进行；反诉应被视为撤回。法院可以在中止诉讼期间发布禁令并采取保护措施。

4. 法院应将反诉提出的日期通知给德国专利商标局。德国专利商标局应将备案日期记录在登记簿中。法院应将最终判决的副本递交给德国专利商标局。德国专利商标局应在登记簿中记录诉讼结果，包括做出决定的日期。

第 53 条　依据本法和《德国反不正当竞争法》的请求的诉讼管辖

与受本法调整的法律关系有关并同时基于《德国反不正当竞争法》规定的请求权，可以向对外观设计的纠纷审理具有管辖权的法院主张，不受《德国反不正当竞争法》第 14 条规定的限制。

第 54 条　诉讼标的的优惠待遇

1. 在依据本法调整的法律关系提出诉讼请求的民事诉讼中，若一方当事人使法院相信，当其按照诉讼标的全额承担的诉讼费用将严重危及其经济状况的，法院依其申请可以颁布命令，按照当事人的经济状况，将其承担的诉讼费用减为按照部分诉讼标的额确定。

2. 根据第 1 款的法院减免令，受益的当事人同样只需依据该部分诉讼标的额支付其律师费用。若判令由其承担诉讼费或者部分诉讼费，该当事人应当按照该部分诉讼标的额支付对方当事人所缴纳的诉讼费和律师费用。如判令对方当事人承担全部或者部分诉讼费以外的费用，受益当事人的律师费可以向对方当事人按照对其适用的诉讼标的额来承担。

3. 可以通过在法院书记处记录笔录的方式提出第 1 款规定的减免申请。申请应当在法庭进行实体审理前提出。在实体审理后，只有在法院提高预计或者已确定的诉讼标的额时，才可以提出该申请。在裁判该申请前，应当听取对方当事人的陈述。

第十章　海关措施的规定

第 55 条　进出口时的扣押

1. 若明显存在第 38 条第 1 款规定的侵权行为，但不适用欧洲议会和理事会 2013 年 6 月 12 日关于知识产权海关执法并且关于废除理事会条例（EG）1383/2003（官方公报 2013.6.29 的 181，第 15 页）的 608/2003 号命令（欧盟）的，依权利人申请并且提供担保的，海关应当扣押每次进口或者出口的产品。在与欧盟其他成员国以及欧洲经济区协议缔约国之间进行的贸易中，仅由海关负责执行该规定。

2. 海关颁发扣押令时，应当立即通知有处分权的人和请求人。海关应当将产品的来源、数量、存放地点，以及有处分权人的姓名和住址告知请求人，并限制通信和通信秘密（《德国基本法》第 10 条）。只要不妨碍正常营业或者商业秘密，应当给予请求人检查涉嫌侵权产品的机会。

第 56 条　没收和异议

1. 对扣押未提出异议的，最迟在依据第 55 条第 2 款第 1 句规定的通知送达后两周内，海关当局应当命令没收已扣押的产品。

2. 若有处分权人对扣押提出异议的，海关当局应当立即通知请求人。请求人应当立即向海关说明其是否维持依据第 1 款规定的产品扣押申请。

3. 若请求人撤回申请，海关应当立即终止扣押。若请求人维持请求，并递交有执行力的法院继续扣押产品的命令或者行为禁止令，海关当局应当采取必要措施。

4. 若不存在第 3 款规定的情形，在依据第 2 款第 1 句规定发出的通知送达请求人 2 周后，海关当局应当终止扣押。若请求人证明已申请第 3 款第 2 句规定的法院判决，但仍未收到判决书的，扣押最多可以再延长 2 周。

5. 若证明扣押自始不当，并且请求人对扣押产品维持依据第 55 条第 1 款提出的请求或者未立即做出说明（第 2 款第 2 句）的，请求人应当赔偿有处分权人因扣押所受的损失。

第 57 条 管辖和救济

1. 第 55 条第 1 款规定的申请，应向海关总局提出，有效期 1 年，除非当事人要求更短的有效期限；可以重新提起申请。依据《德国税法》第 178 条的规定，与请求有关的职务行为的花费由权利人负担。

2. 不服扣押和没收决定可以依据《德国社会治安法》关于扣押和没收的处罚程序寻求法律救济。在复议程序中，应当听取复议请求人的陈述。对地区法院做出的裁判，可以立即提起上诉；上诉由州高等法院审理。

第 57a 条 根据 608/2013 号令（欧盟）的程序

对于 608/2013 号令（欧盟）没有相反规定的情况下，参照适用第 56 条第 5 款至第 57 条第 1 款的规定。

第十一章 特殊规定

第 58 条 国内代理人

1. 在德国无住所、居所或者营业所的，必须委托德国的律师或者专利律师作为代理人，才能参加本法规定的在专利局或者专利法院的各项程序，并主张基于注册式外观设计的权利。该代理人应有权代理其参加登记和诉讼程序或者涉及该注册式外观设计的民事诉讼，也有权代为提起刑事自诉。

2. 欧洲联盟的成员国或者其他欧洲经济区条约缔约国的国民，根据缔结欧共体条约对引进服务业的规定，只要其职业范围在 2000 年 3 月 9 日生效的《欧洲律师在德国从业规定》第 1 条或者 1990 年 7 月 6 日生效的《专利律师职位许可能力测试规定》第 1 条以及它们每一个生效文本规定的范围内的，可以担任第 1 款规定的代理人。

3. 代理人事务所的所在地，视为《德国民事诉讼法》第 23 条规定的资产所在地；代理人没有事务所的，以其国内居住地为准；没有国内居住地的，以德国专利商标局所在地为准。

4. 必须向德国专利商标局或者德国联邦专利法院说明代理的终止，以及另行指定的代理人，第 1 款代理人的代理权才终止。

第 59 条　注册式外观设计的告知

任何人使用的标记足以使人认为物品是依据本法受保护的注册式外观设计的，依据对知悉权利状况有正当利益的人的要求，应当告知其使用该标记的外观设计的有关情况。

第 60 条　适用《德国期限延长法》的注册式外观设计

1. 除非第 2~7 款有另外的规定，本法的规定适用于所有根据 1992 年 4 月 23 日生效（《联邦法律公报》，第 I 部分，第 938 页）、2004 年 3 月 12 日最后修改的《德国期限延长法》第 2 条第 10 款（《联邦法律公报》，第 I 部分，第 390 页）获得延长的注册式外观设计。

2. 在 2001 年 10 月 28 日保护期尚未届满的注册式外观设计，保护期应是 25 年，终止于申请日所在月份届满之时。维持保持的，应支付自申请日起第 16~20 年的年费和第 21~25 年的年费。

3. 如果在《德国期限延长法》生效之前，由于实施注册式外观设计，而根据之前的法律规定请求支付报酬的，则应根据这些法律规定支付报酬。

4. 任何人合法实施注册式外观设计，如果该外观设计受到《德国期限延长法》2004 年 5 月 31 日修订文本第 4 条规定的版权人证书保护的，或者根据《德国期限延长法》生效之前适用的法律规定已经申请版权人证书保护的，则可以在德国全境内继续实施。就该继续实施而言，保护权的权利人可以要求有权实施者支付合理的报酬。

5. 若一项专利申请为获得于 1974 年 1 月 17 日生效（《联邦法律公报》，第 I 部分，第 15 项，第 140 页）、1998 年 12 月 9 日经法令修改（《联邦法律公报》，第 I 部分，第 28 项，第 333 页）的《工业品外观设计条例》第 10 条第 1 款所规定的工业品外观设计，且该申请根据《德国期限延长法》2004 年 5 月 31 日修订文本第 10 条获得延长的，如果该申请已经公布，则应当适用至 2004 年 5 月 31 日失效的《德国外观设计保护法》第 8 条第 2 款有关公布载入登记簿的外观设计申请的规定。

6. 如果外观设计根据《德国期限延长法》覆盖了《统一条约》第 3 条规定的地域或者德国境内其他地方，且其保护范围一致并因延伸而出现重合的，则该保护权或者受保护的申请权的权利人，不管源自保护权或者受保护的申请权的权利的申请时间起点如何，既不能相互之间主张权利，也不能对已经从其他保护权或者受保护的申请权的权利人获得实施许可的人主张权利。但是，如果没有限制的实施将导致其他保护权的权利人，或者受保护的申请权的权利人，或者从前两者获得实施这些主题的其他人遭受实质损害的，且这在考虑整个案情和平衡各方合法利益人情况下不公平的，则保护权或者受保护的申请权的主题，不应该在保护权或者受保护的申请权获得扩展的地域实施，或者只能进行有限制的实施。

7. 根据《德国期限延长法》2004 年 5 月 31 日修订文本第 1～4 条的规定获得延长的注册式外观设计的效力，不得对抗已经合法实施外观设计的人，只要其实施注册式外观设计的地域，依据确定申请时间起点的日期以及在 1990 年 7 月 1 日之前，是该注册式外观设计在《德国期限延长法》生效之前不能适用的地域。该人有权在德国全境之内，为了自己的营业或者第三方的作坊而在参照适用《德国专利法》第 12 条有关限制下，充分实施外观设计，只要这样的实施不会导致其他保护权的权利人、受保护的申请权的权利人或者从前两者获得实施这些主题的其他人遭受实质损害的，且这在考虑整个案情和平衡各方合法利益人情况下是不公平的。若产品是在国外制造的，仅当实施者通过在国内的实施已经确立了值得保护的财产，并且综合案情拒绝给予继续实施权将给实施者带来不公平的困境的，才允许实施者享有第 1 句规定的继续实施权利。

第 61 条　印刷字体

1. 除非第 2～5 款有不同规定的，依据《德国字体法》至 2004 年 7 月 1 日生效文本第 2 条规定进行登记的印刷字体，都依据本法获得合法的保护。

2. 对以《德国字体法》第 2 条为依据，在 2004 年 5 月 31 日之前递交的申请，在该时间点适用的有关给予保护的要件，依然继续适用。

3. 对在 2004 年 7 月 1 日之前就开始的行为，且印刷字体权利人在当时不可能加以禁止的，注册式外观设计权不能与之对抗。

4. 至第 1 款规定的字体登记之前，其保护效力的确定，适用《德国字体法》至 2004 年 7 月 1 日生效的文本。

5. 不受第 28 条第 1 款第 1 句的限制，维持第 1 款规定的字体保护期限的，只能从第 11 年起，支付维持费用。

第十二章　共同体外观设计

第 62 条　申请的转交

如果根据 2001 年 12 月 12 日欧盟委员会 6/2002 号令关于共同体外观设计

的规定，向德国专利商标局递交一份共同体外观设计申请的，德国专利商标局应记录申请受理日，不经审查立即将申请转交给内部市场协调局（商标、设计和模型）。

第62a条　本法案对共同体外观设计的适用

在适用德国法律的情况下，本法案的下列规定应比照适用于受理事会条例（欧共体）6/2002号令保护的共同体外观设计的所有人。

（1）关于消除损害的规定（第42条第1款第1句）、损害赔偿（第42条第2款）、销毁、召回和转让（第43条）、信息告知（第46条）、保存和检查（第46a条），并且除了理事会条例（欧共体）6/2002号令的第89条第1款的（a）～（c）项下的权利以外，还确保了损失赔偿（第46b条）和判决公布（第47条）；

（2）关于企业所有人（第44条）、补偿（第45条）、诉讼时效的限制（第49条）和其他法律条款（第50条）下的规定；

（3）关于进口或出口扣押的规定（第55~57条）。

第63条　共同体外观设计的诉讼

1. 6/2002号令第80条第1款（共同体外观设计诉讼）规定的共同体外观设计法院享有管辖权的所有诉讼，不论诉讼标的大小，由州法院民事庭作为共同体外观设计法院的专属初审法院。

2. 联邦各州政府有权颁布法令，在多个共同体外观设计法院的管辖区域内，指定其中一个法院管辖共同体外观设计诉讼的审理。各州政府可以通过法令将此权力移交给州司法行政部门。

3. 各州可以通过协议，将由一州的共同体外观设计法院负责的事务全部或者部分移交给其他州具有管辖能力的共同体外观设计法院。

4. 第52条第4款、第53条、第54条的规定，参照适用于共同体外观设计法院。

第63a条　与欧共体委员会的沟通

联邦司法和消费者保护部应将根据理事会条例（欧共体）6/2002号令的第80条第1款指定的第一和第二社区设计法院以及这些法院的数量、名称或地域管辖权的任何变化通知给欧洲共同体委员会。

第63b条　共同体外观设计法院的地域管辖权

根据理事会条例（欧共体）6/2002号令的第82条，德国共同体外观设计法院具有国际管辖权，如果申请是向德国专利商标局提交的外观设计，或者是在德国专利商标局登记簿上注册的外观设计，则这些规定应比照适用于这些法院的地域管辖权。如果在此基础上没有建立管辖权，则申请人所在地的法院应具有一般管辖权。

第 63c 条　破产程序

1. 如果破产法院已知申请的或提交的共同体外观设计是破产财产的一部分，则应当请求内部市场协调局（商标和外观设计）直接进行沟通：在共同体外观设计的登记簿中记录如下信息，或者如果是申请，则在申请文件中记录如下信息：

（1）关于程序的启动，如果尚未载入登记簿，还记录行为禁止令；

（2）关于共同体外观设计的公布或转让或者共同体外观设计的申请；

（3）关于程序的有约束力的中止；

（4）关于程序的最终有约束力的终止，但如果在受债权人监督的情况下，则只有在这种监督结束后才能进行终止，以及关于行为禁止令。

2. 破产管理人也可以要求在共同体外观设计登记簿或申请文件中进行登记。在自我管理的情况下，财产受托管人即为破产管理人。

第 64 条　执行条款的授予

德国联邦专利法院主管 6/2002 号令第 71 条第 2 款第 2 句的执行令的授予。具有执行力的副本由德国联邦专利法院的司法常务官签发。

第 65 条　侵害共同体外观设计的刑事责任

1. 违反 6/2002 号令第 19 条第 1 款，未经权利人的同意实施共同体外观设计的，可以处 3 年以下有期徒刑或者罚金。

2. 参照适用第 51 条第 2~6 款的规定。

第十三章　根据《海牙协定》对注册式外观设计的保护

第 66 条　法律适用

除非本章、《海牙协定》或其修订版本另有规定，否则本法适用于 1925 年 11 月 6 日签署的《工业品外观设计国际注册海牙协定》（《帝国法律公报》1928 年，第 II 部分，第 175、203 页）及其于 1934 年 6 月 2 日在伦敦（《帝国法律公报》1937 年，第 II 部分，第 583、617 页）、于 1960 年 1 月 28 日在海牙（《联邦法律公报》1962 年，第 II 部分，第 774 页）、于 1999 年 7 月 2 日在日内瓦（《联邦法律公报》2009 年，第 II 部分，第 837 页；2016 年，第 I 部分，第 59 页）签署的修订版本（国际注册）中的外观设计注册或登记，其保护范围包括德国领土。

第 67 条　提交国际申请

根据申请人的选择，国际外观设计申请可以直接向世界知识产权组织国际局（国际局）提交，也可以通过德国专利商标局提交。

第 68 条　转交国际申请

如果外观设计的国际申请是向德国专利商标局提交的，则德国专利商标局应在申请上注明送达的日期，并应在不进行审查的情况下立即将申请转交给国际局。

第 69 条　注册障碍的审查

1. 依据第 18 条的规定，对于国际注册的外观设计，应以与德国专利商标局执行的注册登记的外观设计相同的方式审查注册障碍的理由。以拒绝保护代替驳回申请。

2. 如果德国专利商标局在审查过程中发现有依据第 18 条的注册障碍的情况，则应自国际注册的公布日期起 6 个月内向国际局发出拒绝保护的通知。在通知中应说明拒绝保护的所有理由。

3. 在国际局向国际注册所有人发送拒绝保护的通知的副本之后，德国专利商标局应给予国际注册所有人在 4 个月的期限内针对保护被拒绝进行答复的机会。在该期限届满后，德国专利商标局将决定是否维持拒绝保护。如果德国专利商标局维持拒绝保护，则权利所有人有权对该决定采取与为了在德国专利商标局执行的登记簿中进行登记的申请被驳回时相同的法律补救措施。如果德国专利商标局没有维持拒绝保护或最终确定保护被错误地拒绝，则德国专利商标局应立即撤销对保护的拒绝。

第 70 条　事后剥夺保护

1. 对于向德国领土提交的外观设计，以确认无效的请求或反诉代替根据第 33 条第 1 或 2 款确认或宣告无效的请求或反诉。以剥夺保护的诉讼替代根据第 9 条第 1 款的同意撤销保护的诉讼。法院应将最终判决的副本送交德国专利商标局，这同样适用于第 33 条。

2. 如果德国专利商标局被告知已确定向德国领土提起的国际注册无效或其保护已被剥夺，则应立即向国际局发出通知。

第 71 条　国际注册的效力

1. 其保护基于的是德国的领土的国际注册，自其注册之日起与在当日作为注册式外观设计向德国专利商标局提出申请并登记在登记簿内的外观设计具有同样的效力。

2. 如果国际注册被拒绝保护，则第 1 款所述的效力应被视为未产生（第 69 条第 2 款），判定其对于德意志联邦共和国领土而言无效（第 70 条第 1 款第 1 句）或者其保护已根据第 9 条第 1 款或第 34 条第 1 句被撤回（第 70 条第 1 款第 2 句）。

3. 如果德国专利商标局撤回拒绝保护的通知，则国际注册应自其注册之日起对德意志联邦共和国具有追溯效力。

第十四章　过渡规定

第 72 条　法律适用

1. 在 1988 年 7 月 1 日之前，根据在《联邦法律公报》第Ⅲ部分、编号 442 - 1 公布的并最后由 2002 年 7 月 23 日的法律第 8 条所修改（《联邦法律公报》，第Ⅰ部分，第 2850 页）的外观设计法协调文本，已经递交注册式外观设计申请的，继续适用这一时间的法律规定。

2. 对于在 2001 年 10 月 28 日之前已经申请或者获得登记的注册式外观设计，继续适用这一时间有关保护要件的规定。涉及第 38 条第 1 款规定的行为，如果该行为在 2001 年 10 月 28 日之前已经开始，且在这一天之前无法根据在《联邦法律公报》第Ⅲ部分、编号 442 - 1 公布协调文本的《德国外观设计法》的规定禁止被侵权人的行为的，则不能主张外观设计权。

3. 在 2004 年 6 月 1 日之前申请但尚未获得登记的注册式外观设计，其在获得登记之前的保护效力，适用在《联邦法律公报》第Ⅲ部分、编号 442 - 1 公布的协调文本中、生效至 2004 年 5 月 31 日的《德国外观设计法》的规定。

4. 在《联邦法律公报》第Ⅲ部分、编号 442 - 1 公布的协调文本中、生效至 2002 年 1 月 1 日的《德国外观设计法》第 14 条 A 第 3 款，与至 2002 年 1 月 1 日失效的《民法典》有关时效的规定具有相同地位，就此参照适用《民法典施行法》第 229 条第 6 项的规定。

第 73 条　权利的限制

1. 对使用一个构件修理复杂产品以使其恢复到最初外观的行为，如果根据在《联邦法律公报》第Ⅲ部分、编号 442 - 1 公布的协调文本、生效至 2004 年 5 月 31 日的《德国外观设计法》的规定，不能阻止该行为的，则不能对该行为主张外观设计权。

2. 对在 2004 年 6 月 1 日前、基于注册式外观设计申请或者登记所获得的权利所授予的既存的许可，仅当从 2004 年 6 月 1 日起该权利已经转让或者从该时间起已经许可授予的，才适用第 31 条第 5 款的规定。

3. 第 10 条关于设计者署名的请求权，仅可针对自 2004 年 6 月 1 日起申请的注册式外观设计主张。

4. 生效至在 2004 年 5 月 31 日前的《德国外观设计法》第 8 条 A 规定的基本设计的变换的效力，适用在《联邦法律公报》第Ⅲ部分、编号 442 - 1 公布的协调文本、生效至 2004 年 5 月 31 日的《德国外观设计法》的规定。第 28 条 A 适用于基本设计的变换的维持，但应首先考虑基本设计。

第 74 条　关于更新《工业品外观设计保护法》以及关于修订展览保护公布规则的过渡规定

1. 在"2013 年 10 月 10 日法令"（《联邦法律公报》，第 I 部分，第 3799 页）于 2014 年 1 月 1 日生效前已经申请或注册的外观设计，从该日期起被称为"注册式外观设计"。

2. 自 2013 年 10 月 10 日法令（《联邦法律公报》，第 I 部分，第 3799 页）于 2014 年 1 月 1 日生效起，《德国专利商标局条例》关于无效程序的规定的第 6 条也相应地适用于第 72 条第 2 款所指的注册式外观设计。第 72 条第 2 款继续适用于评估这些外观设计的可保护性。

3. 第 52a 条仅适用于 2013 年 12 月 31 日之后尚未做出决定的外观设计诉讼程序。

附件 **5**
德国外观设计法实施细则

本实施细则为自 2014 年 1 月 10 日起生效的用于实施外观设计法的细则，该实施细则已经依照 2014 年 1 月 2 日的外观设计实施细则（《联邦法律公报》，第 I 部分，第 18 页）、经 2016 年 4 月 4 日法令第 14 条第 3 款修订（《联邦法律公报》，第 I 部分，第 558 页）。

目录（本目录并非此实施细则的一部分）

第一章　总　　则

第 1 条　适用范围

在《德国外观设计法》中规定的德国专利商标局的各个程序除了适用《德国外观设计法》和《德国专利商标局条例》的各项规定之外，也适用本外观设计法实施细则（以下简称为"本实施细则"）的规定。

第 2 条　表格

本实施细则所提及的表格，可向德国专利商标局索取，或从德国专利商标局网站（www. dpma. de）下载。

第二章　注册程序

第 3 条　申请内容

1. 为将外观设计在登记簿中注册而提出的申请，必须包括符合《德国外观设计法》第 11 条第 2 款和第 3 款规定的如下内容：

（1）注册请求（第 5 条）；

（2）能够确认申请人身份的说明（第 6 条第 1～3 款）；

（3）外观设计视图（第 7 条）或者在符合《德国外观设计法》第 11 条第 2 款第 2 句的情况下的平面外观设计样件（第 8 条）；

（4）对包含外观设计的产品或者采用外观设计的产品的说明（第 9 条）。

2. 外观设计注册申请还可包含：

（1）一份用于解释视图的描述（第 10 条）；

（2）根据《德国外观设计法》第 21 条第 1 款第 1 句的规定，关于视图延期公布的请求；

（3）对外观设计所归入的产品类别的说明（第 9 条）；

（4）代理人的说明（第 6 条第 4 款）；

（5）设计人的说明（第 6 条第 5 款）；

（6）声明要求同一外观设计的在先外国申请的优先权，或者展览会优先权（第 11 条）；

（7）申请人关于是否有意向获得授权的非约束性声明。

第 4 条　提交申请

1. 申请可以书面方式或电子方式提交。对于电子方式提交，必须通过德国专利商标局网站（www. dpma. de）来使用专门的访问传输软件，或者在线填写表格（《德国专利商标局电子传输交易条例》第 3 条）。

2. 与《德国专利商标局条例》第 11 条第 1 款的规定的区别在于，用于申请或事后提交申请（《德国外观设计法》第 16 条第 4 款第 1 句）所用的外观设计视图，不得以传真形式提交。

第 5 条　请求注册

1. 对于根据《德国外观设计法》第 11 条第 2 款第 1 句第 1 项的外观设计注册的书面请求，必须使用德国专利商标局发布的表格。

2. 对于多项申请（《德国外观设计法》第 12 条）中的外观设计注册请求，除了《德国外观设计法》第 11 条第 2 款和第 3 款规定的内容之外，还必须包含：

（1）对外观设计登记簿中要求注册的外观设计的数量的声明；

（2）附页，其中包含以下信息：

（a）多项申请中所包含的外观设计以阿拉伯数字连续编号的清单；

（b）针对每项外观设计所提交的图示的数量；

（c）产品说明适用于所有外观设计的声明，或者对于每项外观设计，包含该项外观设计的产品或者采用外观设计的产品的说明。

在此，附页必须是德国专利商标局发布的表格。

3. 如果请求延期公布视图（《德国外观设计法》第 21 条第 1 款第 1 句），则请求涉及以多项申请进行合并的所有外观设计。

第 6 条　申请人、代理人和设计人的说明

1. 申请必须包含关于申请人的以下说明：

（1）如果申请人是自然人：则需要申请人的名字和姓氏，或者如果注册是以申请人的公司的名义进行，则需要公司的记录在商业登记簿中的公司信息，以及居住地址或者公司地址（街道、门牌号、邮政编码、城市）；

（2）如果申请人是法人或合伙企业：

（a）该法人或企业的名称或公司名称及其法律形式，以及申请人的公司法人的地址（街道、门牌号、邮政编码、城市）；对于法律形式名称，可按照惯例来使用缩写；

（b）如果法人或合伙企业在登记簿中已注册，则需要法人或企业的符合登记注册的名称或公司名称及其法律形式，以及需要公司法人的地址（街道、门牌号、邮政编码、城市）；

（c）如果适用的话，则需要至少一名根据民法有权代表合伙企业的合伙人的姓名和地址。

如果申请人在国外定居或居住，则根据上述第1句的地址也必须注明相应的国家和地名；地名由下划线加以标注。有关申请人的住所或注册办事处或其按法律制度所属的地区、省或州的进一步细节，可自愿注明。

2. 在提交的申请中，还可附加地写明除申请人住址之外的邮寄地址、邮政信箱地址以及电话号码、传真号码、电子邮件地址和其他联系方式。

3. 如果是多个人员或合伙企业提交的申请，则第1款和第2款适用于所有申请人或合伙人。

4. 如需任命一名代理人，则准用第1款第1项和第2款的规定。如果德国专利商标局已为该代理人分配有识别号或一般代理权编号，则应附加注明。如果根据《德国外观设计法》第58条第2款来任命一名代理人，则准用第1款第2项的规定。

5. 第1款第1句第1项、第2句和第3句以及第2款和第3款，准用于设计人的署名。

第7条 外观设计视图

1. 外观设计视图，可采用照片或其他图形表示来呈现。每项外观设计最多允许递交10张图片或照片，超过此范围的图片或照片将不被考虑。

2. 多张图片或照片应按照十进分类法分级，并用阿拉伯数字连续编号。点左边的数字表示外观设计的号码，点右边的数字表示图片或照片的号码。编号必须写在表格上的图片或照片的旁边。

图片或照片的顺序是由申请人的编号所决定的。

3. 外观设计应在中性背景下，以至少3厘米×3厘米的图形尺寸来呈现。申请保护的外观设计的图片或照片应不带任何装饰，并且不得包含任何说明、编号或尺寸。一个图片或照片仅允许显示外观设计的一个视图。这些图片或照片应当可持久保存。

4. 图片或照片应印刷或粘贴在德国专利商标局发布的表格上。对于多项申请（根据《德国外观设计法》第 12 条），每项外观设计必须使用一个单独的表格。在表格中除图片或照片外不允许附有说明文字、名称、符号或尺寸。

5. 图片或照片可以采用数字式数据载体来提交，而不采用表格。这种数据载体必须是能够被德国专利商标局所读取的格式。德国专利商标局可读取的数据载体类型和格式，可在 www. dpma. de 网站上获悉。如果该数据载体无法被读取，则视图被视为未提交。每个图片或照片必须以 JPEG（＊. jpg）的图形格式，并作为单独文件保存在一个空的数据载体的根目录中。图片或照片的分辨率必须至少为 300 dpi。一个文件不能大于 2 兆字节。文件名应根据第 2 款第 1 句和第 2 句进行命名。此外，还应准用第 2 款第 4 句的规定。

6. 如果申请涉及一个由重复的平面设计组成的外观设计，则视图必须显示完整的外观设计以及具有该重复的平面设计的足够多的部分。

7. 如果涉及由印刷字体组成的外观设计，则该外观设计的视图必须包含一个完整的字符集以及 5 行文字，并分别采用 16 点（字号）的形式。

第 8 条　平面外观设计样件

1. 平面外观设计样件（《德国外观设计法》第 11 条第 2 款第 2 句），必须提交两份彼此一致的副本。

2. 如果提交多个平面外观设计样件，则必须在样件的背面连续编号。外观设计样件不应超过 21 厘米×29.7 厘米（DIN A4）的尺寸。较大的外观设计样件不得超过 50 厘米×100 厘米×2.5 厘米或 75 厘米×100 厘米×1.5 厘米的尺寸，并且必须能够折叠到 21 厘米×29.7 厘米（A4）的尺寸以内。随申请提交的平面外观设计样件（包含包装），总共不得超过 15 千克。不得提交易腐烂或危险的外观设计样件，尤其不得提交易燃、易爆、有毒或有害的样件。

3. 当请求注册由重复的平面设计组成的外观设计时，除了满足第 1 款和第 2 款的要求之外，外观设计样件还应显示出完整的外观设计，以及显示出足够长度和宽度的重复外观设计。

第 9 条　产品说明和分类

1. 对包含外观设计或使用外观设计的产品（《德国外观设计法》第 11 条第 3 款）的说明应以基于根据工业品外观设计的国际分类的《洛迦诺协定》（《联邦法律公报》，1990 年版，第 Ⅱ 部分，第 1677 页、第 1679 页）的注册式外观设计的官方品类清单为准。根据注册式外观设计的类别和子类别的分类，对待注册的外观设计进行分类。商品清单以及类别和子类别的具体分类的当前有效版本由德国专利商标局在《联邦法律公报》上公布。

2. 产品说明应能够确保合乎实际地检索出以视图所展示的外观设计。产品说明不应该包含超过 5 种的商品概念。如果德国专利商标局根据《德国外观设计法》第 16 条的规定认为，该申请中所包含的产品说明无法实现合乎实际的检索，则德国专利商标局可在此产品说明中增添附加的商品概念。

3. 如果产品分类在外观设计注册之后发生变化，则产品分类应基于权利人的请求，或在注册维持保护时由主管局依职权进行更正，并通知权利人。

第 10 条　用于解释视图的描述

1. 如果提交描述来解释视图（《德国外观设计法》第 11 条第 5 款第 1 项），则描述仅允许涉及从外观设计视图或平面外观设计样件中可见的特征。描述尤其不得包含关于外观设计的新颖性或独特性或其技术功能的相关说明。

2. 用于解释外观设计视图的描述最多可包含 100 个词，并且应当以单独页提交。描述必须由连续文本组成，且不得包含图形或其他设计元素。在多项申请的情况下（《德国外观设计法》第 12 条），描述可根据外观设计的编号排序并汇总在一份文档中。

3. 在使用数字式数据载体来提交视图的情况下（第 7 条第 5 款），描述可以以"∗.txt"的文件格式存储在数据载体上。在多项申请的情况下，描述应根据外观设计编号排序并汇总在一份电子文档中。

第 11 条　要求优先权的说明

1. 如果在申请中声明了要求在先外国申请的优先权，则应注明在先申请的申请日、国家和文件索引号，并应提交在先申请的副本（《德国外观设计法》第 14 条第 1 款第 1 句）。

2. 如果声明要求展览会优先权，则应注明首次展出的日期和展览会名称。此外，还应提交一份在展览会期间由展览会上负责保护知识产权的机构出具的证书，以作为展出的证明（《德国外观设计法》第 15 条第 4 款第 1 句）。在此证书中，应当确认：

（1）外观设计曾在展览会上公开；

（2）展览会开幕的日期；

（3）外观设计首次公开的日期，如果首次公开不是展览会开幕日的话。

证书应使用德国专利商标局发布的表格。此外，证书还必须包含由上述机构认证的、外观设计的实际公开的图片或照片。

3. 可根据《德国外观设计法》第 14 条第 1 款第 2 句的规定对要求优先权的说明进行修改，或者根据《德国外观设计法》第 14 条第 1 款第 1 句以及第 15 条第 4 款第 1 句在优先权日或首次展出日之后的 16 个月内做出优先权声明。

第 12 条 多项申请的分案

1. 根据《德国外观设计法》第 12 条第 2 款的规定，可将多项申请分案成两项或更多项的外观设计申请。

2. 在分案声明中，应注明：

（1）多项申请的文件索引号；

（2）进行分案的外观设计的编号。

3. 根据《德国外观设计法》第 12 条第 2 款第 3 句的规定，在缴清差额费用之后，即可提出分案。

4. 如果由于某项外观设计的申请人或代理人的信息发生变化而导致根据第 6 条第 1 款和第 4 款规定的信息发生变化，则主管局可依职权将多项申请分案。

第 13 条 申请的继续审理

在申请由于错过最后期限而被驳回的情况下（《德国外观设计法》第 17 条第 1 款），如果想要请求继续审理，则请求必须包含以下信息：

（1）申请的文件索引号；

（2）申请人的名称；

（3）与申请有关的决议的日期。

第 14 条 德语翻译

1. 如果提交的文件是外语文件，德国专利商标局可要求申请人在合理的期限内补交相应的德语翻译。德语翻译必须由律师或专利律师认证或官方指定的翻译人员提供。

2. 如果德语翻译是在截止日期之后提交的，则应认为外语文件是在收到德语翻译时才收到的。如果未提交德语翻译，则认为外语文件未收到。

第三章 外观设计登记簿，注册后的程序

第 15 条 外观设计登记簿的内容

1. 在将申请注册到登记簿中时，外观设计登记簿应包括以下说明：

（1）申请的文件索引号；

（2）注册式外观设计的视图；

（3）相应的外观设计编号，其中在多项申请的情况下，根据第 5 条第 2 款第 1 句第 2 项（a）规定，需要相应地提供连续编号的清单；

（4）申请人的名称（如果是公司的话，则包括公司的法律形式）以及住所或居所，其中对于境外地址的描述需包含相应的国家名称（第 6 条第 1 款和第 3 款）；

（5）申请人的通信地址，其中应注明收件人；

（6）申请日（《德国外观设计法》第 13 条第 1 款和第 16 条第 3 款第 2 句）；

（7）注册日；

（8）产品说明（第 9 条）；

（9）产品种类（《德国外观设计法》第 19 条第 2 款），包括类别和子类别的说明。

2. 如适用的话，除申请文件以外，还应将以下说明记载到外观设计登记簿中：

（1）申请人关于有意向获得授权的非约束性声明（第 3 条第 2 款第 7 项）；

（2）根据民法（第 6 条第 1 款第 1 句第 2 项 c）规定的合伙企业中有权代表的全部合伙人的姓名和居住地；

（3）代理人的姓名和通信地址（第 6 条第 4 款）；

（4）设计人的姓名和通信地址（第 6 条第 5 款）；

（5）一份用于解释外观设计视图的描述（第 10 条）；

（6）指明用平面外观设计样件来替换视图（《德国外观设计法》第 11 条第 2 款第 2 项）；

（7）指明注册涉及的是单项外观设计申请还是多项外观设计合案申请（《德国外观设计法》第 12 条），以及在多项申请的情况下，在申请中的全部外观设计的数量（第 5 条第 2 款第 1 句第 1 项）；

（8）在根据《德国外观设计法》第 14 条的规定来要求外国优先权的情况下，外观设计的在先申请的申请日、国家和文件索引号；

（9）在根据《德国外观设计法》第 15 条的规定的要求展览会优先权的情况下，展览会上首次展出的日期和展览会名称；

（10）延期公布视图的请求（《德国外观设计法》第 21 条第 1 款第 1 句）；

（11）对申请或注册的外观设计拥有物权（《德国外观设计法》第 30 条第 1 款第 1 项和第 32 条）；

（12）申请或注册的外观设计已成为强制执行措施的客体（《德国外观设计法》第 30 条第 1 款第 2 项和第 32 条）；

（13）破产程序涉及申请或注册的外观设计的权利（《德国外观设计法》第 30 条第 3 款和第 32 条）。

3. 如果已申请的外观设计在注册之前发生权利转移，则只有在登记簿中注册的所有人才是通过申请得到的权利的权利所有人。

4. 如果已请求根据《德国外观设计法》第 21 条第 1 款第 1 句的规定延期公布视图，则申请的注册应仅限于根据第 1 款第 1 项、第 4~7 项，第 2 款第 1~3 项、第 10~13 项规定的说明以及第 2 款第 8 项和第 9 项规定的优先权日。如果保护期延长至根据《德国外观设计法》第 27 条第 2 款规定的保护期限（《德国外观设计法》第 21 条第 2 款第 1 句），则应将第 1 款和第 2 款中的其余说明记载到外观设计登记簿中。

第 16 条　外观设计登记簿中的其他注册

除了根据第 15 条规定的注册之外，在必要时，以下信息应记载到外观设计登记簿中：

（1）已将保护期延长至根据《德国外观设计法》第 27 条第 2 款所规定的保护期限（《德国外观设计法》第 21 条第 2 款第 1 句）；

（2）在对视图的公布进行补做的情况下（《德国外观设计法》第 21 条第 3 款），根据《德国外观设计法》第 21 条第 1 款第 2 句所规定的公布日以及关于公布的说明；

（3）对根据第 15 条第 1 款第 4 项和第 5 项以及第 2 款第 3 项和第 4 项中所列出的说明的修改；

（4）已请求重新恢复为原来状态（《德国外观设计法》第 23 条第 3 款第 3 句），以及此程序的结果；

（5）多项注册已分案（第 18 条）；

（6）已根据《德国外观设计法》第 9 条第 1 款的规定引入法律程序，以及根据《德国外观设计法》第 9 条第 4 款的其他说明；

（7）已提交确认或宣告无效之请求（《德国外观设计法》第 34a 条第 1 款），以及无效程序的结果；

（8）对确认或宣告无效提起反诉的日期，以及对应程序的结果（《德国外观设计法》第 52b 条第 4 款）；

（9）注册式外观设计注销的日期及原因（《德国外观设计法》第 36 条第 1 款）。

第 17 条　注册证书

注册式外观设计的所有人可从德国专利商标局获得外观设计的注册证书，除非他明确放弃其外观设计。

第 18 条　多项注册的分案

1. 第 12 条第 1、2 和 4 款准用于多项注册的分案情形。

2. 如果根据《德国专利商标局条例》第 28 条规定的权利转移的注册之请求涉及基于多项申请所注册的外观设计的一部分，则应在请求中提供相应的外观设计编号。权利转移所涵盖的注册式外观设计将被分出，并且以分案卷宗的形式得以继续。

第 19 条　期限延长和维持的说明

1. 在支付费用以延长保护期至根据《德国外观设计法》第 27 条第 2 款所规定的保护期限时（《德国外观设计法》第 21 条第 2 款第 1 句），应在外观设计登记簿中注明：

（1）注册的索引号；

（2）付款目的；

（3）根据第 6 条第 1 款的权利人的名称。

2. 如果延长保护期仅针对多项注册中的某项注册式外观设计，则应提交包含以下信息的请求：

（1）注册的索引号；

（2）根据第 6 条第 1 款的权利人的名称；

（3）要延长保护期的注册式外观设计的编号。

3. 如果在根据《德国外观设计法》第 21 条第 1 款第 1 句规定的期限届满之前权利人请求补做公布视图（《德国外观设计法》第 21 条第 3 款），则在请求中应注明：

（1）注册的索引号；

（2）根据第 6 条第 1 款的权利人的名称；

（3）要进行公布的时间。

4. 第 1 款和第 2 款准用于支付维持费的情形。

第 20 条　注册式外观设计的放弃

1. 根据《德国外观设计法》第 36 条第 1 款第 1 句第 2 项和第 2 款的规定，在关于注册式外观设计的放弃声明中，应说明：

（1）要放弃的注册式外观设计的编号；

（2）根据第 6 条第 1 款规定的权利人的名称和通信地址。

2. 如果部分放弃注册式外观设计，则根据第 8 条的规定，放弃声明应附有按照第 7 条修改后的外观设计的视图；在《德国外观设计法》第 11 条第 2 款第 2 句的情况下，则还应附有修改后的平面外观设计样件。部分放弃声明不应超过 100 个词。部分放弃声明将记载到外观设计登记簿中，并且随修改后的外观设计的视图一起公布。在多项注册的情况下，对于要部分放弃的每项注册式外观设计，都要给出单独的放弃声明。

3. 对于根据《德国外观设计法》第 36 条第 1 款第 1 句第 2 项所需要的已登记在外观设计登记簿中的注册式外观设计权利所有人的同意，提交一份由权利所有人或其代理人签署的同意声明就已足够。声明或签名的认证不是必需的。

第四章　确认或宣告权利无效的程序

第 21 条　提出请求

1. 对注册式外观设计提起确认或宣告无效之请求的（《德国外观设计法》第 34a 条第 1 款），应使用德国专利商标局发布的表格。

2. 在请求书中应注明：

（1）注册式外观设计的编号；

（2）请求人的名称和通信地址；

（3）根据《德国外观设计法》第 33 条第 1 款或第 2 款第 1 句规定的无效理由；

（4）用于说明理由的事实和证据；

（5）对无效请求范围的部分无效（《德国外观设计法》第 35 条第 1 款）之请求。

3. 请求可基于《德国外观设计法》第 33 条第 1 款或第 2 款第 1 项提到的多个无效理由。在请求书中，可以提供关于涉案价值的信息，只要这些信息是根据《德国外观设计法》第 34a 条第 5 款第 2 句得以确定的。

第 22 条　程序原则

1. 德国专利商标局可将其尚未审结的无效程序合并进行共同处理及做出决定。

在有助于查清案件时，可中止无效程序。特别是在考虑到同一注册式外观设计在另一程序中被认定无效时，可以中止相应的程序。德国专利商标局可撤销由其颁发的、涉及将多个程序合并的命令，或撤销涉及程序中止的命令。

2. 德国专利商标局应向当事人指明预计对决定可能具有重要意义的着眼点或有助于将程序集中到对决定至关重要的问题上的着眼点。德国专利商标局应尽早指明，并且在根据《德国外观设计法》第 34a 条第 3 款第 2 句所规定的听证的情况下，最迟应在传唤到听证会时指明。

如果当事人表示要讨论的着眼点是显而易见的，则外观设计部不需要指明，德国专利商标局则无须提示。

3. 德国专利商标局应力求向所有的当事人及时且完整地解释所有重要事实，特别是对事实和证据的不足说明进行补充，以及提出有助于查清案件的请求。如果德国专利商标局已向当事人告知其已知的或涉及公共利益的事实和证据并且当事人已获知陈述意见的合理期限，则德国专利商标局可考虑该事实和证据。

4. 德国专利商标局在听证会内可应请求或在有实质性帮助时提出证据。德国专利商标局可以进行勘验、询问证人、鉴定人和当事人，以及调阅文件。德国专利商标局可根据自由的、从程序的整体结果获得的心证做出决定。依据《德国外观设计法》第 34a 条第 4 款第 1 句的规定，作为导致该决定的理由，应在决议中以书面形式记明（该条已删除）。

第五章　国际注册

第 23 条　关于对国际注册剥夺保护的意见

根据《德国外观设计法》第 66 条的规定，国际注册的所有人可在世界知识产权组织的国际局发出国际注册剥夺保护的通知之日起 4 个月内，向德国专利商标局陈述意见（《德国外观设计法》第 69 条第 2 款）。

第 24 条　国际注册的变更

根据注册式外观设计的新权利人的请求，德国专利商标局可根据对应于 1999 年、1960 年和 1934 年《海牙协定》版本的《共同实施细则》第 21 条第 1b 款第 ii 项的规定（也参见《联邦法律公报》，2008 年版，第 II 部分，第 1341 – 1342 页），来确认对权利所有人变更的注册，以进行国际注册的变更，但是新的权利所有人需证明其为权利继受人。《德国专利商标局条例》第 28 条第 3 款也可用于权利转移的证明。

第 25 条　事后保护撤回

本实施细则第 21 条和第 22 条可用于在德意志联邦共和国的区域（《德国外观设计法》第 70 条第 1 款第 1 句）确认国际注册失效之请求。

第六章　最终条款

第 26 条　保管注册式外观设计的视图

在撤销了外观设计登记簿中的注册之后，德国专利商标局仍持久保管注册式外观设计的视图（第 7 条）。

第 27 条　过渡性规定

1. 本实施细则第 4 条第 2 款不适用于直至 2014 年 1 月 9 日收到的视图。

2. 本实施细则第 22 条适用于从 2014 年 1 月 1 日起由德国专利商标局收到的注册式外观设计的确认或宣告无效之请求。

附件 *6*
费用概览

摘自《德国专利费用法》附件第 2 条第 1 款。

	计费事项	以欧元收费
	第四章 外观设计	
	1. 申请程序	
	一组印刷字体也被认为是一件外观设计。	
	申请程序 — 对于一件单项外观设计（《德国外观设计法》第 11 条）	
341 000	— 电子申请	60
341 000	— 纸质申请	70
	— 对于一件多项申请的每项外观设计 （《德国外观设计法》第 12 条第 1 款）	
341 200	— 电子申请	60 欧元（10 件内） 起收，每多一件 6 欧元
341 300	— 纸质申请	70 欧元（10 件内） 起收，每多一件 7 欧元
341 400	— 对于延期公布单项外观设计 （《德国外观设计法》第 21 条）	30
341 500	— 对于延期公布多项申请中的每项外观设计 （《德国外观设计法》第 12 条，第 21 条等）	30 欧元（10 件内） 起收，每多一件 3 欧元

续表

	计费事项	以欧元收费
	根据《德国外观设计法》第 21 条第 2 款规定在延期公布时将保护期限延长到《德国外观设计法》第 27 条第 2 款所规定的保护期限的，需要缴纳延长费用：	
341 700	−　对于一件单项外观设计	40
341 800	−　对于一件多项申请的每项外观设计	40 欧元（10 件内）起收，每多一件 4 欧元
	2. 保护期限的维持	
	根据《德国外观设计法》第 28 条第 1 款规定的维持费用，对于第 6 年至第 10 年的保护期	
342 100	−　对于每项注册式外观设计，也适用于多项申请	90
342 101	−　每项注册式外观设计的逾期附加费用，也适用于多项申请（《德国外观设计法》第 7 条第 1 款第 2 句）	50
	对于第 11 年至第 15 年的保护期	
342 200	−　对于每项注册式外观设计，也适用于多项申请	120
342 201	−　每项注册式外观设计的逾期附加费用，也适用于多项申请（《德国外观设计法》第 7 条第 1 款第 2 句）	50
	对于第 16 年至第 20 年的保护期	
342 300	−　对于每项注册式外观设计，也适用于多项申请	150
342 301	−　每项注册式外观设计的逾期附加费用，也适用于多项申请（《德国外观设计法》第 7 条第 1 款第 2 句）	50
	对于第 21 年至第 25 年的保护期	
342 400	−　对于每项注册式外观设计，也适用于多项申请	180
342 401	−　每项注册式外观设计的逾期附加费用，也适用于多项申请（《德国外观设计法》第 7 条第 1 款第 2 句）	50

3. 根据直至 2004 年 5 月 31 日有效的旧版《德国外观设计法》第 7 条第 6 款以原样交存的注册式外观设计的维持

343 100	对于第 6 年至第 10 年保护期的维持费用	330
343 101	−　每项注册式外观设计的逾期附加费用，也适用于多项申请（《德国外观设计法》第 7 条第 1 款第 2 句）	50
343 200	对于第 11 年至第 15 年保护期的维持费用	360

	计费事项	以欧元收费
343 201	－ 对于每项注册式外观设计的逾期附加费用，也适用于多项申请 （《德国外观设计法》第 7 条第 1 款第 2 句）	50
343 300	对于第 16 年至第 20 年保护期的维持费用	390
343 301	－ 对于每项注册式外观设计的逾期附加费用，也适用于多项申请 （《德国外观设计法》第 7 条第 1 款第 2 句）	50
343 400	对于第 21 年至第 25 年保护期的维持费用	420
343 401	－ 对于每项注册式外观设计的逾期附加费用，也适用于多项申请 （《德国外观设计法》第 7 条第 1 款第 2 句）	50
	4. 共同体外观设计	
	共同体外观设计申请的转递 （《德国外观设计法》第 62 条）	
344 100	对于每件申请	25
	多项申请被视为一件申请	
	5. 根据《海牙协定》的外观设计	
	根据《海牙协定》的外观设计申请的转递 （《德国外观设计法》第 68 条）	
345 100	对于每件申请	25
	多项申请被视为一件申请	
	6. 其他申请	
346 000	继续审理的费用（《德国外观设计法》第 17 条）	100
346 100	对于每项注册式外观设计的无效程序 （《德国外观设计法》第 34a 条）	300

附件 **7**

洛迦诺 (**Eurolocarno**) 分类概述

为了应对产品翻译问题，欧盟内部市场协调局扩展了现有的洛迦诺分类（《工业品外观设计国际分类洛迦诺协定》，1986 年 10 月 8 日版），并且将其翻译成欧盟的所有官方语言。建议仅使用包含在洛迦诺分类中的条目。

在下文中仅再现了洛迦诺分类的概况；完整的分类可在以下网页中检索到：

https：//euipo. europa. eu/tunnel – web/secure/webdav/guest/document _ library/eurolocarno/eurolocarno_de. pdf

概述（本概述并非《洛迦诺协定》的一部分）

1　食品

1.1　烘制食品、饼干、点心、通心粉及其他谷类食品、巧克力、糖果类、冰冻食品

1.2　水果和蔬菜

1.3　奶酪、黄油和黄油代用品、其他奶制品

1.4　肉制品和香肠制品、鱼肉制品

1.5　［空缺］

1.6　动物食品

1.99　其他杂项

2　服装和缝纫用品

2.1　内衣、女士内衣、女士紧身胸衣、胸罩、睡衣

2.2　服装

2.3　头部遮盖物

2.4　鞋、短袜和长袜

2.5　领带、围巾、颈巾和头巾、手帕

2.6　手套

2.7　缝纫用品和服装附件

2.99　其他杂项

3　其他类未列入的旅行用品、箱包、伞具和个人用品

3.1　行李箱、手提箱、公文包、手提包、钥匙袋，专门为内容物设计的箱包、钱夹和类似物品

3.2　［空缺］

3.3　雨伞、阳伞、手杖

3.4　扇子

3.99　其他杂项

4　刷子类

4.1　清洁刷和扫帚

4.2　梳妆用刷、服装刷和鞋刷

4.3　机器用刷

4.4　绘画用刷、烹饪用刷

4.99　其他杂项

5　纺织品、人造或天然材料片材

5.1　纺纱制品

5.2　花边

5.3　刺绣品

5.4　缎带、编带和其他缀饰品

5.5　纺织纤维制品

5.6　人造或天然材料片材

5.99　其他杂项

6　家具和家居用品

6.1　座椅

6.2　床

6.3　桌子及类似家具

6.4　存放物品用家具

6.5　组合家具

6.6　其他家具和家具部件

6.7　镜子和框架

6.8　挂衣架

6.9　床垫和垫子

6.10 窗帘和室内隔离帘

6.11 地毯和脚垫

6.12 挂毯

6.13 覆盖物、家用亚麻制品和餐桌用布

6.99 其他杂项

7 其他类未列入的家用物品

7.1 餐具、玻璃器皿和其他类似物品

7.2 用于烹调的设备、用具和容器

7.3 餐刀、餐叉和匙

7.4 用于制作食物或饮料的手工操作器具和用具

7.5 熨烫用具、洗涤用具、清洁用具和干燥用具

7.6 其他桌上用品

7.7 其他家用容器

7.8 壁炉用具

7.99 其他杂项

8 工具和五金器具

8.1 钻孔、磨铣或挖掘工具和器具

8.2 锤和其他类似工具及器具

8.3 切削刀具和器具

8.4 螺丝起子及其他类似工具和器具

8.5 其他工具和器具

8.6 把手、球形捏手、铰链及合页

8.7 锁紧或关闭装置

8.8 其他类中未包括的扣紧、支撑或安装装置

8.9 用于门、窗、家具和类似物品的金属配件和装配件

8.10 自行车和摩托车支架

8.99 其他杂项

9 用于商品运输或装卸的包装和容器

9.1 瓶、长颈瓶、罐、鼓形瓶、盛装腐蚀性液体的大玻璃瓶、细颈瓶和带有动力分配装置的容器

9.2 储藏用罐、圆桶和木桶

9.3 盒子、箱子、集装箱和防腐罐头罐

9.4 有盖篮子、柳条筐和篮子

9.5 袋、小袋、管和囊

9.6　绳索和捆箍材料

9.7　封口装置和封口附件

9.8　叉车的货盘和载重台

9.9　废物和垃圾的容器及其座架

9.99　其他杂项

10　钟、表及其他计量仪器、检测仪器、信号仪器

10.1　钟和闹钟

10.2　怀表和手表

10.3　其他计时仪器

10.4　其他计量仪器、设备和装置

10.5　检测、安全和测试用仪器、设备和装置

10.6　信号设备和装置

10.7　测量仪器、检测仪器和信号仪器的外壳、盘面、指针和所有其他部件及附件

10.99　其他杂项

11　装饰品

11.1　珠宝首饰

11.2　小装饰品、桌子、壁炉台和墙的装饰物、花瓶和花盆

11.3　纪念章和徽章

11.4　人造的花、植物和水果

11.5　旗帜、节日装饰品

11.99　其他杂项

12　运输或提升工具

12.1　畜力车辆

12.2　手推车、独轮手推车

12.3　机车、铁路车辆及其他有轨车辆

12.4　高架索车、缆椅和滑雪索车

12.5　装载或运输用的电梯和升降机

12.6　船和艇

12.7　航空器和太空运载工具

12.8　汽车、公共汽车和货车

12.9　拖拉机

12.10　公路车辆的挂车

12.11　自行车和摩托车

12. 12　婴儿车、病人用轮椅、担架

12. 13　专用车辆

12. 14　其他交通工具

12. 15　交通工具轮胎和防滑链

12. 16　其他大类或小类中未包括的交通工具零件、装置和附件

12. 99　其他杂项

13　发电、配电和变电的设备

13. 1　发电机和电动机

13. 2　变压器、整流器、电池和蓄电池

13. 3　配电和电力控制设备

13. 99　其他杂项

14　记录、通信、信息检索设备

14. 1　声音或图像的记录或再现设备

14. 2　数据处理设备及其外围设备和装置

14. 3　通信设备、无线电遥控设备和无线电放大器

14. 4　显示界面和图标

14. 99　其他杂项

15　其他类未列入的机械

15. 1　发动机

15. 2　泵和压缩机

15. 3　农业机械

15. 4　建筑机械

15. 5　洗涤、清洁和干燥机械

15. 6　纺织、缝纫、针织和绣花机械及其零部件

15. 7　制冷机械和冷藏设备

15. 8　［空缺］

15. 9　机床、研磨和铸造机械

15. 99　其他杂项

16　照相设备、电影摄影设备和光学设备

16. 1　照相机和电影摄影机

16. 2　放映机、投影仪和看片器

16. 3　影印设备和放大机

16. 4　显影器械和设备

16. 5　附件

16.6　光学制品

16.99　其他杂项

17　乐器

17.1　键盘乐器

17.2　管乐器

17.3　弦乐器

17.4　打击乐器

17.5　机械乐器

17.99　其他杂项

18　印刷和办公机械

18.1　打字机和计算器

18.2　印刷机械

18.3　印刷活字和活字版

18.4　装订机、印刷工用订书机、装订用切纸机和装订用修边机

18.99　其他杂项

19　文具、办公用品、美术用品和教学用品

19.1　书写用纸、通信用卡片和通知用卡片

19.2　办公用品

19.3　日历

19.4　书、本及与其外观相似的其他物品

19.5　［空缺］

19.6　用于书写、绘图、绘画、雕塑和其他工艺技法的用品和工具

19.7　教学用品

19.8　其他印刷品

19.99　其他杂项

20　销售设备、广告设备和标志物

20.1　自动售货机

20.2　陈列设备和销售设备

20.3　标志物、广告设备

20.99　其他杂项

21　游戏器具、玩具、帐篷和体育用品

21.1　游戏器具和玩具

21.2　体育和运动的器械及设备

21.3　其他娱乐和游艺用品

21.4 帐篷及附件

21.99 其他杂项

22 武器、烟火用品，用于狩猎、捕鱼及捕杀有害动物的器具

22.1 射击武器

22.2 其他武器

22.3 弹药、火箭和烟火用品

22.4 靶及附件

22.5 狩猎和捕鱼器械

22.6 捕捉器、捕杀有害动物的用具

22.99 其他杂项

23 流体分配设备、卫生设备、供暖设备、通风和空调设备、固体燃料

23.1 流体分配设备

23.2 卫生设备

23.3 加热设备

23.4 通风和空调设备

23.5 固体燃料

23.99 其他杂项

24 医疗设备和实验室设备

24.1 医生、医院和实验室用的仪器和设备

24.2 医疗器械、实验室用器械、实验室用工具

24.3 假体

24.4 用于包扎伤口、护理和医疗的用具

24.99 其他杂项

25 建筑构件和施工元件

25.1 建筑材料

25.2 预制或预装建筑构件

25.3 房屋、车库和其他建筑

25.4 台阶、梯子和脚手架

25.99 其他杂项

26 照明设备

26.1 烛台、烛架

26.2 手电筒、手提灯和灯笼

26.3 公共场所照明装置

26.4 电或非电的光源

26.5 灯、落地灯、枝形吊灯、墙壁和天花板装置、灯罩、反光罩、摄影

和电影投光灯

26.6 交通工具发光装置

26.99 其他杂项

27 烟草和吸烟用具

27.1 烟草、雪茄和香烟

27.2 烟斗、雪茄和香烟烟嘴

27.3 烟灰缸

27.4 火柴

27.5 打火机

27.6 雪茄盒、香烟盒、烟草罐和烟袋

27.99 其他杂项

28 药品、化妆用品、梳妆用品和器具

28.1 药品

28.2 化妆用品

28.3 梳妆用品和美容院设备

28.4 假发、人造毛发

28.99 其他杂项

29 防火灾、防事故、救援用的装置及设备

29.1 防火灾装置和设备

29.2 其他类未列入的防事故和救援用装置及设备

29.99 其他杂项

30 动物的管理与驯养设备

30.1 动物服装

30.2 畜栏、笼、房及类似居所

30.3 喂食器和喂水器

30.4 鞍具

30.5 鞭子和刺棒

30.6 睡床、睡垫和窝

30.7 栖木和其他笼子配件

30.8 打标器、标记和脚镣

30.9 拴柱

30.99 其他杂项

31.00 其他类未列入的食品或饮料制备机械和设备

32.00 图形符号、标识、表面图案、纹饰

附件 *8*

1925 年 *11* 月 *6* 日议定的 《工业品外观设计国际注册海牙协定》 于 *1999* 年 *7* 月 *2* 日通过的日内瓦文本[❶]

[❶] 此附件 8 为世界知识产权组织（WIPO）网站所提供的《工业品外观设计国际注册海牙协定》日内瓦文本（1999 年）中文作准文本，也参见 https：//wipolex. wipo. int/zh/text/285197.

导　　则

第 1 条　缩略语

在本文本中：

（ⅰ）《海牙协定》指《工业品外观设计国际保存海牙协定》，以下改称为《工业品外观设计国际注册海牙协定》；

（ⅱ）"本文本"指由当前文本所制定的《海牙协定》；

（ⅲ）"实施细则"指本文本的实施细则；

（ⅳ）"规定的"指实施细则中所规定的；

（ⅴ）《巴黎公约》指 1883 年 3 月 20 日在巴黎签署并经修订和修正的《保护工业产权巴黎公约》；

（ⅵ）"国际注册"指根据本文本进行的工业品外观设计国际注册；

（vii）"国际申请"指国际注册申请；

（viii）"国际注册簿"指由国际局保存的关于国际注册数据的正式汇编，该数据系本文本或实施细则要求登记或允许登记的，无论存储此种数据的载体如何；

（ix）"人"指自然人或法人；

（x）"申请人"指以其名字提交国际申请的人；

（xi）"注册人"指以其名字在国际注册簿上登记国际注册的人；

（xii）"政府间组织"指根据第 27 条第（1）款第（ii）项有资格参加本文本的政府间组织；

（xiii）"缔约方"指参加本文本的任何国家或政府间组织；

（xiv）"申请人的缔约方"指使申请人因就该缔约方而言符合第 3 条所列的至少一项条件而获得提交国际申请权利的缔约方或缔约方之一；如果使申请人依第 3 条获得提交国际申请权利的缔约方有两个或两个以上，则"申请人的缔约方"指这些缔约方当中被在国际申请中写明的那一个缔约方；

（xv）"缔约方的领土"，缔约方是国家的，指该国的领土；缔约方是政府间组织的，指该政府间组织的组织条约所适用的领土；

（xvi）"局"指受缔约方委托对在该缔约方领土内产生效力的工业品外观设计授权给予保护的机构；

（xvii）"审查局"指依职权对向其提出的工业品外观设计保护申请进行审查，以至少确定该工业品外观设计是否符合新颖性条件的局；

（xviii）"指定"指要求国际注册在某缔约方有效的请求；亦指该请求在国际注册簿上的登记；

（xix）"被指定的缔约方"和"被指定的局"分别指指定所适用的缔约方和缔约方的局；

（xx）"1934 年文本"指 1934 年 6 月 2 日在伦敦签署的《海牙协定》文本；

（xxi）"1960 年文本"指 1960 年 11 月 28 日在海牙签署的《海牙协定》文本；

（xxii）"1961 年附加文本"指 1961 年 11 月 18 日在摩纳哥签署的文本，系 1934 年文本的附加文本；

（xxiii）"1967 年补充文本"指 1967 年 7 月 14 日在斯德哥尔摩签署并经修正的《海牙协定》补充文本；

（xxiv）"本联盟"指 1925 年 11 月 6 日的《海牙协定》建立的，并由1934 年文本和 1960 年文本、1961 年附加文本、1967 年补充文本和本文本所维护的海牙联盟；

（xxv）"大会"指第21条第（1）款（a）项所述的大会或取代该大会的任何机构；

（xxvi）"本组织"指世界知识产权组织；

（xxvii）"总干事"指本组织总干事；

（xxviii）"国际局"指本组织国际局；

（xxix）"批准书"应被解释为包括接受书或认可书。

第2条　缔约方法律和若干国际条约所予其他保护的可适用性

（1）［缔约方法律和若干国际条约］本文本的规定不得影响对缔约方法律可能给予的任何更宽的保护的适用，亦不得以任何方式影响国际版权条约和公约给予艺术作品和实用艺术作品的保护，或依《建立世界贸易组织公约》附件《与贸易有关的知识产权协定》给予工业品外观设计的保护。

（2）［遵守《巴黎公约》的义务］每一缔约方均应遵守《巴黎公约》有关工业品外观设计的规定。

第一章　国际申请和国际注册

第3条　提交国际申请的权利

凡属于为缔约方的国家或为缔约方的政府间组织成员国的国民的人，或在缔约方领土内有住所、经常居所或真实和有效工商业营业所的人，均应有权提交国际申请。

第4条　提交国际申请的程序

（1）［直接或间接提交］

（a）国际申请可根据申请人的选择，直接提交给国际局，或通过申请人的缔约方局提交。

（b）尽管有本款（a）项的规定，任何缔约方均可以声明的形式通知总干事，国际申请不得通过其局提交。

（2）［间接提交情况下的传送费］任何缔约方的局均可对由其提交的任何国际申请要求申请人向其缴纳传送费，归己受惠。

第5条　国际申请的内容

（1）［国际申请的必要内容］国际申请应使用规定的语言或规定的语言之一，并应包括或附具：

（i）依本文本提出的国际注册请求；

（ii）关于申请人的规定的数据；

（iii）以规定方式提交的提出国际申请的工业品外观设计的一件，或根据申请人的选择，几件不同复制件的规定份数的副本；但如果工业品外观设计是平面的，并且根据本条第（5）款提出了延迟公布请求的，则国际申请可附具工业品外观设计的规定份数的样本，而不包括复制件；

（ⅳ）按规定对构成工业品外观设计的产品或将使用工业品外观设计的产品的说明；

（ⅴ）对被指定的缔约方的说明；

（ⅵ）规定的费用；

（ⅶ）任何其他规定的细节。

（2）［国际申请中附加的必要内容］

（a）凡局是审查局并且在参加本文本时其法律规定，要求工业品外观设计保护的申请须包括本款（b）项所规定的任何内容才能依该法律被授予申请日的缔约方，可以声明的形式将这些内容通知总干事。

（b）可按本款（a）项通知的内容如下：

（ⅰ）就提出国际申请的工业品外观设计的设计人身份做出的说明；

（ⅱ）就提出国际申请的工业品外观设计复制件或就该工业品外观设计的特征的简要说明书；

（ⅲ）权利要求书。

（c）如果国际申请中指定已依本款（a）项做出通知的缔约方，该国际申请亦应按规定的方式包括该通知中所规定的任何内容。

（3）［国际申请可能的其他内容］国际申请可包括或附具实施细则中所规定的其他内容。

（4）［同一件国际申请中的几件工业品外观设计］在符合可能规定的条件的情况下，一件国际申请可包括两件或多件工业品外观设计。

（5）［延迟公布请求］国际申请中可包括延迟公布请求。

第6条 优先权

（1）［要求优先权］

（a）国际申请中可包括一份声明，依《巴黎公约》第4条要求在该公约的任何缔约国或为该国，或在世界贸易组织的任何成员或为该成员所提出的一件或多件在先申请的优先权。

（b）实施细则可规定，本款（a）项所述的声明可在国际申请提交之后做出。在此种情况下，实施细则应对可以做出这一声明的最晚时间做出规定。

（2）［作为要求优先权的依据的国际申请］国际申请自申请日起，无论其以后的结局如何，应与《巴黎公约》第4条意义下的正规申请相当。

第7条　指定费

（1）［规定的指定费］除本条第（2）款另有规定外，规定费用中应包括对每一个被指定缔约方的指定费。

（2）［单独指定费］凡局是审查局的缔约方以及任何政府间组织缔约方，均可以声明的形式通知总干事，对于任何指定该缔约方的国际申请和任何源于此种国际申请的国际注册的续展，本条第（1）款所述的规定指定费应由单独指定费取代，该单独指定费的数额应在该声明中指明，并可在以后的声明中做出变更。所述缔约方可为首期保护期和每一续展保护期或为该有关缔约方所允许的最长保护期对这一数额加以确定。但该数额在扣除用于国际程序的开支后，不得超过该缔约方局有权对相同件数的工业品外观设计授予同等保护期而向申请人收取的同等数额。

（3）［指定费的转交］本条第（1）、（2）款所述的指定费应由国际局转交给所缴纳的这些费用涉及的缔约方。

第8条　对不规范的更正

（1）［国际申请的审查］国际局如果在其收到国际申请时认为该国际申请不符合本文本和实施细则的要求，应邀请申请人在规定的时限内做出必要的更正。

（2）［未予更正的不规范］

（a）申请人未在规定的时限内按邀请办理的，除本款（b）项另有规定外，国际申请应被视为放弃。

（b）对于涉及第5条第（2）款或涉及缔约方根据实施细则通知总干事的特别要求的不规范，申请人未在规定的时限内按邀请办理的，国际申请应被视为不包括对该缔约方的指定。

第9条　国际申请的申请日

（1）［直接提交的国际申请］国际申请直接提交给国际局的，除本条第（3）款另有规定外，申请日应为国际局收到该国际申请的日期。

（2）［间接提交的国际申请］国际申请通过申请人的缔约方局提交的，申请日应按规定来确定。

（3）［有某些不规范的国际申请］如果在国际局收到国际申请之日，该国际申请中有被规定为会致使国际申请的申请日推后的不规范，申请日应为国际局收到对此种不规范做出更正的日期。

第10条　国际注册、国际注册日、公布和国际注册的保密副本

（1）［国际注册］国际局应在其收到国际申请时立即，或在依第8条邀请做出更正的情况下，在其收到所需的更正时立即对每一件提出国际申请的工业

品外观设计进行注册。无论是否依第 11 条延迟公布，均应进行注册。

（2）［国际注册日］

（a）除本款（b）项另有规定外，国际注册日应为国际申请的申请日。

（b）如果在国际局收到国际申请之日，该国际申请中有涉及第 5 条第（2）款的不规范，国际注册日应为国际局收到对此种不规范做出更正的日期或国际申请的申请日，二者中以日期晚者为准。

（3）［公布］

（a）国际注册应由国际局予以公布。此种公布应在所有缔约方被视为具有足够的公开性，不得再对注册人要求任何其他形式的公开。

（b）国际局应向每一个被指定的局寄送一份国际注册公布的副本。

（4）［公布前的保密］除本条第（5）款和第 11 条第（4）款（b）项另有规定外，国际局应在公布之前对每一件国际申请和每一件国际注册保密。

（5）［保密副本］

（a）国际局在进行注册之后，应立即将国际注册的副本连同国际申请中所附具的任何有关说明、文件或样本一并寄送给已通知国际局愿意收到此种副本并在国际申请中被予指定的每一局。

（b）在国际局公布国际注册之前，局应对国际局已将副本向其寄送的每一件国际注册保密，并只能在审查该国际注册或审查在该局所属缔约方提交的或为该缔约方提交的工业品外观设计保护申请时使用该副本。尤其是，该局不得将任何此种国际注册的内容透露给该局以外除该国际注册人之外的任何人，但为解决涉及提交该国际注册所依据的国际申请的权利问题的冲突而进行的行政程序或法律诉讼之目的者除外。在有此种行政程序或法律诉讼的情况下，国际注册的内容也只能秘密地泄露给该程序或诉讼所涉的当事方，而各该当事方必须严守所泄露内容的秘密。

第 11 条　延迟公布

（1）［缔约方法律关于延迟公布的规定］

（a）如果缔约方的法律对延迟公布工业品外观设计所规定的期限短于规定的期限，该缔约方应以声明的形式将可允许的延迟期限通知总干事。

（b）如果缔约方的法律规定不得延迟公布工业品外观设计，该缔约方应以声明的形式将这一事实通知总干事。

（2）［延迟公布］如果国际申请中提出了延迟公布的请求，公布的时间应：

（ⅰ）对国际申请中所指定的缔约方均未依本条第（1）款做出声明的，在规定的期限届满之时；或

（ii）对国际申请中所指定的任何缔约方依本条第（1）款（a）项做出声明的，在此种声明中通知的期限届满之时，或在此种被指定的缔约方不止一个的情况下，在其声明当中所通知的最短期限届满之时。

（3）〔在可适用的法律不允许延迟时对延迟请求的处理〕如果延迟公布的请求已经提出，而国际申请中所指定的任何缔约方依本条第（1）款（b）项做出了其法律不允许延迟公布的声明：

（i）除本款第（ii）项另有规定外，国际局应就此通知申请人；如果在规定的期限内，申请人未以书面通知国际局的形式撤回对所述缔约方的指定，国际局应不理睬该延迟公布的请求；

（ii）如果国际申请未包括工业品外观设计的复制件而是附具工业品外观设计的样本，国际局应不理睬对该缔约方的指定，并应就此通知申请人。

（4）〔请求提前公布或特别使用国际注册〕

（a）在依本条第（2）款可适用的延迟期间的任何时候，注册人均可请求公布被提交国际注册的任何或全部工业品外观设计，在这一情况下，涉及该件或该几件工业品外观设计的延迟期应被视为在国际局接到该请求之日届满。

（b）在依本条第（2）款可适用的延迟期间的任何时候，注册人还可请求国际局向该注册人所指明的第三方提供或允许该第三方使用被提交国际注册的任何或全部工业品外观设计的摘要。

（5）〔放弃和限制〕

（a）如果在依本条第（2）款可适用的延迟期间的任何时候，注册人对所有被指定的缔约方放弃国际注册，则被提交国际注册的工业品外观设计不得公布。

（b）如果在依本条第（2）款可适用的延迟期间的任何时候，注册人对所有被指定的缔约方要求将国际注册限制于被提交国际注册的一件或若干件工业品外观设计，则被提交国际注册的其他工业品外观设计不得公布。

（6）〔公布和提供复制件〕

（a）在依本条各款规定可适用的任何延迟期届满时，只要缴纳规定的费用，国际局即应公布国际注册。如果未按规定缴纳此种费用，国际注册应予撤销，并且不得予以公布。

（b）如果国际申请根据第5条第（1）款第（iii）项附具了工业品外观设计的一件或多件样本，注册人应在规定的时限内向国际局提交提出国际申请的每一件工业品外观设计的规定份数的复制件。注册人未照此办理的，国际注册应予撤销，并且不得予以公布。

第 12 条 驳回

（1）［驳回的权利］任何被指定缔约方的局，在被提交国际注册的任何或全部工业品外观设计未符合该缔约方的法律关于给予保护的条件时，均可部分或全部驳回国际注册在该缔约方领土内的效力，但任何局不得以本文本或实施细则所规定的或超出或不同于这些规定的关于国际申请的形式或内容的要求未依该有关缔约方的法律得到满足为由，而部分或全部驳回任何国际注册的效力。

（2）［驳回通知］

（a）对国际注册效力的驳回应由局在规定的期限内以驳回通知的形式告知国际局。

（b）任何驳回通知均应说明驳回所依据的全部理由。

（3）［驳回通知的传送；补救］

（a）国际局应将驳回通知的副本传送给注册人，不得延迟。

（b）注册人享有的补救办法应与如同被提交国际注册的任何工业品外观设计申请依做出驳回通知的局可适用的法律予以保护时相同。此种补救办法应至少包括可能对驳回进行重新审查或复审，或对驳回进行上诉。

（4）［驳回的撤回］任何驳回均可在任何时候由发出驳回通知的局部分或全部撤回。

第 13 条 关于外观设计的单一性的特别要求

（1）［特别要求的通知］凡在参加本文本时其法律规定，同一件申请中的外观设计须符合外观设计的单一性、同时生产或同时使用的要求，或须属于同一套或同一组物品，或规定在一件申请中只能要求一项独立的、明确的外观设计的缔约方，可以声明的形式就此通知总干事。但任何此种声明均不得影响申请人根据第 5 条第（4）款在一件国际申请中包括两件或多件工业品外观设计的权利，即使该申请指定的缔约方已做出这一声明。

（2）［声明的效力］任何此种声明应使发出这一声明的缔约方的局得以在该缔约方所通知的要求得到满足之前，按第 12 条第（1）款的规定驳回国际注册的效力。

（3）［分案注册应缴纳的进一步费用］如果国际注册在根据本条第（2）款发出的驳回通知之后在有关局进行分案办理，以便推翻该通知中所指出的驳回理由，则该局应有权按每一件为使驳回理由无效而本来需要提交的附加国际申请来收取费用。

第 14 条 国际注册的效力

（1）［依可适用法律规定的申请的效力］自国际注册日起，国际注册应在每一个被指定缔约方至少具有与要求依该缔约方法律对工业品外观设计予以保护所正规提出的申请同等的效力。

（2）［依可适用法律规定给予保护的效力］

（a）国际注册在其局未根据第 12 条发出驳回通知的每一个被指定缔约方中，应最晚自该局可以发出驳回通知的期限届满之日起，或者缔约方依实施细则已做出相应声明的，最晚于该声明中所确定的时间，具有与依该缔约方的法律对工业品外观设计所予保护同等的效力。

（b）如果被指定缔约方的局发出了驳回通知，而随后又将该驳回部分或全部撤回，该国际注册应在驳回被撤回的范围内，最晚自该驳回被撤回之日起，在该缔约方具有与依该缔约方的法律对工业品外观设计所予保护同等的效力。

（c）国际注册依本款被给予的效力，应按其由被指定的局从国际局所收到的，或在可适用的情况下，按其由该局办理的程序所修正的，适用于被提交国际注册的工业品外观设计。

（3）［关于指定申请人的缔约方的效力的声明］

（a）凡局是审查局的缔约方可以声明的形式通知总干事，其系申请人的缔约方的，国际注册中对该缔约方的指定没有效力。

（b）如果国际申请中写明，已做出本款（a）项所述声明的缔约方既是申请人的缔约方，又是被指定的缔约方，国际局应不理睬对该缔约方的指定。

第 15 条 无效

（1）［对答辩机会的要求］未及时给予注册人以行使其权利的机会的，被指定缔约方的主管机关不得宣布国际注册的效力在该缔约方的领土内部分或全部无效。

（2）［无效通知］国际注册的效力被宣布在其领土内无效的缔约方的局，只要该局知悉该无效，即应将其通知国际局。

第 16 条 变更及有关国际注册其他事项的登记

（1）［变更及其他事项的登记］国际局应按规定在国际注册簿上登记如下事项：

（i）就任何或全部被指定的缔约方和对被提交国际注册的任何或全部工业品外观设计做出的国际注册所有权的任何变更，但条件是新注册人须有权依第 3 条提交国际申请；

（ii）注册人名称或地址的任何变更；

（iii）对申请人或注册人的代理人的指定及关于此种代理人的任何其他有关事实；

（iv）注册人就任何或全部被指定的缔约方对国际注册做出的任何放弃；

（v）注册人就任何或全部被指定的缔约方对将国际注册限于被提交国际注册的一件或若干件工业品外观设计做出的任何限制；

（vi）被指定缔约方的主管机关对被提交国际注册的任何或全部工业品外观设计的国际注册在该缔约方领土内的效力宣布的任何无效；

（vii）实施细则中确定的涉及被提交国际注册的任何或全部工业品外观设计权利的任何其他有关事实。

（2）［在国际注册簿上登记的效力］本条第（1）款第（i）、（ii）、（iv）、（v）、（vi）和（vii）项所述的任何登记，应与其如同在每一个有关缔约方的局的登记簿上做出的登记具有同等效力，只是缔约方可以声明的形式通知总干事，本条第（1）款第（i）项所述的登记须在该缔约方的局收到声明中所规定的说明或文件之后才在该缔约方具有这一效力。

（3）［费用］依本条第（1）款做出的任何登记可能需要缴纳费用。

（4）［公布］国际局应公布关于依本条第（1）款做出的任何登记的通知。国际局应向每一个有关缔约方的局寄送一份公布的通知。

第 17 条　国际注册的首期和续展以及保护期

（1）［国际注册的首期］国际注册应以 5 年为期进行，自国际注册日算起为首期。

（2）［国际注册的续展］国际注册可根据规定的程序并须缴纳规定的费用，再以 5 年为期续展。

（3）［在被指定的缔约方的保护期］

（a）只要国际注册已经续展，并除本款（b）项另有规定外，其在每一个被指定的缔约方的保护为自国际注册日算起 15 年。

（b）如果被指定的缔约方的法律对依其法律给予保护的工业品外观设计规定的保护期超过 15 年，只要国际注册已经续展，保护期应与该缔约方的法律规定的相同。

（c）每一缔约方均应以声明的形式将其法律所规定的最长保护期通知总干事。

（4）［限制续展的可能性］国际注册的续展可就任何或全部被指定的缔约方并对被提交国际注册的任何或全部工业品外观设计进行。

（5）［续展的登记和公布］国际局应将续展登记在国际注册簿上，并公布关于这一情况的通知。国际局应向每一个有关缔约方的局寄送一份公布的通知。

第18条　关于公布的国际注册的信息

（1）［信息的获得］国际局应向提出申请并缴纳规定费用的任何人提供国际注册簿上所公布的关于任何国际注册的摘要或有关国际注册簿内容的信息。

（2）［免除公证］由国际局提供的国际注册簿上的摘要应在每一个缔约方中免除任何公证的要求。

第二章　行政规定

第19条　几个国家的共同局

（1）［共同局的通知］有意参加本文本的几个国家已经统一，或参加本文本的几个国家同意统一其国家工业品外观设计法的，可以通知总干事：

（ⅰ）以一个共同局代替其各自的国家局；

（ⅱ）在适用本文本第1条、第3～18条和第31条方面，统一立法所适用的各国领土的总和被视为一个缔约方。

（2）［做出通知的时间］做出本条第（1）款所述通知的时间应：

（ⅰ）对于有意参加本文本的国家，在交存第27条第（2）款所述文书之时；

（ⅱ）对于参加本文本的国家，在其国家法律统一之后的任何时候。

（3）［通知生效的日期］本条第（1）、（2）款所述通知的生效应：

（ⅰ）对于有意参加本文本的国家，在此种国家受本文本约束之时；

（ⅱ）对于参加本文本的国家，在总干事将该通知通告其他缔约方之日起3个月后，或通知中所指明的任何更晚的日期。

第20条　海牙联盟的成员资格

各缔约方应与1934年文本或1960年文本缔约国为同一联盟的成员。

第21条　大会

（1）［组成］

（a）各缔约方应与受1967年补充文本第2条约束的国家为同一大会的成员。

（b）大会的每一成员应在大会中有一名代表，该代表可由副代表、顾问和专家辅助，每一代表只能代表一个缔约方。

（c）非大会成员的本联盟成员应作为观察员准予出席大会的会议。

（2）［任务］

（a）大会应：

（ⅰ）处理有关维持和发展本联盟以及实施本文本的一切事宜；

（ⅱ）行使本文本或 1967 年补充文本所具体授予的权利，并执行依本文本或 1967 年补充文本所具体分派的任务；

（ⅲ）就修订会议的筹备工作对总干事进行指导，并对召集任何此种会议做出决定；

（ⅳ）修正实施细则；

（ⅴ）审查与批准总干事关于本联盟的报告和活动，并就有关本联盟职权范围内的事宜对总干事做出一切必要的指示；

（ⅵ）决定本联盟的计划和通过两年期预算，并批准决算；

（ⅶ）通过本联盟的财务规则；

（ⅷ）为实现本联盟的宗旨，设立大会认为适当的委员会和工作组；

（ⅸ）在遵守本条第（1）款（c）项规定的前提下，决定接纳哪些国家、政府间组织和非政府组织作为观察员参加大会的会议；

（ⅹ）为实现本联盟的宗旨，采取任何其他适当的行动，并执行依照本文本认为适当的其他职能。

（b）对于与本组织管理下的其他联盟共同有关的事宜，大会应在听取本组织协调委员会的意见以后做出决定。

（3）［法定人数］

（a）有权就某一问题表决的大会成员国的半数构成就该问题表决的法定人数。

（b）尽管有本款（a）项的规定，如果在任何一次会议上，出席会议且有权就某一问题表决的大会成员国的数目不足有权就该问题表决的大会成员国的半数，但达到或超过三分之一，大会可以做出决定，但除关于大会本身程序的决定外，所有决定只有符合下列条件才能生效。国际局应将所述决定通知未出席会议且有权就该问题表决的大会成员国，请其于通知之日起 3 个月的期限内以书面形式进行表决或表示弃权。如果在该期限届满时，以此种方式进行表决或表示弃权的成员数目达到构成会议本身法定人数所缺的成员数目，只要同时法定多数的规定继续适用，所述决定应即生效。

（4）［在大会上表决］

（a）大会应努力通过协商一致做出决定。

（b）无法通过协商一致做出决定的，应通过表决对争议的问题做出决定。在此种情况下：

（ⅰ）每一个国家缔约方有一票表决权，并只能以其自己的名义表决；

（ⅱ）任何政府间组织缔约方可代替其成员国表决，表决票数与其参加本文本的成员国的数目相等；如果此种政府间组织的任何一个成员国行使其表决权，则该组织不得参加表决，反之亦然。

（c）对于仅涉及受1967年补充文本第2条约束的国家的问题，不受该条规定约束的缔约方没有表决权，而对于仅涉及缔约方的问题，只有这些缔约方才有表决权。

（5）［多数］

（a）除第24条第（2）款和第26条第（2）款另有规定外，大会的决定需有所投票数的三分之二。

（b）弃权不应认为是投票。

（6）［会议］

（a）大会应每两年由总干事召集举行一次例会，除特殊情况外应与本组织大会同期、同地举行。

（b）大会经四分之一大会成员国的请求或根据总干事本人的倡议，由总干事召集举行特别会议。

（c）每次会议的议程由总干事制定。

（7）［议事规则］大会应通过自己的议事规则。

第22条　国际局

（1）［行政职能］

（a）国际注册和有关职责以及关于本联盟的其他一切行政任务均由国际局执行。

（b）特别是，国际局应为大会及大会可能设立的专家委员会与工作组筹备会议和提供秘书处。

（2）［总干事］总干事为本联盟的最高行政官员，并代表本联盟。

（3）［除大会会议以外的会议］总干事应召集举行大会所设立的任何委员会和工作组以及处理与本联盟有关的事务的一切其他会议。

（4）［国际局在大会及其他会议中的作用］

（a）总干事及其指定的人员应参加大会的所有会议、大会所设立的委员会和工作组及总干事在本联盟的框架下召集的任何其他会议，但没有表决权。

（b）总干事或其指定的一名工作人员是大会、委员会、工作组及本款（a）项所述的其他会议的当然秘书。

（5）［会议］

（a）国际局应按照大会的指示，筹备一切修订会议。

（b）国际局可就所述筹备工作与政府间组织和国际及国家非政府组织进行协商。

（c）总干事及其所指定的人员应参加修订会议的讨论，但没有表决权。

（6）［其他任务］国际局应执行其所分派的与本文本有关的任何其他任务。

第 23 条 财务

（1）［预算］

（a）本联盟应有预算。

（b）本联盟的预算包括本联盟本身的收入和支出及其对本组织所管理的各联盟的共同支出预算的摊款。

（c）对于不属专门拨给本联盟，同时也拨给本组织所管理的一个或多个其他联盟的支出，视为各联盟的共同支出。本联盟在该共同支出中的摊款，与该项支出给其带来的利益成比例。

（2）［与其他联盟预算的协调］根据与本组织所管理的其他联盟预算相协调的需要，制定本联盟的预算。

（3）［预算的资金来源］本联盟预算的资金来源如下：

（i）与国际注册有关的费用；

（ii）国际局为本联盟提供的其他服务收取的费用；

（iii）与本联盟有关的国际局出版物售款或其版税；

（iv）赠款、遗赠和补助金；

（v）房租、利息和其他杂项收入。

（4）［费用和收费的确定；预算的数额］

（a）本条第（3）款第（i）项所指的费用数额经总干事提议，由大会确定。本条第（3）款第（ii）项所指的收费由总干事确定，并在大会下届会议通过之前，暂时适用。

（b）本条第（3）款第（i）项所指的费用数额的确定，应至少能使本联盟从费用和其他来源所得的收入足以支付国际局有关本联盟的一切支出。

（c）预算在新的财政年度开始前尚未通过的，应按财务规则的规定继续执行上年度预算。

（5）［周转基金］本联盟设有周转基金，由收入盈余以及在收入盈余不足时本联盟各成员的一次性付款组成。基金不足时，大会应决定增加基金。付款的比例和形式由大会根据总干事的提议予以确定。

（6）［东道国的贷款］

（a）在与本组织所在地国家达成的总部协议中规定，当周转基金不足时，该国应予贷款。提供贷款的数额与条件由该国和本组织间逐次分别签署协议。

（b）本款（a）项所指的国家及本组织均有权以书面通知废止提供贷款的义务。该废止应于发出通知当年年底起 3 年后生效。

（7）［账目的审计］账目的审计应按照财务规则的规定，由本联盟一个或多个成员国或者由外部的审计师进行。审计师由大会征得本人同意后指定。

第24条　实施细则

（1）［主题内容］实施细则应对实施本文本的细节做出规定。尤其应包括涉及如下内容的规定：

（ⅰ）本文本中明确表示将做出规定的事项；

（ⅱ）有关本文本规定的进一步细节，或对于实施这些规定有用的任何细节；

（ⅲ）任何行政要求、事项或程序。

（2）［对实施细则某些规定的修正］

（a）实施细则可规定，实施细则的若干规定只能经一致同意或只能由五分之四的多数修正。

（b）为使一致同意或五分之四多数的要求将来不再适用于对实施细则某条规定的修正，需得到一致同意。

（c）为使一致同意或五分之四多数的要求将来适用于对实施细则某条规定的修正，需有五分之四的多数。

（3）［本文本与实施细则相抵触］本文本的规定与实施细则的规定之间发生抵触时，应以前者为准。

第三章　修订和修正

第25条　本文本的修订

（1）［修订会议］本文本可由缔约方的会议修订。

（2）［若干条款的修订或修正］第22条、第23条和第26条可由修订会议或由大会根据第26条的规定修正。

第26条　大会对若干条款的修正

（1）［修正案］

（a）由大会修正第21条、第22条、第23条和本条的提案，可由任何缔约方或由总干事提出。

（b）此类提案至少于提交大会审议前6个月由总干事转交各缔约方。

（2）［多数］对本条第（1）款所述各条的任何修正的通过，需有四分之三的多数。但对第21条或对本款的任何修正的通过，需有五分之四的多数。

（3）［生效］

（a）除本款（b）项所适用的情况外，对本条第（1）款所述各条款的任何修正，应于总干事收到该修正通过之时为大会成员且有权对该修正表决的所有缔约方，依照各自宪法程序所做出的书面接受通知起 1 个月后生效。

（b）对第 21 条第（3）或（4）款或对本项的任何修正，在大会予以通过后 6 个月之内任何缔约方通知总干事其不接受该修正的，不产生效力。

（c）根据本款各项规定生效的任何修正，应对在修正生效时为缔约方或在随后的日期成为缔约方的所有国家和政府间组织，具有约束力。

第四章　最后条款

第 27 条　成为本文本的缔约方

（1）[资格]除本条第（2）和（3）款以及第 28 条另有规定外：

（ⅰ）本组织的任何成员国均可签署本文本并成为本文本的缔约方；

（ⅱ）设有局办理可在其组织条约所适用的领土内产生效力的工业品外观设计保护的任何政府间组织可签署并参加本文本，但条件是该政府间组织至少有一个成员国是本组织的成员，并且此种局不是依第 19 条做出的通知所涉的局。

（2）[批准或加入]本条第（1）款所指的任何国家或政府间组织：

（ⅰ）已签署本文本的，可交存批准书；

（ⅱ）尚未签署本文本的，可交存加入书。

（3）[交存生效日期]

（a）除本款（b）～（d）项另有规定外，批准书或加入书交存的生效日期应为该文书交存之日。

（b）如果获得任何国家的工业品外观设计保护只能通过该国所参加的政府间组织设有的局办理，该政府间组织交存文书之日晚于该国交存文书之日的，该国的批准书或加入书交存的生效日期应为该政府间组织交存文书之日。

（c）任何包括或附具第 19 条所指的通知的批准书或加入书交存的生效日期，应为做出所述通知的国家集团的成员国交存最后一份文书之日。

（d）由一国交存的任何批准书或加入书可包括或附具一份声明，以被写明名称并有资格成为本文本缔约方的另一国或一个政府间组织，或者另外两个国家或另一国及一个国际组织也交存了文书作为其文书被视为交存的条件。包括或附有此种声明的文书应被视为于该声明中所指明的条件得到满足之日交存。但如果声明中所列明的任何文书其自身包括或其自身附有此类声明，该文书应被视为于后者声明中所列明的条件得到满足之日交存。

（e）依本款（d）项做出的任何声明可在任何时候全部或部分撤回。任何此种撤回应于总干事收到撤回通知之日生效。

第 28 条　批准和加入的生效日期

（1）［应予考虑的文书］为本条的目的，只有由第 27 条第（1）款所指的国家或政府间组织交存的并根据第 27 条第（3）款生效的批准书或加入书才应予以考虑。

（2）［本文本的生效］本文本应在 6 个国家交存了其批准书或加入书后 3 个月生效，但根据国际局收集的最新年度统计，其中至少有 3 个国家须符合下列条件中的至少一项条件：

（ⅰ）在该有关国家或对该有关国家提出的工业品外观设计保护申请至少有 3000 件；

（ⅱ）除该国外的其他国家的居民在该有关国家或对该有关国家提出的工业品外观设计保护申请至少有 1000 件。

（3）［批准和加入的生效］

（a）在本文本生效之日前 3 个月或 3 个月以上交存批准书或加入书的任何国家或政府间组织，应于本文本生效之日起受本文本约束。

（b）任何其他国家或政府间组织，应于其交存批准书或加入书之日后 3 个月起或于该文书中所指明的任何更晚的日期起受本文本约束。

第 29 条　禁止保留

对本文本不得有任何保留。

第 30 条　缔约方所做的声明

（1）［可做声明的时间］依第 4 条第（1）款（b）项、第 5 条第（2）款（a）项、第 7 条第（2）款、第 11 条第（1）款、第 13 条第（1）款、第 14 条第（3）款、第 16 条第（2）款或第 17 条第（3）款（c）项做出任何声明的时间可在：

（ⅰ）交存第 27 条第（2）款所指的文书之时；在这一情况下，该声明应于做出声明的国家或政府间组织受本文本约束之日起生效；

（ⅱ）交存第 27 条第（2）款所指的文书之后；在这一情况下，该声明应于总干事收到声明之日后 3 个月生效，或者于该声明中所指明的任何更晚日期生效，但应只能适用于国际注册日与该声明生效日相同或较之更晚的任何国际注册。

（2）［设有共同局的各国做出的声明］尽管有本条第（1）款的规定，由一个与另一国或另一些国家一起依第 19 条第（1）款通知总干事以共同局代替其国家局的国家做出的本条第（1）款中所述的任何声明，应只有当该另一国或另一些国家做出相应的声明时才能生效。

（3）［声明的撤回］本条第（1）款所述的任何声明均可在任何时候通过

向总干事发出通知的形式撤回。此种撤回应于总干事收到通知后的 3 个月或于通知中所指明的任何更晚日期生效。对于依第 7 条第（2）款所做的声明，撤回不得影响在该撤回生效之前提交的国际申请。

第 31 条　1934 年文本和 1960 年文本的可适用性

（1）［既参加本文本又参加 1934 年文本或 1960 年文本的各国之间的关系］既参加本文本又参加 1934 年文本或 1960 年文本的各国在其相互关系中只需适用本文本即可。但对于在本文本可适用于其相互关系之日前向国际局交存的工业品外观设计，这些国家在其相互关系中应视情况适用 1934 年文本或 1960 年文本。

（2）［既参加本文本又参加 1934 年文本或 1960 年文本的国家与参加 1934 年文本或 1960 年文本而未参加本文本的国家之间的关系］

（a）既参加本文本又参加 1934 年文本或 1960 年文本的任何国家，在其与参加 1934 年文本而未参加 1960 年文本或本文本的国家之间的关系中，应继续适用 1934 年文本。

（b）既参加本文本又参加 1960 年文本的任何国家，在其与参加 1960 年文本而未参加本文本的国家之间的关系中，应继续适用 1960 年文本。

第 32 条　退出本文本

（1）［通知］任何缔约方可通过向总干事发出通知的形式退出本文本。

（2）［生效日期］退出应于总干事收到通知之日后 1 年或于通知中所指明的任何更晚的日期生效。退出不得影响本文本对在退出生效时就宣布退出的缔约方提出的任何未决国际申请和任何已经生效的国际注册的适用。

第 33 条　本文本的语言；签字

（1）［原始文本；正式文本］

（a）本文本的签字本为一份，用中文、阿拉伯文、英文、法文、俄文和西班牙文写成，所有文本具有同等效力。

（b）总干事在与有关政府协商后，应制定大会可能指定的其他语言的正式文本。

（2）［签字的时限］本文本通过之后应以 1 年为期在本组织总部开放签字。

第 34 条　保存人

总干事应为本文本的保存人。

附件 *9*

《工业品外观设计国际注册海牙协定》 *1999* 年文本、*1960* 年文本和 *1934* 年文本共同实施细则

(2015 年 1 月 1 日生效)

第一章 总 则

第 1 条 定义

（1）〔缩略语〕在本实施细则中：

（ⅰ）"1999 年文本"指 1999 年 7 月 2 日在日内瓦签署的《海牙协定》

文本；

（ⅱ）"1960 年文本"指 1960 年 10 月 28 日在海牙签署的《海牙协定》文本；

（ⅲ）本实施细则中的用语凡是 1999 年文本第 1 条所述的，其意义与该文本中的相同；

（ⅳ）"行政规程"指细则第 34 条所述的行政规程；

（ⅴ）"通信"指以本实施细则或行政规程所允许的方式，向缔约方局、国际局、申请人或注册人提交的任何国际申请或与国际申请或国际注册有关的或其所附具的任何请求、声明、邀请、通知或信息；

（ⅵ）"正式表格"指国际局制定的表格或国际局在本组织网站上提供的电子界面，或任何具有同样内容和形式的表格或电子界面；

（ⅶ）"国际分类"指由《工业品外观设计国际分类洛迦诺协定》所建立的分类；

（ⅷ）"规定的费用"指费用表中所规定的可适用的费用；

（ⅸ）"公报"❶ 指国际局依 1999 年文本、1960 年文本或本实施细则的规定进行公布的定期公报，无论其所使用的载体如何。

（ⅹ）"依 1999 年文本指定的缔约方"指可适用 1999 年文本的被指定缔约方，而无论 1999 年文本是作为共同约束该被指定的缔约方和申请人的缔约方的唯一文本，还是因 1999 年文本第 31 条第（1）款第 1 句，而适用于该被指定的缔约方；

（ⅺ）"依 1960 年文本指定的缔约方"指可适用 1960 年文本的被指定缔约方，而无论 1960 年文本是作为共同约束该被指定的缔约方和 1960 年文本第 2 条所述原属国的唯一文本，还是因 1999 年文本第 31 条第（1）款第 2 句，而适用于该被指定的缔约方；

（ⅻ）"专属 1999 年文本的国际申请"指所有被指定的缔约方都是依 1999 年文本指定的缔约方的国际申请；

（ⅹⅲ）"专属 1960 年文本的国际申请"指所有被指定的缔约方都是依 1960 年文本指定的缔约方的国际申请；

（ⅹⅳ）"同属 1999 年文本和 1960 年文本的国际申请"指以下情形的国际申请：

－ 至少有一个缔约方是依 1999 年文本指定的；

---

❶ 德语翻译注释：在 1960 年文本的译文中，"公报（bulletin）"被转载为"新闻通信（Mitteilungsblatt）"。因此，在本实施细则中，只要涉及 1960 年文本，"公告"指的就是"新闻通信"。

– 至少有一个缔约方是依 1960 年文本指定的。

（2）〔1999 年文本和 1960 年文本中一些用语之间的对应关系〕在本实施细则中：

（ⅰ）凡提及"国际申请"或"国际注册"，应酌情视为包括提及 1960 年文本中所述的"国际保存"；

（ⅱ）凡提及"申请人"或"注册人"，应酌情视为包括分别提及 1960 年文本中所述的"保存人"或"所有人"❶；

（ⅲ）凡提及"缔约方"，应酌情视为包括提及 1960 年文本的缔约国；

（ⅳ）凡提及"局为审查局的缔约方"，应酌情视为包括提及 1960 年文本第 2 条所下定义的"有新颖性审查的国家"；

（ⅴ）凡提及"单独指定费"，应酌情视为包括提及 1960 年文本第 15 条第（1）款第 2 项（b）目中所述的费用。

第 2 条　与国际局的通信

与国际局的通信应按行政规程的规定进行。

第 3 条　对国际局的代理

（1）〔代理人；代理人数目〕

（a）申请人或注册人可对国际局指定一个代理人。

（b）对某件具体国际申请或国际注册只能指定一个代理人。代理人文件中指定有数个代理人的，只有最先提到的代理人应被视为代理人并作为代理人登记。

（c）向国际局指定律师事务所或由律师、专利代理人或商标代理人组成的事务所为代理人的，上述机构应被视为一个代理人。

（2）〔代理人的指定〕

（a）只要国际申请已由申请人签字，即可在国际申请中指定代理人。

（b）亦可在与同一个申请人或注册人的一件或多件具体国际申请或国际注册相关的另函通信中指定代理人。该通信应由申请人或注册人签字。

（c）国际局认为对代理人的指定不规范的，国际局应就此通知申请人或注册人和被指定的代理人。

（3）〔指定代理人的登记和通知；指定生效日期〕

（a）国际局认为代理人的指定符合可适用的要求的，国际局应在国际注册簿上对申请人或注册人有代理人的事实及代理人名称和地址予以登记。在此

---

❶〔法语文本中脚注的译文〕本规定基于以下原因：在英语文本中，相关概念所使用的术语在 1999 年文本与 1960 年文本中不同（applicant 与 hold，depositor 与 owner）。

种情况下，指定生效日期应为国际局收到指定代理人的国际申请或另函通信的日期。

（b）国际局应将本款（a）项所指的登记一并通知申请人或注册人和代理人。

（4）［代理人指定的效力］

（a）除本实施细则另有明确规定外，应由依本条第（3）款（a）项登记的代理人的签字取代申请人或注册人的签字。

（b）除本实施细则明确规定通信须一并寄给申请人或注册人和代理人之外，国际局应将任何若无代理人本应寄给申请人或注册人的通信寄给依本条第（3）款（a）项登记的代理人；任何如此寄给所述代理人的通信应与其本应寄给申请人或注册人的具有同等效力。

（c）由依本条第（3）款（a）项登记的代理人寄给国际局的任何通信应与其本应由申请人或注册人寄给该局的具有同等效力。

（5）［登记的撤销；撤销生效日期］

（a）任何依本条第（3）款（a）项的登记如由申请人、注册人或代理人签字的通信要求撤销，均应予以撤销。如果指定了新代理人，或者登记了注册所有权变更，而国际注册的新注册人未指定代理人的，国际局应依职权撤销原代理人登记。

（b）代理人撤销应自国际局收到相应函件之日起生效。

（c）国际局应将撤销及撤销生效日期通知已被撤销登记的代理人和申请人或注册人。

第 4 条　时限的计算

（1）［以年计的期限］凡以年计的期限，应于继后的有关年度中与该期限所起始的行为发生的日、月份名称相同的当月和日期相同的当日届满；但是，如果行为发生于 2 月 29 日，而在继后的有关年度 2 月只有 28 天，则期限应于 2 月 28 日届满。

（2）［以月计的期限］凡以月计的期限，应于继后的有关月份中与该期限所起始的行为发生之日的日期相同的当日届满；但是，继后的有关月份没有相同日期的，期限应于该月最后一日届满。

（3）［以日计的期限］凡以日计的期限，应自有关行为发生之日次日起算，并于相应的日期届满。

（4）［届满日为国际局或局的非工作日］如果期限于国际局或有关局的非工作日届满，尽管有本条第（1）～（3）款的规定，该期限应于国际局或有关局办公后的第一天届满。

第 5 条　邮局寄送和投递公司递送的延误

（1）［通过邮局寄送的通信］有关方通过邮局寄送给国际局的通信未能在时限内寄达的，如果该有关方提供下列能使国际局满意的证据，则应予以宽限：

（ⅰ）证明通信至少在时限届满前 5 天寄发，或当邮局在时限届满日前 10 天内的任何一天因战争、革命、内乱、罢工、自然灾害或其他类似原因而中断服务，证明通信不迟于邮局恢复服务后 5 天内寄发；

（ⅱ）证明通信寄送时已由邮局挂号或已由邮局登记有关寄送的详细情况；

（ⅲ）在并非所有等级的邮件通常在寄出两天后能到达国际局的情况下，证明该邮件系以通常在寄出两天后能到达国际局的邮寄等级或以航空方式邮寄。

（2）［通过投递公司递送的通信］有关方通过投递公司递送给国际局的通信未能在时限内递达的，如果该有关方提供下列能使国际局满意的证据，则应予以宽限：

（ⅰ）证明通信至少在时限届满前 5 天发出，或当投递公司在时限届满日前 10 天内的任何一天因战争、革命、内乱、罢工、自然灾害或其他类似原因而中断服务，证明通信不迟于投递公司恢复服务后 5 天内发出；

（ⅱ）证明通信递送时，投递公司对函件递送的详细情况已做登记。

（3）［对宽限的限制］只有当国际局在不迟于时限届满后的 6 个月内收到本条第（1）或（2）款所指的证据和通信或在可适用其副本的情况下，方可依据本条对未能在时限内寄达的情况予以宽限。

第 6 条　语言

（1）［国际申请］任何国际申请均应使用英语、法语或西班牙语。

（2）［登记和公布］无论是在国际注册簿上登记还是在公报上公布国际注册及依本实施细则登记和公布与该国际注册有关的任何数据，均应使用英语、法语和西班牙语。登记和公布国际注册时应指明国际局收到国际申请时所用的语言。

（3）［通信］任何关于国际申请或国际注册的通信，均应：

（ⅰ）当此种通信由申请人或注册人或由局致国际局时，使用英语、法语或西班牙语；

（ⅱ）当通信由国际局致局时，使用国际申请所用的语言，除非该局已通知国际局，要求任何此种通信均使用英语、法语或西班牙语；

（ⅲ）当通信由国际局致申请人或注册人时，使用国际申请所用的语言，除非该申请人或注册人已表示，希望所有此种通信均使用英语、使用法语或使用西班牙语。

（4）［翻译］依本条第（3）款进行登记和公布所需的翻译工作应由国际局承担。申请人可在国际申请中附上一份对国际申请中任何主要内容的建议译文。如果国际局认为该建议译文不正确，应由国际局加以修改，并事先邀请申请人自邀请日起 1 个月之内就建议的修改提出意见。

第二章 国际申请和国际注册

第 7 条 国际申请的要求

（1）［表格和签字］国际申请应以正式表格提交。国际申请应由申请人签字。

（2）［费用］可适用于国际申请的规定费用应按细则第 27 和 28 条的规定缴纳。

（3）［国际申请的必要内容］国际申请中应包括或指明：

（ⅰ）根据行政规程填写的申请人的名称；

（ⅱ）根据行政规程填写的申请人的地址；

（ⅲ）申请人符合其成为国际注册的注册人条件的缔约方或缔约各方；

（ⅳ）构成工业品外观设计的产品或将使用工业品外观设计的产品，并说明是构成工业品外观设计的产品，还是将使用工业品外观设计的产品；这一产品或这些产品最好以国际分类表中列举的商品名称标明；

（ⅴ）国际申请中所包括的工业品外观设计的项数（不得超过 100 项），以及根据细则第 9 或 10 条附于国际申请中的工业品外观设计复制件或样本的件数；

（ⅵ）被指定的缔约方；

（ⅶ）缴纳的费用数额和付款方式，或从在国际局开设的账户中支取所需费用数额的指令，以及付款方或发出付款指令当事方的身份。

（4）［国际申请的补充必要内容］

（a）如果国际申请中有依 1999 年文本指定的缔约方，该申请中除本条（b）款所指明的内容外，还应指明申请人的缔约方。

（b）如果依 1999 年文本指定的缔约方已根据 1999 年文本第 5 条第（3）款（a）项通知总干事，其法律要求提供 1999 年文本第 5 条第（2）款（b）项所述的一项或多项内容，国际申请中应按细则第 11 条的规定包括该一项或多项内容。

（c）如果适用细则第 8 条，国际申请在可适用的情况下应包括该条第

（2）款或第（3）款所述的说明，并附具该条中所述的任何相关陈述、文件、宣誓或声明。

（5）［国际申请的非强制性内容］

（a）1999 年文本第 5 条第（2）款第（1）项或（ⅱ）目或者 1960 年文本第 8 条第（3）款（a）项所指的内容，即使并非由于根据 1999 年文本第 5 条第（2）款（a）项所做出的通知或由于 1960 年文本第 8 条第（4）款（a）项所规定的要求而必须提供，亦可根据申请人的选择包括在国际申请中。

（b）如果申请人有代理人，国际申请中应说明代理人的名称和地址，并根据行政规程填写。

（c）如果申请人希望依《巴黎公约》第 4 条享有在先申请的优先权，国际申请中应包括要求该在先申请优先权的声明，并同时指明提出此种申请所在局的名称和申请日，如有申请号，还应指明该申请号；优先权要求不涉及国际申请中所包括的全部工业品外观设计的，应指明优先权要求所涉及或所不涉及的工业品外观设计。

（d）如果申请人希望利用《巴黎公约》第 11 条，国际申请中应包括一份声明，表示构成工业品外观设计的产品或使用工业品外观设计的产品已在官方或经官方认可的国际展览上展出，并指明举行展览的地点和产品在该展览上第一次展出的日期；所涉的不是国际申请中所包括的全部工业品外观设计的，应指明声明所涉及或所不涉及的工业品外观设计。

（e）如果申请人希望延迟公布工业品外观设计，国际申请中应包括延迟公布的请求。

（f）国际申请中还可包括行政规程可能规定的任何声明、说明或其他有关说明。

（g）国际申请中可附具一份列出申请人已知有关工业品外观设计有资格获得保护的具体信息的说明。

（6）［无附加事项］ 如果国际申请中有任何非 1999 年文本、1960 年文本、本实施细则或行政规程所要求或许可的其他事项，国际局应依职权予以删除。如果国际申请中附具了未被要求或许可的其他文件，国际局可将该文件销毁。

（7）［所有产品属同一类别］ 构成国际申请所涉工业品外观设计的所有产品，或将使用该工业品外观设计的所有产品，应属于国际分类中的同一类别。

第 8 条　对申请人和设计人的特别要求

（1）［关于申请人和设计人的特别要求的通知］

（a）（ⅰ）如果受 1999 年文本约束的缔约方的法律要求工业品外观设计保护的申请须以工业品外观设计设计人的名字提交，该缔约方可以声明的形式将这一事实通知总干事。

（ii）如果受 1999 年文本约束的缔约方的法律要求提供设计人的宣誓或声明，该缔约方可以声明的形式将这一事实通知总干事。

（b）本款（a）项第（i）目所述声明应列出为本条第（3）款的目的而要求的任何陈述或文件的形式和必要内容。本款（a）项第（ii）目所述声明应列出所要求的宣誓或声明的形式和必要内容。

（2）［设计人的身份和国际申请的转让］如果国际申请中指定了做出本条第（1）款（a）项第（i）目所述声明的缔约方：

（i）则该国际申请中亦应包括对工业品外观设计设计人身份的说明，以及符合本条第（1）款（b）项所列要求的关于该人认为其本人为工业品外观设计设计人的陈述；被以这种方式确定为设计人的人应被视为指定该缔约方目的的申请人，而无论根据细则第 7 条第（3）款第（i）项被指定为申请人的人是谁；

（ii）被确定为设计人的人与根据细则第 7 条第（3）款第（i）项被指明为申请人的人不是同一人的，国际申请中应附具符合本条第（1）款（b）项所列要求的陈述或文件，表明该国际申请已由被确定为设计人的人转让给被指明为申请人的人。该后一人应被登记为国际注册的注册人。

（3）［设计人的身份和设计人的宣誓或声明］如果国际申请中指定了做出本条第（1）款（a）项第（ii）目所述声明的缔约方，则该国际申请中亦应包括对工业品外观设计设计人身份的说明。

第 9 条 工业品外观设计的复制件

（1）［工业品外观设计复制件的形式和件数］

（a）工业品外观设计复制件的形式，根据申请人的选择，应为工业品外观设计本身的照片或其他图样，或构成工业品外观设计的产品的照片或其他图样。同一产品可以从不同角度表达，不同角度的视图应包括在不同的照片或其他图样中。

（b）任何复制件应以行政规程规定的件数提交。

（2）［对复制件的规定］

（a）复制件应在质量上保证工业品外观设计的所有细节均清晰可辨，并可用于公布。

（b）在复制件中有所表示却不要求获得保护的物体，可按行政规程的规定加以说明。

（3）［要求的视图］

（a）除本款（b）项另有规定外，受 1999 年文本约束的缔约方，凡要求提供构成工业品外观设计的产品的某些具体视图的，或要求提供将使用工业品外观设计的产品的某些具体视图的，应以声明的形式如实通知总干事，并对所要求的视图和提出该视图要求的情况加以具体说明。

（b）任何缔约方不得对平面工业品外观设计或产品要求一张以上的视图，或对立体产品要求6张以上的视图。

（4）［权利要求书］在依1999年文本第5条第（2）款（a）项做出的关于缔约方法律要求须有权利要求书才能依该法律对要求工业品外观设计保护的申请授予申请日的声明中，应对所要求提交的权利要求书的确切措辞做出规定。国际申请中有权利要求书的，该权利要求书应使用所述声明中规定的措辞。

第10条　请求延迟公布的工业品外观设计的样本

（1）［样本件数］如果专属1999年文本的国际申请中请求对平面工业品外观设计延迟公布，并且没有附具细则第9条所指的复制件，而附具了工业品外观设计的样本，则国际申请中应附样本的件数如下：

（ⅰ）提交给国际局的样本一件；

（ⅱ）提交给已依1999年文本第10条第（5）款通知国际局希望收到国际注册的副本的每一个被指定的局的样本各一件。

（2）［样本］所有样本均应装在一个包裹之中。样本可折叠。包裹的最大尺寸和重量应由行政规程确定。

第11条　设计人的身份；说明书；权利要求书

（1）［设计人的身份］如果国际申请中有关于工业品外观设计设计人身份的说明，应按行政规程填写该设计人的名称和地址。

（2）［说明书］如果国际申请中有说明书，该说明书应述及工业品外观设计复制件所显示的特征，但不得涉及工业品外观设计操作上的技术特征或其可能的用法。说明书超过100字的，应按费用表的规定缴纳附加费。

（3）［权利要求书］在依1999年文本第5条第（2）款（a）项作出的关于缔约方法律要求须有权利要求书才能依该法律对要求工业品外观设计保护的申请授予申请日的声明中，应对所要求提交的权利要求书的确切措词做出规定。国际申请中有权利要求书的，该权利要求书应使用所述声明中规定的措词。

第12条　关于国际申请的费用

（1）［规定费用］

（a）国际申请须缴纳如下费用：

（ⅰ）基本费；

（ⅱ）对每一个未依1999年文本第7条第（3）款或细则第36条第（1）

款做出声明的被指定缔约方的标准指定费，该指定费的等级将视依本款（c）
项做出的声明而定；

（ⅲ）对每一个依 1999 年文本第 7 条第（3）款或细则第 36 条第（1）款
做出声明的被指定缔约方的单独指定费；

（ⅳ）公布费。

（b）本款（a）项第（ⅱ）目所述的标准指定费的等级如下：

（ⅰ）缔约方的局不进行任何实质审查的（一级）；

（ⅱ）缔约方的局进行实质审查，但不对新颖性进行审查的（二级）；

（ⅲ）缔约方的局进行实质审查，包括依职权或根据第三方异议进行新颖
性审查的（三级）。

（c）（ⅰ）凡立法规定可以适用本款（b）项所述第二级或第三级指定费
的任何缔约方，可以做出声明，就此通知总干事。缔约方还可以做出声明，指
明尽管其立法规定可以适用第三级指定费，但选择适用第二级指定费。

（ⅱ）依本项第（ⅰ）目做出的任何声明，应在总干事收到声明之日起或
声明中指明的任何更晚的日期起 3 个月后生效。该声明可以随时撤回，撤回应
通知总干事，并在总干事收到撤回通知之日起或通知中指明的任何更晚的日期
起 1 个月后生效。缔约方未做出声明的，或声明被撤回的，将视为适用第一级
标准指定费。

（2）［何时缴费］本条第（1）款所述的费用，除本条第（3）款另有规
定外，须在提交国际申请时缴纳，但国际申请中请求延迟公布的，公布费根据
细则第 16 条第（3）款（a）项可以后缴纳。

（3）［分两部分缴纳单独指定费］

（a）依 1999 年文本第 7 条第（2）款或细则第 36 条第（1）款所做的声
明还可具体说明，就有关缔约方缴纳的单独指定费分两部分，第一部分在提交
国际申请时缴纳，第二部分在根据有关缔约方的法律所确定的更晚的日期
缴纳。

（b）如果适用本款（a）项，本条第（1）款（a）项第（ⅲ）目提及的
单独指定费应被理解为第一部分单独指定费。

（c）第二部分单独指定费可由注册人选择直接向有关局缴纳或通过国际
局缴纳。直接向有关局缴纳的，该局应就此通知国际局，国际局应将任何此类
通知登记在国际注册簿上。通过国际局缴纳的，国际局应将缴费情况登记在国
际注册簿上，并就此通知有关局。

（d）如果第二部分单独指定费未在可适用的期限内缴纳，有关局应通知
国际局，并请求国际局撤销国际注册簿上涉及该有关缔约方的国际注册。国际

局应照此办理，并通知注册人。

第 13 条　通过局提交的国际申请

（1）［局收到的日期和向国际局的传送］如果专属 1999 年文本的国际申请是通过申请人的缔约方的局提交的，该局应通知申请人其收到该申请的日期。在其向国际局传送国际申请的同时，该局应通知国际局其收到该申请的日期。该局应将其已向国际局传送国际申请的事实通知申请人。

（2）［传送费］要求按 1999 年文本第 4 条第（2）款的规定缴纳传送费的局，应将此种费用的数额（不得超过受理和传送国际申请的行政费用）及其应缴日期通知国际局。

（3）［间接提交的国际申请的申请日］除细则第 14 条第（2）款另有规定外，通过局提交的国际申请的申请日应为：

（ⅰ）国际申请专属 1999 年文本的，该局收到国际申请之日，但条件是国际局须于该日起的 1 个月之内收到该国际申请；

（ⅱ）在任何其他情况下，国际局收到国际申请之日。

（4）［申请人的缔约方有保密审查规定时的申请日］尽管有本条第（3）款的规定，在参加 1999 年文本时其法律对保密审查有规定的缔约方，可以声明的形式通知总干事，将该款所述的 1 个月期限改为 6 个月期限。

第 14 条　国际局的审查

（1）［对不规范予以更正的时限］国际局收到国际申请时，如果认为该国际申请不符合可适用的要求，应邀请申请人在国际局发出通知之日起的 3 个月内做出必要的更正。

（2）［会致使国际申请的申请日推后的不规范］在国际局收到国际申请之日，如果该国际申请中有按规定会致使国际申请的申请日推后的不规范，申请日应为国际局收到对此种不规范做出更正的日期。按规定会致使国际申请的申请日推后的不规范如下：

（a）国际申请未使用规定的语言之一。

（b）国际申请中遗漏下列内容中的任何一项：

（ⅰ）关于要求依 1999 年文本或 1960 年文本进行国际注册的明确或暗含的说明；

（ⅱ）能使申请人身份得以确定的说明；

（ⅲ）足以与申请人或其代理人（如有代理人的话）取得联系的说明；

（ⅳ）提出国际申请的每一项工业品外观设计的复制件或 1999 年文本第 5 条第（1）款第（ⅲ）项规定的样本；

（ⅴ）对至少一个缔约方的指定。

（3）［被视为放弃的国际申请；费用的退还］除 1999 年文本第 8 条第（2）款（b）项所述的不规范以外，凡未在本条第（1）款所述的时限内对任何不规范予以更正的，国际申请应被视为放弃，国际局应在扣除相当于基本费的数额之后，退还对该申请缴纳的任何费用。

第 15 条　在国际注册簿上注册工业品外观设计

（1）［在国际注册簿上注册工业品外观设计］国际局如果认为国际申请符合可适用的要求，应在国际注册簿上注册该工业品外观设计，并将注册证寄交注册人。

（2）［注册内容］国际注册中应包括：

（ⅰ）国际申请中所包括的全部数据，但在先申请日比国际申请的申请日早 6 个月以上的，依细则第 7 条第（5）款（c）项提出的任何优先权要求除外；

（ⅱ）工业品外观设计的任何复制件；

（ⅲ）国际注册日；

（ⅳ）国际注册号；

（ⅴ）按国际局确定的国际分类的相关类别。

第 16 条　延迟公布

（1）［延迟的最长期限］

（a）对于专属 1999 年文本的国际申请，延迟公布的规定期限应为自申请日起 30 个月，或提出优先权要求的，自有关申请的优先权日起 30 个月。

（b）对于专属 1960 年文本或同属 1999 年文本和 1960 年文本的国际申请，延迟公布的最长期限应为自申请日起 12 个月，或提出优先权要求的，自有关申请的优先权日起 12 个月。

（2）［在可适用的法律不允许延迟时撤回指定的期限］1999 年文本第 11 条（b）款第（1）项所述的申请人撤回对法律不允许延迟公布的缔约方所指定的期限，应为国际局发出通知之日起 1 个月。

（3）［缴纳公布费的期限］

（a）细则第 12 条第（1）款（a）项第（ⅳ）目所述的公布费的缴纳时间，应不迟于依 1999 年文本第 11 条第（3）款或依 1960 年文本第 6 条第（3）款（a）项可适用的延迟期届满之前的 3 周，或不迟于根据 1999 年文本第 11 条第（3）款（a）项或 1960 年文本第 6 条第（4）款（b）项认为延迟期已届满之前的 3 周。

（b）本款（a）项所述的延迟公布期届满前 3 个月，国际局应发出非正式通知，在可适用的情况下，提醒国际注册的注册人本款（a）项所述公布费的缴纳日期。

（4）〔提交复制件的期限和复制件的注册〕

（a）根据细则第 10 条没有附具复制件而附具样本的，该复制件的提交时间应不迟于本条第（3）款（a）项规定的缴纳公布费的期限届满之前的 3 个月。

（b）国际局应在国际注册簿上登记依本款（a）项提交的任何复制件，条件是符合细则第 9 条第（1）款和第（2）款的要求。

（5）〔不符合要求〕如果不符合本条第（3）款和第（4）款的要求，国际注册应予撤销，并不得公布。

第 17 条　国际注册的公布

（1）〔公布的时间〕国际注册应在：

（i）申请人有此要求的，注册之后即行公布；

（ii）请求延迟公布且该项请求未被不予理睬的，延迟期限届满或被视为已届满的日期之后即行公布；

（iii）在任何其他情况下，国际注册日之后 6 个月或该日之后尽早公布。

（2）〔公布内容〕在公报上做出的国际注册公布应包括：

（i）在国际注册簿上登记的数据；

（ii）工业品外观设计的一件或多件复制件；

（iii）延迟公布的，对延迟期限届满或被视为已届满的日期的说明。

第三章　驳回和无效

第 18 条　驳回通知

（1）〔驳回通知的期限〕

（a）根据 1999 年文本第 12 条第（2）款或 1960 年文本第 8 条第（1）款驳回国际注册效力的通知的规定期限，应为按细则第 26 条第（3）款的规定公布国际注册之日起 6 个月。

（b）尽管有本款（a）项的规定，凡局是审查局或其法律规定可以对给予保护提出异议的缔约方，可以声明的形式通知总干事，依 1999 年文本指定该缔约方的，该项所述的 6 个月期限应改为 12 个月期限。

（c）本款（b）项所述的声明中亦可表示，国际注册应最晚：

（i）于该声明中所确定的时间产生 1999 年文本第 14 条第（2）款（a）项所指的效力，这一时间可以晚于该条中所述的日期，但不得超过该日期之后 6 个月；

（ii）关于给予保护的决定的通知并非故意地未在依本款（a）和（b）项

可适用的期限内发出的，于根据该缔约方的法律给予保护之时产生 1999 年文本第 12 条第（2）款（a）项所指的效力；在此种情况下，该缔约方的局应就此通知国际局，并应努力在此之后立即将该决定通知有关国际注册的注册人。

（2）［驳回通知］

（a）任何驳回通知应仅涉及一件国际注册，应加注日期并应由发出通知的局签字。

（b）通知中应包括或指明：

（ⅰ）发出通知的局；

（ⅱ）国际注册号；

（ⅲ）驳回所依据的全部理由及所引证的相应的主要法律条款；

（ⅳ）如果驳回所依据的理由涉及与一件被在先提交国家、地区或国际申请或注册的工业品外观设计之间的相似性，则该在先工业品外观设计的申请日和申请号、优先权日（如有的话）、注册日期和注册号（如能提供的话）、一件在先工业品外观设计复制件（如公众可得到该复制件的话）以及行政规程所规定的该工业品外观设计注册人的名称和地址；

（ⅴ）如果驳回不涉及被提交国际注册的全部工业品外观设计，驳回所涉及或所不涉及的工业品外观设计；

（ⅵ）是否可对驳回进行复审或提出上诉；如果可以，任何对驳回的复审请求或上诉在一定情况下的合理时限；受理此种复审请求或上诉的主管机关；并在可适用的情况下，指明该复审请求或上诉必须经由在宣布驳回之局的缔约方领土内有住址的代理人提出；

（ⅶ）宣布驳回的日期。

（3）［国际注册分案的通知］如果国际注册在根据 1999 年文本第 13 条第（2）款发出的驳回通知之后在某被指定缔约方的局进行分案办理，以便推翻该通知中所指出的驳回理由，该局应将行政规程所规定的关于分案的数据通知国际局。

（4）［驳回撤回的通知］

（a）任何驳回撤回的通知应仅涉及一件国际注册，应加注日期并应由发出通知的局签字。

（b）通知中应包括或指明：

（ⅰ）发出通知的局；

（ⅱ）国际注册号；

（ⅲ）如果撤回不涉及驳回所适用的全部工业品外观设计，撤回所涉及或所不涉及的工业品外观设计；

（ⅳ）国际注册产生依可适用的法律给予保护的效力的日期；

（ⅴ）驳回撤回的日期。

（c）如果在该局办理的程序中对国际注册进行了修正，通知中还应包括或指明所有修正。

（5）〔登记〕国际局应在国际注册簿上登记依本条第（1）款（c）项第（ⅱ）目、第（2）或（4）款所收到的任何通知，对于驳回通知，还应连同关于驳回通知寄给国际局的日期的说明一起登记。

（6）〔通知副本的传送〕国际局应将依本条第（1）款（c）项第（ⅱ）目、第（2）或（4）款收到的通知的副本传送给注册人。

第18条之二　给予保护的说明

（1）〔未通知驳回情况下给予保护的说明〕（a）未做出驳回通知的局，可以在细则第18条第（1）款（a）项或（b）项可适用的期限内，向国际局做出说明，表示已对在该有关缔约方提交国际注册的工业品外观设计或部分工业品外观设计（视具体情况而定）给予保护，但不言而喻，如果适用细则第12条第（3）款，所给予的保护将以缴纳第二部分单独指定费为条件。

（b）说明中应指明：

（ⅰ）做出说明的局；

（ⅱ）国际注册号；

（ⅲ）如果说明不涉及提交国际注册的所有工业品外观设计，其所涉及的工业品外观设计；

（ⅳ）国际注册产生或将产生依可适用的法律给予保护的效力的日期；

（ⅴ）说明日期。

（c）如果在该局办理的程序中对国际注册进行了修正，说明中还应包括或指明所有修正。

（d）尽管有本款（a）项的规定，如果适用细则第18条第（1）款（c）项第（ⅰ）目或第（ⅱ）目（视具体情况而定），或者在该局办理的程序中进行修正之后对工业品外观设计给予保护，该局必须向国际局发出本款（a）项所述的说明。

（e）本款（a）项所述的可适用的期限，对于依细则第18条第（1）款（c）项第（ⅰ）目或第（ⅱ）目（视具体情况而定）做出声明的缔约方的指定，应为上述两目之一所允许的产生依可适用的法律给予保护的效力的期限。

（2）〔驳回之后给予保护的说明〕

（a）已做出驳回通知但又决定部分或全部撤回该驳回的局，可以不按细则第18条第（4）款（a）项的规定做出驳回通知，而向国际局做出说明，表示已对在该有关缔约方提交国际注册的工业品外观设计或部分工业品外观设计（视具体情况而定）给予保护，但不言而喻，如果适用细则第 12 条第（3）款，所给予的保护将以缴纳第二部分单独指定费为条件。

（b）说明中应指明：

（ⅰ）做出通知的局；

（ⅱ）国际注册号；

（ⅲ）如果说明不涉及提交国际注册的所有工业品外观设计，其所涉及的或不涉及的工业品外观设计；

（ⅳ）国际注册产生依可适用的法律给予保护的效力的日期；

（ⅴ）说明日期。

（c）如果在该局办理的程序中对国际注册进行了修正，说明中还应包括或指明所有修正。

（3）［登记、通知注册人和传送副本］国际局应将依本条细则收到的任何说明登记在国际注册簿上，相应地通知注册人，并在说明是以某一具体文件的形式做出或可以复制的情况下，将该文件的副本传送给注册人。

第 19 条 不规范驳回

（1）［不被视为驳回通知的驳回通知］

（a）国际局不得将下列情况下的驳回通知视为驳回通知，并不得在国际注册簿上予以登记：

（ⅰ）驳回通知中未指明有关国际注册号的，除非该通知中所含的其他说明可供识别该国际注册；

（ⅱ）驳回通知中未指明任何驳回理由的；

（ⅲ）驳回通知在依细则第 18 条第（1）款可适用的期限届满之后寄发给国际局的。

（b）如果适用本款（a）项的规定，除非无法识别有关的国际注册，否则国际局应将通知的副本传送给注册人，应同时通知注册人和寄发驳回通知的局：该通知未被国际局视为驳回通知，亦未在国际注册簿上登记，并应说明其理由。

（2）［不规范通知］如果驳回通知：

（ⅰ）未以做出驳回通知的局名义签字，或者不符合细则第 2 条规定的要求；

（ⅱ）在可适用的情况下，不符合细则第 18 条第（2）款（b）项第（ⅳ）目的要求；

（ⅲ）在可适用的情况下，未指明受理复审请求或上诉的主管机关，且未

说明提出此种请求或上诉在一定情况下的合理时限〔细则第 18 条第（2）款
（b）项第（ⅵ）目〕；

（ⅳ）未指明宣布驳回的日期〔细则第 18 条第（2）款（b）项第（ⅶ）
目〕。

则国际局仍应将驳回登记在国际注册簿上，并向注册人传送一份通知的副
本。如果注册人有此要求，国际局应邀请做出驳回通知的局毫不迟延地校正其
通知。

第 20 条　在被指定缔约方的无效

（1）〔无效通知中的内容〕如果国际注册的效力在某被指定缔约方中被宣
布无效，且对该无效不得再进行任何复审或提出上诉，宣布无效的主管机关所
在的缔约方的局只要知悉该无效，应就此通知国际局。该通知中应指明：

（ⅰ）宣布无效的主管机关；

（ⅱ）对该无效不得再提出上诉的事实；

（ⅲ）国际注册号；

（ⅳ）如果无效不涉及被提交国际注册的全部工业品外观设计，无效所涉
及或所不涉及的工业品外观设计；

（ⅴ）宣布无效的日期以及该无效的生效日期。

（2）〔对无效的登记〕国际局应将无效以及无效通知中的数据一同登记在
国际注册簿上。

第四章　变更和更正

第 21 条　变更登记

（1）〔提出申请〕

（a）登记申请涉及以下任何情况的，应以相关的正式表格向国际局提出：

（ⅰ）就被提交国际注册的全部或部分工业品外观设计变更国际注册所有
权的；

（ⅱ）变更注册人的名称或地址的；

（ⅲ）对任何或全部被指定缔约方放弃国际注册的；

（ⅳ）对任何或全部被指定缔约方将被提交国际注册的工业品外观设计限
制于一项或若干项的。

（b）申请应由注册人提出，并由注册人签字；但是，所有权变更登记申
请可由新注册人提出，条件是该申请须：

（ⅰ）由注册人签字；

（ⅱ）由新注册人签字并附注册人的缔约方主管机关出具的关于新注册人

为注册人权利继承人的证明。

（2）［申请书的内容］变更登记申请书中，除所申请的变更外，还应包括或指明：

（ⅰ）有关的国际注册号；

（ⅱ）注册人名称，除非变更涉及代理人的名称或地址；

（ⅲ）在变更国际注册所有权时，根据行政规程规定填写的国际注册新注册人名称和地址；

（ⅳ）在变更国际注册所有权时，新注册人符合其成为国际注册的注册人条件的缔约方或缔约各方；

（ⅴ）在变更并不涉及全部工业品外观设计和全部被指定缔约方的国际注册所有权时，所有权变更涉及的工业品外观设计的项数和被指定缔约方的数目；

（ⅵ）缴纳的费用数额和付款方式，或从在国际局开设的账户中支取所需费用数额的指令，以及付款方或发出付款指令当事方的身份。

（3）［不可受理的申请］如果被指定的缔约方不受本条第（2）款第（ⅳ）项所指缔约方或缔约各方之一的文本约束，则不得对该缔约方进行国际注册所有权变更的登记。

（4）［不规范申请］如果申请不符合可适用的要求，国际局应将该事实通知注册人，并且若申请系由要求成为新注册人的人提出的，还应通知该人。

（5）［对不规范予以纠正的时限］不规范可在国际局发出关于不规范通知之日起 3 个月内予以纠正。如果不规范在所述 3 个月内未予纠正，该申请应被视为放弃，国际局应就此通知注册人，并且若变更登记申请系由要求成为新注册人的人提出的，还应通知该人；国际局应在扣除相当于有关费用一半的数额之后，退还已付的任何费用。

（6）［变更的登记和通知］

（a）只要申请符合规程，国际局应立即将变更登记在国际注册簿上，并应通知注册人。在登记所有权变更时，国际局应一并通知新注册人和原注册人。

（b）变更应按国际局收到符合可适用要求的申请之日期登记。但如果申请书中要求该项变更在另一项变更之后或在国际注册续展之后登记，国际局应照此办理。

（7）［部分变更所有权的登记］仅就部分工业品外观设计或仅对部分被指定缔约方进行的国际注册转让或其他移转，应以被部分转让或被以其他方式部分移转的国际注册的国际注册号登记在国际注册簿上；任何被转让或以其他方式移转的部分应在上述国际注册的注册号下撤销，并应作为单独的国际注册予以登记。该单独的国际注册应使用被部分转让或被以其他方式部分移转的国际注册的注册号，并加上一大写字母。

（8）［国际注册合并登记］如果同一人成为因所有权部分变更而产生的两件或多件国际注册的注册人，则各该件注册应根据该人的请求予以合并，并应比照适用本条第（1）～（6）款的规定。合并后的国际注册应使用被部分转让或被以其他方式部分移转的国际注册的注册号，并在可适用的情况下加上一大写字母。

第 21 条之二　宣布所有权变更无效的声明

（1）［声明及其效力］被指定缔约方的主管局可以声明国际注册簿中登记的所有权变更对该缔约方无效。此种声明的效力是，对于该缔约方，有关国际注册的名义应仍为转让人。

（2）［声明的内容］本条第（1）款所述声明中应指明：

（a）所有权变更无效的理由；

（b）相应的主要法律规定；

（c）如果声明不涉及所有权变更的全部工业品外观设计，指明声明所涉及的工业品外观设计；

（d）是否可以对该声明进行复审或提出上诉；如果可以，指明对该声明提出任何复审请求或上诉在一定情况下的合理时限，以及受理此种复审请求或上诉的主管机关；并在可适用的情况下，指明该复审请求或上诉必须经由做出该无效声明的局所在的缔约方领土内有住址的代理人提出。

（3）［做出声明的期限］本条第（1）款所述声明应于所述所有权变更公布之日起 6 个月内，或于根据 1999 年文本第 12 条第（2）款或 1960 年文本第 8 条第（1）款可适用的驳回期限内，发送给国际局，该两个期限中以后到期者为准。

（4）［声明的登记和通知；国际注册簿的相应修改］国际局应将根据本条第（3）款做出的任何声明登记在国际注册簿上，并对国际注册簿做出修改，以将声明所涉及的国际注册部分作为单独的国际注册以原注册人（转让人）的名义予以登记。国际局应就此通知原注册人（转让人）及新注册人（被转让人）。

（5）［声明的撤回］根据本条第（3）款做出的任何声明均可以部分或全部撤回。撤回声明应通知国际局，国际局应将其登记在国际注册簿上。国际局应相应地修改国际注册簿，并应就此通知原注册人（转让人）及新注册人（被转让人）。

第 22 条　国际注册簿内容的更正

（1）［更正］如果国际局依职权或根据注册人的请求，认为国际注册簿中的国际注册有误，国际局应相应地修改注册簿并通知注册人。

（2）［更正效力的驳回］任何被指定缔约方的局应有权通知国际局，声明不承认更正的效力。应比照适用细则第 18 条和第 19 条的规定。

第五章　续　　展

第 23 条　期满的非正式通知

5 年期届满前 6 个月，国际局应向注册人及代理人（如有代理人的话）发出通知，指明国际注册到期的日期。未收到该通知的事实不得成为未遵守细则第 24 条所规定的任何时限的借口。

第 24 条　有关续展的细节

（1）［费用］

（a）在缴纳下列费用后，国际注册应予续展：

（ⅰ）基本费；

（ⅱ）对国际注册续展所适用的每一个依 1999 年文本指定的并且未做出 1999 年文本第 7 条第（3）款所述声明的缔约方以及每一个依 1960 年文本指定的缔约方缴纳的标准指定费；

（ⅲ）对国际注册续展所适用的每一个依 1999 年文本指定的并且已做出 1999 年文本第 7 条第（2）款所述声明的缔约方缴纳的单独指定费。

（b）本款（a）项第（ⅰ）和（ⅱ）目所述的费用数额由费用表规定。

（c）本款（a）项所述的费用应最迟于国际注册应当续展之日缴纳。但是，也可在国际注册应当续展之日起 6 个月之内缴纳，条件是须同时缴纳费用表中规定的额外费。

（d）如果为续展所缴纳的任何费用由国际局在早于国际注册应当续展之日前 3 个月收到，该费用应被视同在该日前 3 个月收到。

（2）［补充细节］

（a）如果注册人不希望：

（ⅰ）对某一个被指定缔约方，或

（ⅱ）就被提交国际注册的任何工业品外观设计续展国际注册，在缴纳所需费用时应附一份声明，指明对于哪些缔约方或哪几项工业品外观设计不续展国际注册。

（b）如果尽管在某被指定的缔约方最长的工业品外观设计保护期已届满，注册人仍希望对该缔约方续展国际注册，则在对该缔约方缴纳包括标准指定费或单独指定费（具体视情况而定）在内的所需费用时，应附一份声明，要求在国际注册簿上登记对该缔约方的国际注册续展。

（c）如果尽管国际注册簿上已登记对某被指定缔约方就全部有关工业品外观设计的驳回，注册人仍希望对该缔约方续展国际注册，则在对该缔约方缴纳包括标准指定费或单独指定费（具体视情况而定）在内的所需费用时，应附一份声明，具体要求在国际注册簿上登记对该缔约方的国际注册续展。

（d）对于已依细则第 20 条就全部工业品外观设计做出无效登记或依细则第 21 条做出放弃登记的任何被指定缔约方，不得续展国际注册。对于已依细则第 20 条就部分工业品外观设计做出无效登记或依细则第 21 条就其做出限制登记的任何被指定缔约方，不得就该部分续展进行国际注册。

（3）［缴费不足］

（a）如果收到的费用数额少于续展所需的数额，国际局应立即就此同时通知注册人和代理人（如有代理人的话）。通知中应注明所缺款额。

（b）如果在本条第（1）款（c）项所述的 6 个月期限届满时收到的费用数额少于续展所需的数额，则国际局不得登记该项续展，应退还收到的款额，并应就此通知注册人和代理人（如有代理人的话）。

第 25 条　续展登记；续展注册证

（1）［续展登记和续展生效日期］即使续展所需的费用系在细则第 24 条第（1）款（c）项所规定的宽展期内缴付，续展仍应以其应当续展之日在国际注册簿上登记。

（2）［续展注册证］国际局应将续展注册证寄给注册人。

第六章　公　　布

第 26 条　公布

（1）［有关国际注册的信息］国际局应在公报中公布有关下列内容的数据：

（ⅰ）依细则第 17 条公布的国际注册；

（ⅱ）驳回，并指出可否进行复审或提出上诉，但不公布驳回理由，以及依细则第 18 条第（2）款和第 18 条之二第（3）款登记的其他文函；

（ⅲ）依细则第 20 条第（2）款登记的无效；

（ⅳ）依细则第 21 条登记的所有权变更和合并、注册人名称和地址的变更以及放弃和限制；

（ⅴ）依细则第 22 条进行的更正；

（ⅵ）依细则第 25 条第（1）款登记的续展；

（ⅶ）未予续展的国际注册；

（ⅷ）依细则第 12 条第（3）款（d）项登记的撤销；

（ix）依细则第 21 条之二登记的宣布所有权变更无效的声明和此种声明的撤回。

（2）［有关声明的信息；其他信息］国际局应在本组织网站上公布缔约方依 1999 年文本、1960 年文本或本实施细则做出的任何声明，以及当年和下一年国际局不对外办公日期的清单。

（3）［公报的公布方式］公报应在本组织网站上公布。以此种方式公布每一期公报应被视为取代 1999 年文本第 10 条第（3）款（b）项和第 16 条第（4）款以及 1960 年文本第 6 条第（3）款（b）项所述的寄送公报；而且为 1960 年文本第 8 条第（2）款的目的，每一期公报应被视为由每一个有关局于其在本组织网站上公布之日收到。

第七章　费　　用

第 27 条　费用的数额与缴纳

（1）［费用的数额］在细则第 12 条第（1）款（a）项第（iii）目所述的单独指定费之外，依 1999 年文本、1960 年文本和本实施细则应缴付的费用的数额，应在费用表中予以规定，该费用表附于本实施细则之后并构成其整体的必要组成部分。

（2）［缴费］

（a）除本款（b）项和细则第 12 条第（3）款（c）项另有规定外，费用应直接向国际局缴付。

（b）如果国际申请是通过申请人缔约方的局提交的，若该局同意代收并转交此种费用，而且申请人或注册人愿意，则与该申请相关的应缴费用可由该局向国际局缴纳。同意代收并转交此种费用的任何局应将该事实通知总干事。

（3）［缴付方式］应按行政规程的规定向国际局缴付费用。

（4）［付款说明］向国际局缴纳任何费用时须说明：

（i）国际注册前：申请人名称，有关的工业品外观设计及付款用途；

（ii）国际注册后：注册人名称，有关的国际注册号及付款用途。

（5）［付款日期］

（a）除细则第 24 条第（1）款（d）项和本款（b）项另有规定外，任何费用均应被视为于国际局收到所需款额之日向国际局缴付。

（b）如果在国际局开设的账户中有所需款额，且国际局得到账户户主的提款指令，则费用应被视为于国际局收到国际申请、变更登记申请或国际注册续展指示之日向国际局缴付。

(6) ［费用数额的变动］

(a) 如果国际申请是通过申请人缔约方的局提交的，而提交该国际申请所应缴纳的费用数额在下述两个日期之间变动：一是该局收到该国际申请的日期，二是国际局收到该国际申请的日期，则应适用在先日期实行的费用。

(b) 如果续展国际注册所应缴纳的费用数额在付款日期和应当续展之日之间变动，应适用付款日期或依细则第 24 条第（1）款（d）项被视为付款日期之日实行的费用。在应当续展之日以后付款的，应适用应当续展之日实行的费用。

(c) 如果除本款（a）项和（b）项所述的费用以外的任何费用数额有所变动，应适用国际局收到费用之日实行的数额。

第 28 条　缴费币种

(1) ［必须使用瑞士货币］所有依本实施细则缴付的费用均应用瑞士货币，而无论在这些费用由局转交时，该局代收的是否可能为另一种货币。

(2) ［以瑞士货币确定单独指定费数额］

(a) 如果缔约方依 1999 年文本第 7 条第（2）款或细则第 36 条第（1）款做出声明要求收取单独指定费，向国际局指明该费用的数额时应使用其局所用的币种。

(b) 如果本款（a）项所述的声明中指明费用的币种不是瑞士货币，总干事应在与该有关缔约方的局协商后，依据联合国官方汇率以瑞士货币确定费用数额。

(c) 如果连续 3 个月以上，瑞士货币与缔约方指明单独费用数额的币种之间的联合国官方汇率，比最后一次以瑞士货币确定该单独指定费数额时所适用的汇率高于或低于至少 5%，则该缔约方的局可要求总干事按提出要求之日前一天所实行的联合国官方汇率以瑞士货币确定新的费用数额。总干事应照此办理。新的费用数额应自总干事确定的日期起适用，但条件是该日期须为上述数额在本组织网站上公布日期之后 1 个月以后及 2 个月以内的某一日期。

(d) 如果连续 3 个月以上，瑞士货币与缔约方指明单独费用数额的币种之间的联合国官方汇率，比最后一次以瑞士货币确定该单独指定费数额时所适用的汇率低于至少 10%，则总干事应按现行的联合国官方汇率以瑞士货币确定新的费用数额。新的费用数额应自总干事确定的日期起适用，但条件是该日期须为上述数额在本组织网站上公布日期之后 1 个月以后及 2 个月以内的某一日期。

第 29 条　记入有关缔约方账户的费用

向国际局就某缔约方缴纳的任何标准指定费或单独指定费，应于已缴纳该费用的国际注册或续展进行登记月份的下月之内，或就单独指定费的第二部分而言，在其由国际局收到后，立即记入该缔约方在国际局开设的账户。

第八章 ［删除］

第 30 条 ［删除］

第 31 条 ［删除］

第九章 杂 项

第 32 条 与公布的国际注册有关的摘要、副本和信息

（1）［形式］对于公布的任何国际注册，任何人只要按费用表中规定的数额缴纳费用，即可从国际局得到：

（ⅰ）国际注册簿的摘要；

（ⅱ）国际注册簿上的登记或国际注册文件中有关事项的经证明的副本；

（ⅲ）国际注册簿上的登记或国际注册文件中有关事项的未经证明的副本；

（ⅳ）关于国际注册簿内容或国际注册文件内容的书面资料；

（ⅴ）样本的照片。

（2）［免除认证、法律认可或任何其他证明］对于本条第（1）款第（ⅰ）和（ⅱ）项所述的、带有国际局签章和总干事或其代表签字的文件，任何缔约方的任何机关均不得要求由任何其他人或机关对该文件、签章或签字加以认证、法律认可或任何其他证明。本款规定比照适用于细则第 15 条第（1）款所述的国际注册证。

第 33 条 对若干细则的修正

（1）［一致同意的要求］修正本实施细则的以下条款，需要受 1999 年文本约束的缔约各方一致同意：

（ⅰ）细则第 13 条第（4）款；

（ⅱ）细则第 18 条第（1）款。

（2）［五分之四多数的要求］修正本实施细则的以下条款以及本条第（3）款，需有受 1999 年文本约束的缔约各方五分之四的多数：

（ⅰ）细则第 7 条第（7）款；

（ⅱ）细则第 9 条第（3）款（b）项；

（ⅲ）细则第 16 条第（1）款（a）项；

（ⅳ）细则第 17 条第（1）款第（ⅲ）项。

（3）［程序］对本条第（1）或（2）款所述条款提出的任何修正提案，

应在大会为就此提案做出决定而举行的会议召开之前至少 2 个月寄送所有缔约方。

第 34 条　行政规程

（1）［行政规程的制定；其所处理的事项］

（a）总干事应制定行政规程。总干事可对其进行修改。总干事应就拟议的行政规程或对该行政规程拟议的修改事宜与缔约方的局协商。

（b）行政规程应处理本实施细则中明确规定由行政规程处理的事项，并处理适用本实施细则方面的具体细节。

（2）［由大会控制］大会可请总干事对行政规程的任何条款做出修改，总干事应照此办理。

（3）［公布和生效日期］

（a）行政规程以及对其做出的任何修改均应在本组织网站上公布。

（b）每次公布均应指明所公布的条款的生效日期。不同条款的生效日期可以不同，但条件是，任何条款均不得宣布于其在本组织网站上公布之前生效。

（4）［与 1999 年文本、1960 年文本或本实施细则相抵触］行政规程的任何规定与 1999 年文本、1960 年文本或本实施细则的任何规定之间发生抵触时，应以后者为准。

第 35 条　1999 年文本缔约方所做的声明

（1）［做出声明和声明生效］1999 年文本第 30 条第（1）和（2）款应比照适用于依细则第 8 条第（1）款、第 9 条第（3）款（a）项、第 13 条第（4）款或第 18 条第（1）款（b）项做出任何声明以及各声明的生效。

（2）［声明的撤回］本条第（1）款所述的任何声明均可在任何时候通过向总干事发出通知的形式撤回。此种撤回应于总干事收到撤回通知时，或于通知中所指明的任何更晚日期生效。对于依细则第 18 条第（1）款（b）项所做的声明，撤回不得影响注册日期早于该撤回生效时间的国际注册。

第 36 条　1960 年文本缔约方所做的声明

（1）［单独指定费］为 1960 年文本第 15 条第（1）款第 2 项（b）目的，凡局是审查局的 1960 年文本缔约方均可以声明的形式通知总干事，对于任何依 1960 年文本指定该缔约方的国际申请，细则第 12 条第（1）款（a）项第（ii）目所述的标准指定费应由单独指定费取代，该单独指定费的数额应在该声明中指明，并可在以后的声明中做出变更。该数额在扣除用于国际程序的开支后，不得超过该缔约方局有权对相同项数的工业品外观设计授予同等保护期而向申请人收取的同等数额。

（2）［最长保护期］1960 年文本的每一缔约方应以声明的形式，将其法律所规定的最长保护期通知总干事。

（3）［可做声明的时间］依本条第（1）和（2）款做出的任何声明可在：

（ⅰ）交存 1960 年文本第 26 条第（2）款所指的文书之时做出；在这一情况下，该声明应于做出声明的国家受本文本约束之日起生效；

（ⅱ）交存 1960 年文本第 26 条第（2）款所指的文书之后做出；在这一情况下，该声明应于总干事收到声明之日后 1 个月生效，或于该声明中所指明的任何更晚日期生效，但应只能适用于国际注册日与该声明生效日相同或较之更晚的任何国际注册。

第 37 条　过渡规定

（1）［涉及 1934 年文本的过渡规定］

（a）在本条规定中：

（ⅰ）"1934 年文本"指 1934 年 6 月 2 日在伦敦签署的《海牙协定》文本；

（ⅱ）"依 1934 年文本指定的缔约方"指根据 2010 年 1 月 1 日前有效的《海牙协定》1999 年文本、1960 年文本和 1934 年文本共同实施细则在国际注册簿上做出此种登记的缔约方；

（ⅲ）凡提及"国际申请"或"国际注册"，应酌情视为包括提及 1934 年文本中所述的"国际保存"。

（b）2010 年 1 月 1 日前有效的《海牙协定》1999 年文本、1960 年文本和 1934 年文本共同实施细则，仍可继续适用于该日之前提交的、截至该日仍待批的国际申请，并可继续适用于源于该日前所提交的国际申请的国际注册中依 1934 年文本指定的任何缔约方。

（2）［涉及语言的过渡规定］2010 年 4 月 1 日前有效的细则第 6 条，应可继续适用于该日之前提交的国际申请和源于该国际申请的国际注册。

费用表

（2015 年 1 月 1 日生效）

	瑞士法郎
一、国际申请	
1. 基本费①	
1.1　一项外观设计	397
1.2　同一国际申请中每附加一项外观设计	19

	瑞士法郎
2. 公布费	
2.1　提交公布的每一件复制件	17
2.2　同一页上显示一件或多件复制件的（如果复制件以纸件形式提交），第一页之后每多一页	150
3. 说明超过 100 字的附加费，超过 100 字以后每字	2
4. 标准指定费②	
4.1　适用第一级费用的	
4.1.1　一项外观设计	42
4.1.2　同一国际申请中每附加一项外观设计	2
4.2　适用第二级费用的	
4.2.1　一项外观设计	60
4.2.2　同一国际申请中每附加一项外观设计	20
4.3　适用第三级费用的	
4.3.1　一项外观设计	90
4.3.2　同一国际申请中每附加一项外观设计	50
5. 单独指定费（单独指定费的数额由每一个有关的缔约方确定）	
二、［删除］	
6. ［删除］	
三、源于专属或部分属于 1960 年文本或 1999 年文本的国际申请的国际注册续展	
7. 基本费	
7.1　一项外观设计	200
7.2　同一国际申请中每附加一项外观设计	17
8. 标准指定费	
8.1　一项外观设计	21
8.2　同一国际申请中每附加一项外观设计	1
9. 单独指定费（单独指定费的数额由每一个有关的缔约方确定）	
10. 额外费（宽展期）	
四、［删除］	
11. ［删除］	
12. ［删除］	
五、杂项登记	
13. 所有权变更	144

续表

	瑞士法郎
14. 注册人名称和/或地址变更	
14.1　一项国际注册	144
14.2　同一请求中的同一注册人每附加一项国际注册	72
15. 放弃	144
16. 限制	144
六、有关公布的国际注册的信息	
17. 提供一份与公布的国际注册有关的国际注册簿摘要	144
18. 提供国际注册簿或公布的国际注册文件中有关事项的未经证明的副本	
18.1　前 5 页	26
18.2　如果要求提供副本的请求系同时提出并涉及同一国际注册，第 5 页之后每多一页	2
19. 提供国际注册簿或公布的国际注册文件中有关事项的经证明的副本	
19.1　前 5 页	46
19.2　如果要求提供副本的请求系同时提出并涉及同一国际注册，第 5 页之后每多一页	2
20. 提供样本的一张照片	57
21. 提供关于国际注册簿内容或公布的国际注册文件内容的书面资料	
21.1　涉及一件国际注册	82
21.2　如果要求提供相同信息的请求系同时提出，涉及同一注册人的任何附加国际注册	10
22. 在国际注册的注册人名单中检索	
22.1　按名称对某具体个人或实体进行检索每次	82
22.2　除检索到的第一件国际注册之外每检索到一件	10
23. 传真传送摘要、副本、资料或检索报告的额外费（每页）	4
七、国际局提供的服务	
24. 授权国际局对不在本费用表之列的服务收取费用，数额由其自行确定	

　　① 如果申请人提出申请的唯一资格是其与被列入联合国确定的最不发达国家（LDC）名单中的某一国家之间的联系，或与多数成员国为最不发达国家的某一政府间组织之间的联系，国际局对其提交国际申请应收取的费用减为规定数额的 10%（四舍五入为最接近的整数）。如果与此种政府间组织之间的联系并非申请人提出申请的唯一资格，只要该申请人的任何其他资格是其与属于最不发达国家的某一缔约方之间的联系，或与虽然不属于最不发达国家，但属于该政府间组织的成员国的某一缔约方之间的联系，其所提交的国际申请，如果专属 1999 年文本，亦适用这一减费规定。如果有多个申请人，每一申请人都必须符合所述标准。

　　适用该减费规定的，基本费定为一项外观设计 40 瑞士法郎，同一国际申请中每附加一项外观设计 2 瑞士法郎；公布费定为每一件复制件 2 瑞士法郎，同一页上显示一件或多件复制件的，第 1 页之后每多一页 15 瑞士法郎；说明超过 100 字的附加费定为超过 100 字以后每 5 个字 1 瑞士法郎。

　　② 如果申请人提出申请的唯一资格是其与被列入联合国确定的最不发达国家（LDC）名单中的某一国家之间的联系，或与多数成员国为最不发达国家的某一政府间组织之间的联系，国际局对其提交国际申请应收取的费用减为规定数额的 10%（四舍五入为最接近的整数）。如果与此种政府间组织之间的联系并非申请人提出申请的唯一资格，只要该申请人的任何其他资格是其与属于最不发达国家的某一缔约方之间的联系，或与虽然不属于最不发达国家，但属于该政府间组织的成员国的某一缔约方之间的联系，其所提交的国际申请，如果专属 1999 年文本，亦适用这一减费规定。如果有多个申请人，每一申请人都必须符合所述标准。

　　适用该减费规定的，标准指定费第一级定为一项外观设计 4 瑞士法郎，同一国际申请中每附加一项外观设计 1 瑞士法郎；第二级定为一项外观设计 6 瑞士法郎，同一国际申请中每附加一项外观设计 2 瑞士法郎；第三级定为一项外观设计 9 瑞士法郎，同一国际申请中每附加一项外观设计 5 瑞士法郎。

附件 *10*

《共同体外观设计条例》（GGV）、
《共同体外观设计实施细则》（GGDV）
及《共同体外观设计收费细则》
（GGGebV）的条款索引表

GGV	GGDV	GGGebV
第 1 条：共同体外观设计		
第 2 条：欧盟知识产权局		
第 3 条：定义		
第 4 条：保护要件		
第 5 条：新颖性		
第 6 条：独特性		
第 7 条：公开		
第 8 条：由技术功能决定的外观设计和由连接关系决定的外观设计		
第 9 条：违反公共政策或公共道德的外观设计		
第 10 条：保护范围		
第 11 条：非注册式共同体外观设计的保护期限		
第 12 条：注册式共同体外观设计的保护期限	第 21 条：注册届满的通知	
第 13 条：续展	第 22 条：注册的续展 第 68 条：表格	附录 11 和附录 12

GGV	GGDV	GGGebV
第 14 条：共同体外观设计的权利		
第 15 条：主张与共同体外观设计权利相关的权利		
第 16 条：对注册式共同体外观设计的权利主张的法院决定		
第 17 条：外观设计注册持有人的推定		
第 18 条：设计人出庭的权利		
第 19 条：共同体外观设计赋予的权利		
第 20 条：共同体外观设计赋予的权利的限制		
第 21 条：权利用尽		
第 22 条：与注册式共同体外观设计有关的先用权		
第 23 条：政府使用		
第 24 条：宣告无效		
第 25 条：无效理由	第 18 条：以修改后的形式维持外观设计	
第 26 条：无效的效力		
第 27 条：作为国内外观设计权利对待的共同体外观设计		
第 28 条：注册式共同体外观设计的转让	第 23 条：转让 第 68 条：表格	附录 16、17 和 18
第 29 条：注册式共同体外观设计上的对物权	第 24 条：许可和其他权利的注册 第 68 条：表格 第 25 条：许可注册的特别规定 第 26 条：许可及其他权利注册的注销或修改	附录 18
第 30 条：扣押		
第 31 条：破产程序		
第 32 条：许可		
第 33 条：对抗第三人的效力		

GGV	GGDV	GGGebV
第34条：注册式共同体外观设计作为财产客体的申请		
第35条：申请的提交和转递	第7条：申请的提交 第12条：申请的撤回或更正 第68条：表格	
第36条：申请所必须满足的要件	第1条：申请的内容 第3条：产品的分类和说明 第4条：外观设计的陈述 第5条：样品 第6条：申请的费用 第65条：以书面或其他方式联系 第66条：通过传真联系 第67条：通过电子方式联系 第68条：表格	附录1、3、5、7、8、9
第37条：多项申请	第2条：多项申请 第65条：以书面或其他方式联系 第66条：通过传真联系 第67条：通过电子方式联系	附录2、4、6、10
第38条：申请日	第7条：申请的提交 第10条：对提交日要件的审查和对形式要件的审查	
第39条：与国内申请等同的效力		
第40条：分类	第3条：产品的分类和说明	
第41条：优先权		
第42条：主张优先权	第1条（f）款：主张优先权 第65条：以书面或其他方式联系 第66条：通过传真联系 第67条：通过电子方式联系	
第43条：优先权的效力		
第44条：展览会优先权	第1条（g）款，第9条：展览会优先权	

GGV	GGDV	GGGebV
第45条：申请的形式要件审查		
第46条：可纠正的缺陷	第59条：程序的中断	
第47条：不予注册的理由	第11条：不予注册理由的审查 第59条：程序的中断	
第48条：注册	第13条：外观设计的注册 第17条：注册证书 第20条：错误及缺陷的更正 第68条：表格	
第49条：公布	第14条：注册的公布 第16条：迟延期届满后的公布 第20条：错误及缺陷的更正 第68条：表格	
第50条：延期公布	第13条：外观设计的注册 第15条：延期公布	
第51条：放弃	第27条：放弃	
第52条：无效宣告请求	第28条：无效宣告请求 第29条：无效程序所使用的语言 第65条：以书面或其他方式联系 第66条：通过传真联系 第67条：通过电子方式联系 第68条：表格	附录13
第53条：无效请求的审查	第29条：无效程序所使用的语言 第30条：因不予受理而对无效宣告请求的驳回 第31条：无效宣告请求的审查 第32条：多项申请的无效宣告 第59条：程序的中断	

续表

GGV	GGDV	GGGebV
第 54 条：被控侵权人参与无效程序	第 33 条：被控侵权人的参与	
第 55 条：对决定的申诉		
第 56 条：有权申诉的人和申诉程序的当事人		
第 57 条：申诉的时限和形式	第 34 条：申诉通知书的内容 第 65 条：以书面或其他方式联系 第 66 条：通过传真联系 第 67 条：通过电子方式联系 第 68 条：表格	附录 14
第 58 条：中期修正	第 37 条：申诉费的偿还	
第 59 条：申诉的审查	第 35 条：因不予受理而驳回申诉	附录 14
第 60 条：有关申诉的决定	第 36 条：申诉的审查 第 37 条：申诉费的偿还	
第 61 条：向法院提起诉讼		
第 62 条：决定所依据的理由陈述		
第 63 条：欧盟知识产权局主动审查事实		
第 64 条：口头审理程序	第 42 条：口头审理程序的传唤 第 46 条：口头审理程序和证据笔录	
第 65 条：取证	第 43 条：欧盟知识产权局的取证 第 44 条：专家委员会 第 45 条：取证的费用 第 46 条：口头程序和证据笔录	

GGV	GGDV	GGGebV
第66条：通知	第47条：通知的一般规定 第48条：邮递通知 第49条：亲自送达的通知 第50条：存放在欧盟知识产权局邮箱的通知 第51条：以传真和其他技术手段的通知 第52条：公告通知 第53条：通知代理人 第54条：不符合规定的通知 第55条：多方当事人案件中文件的通知	
第67条：恢复权利	第68条：表格	附录15
第68条：一般性参照原则		
第69条：费用返回义务的终止	第60条：强制恢复程序的放弃	
第70条：费用分摊	第79条：费用的分摊和确定	附录24
第71条：确定费用金额的决定的执行		
第72条：共同体外观设计登记簿	第69条：共同体外观设计的登记簿 第19条：权利人或其注册代理人名称或地址的变更 第20条：错误及缺陷的更正 第68条：表格	
第73条：定期公布	第70条：共同体外观设计公报 第71条：数据库	
第74条：档案查阅	第72条：不予查阅的档案部分 第73条：共同体外观设计注册簿的查阅 第74条：档案查阅程序 第75条：档案信息的通讯 第76条：档案的保存 第78条：由或通过成员国法院或机构查阅档案通知	附录20、21、22、23

GGV	GGDV	GGGebV
第75条：行政合作	第77条：欧盟知识产权局与成员国机构之间的信息交换与联系 第78条：由或通过成员国法院或机构查阅档案	
第76条：交换出版物		
第77条：代理总则	第61条：共同代理人的指定 第63条：代理	
第78条：代理	第1条（e）款：代理人的说明 第62条：授权书 第63条：代理 第64条：代理人名单的修改 第68条：表格	
第79条：管辖权与执行公约的适用		
第80条：共同体外观设计法院		
第81条：侵权和无效的管辖权		
第82条：国际管辖权		
第83条：对侵权的管辖权范围		
第84条：针对共同体外观设计无效宣告的诉讼和反诉		
第85条：推定有效——抗辩		
第86条：无效判决		
第87条：无效判决的效力		
第88条：可适用的法律		
第89条：侵权行为的制裁		
第90条：临时措施，包括保护性措施		
第91条：相关诉讼的特殊规则		
第92条：共同体外观设计二审法院的管辖权——上诉		
第93条：非共同体外观设计法院的国内法院管辖权的补充规定		
第94条：国内法院的义务		

GGV	GGDV	GGGebV
第 95 条：基于共同体外观设计和国内外观设计权利的平行诉讼		
第 96 条：国内法下其他保护形式之间的关系		
第 97 条：总则		
第 98 条：程序语言	第 1 条（h）款：申请的内容 第 80 条：申请和宣告 第 81 条：书面程序 第 82 条：口头程序 第 83 条：翻译的证明 第 84 条：翻译的法律真实性	
第 99 条：公告和注册		
第 100 条：欧盟知识产权局局长的补充权力		
第 101 条：管理委员会的补充权力		
第 102 条：权限		
第 103 条：审查员	第 38 条：决定的形式 第 39 条：决定中错误的更正 第 40 条：权利丧失的通知	
第 104 条：商标及外观设计管理和法律处	第 38 条：决定的形式 第 39 条：决定中错误的更正 第 40 条：权利丧失的通知 第 41 条：签名、名称、印章	
第 105 条：无效部门	第 38 条：决定的形式 第 39 条：决定中错误的更正 第 40 条：权利丧失的通知 第 41 条：签名、名称、印章	
第 106 条：申诉委员会	第 38 条：决定的形式 第 39 条：决定中错误的更正 第 41 条：签名、名称、印章	
第 106a 条：申请的规定		
第 106b 条：提交国际申请的程序		

续表

GGV	GGDV	GGGebV
第 106c 条：指定费		附录 1a
第 106d 条：欧盟指定的国际注册的效力		
第 106e 条：剥夺保护		
第 106f 条：国际注册效力的无效		
第 107 条：实施细则		附录 16、17、18、19、20、21、22、23、24
第 108 条：申诉委员会的程序规则		
第 109 条：委员会		
第 110 条：过渡性条款	第 85 条：互惠的公开	
第 110a 条：与共同体扩大有关的规定		
第 111 条：生效	第 86 条：过渡期 第 87 条：生效	
注释：本条例对第十章期限的规定涉及《共同体外观设计条例》中所有规定的期限。	第十章：期限 第 56 条：期限的计算 第 57 条：期限的持续时间 第 58 条：特殊情况下期限的届满 第 59 条：程序的中断	

附件 *11*

关于欧盟理事会 *98/71/EG* 条例、《德国外观设计法》和《德国外观设计法实施细则》的条款索引表

欧盟理事会98/71/EG 条例	德国外观设计法	德国外观设计法实施细则
第1条术语（a）、（b）、（c）理由（9）	第1条：定义	
第3条第（2）款，第4条新颖性，第5条独特性理由（13）	第2条：外观设计保护	
第7条 第8条 理由（14），（16）	第3条：不给予外观设计保护的情形	
第3条	第4条：复杂产品的组成部分	
第6条	第5条：公开	
	第6条：新颖性的宽限期	
	第7条：获得外观设计注册的权利	
	第8条：资格之推定	
	第9条：对抗非权利人的主张	
	第10条：设计人的署名	
理由（6）	第11条：申请	

续表

欧盟理事会 98/71/EG 条例	德国外观设计法	德国外观设计法实施细则
	第 11 条：第（2）和（3）款	第 3 条：申请内容
		第 4 条：提交申请
		第 5 条：申请注册
		第 6 条：申请人、代理人和设计人的说明
		第 7 条：外观设计的视图
		第 8 条：平面设计样件
		第 9 条：产品说明和分类
		第 13 条：申请的继续审理
		第 14 条：德语翻译
	第 11 条：第（5）款	第 9 条：用于解释视图的描述
	第 12 条：多项申请	第 12 条：多项申请的分案
		第 18 条：多项申请的分案
	第 13 条：申请日	
	第 14 条：国外优先权	第 11 条：要求优先权的说明
	第 15 条：展览会优先权	第 11 条：要求优先权的说明
	第 16 条：申请的审查	
	第 17 条：申请的继续审理	第 13 条：继续审理
	第 18 条：注册障碍	
理由（6）	第 19 条：登记簿、注册和外观设计信息的管理	第 15 条：外观设计登记簿的内容
		第 16 条：外观设计登记簿中的其他注册
		第 17 条：注册证书
		第 24 条：对国际注册的解释
	第 20 条：公布	
	第 21 条：延期公布	第 19 条：期限延长和维持的说明
	第 22 条：查阅登记簿	第 15 条：外观设计登记簿的内容
		第 16 条：外观设计登记簿中的其他注册

续表

欧盟理事会98/71/EG条例	德国外观设计法	德国外观设计法实施细则
	第23条：程序规定、申诉和法律上诉	
	第24条：诉讼费用减免	
	第25条：电子程序的管理，法规授权	
	第26条：法规授权	
第10条 理由（11），（16），（17）	第27条：保护的生效和期限	第19条：期限延长和维持的说明
理由（6）	第28条：维持 第61条：第（5）款关于印刷字体的规定	
	第29条：权利继受	
	第30条：物权，强制执行，破产程序	
	第31条：许可	
	第32条：外观设计申请	
第11条：理由（21）	第33条：无效	
	第34条：提出无效的权限	
	第34a条：德国专利商标局的无效程序	第21条：申请 第22条：程序原则
	第34b条：中止诉讼	
	第34c条：加入无效程序	
	第35条：部分维持	
	第36条：注销	第20条：放弃 第26条：保管注册式外观设计的视图
	第37条：保护的客体	
第12条 第13条 理由（10）	第38条：注册式外观设计权及其保护范围	
	第39条：法律效力的假定	
	第40条：注册式外观设计权的限制	

欧盟理事会 98/71/EG 条例	德国外观设计法	德国外观设计法实施细则
	第 41 条：先用权	
	第 42 条：消除妨碍，停止侵权和赔偿损失	
	第 43 条：销毁、召回和转让	
	第 44 条：企业所有人的责任	
	第 45 条：补偿	
	第 46 条：信息告知	
	第 46a 条：陈述和检查	
	第 46b 条：对损失赔偿请求权的保护措施	
	第 47 条：判决的公布	
第 15 条	第 48 条：用尽	
	第 49 条：诉讼时效的限制	
	第 50 条：根据其他规定的主张	
	第 51 条：刑事规定	
	第 52 条：外观设计诉讼	
	第 52a 条：主张无效	
	第 52b 条：对确认或宣告无效的反诉	
	第 53 条：根据本法和《德国反不正当竞争法》的请求的诉讼管辖	
	第 54 条：诉讼标的的优惠待遇	
	第 55 条：进出口时的扣押	
	第 56 条：没收和异议	
	第 57 条：管辖和救济	
	第 57a 条：根据 608/2013 号令（欧盟）的程序	
	第 58 条：国内代理人	
	第 59 条：注册式外观设计的告知	
	第 60 条：适用《德国期限延长法》的注册式外观设计	
	第 61 条：印刷字体	

欧盟理事会98/71/EG条例	德国外观设计法	德国外观设计法实施细则
	第62条：申请的转递	
	第62a条：本法的规定对共同体外观设计的适用	
	第63条：共同体外观设计的诉讼	
	第63a条：委员会传达	
	第63b条：共同体设计法院的地域管辖	
	第63c条：破产程序	
	第64条：执行条款的授予	
	第65条：侵害共同体外观设计的刑事责任	
	第66条：法律适用	
	第67条：国际申请的提交	
	第68条：国际申请的转递	第23条：关于对国际注册剥夺保护的意见
	第69条：注册之阻却事由的审查	
	第70条：事后的保护撤回	第25条：事后的保护撤回
	第71条：国际注册的效力	
	第72条：适用法律	第27条：过渡性规定
第14条 理由（12），（20）	第73条：法律限制	
	第74条：关于更新《工业品外观设计保护法》以及关于修订展览保护公布规则的过渡规定	

外观设计诉讼的管辖州法院

联邦州	共同体外观设计法院	外观设计法院
巴登－符腾堡州	对于卡尔斯鲁厄高等法院的州法院地区：曼海姆州法院 对于斯图加特高等法院的州法院地区：斯图加特州法院	对于卡尔斯鲁厄高等法院州法院地区：曼海姆州法院 对于斯图加特高等法院的州法院地区：斯图加特州法院
巴伐利亚	对于慕尼黑高等法院的州法院地区：慕尼黑州法院 对于纽伦堡、班贝格高等法院的州法院地区：纽伦堡－菲尔特州法院	对于慕尼黑高等法院的州法院地区：慕尼黑州法院 对于纽伦堡、班贝格高等法院的州法院地区：纽伦堡－菲尔特州法院
柏林	柏林州法院	柏林州法院
勃兰登堡	根据与柏林联邦州的州条约进行跨境集中管辖 柏林州法院	根据与柏林联邦州的州条约进行跨境集中管辖 柏林州法院
不来梅	不来梅州法院	不来梅州法院
汉堡	汉堡州法院	汉堡州法院
黑森州	法兰克福州法院	法兰克福州法院
梅克伦堡－前波莫瑞州	罗斯托克州法院	罗斯托克州法院
下萨克森州	不伦瑞克州法院	不伦瑞克州法院
北莱茵－威斯特法伦州	杜塞尔多夫州法院	杜塞尔多夫高等法院地区：杜塞尔多夫州法院 比勒费尔德、德特莫尔德、帕德博恩州法院地区：比勒费尔德州法院 阿恩斯贝格、波鸿、多特蒙德、埃森、哈根和齐根州法院地区：波鸿州法院 对于科隆高等法院地区：科隆州法院

联邦州	共同体外观设计法院	外观设计法院
莱茵兰－普法尔茨	法兰肯塔尔/法尔兹州法院	法兰肯塔尔/法尔兹州法院
萨尔	萨尔布吕肯州法院	萨尔布吕肯州法院
萨克森	莱比锡州法院	莱比锡州法院
萨克森－安哈尔特	马格德堡州法院	马格德堡州法院
石勒苏益格－ 荷尔斯泰因	非集中管辖 弗伦斯堡州法院 伊策霍埃州法院 基尔州法院 吕贝克州法院	非集中管辖 弗伦斯堡州法院 伊策霍埃州法院 基尔州法院 吕贝克州法院
图林根	爱尔福特州法院	爱尔福特州法院